NA LEI
OU NA MARRA
1964-1968

CB004171

Paulo Markun

NA LEI
OU NA MARRA
1964-1968

BRADO RETUMBANTE 1

Benvirá

ISBN 978-85-8240-120-0

DADOS INTERNACIONAIS DE CATALOGAÇÃO NA PUBLICAÇÃO (CIP)
ANGÉLICA ILACQUA CRB-8/7057

Rua Henrique Schaumann, 270
Pinheiros – São Paulo – SP – CEP: 05413-010
PABX (11) 3613-3000

SAC
0800-0117875
De 2ª a 6ª, das 8h30 às 19h30
www.editorasaraiva.com.br/contato

Markun, Paulo
Na lei ou na marra (1964-1968) / Paulo Markun. – São Paulo: Benvirá, 2014.
(Brado retumbante, v. 1)
ISBN 978-85-8240-120-0

1. Eleições – Brasil – História 2. Ditadura 3. Presidentes – eleições – Brasil 4. Manifestações públicas I. Título II. Série.

14-0575   CDD-320.981

Índice para catálogo sistemático:
1. Brasil – política e governo – história

Diretora editorial	Flávia Alves Bravin
Gerente editorial	Rogério Eduardo Alves
Planejamento editorial	Rita de Cássia S. Puoço
Editoras	Debora Guterman Gisele Folha Mós Luiza Del Monaco Paula Carvalho
Produtoras editoriais	Daniela Nogueira Secondo Rosana Peroni Fazolari
Comunicação e produção digital	Nathalia Setrini Luiz
Suporte editorial	Najla Cruz Silva
Produção gráfica	Liliane Cristina Gomes
Preparação	Tulio Kawata
Revisão	Ricardo Nakamiti Fábio Storino
Diagramação	Nobuca Rachi
Capa	Carlos Renato Guilherme Pinto
Foto de Capa	Arquivo/ Agência O Globo
Impressão e acabamento	Ed. Loyola

Copyright © Deadline Comunicação, 2014
Todos os direitos reservados à Benvirá, um selo da Editora Saraiva.
www.benvira.com.br

1ª edição

Nenhuma parte desta publicação poderá ser reproduzida por qualquer meio ou forma sem a prévia autorização da Editora Saraiva. A violação dos direitos autorais é crime estabelecido na lei nº 9.610/98 e punido pelo artigo 184 do Código Penal.

545.222.001.001

*Para Alice, Helena, Maria e Tereza,
minhas netas.*

"Na política, o povo ou é tudo ou é nada,
ou é personagem como cidadão ou é vítima como vassalo."

Ulisses Guimarães

Sumário

Apresentação 13
1 | Diretas quando? 17
2 | Tenentes, integralistas, comunistas 25
3 | As eleições de 1938 e o Estado Novo 38
4 | Getúlio vai, volta e cai 44
5 | Juscelino e Jango 51
6 | Golpe contra o vice 58
7 | Tancredo e as reformas 62
8 | Brizola, Arraes e Julião 68
9 | A marra de John Kennedy 81
10 | Vitória do PTB 89
11 | O governo de Jango 93
12 | O estado de sítio e os grupos dos onze 104
13 | A Frente Progressista 108
14 | Comício da Central 112

15	Marcha com Deus e com Castelo	123
16	Marinheiros e sargentos	129
17	Mourão, Jango e Brother Sam	135
18	O papelão do Congresso	143
19	Arraes – governador e prisioneiro	151
20	Um golpe, muitas explicações	159
21	Nascimento do novo regime	165
22	As primeiras reações	173
23	A via armada	180
24	Sob vigilância	185
25	Civilização Brasileira	188
26	O primeiro desaparecido	191
27	JK cassado, Castelo prorrogado	196
28	Segundo ato	204
29	Costa e Silva presidente	212
30	A primeira campanha das Diretas	219
31	A Frente Ampla	224
32	Novas cassações	228
33	Os estudantes	233
34	Constituinte a jato	242
35	A UNE e o Cenimar	247
36	Jango e Lacerda	253
37	A morte de Edson Luís	258
38	Os trabalhadores	261

39 | A sexta-feira sangrenta 270

40 | A passeata e a bomba no QG 278

41 | Carlos Marighella 285

42 | Audiência com o presidente 290

43 | Greve na Cobrasma 294

44 | A segurança nacional 299

45 | Diálogo de surdos 322

46 | A invasão da UnB 326

47 | A batalha da Maria Antônia 339

48 | O Congresso de Ibiúna 348

49 | O avanço da luta armada 355

50 | O ataque ao Congresso 358

51 | O AI-5 364

52 | O golpe dentro do golpe 370

Agradecimentos 379

Notas 381

Bibliografia 400

Fotos 421

Apresentação

Quando comecei a escrever este livro, o país discutia uma nova Constituição e preparava-se para escolher livremente um presidente após 21 anos de ditadura.

Meu primeiro movimento foi apresentar a Carlos Vogt, pró-reitor de Cultura da Unicamp, a ideia de um ciclo de palestras com protagonistas de nossa história recente. Vogt levou-me até o reitor Paulo Renato Souza e assim nasceu o curso Brasil Memória Política, da cátedra de Convivência Cultural da Unicamp, realizado no Centro de Convivência de Campinas, entre 18 de maio e 26 de junho de 1987, do qual fui o mediador.

Seis palestras colocaram em cena o capitão Sergio Ribeiro de Miranda, o Sergio Macaco do caso Para-sar, o jornalista e deputado Fernando Gabeira, o presidente do PT Luiz Inácio Lula da Silva, o senador Mário Covas, o vice-governador Almino Affonso e o ex-governador Leonel Brizola. O presidente da Constituinte, Ulisses Guimarães, confirmou presença mas não compareceu. O debate final reuniu o senador Fernando Henrique Cardoso, o jornalista Cláudio Abramo e os cientistas políticos Paulo Sergio Pinheiro e Francisco Weffort.

A iniciativa tinha o declarado objetivo de "esclarecer alguns dos episódios da história brasileira através do depoimento de seus protagonistas", mas era também uma forma de trazer para mais perto do grande público o debate político que se concentrava em Brasília e que envolvia o mandato do presidente José Sarney e a data da tão esperada eleição direta para presidente.

O título de algumas matérias de jornais evidencia a repercussão daquelas palestras:

GABEIRA DEFENDE ACORDO NACIONAL
PARA FAZER PLANO DE EMERGÊNCIA
Folha de S.Paulo, 26.5.1987

LULA ADMITE SER CANDIDATO
À PRESIDÊNCIA DA REPÚBLICA
Correio Popular, 3.6.1987

COVAS NEGA CANDIDATURA
À PRESIDÊNCIA DA REPÚBLICA
Folha de S.Paulo, 9.6.1987

ALMINO DEPÕE E DIZ QUE TORCE
PELO NOVO PLANO CRUZADO
Correio Popular, 17.6.1987

PARA BRIZOLA, ACORDO É
"DESARRAZOADO E INFELIZ"
Folha de S.Paulo, 23.6.1987

Tive a impressão de que o público que lotou o Centro de Convivência estava mais interessado nas lembranças daquelas figuras do que em seus planos para o futuro. Eu, tenho certeza, estava.

Por isso, ainda em 1987, com um raro computador nacional cedido pela Scopus, e três jovens estudantes,* comecei a cruzar a biografia das principais figuras da política com os registros dos jornais e a bibliografia disponível. Ao fim de alguns meses, desanimado com o tamanho do desafio, numa época em que a internet nem existia por aqui e sem respaldo para levar adiante o projeto, abandonei-o.

De lá para cá, ganhamos uma Constituição, elegemos e praticamente destituímos um presidente e realizamos mais seis sucessões sem traumas. Mas não preenchemos esses espaços vazios em nossa memória.

---

* Christian Lohbauer, Luiz Bolognesi e Manuel da Costa Pinto se empenharam e produziram as primeiras fichas e textos, que deveriam ser a base da pesquisa. Suas trajetórias profissionais, de executivo, roteirista e crítico literário, respectivamente, demonstram que eram realmente talentosos e empenhados, mas a tarefa demandava mais tempo e mais recursos do que o autor dispunha.

O eterno país do futuro não costuma olhar para trás. Há muitas obras memorialísticas, mas ainda são escassos os livros genéricos e abrangentes sobre o tortuoso processo que nos levou do golpe às diretas.

Em julho de 2010, ao voltar ao jornalismo, ou ao que dele restava, depois de três anos na presidência da Fundação Padre Anchieta, retomei este Brado Retumbante, graças à iniciativa do Instituto de Cultura Democrática e ao patrocínio da Uninove.

Catorze meses mais tarde, lancei o *site* com parte do material de pesquisa e trechos das entrevistas que gravara para o livro. Agora, o projeto passa a incluir esses dois volumes, editados pela Benvirá.

No primeiro volume, fica claro, espero, que a ideia de conquistar algo na lei ou na marra não foi uma invenção do advogado pernambucano Francisco Julião – ele apenas a transportou para a luta dos camponeses sem terra, ainda no começo dos anos 1960. Mais de uma vez, ao longo da história, civis e militares de vários matizes ideológicos e igualmente inconformados tentaram impor sua vontade pela força. O momento extremo desse processo aconteceu em 13 de dezembro de 1968, com o Ato Institucional nº 5 (AI-5), que transformou a marra em lei.

O segundo volume acompanha a longa travessia que antecedeu a explosão das Diretas Já nas praças de todo o país, quando multidões inesquecíveis uniram-se em torno de uma ideia muito simples – e, justamente por isso, perigosamente subversiva: a de que todo cidadão tem o mesmo peso na hora de escolher quem governará seu país. Nele pode-se constatar o empenho de figuras como Ulisses Guimarães e Franco Montoro, que muito contribuíram para que a campanha ganhasse peso e dimensão.

Como todos sabem, embora não tenha logrado seu objetivo, a campanha das Diretas foi um momento único em nossa história e apressou o fim da ditadura.

O golpe de 1964 completou cinquenta anos, a campanha pelas eleições diretas, trinta, e estamos a caminho da sétima eleição presidencial pelo voto direto, sem maiores sobressaltos. No entanto, parte do que Tancredo Neves deveria dizer no discurso de posse jamais feito segue valendo:

> É tempo, portanto, de edificar um Estado que sirva à plenitude de nosso povo. Não deve ser um Estado que as elites outorguem à Nação, em orgulhoso ato de poder, mas que se erga, da consciência coletiva, como resposta a anseios e necessidades. Ele deve ser construído para promover a ordem e a justiça. Ordem e justiça se fazem com a lei. E a lei deve ser a organização social da liberdade.

Boa hora de olhar pelo retrovisor e constatar que a ditadura não acabou apenas em razão da iluminada ação de seus condutores. E que tampouco foi a oposição armada que a derrubou.

Há muito mais nessa história toda e é preciso relembrar insistentemente. Pois, como disse Ulisses Guimarães,

> a política ou é intérprete da rua, através do veículo convencional, civilizado, democrático, enfim, da sociedade, ou ela, pela incompetência, cegueira e prepotência dos governantes, explode com desespero e sangue na rua, confirmando o sombrio vaticínio de que a violência é a parteira da História.[1]

Paulo Markun

1

Diretas quando?

Manhã de segunda-feira, 16 de abril de 1984, Brasília. No gabinete mais importante do Palácio do Planalto, um jurista, três políticos e três generais estão reunidos com João Batista de Oliveira Figueiredo, o quinto militar a presidir o país em duas décadas. À primeira vista, o que os reúne em torno da mesa retangular de jacarandá-da-baía, ornada por cinzeiros de vidro, um calendário e um recipiente repleto de lápis e canetas e sob o vigilante olhar de dom Pedro I,* é algo banal, rotineiro: garantir que o futuro presidente seja eleito de acordo com a fórmula estabelecida na Constituição.

A verdade, porém, é que, em 95 anos de história, as coisas nunca tinham sido banais ou rotineiras no Brasil. Quatro anos antes, ao dar sua primeira entrevista como presidente, João Figueiredo prometera prender e arrebentar quem fosse contra a abertura política. Mas o general também disse que o povo não estava preparado para votar e que, assim como existem vários tipos de laranja e várias raças humanas, as democracias eram diferenciadas. O peculiar entendimento do conceito de democracia expressado pelo general a dois repórteres da *Folha de*

---

* O *Retrato de dom Pedro I*, um óleo sobre tela de 84 centímetros de altura e 61 de largura, pertencia ao Museu Histórico Nacional e estava no Planalto por empréstimo. Foi devolvido na gestão de Fernando Henrique Cardoso. Sem assinatura, é atribuído ao pintor português Henrique José da Silva, que os críticos deixam fora da lista dos grandes artistas do período, mas que se destacou por ter sido diretor da Academia Nacional de Belas Artes, onde se tornou um ferrenho opositor dos franceses que dom João VI trouxera para o Brasil, como Nicolas-Antoine Taunay e Jean-Baptiste Debret.

S.Paulo não era uma grande novidade.* Há passagens importantes da história do Brasil em que prevaleceram atitudes antidemocráticas. A começar pela República.

Nascida de uma precária aliança entre o minoritário Partido Republicano e dirigentes do Clube Militar, a República tivera um parto sem povo e sem sangue e podia muito bem ser entendida como um golpe militar. O primeiro de uma série.

A figura que a encarnou, Manuel Deodoro da Fonseca, um marechal em fim de carreira, resistiu até a última hora – era amigo pessoal do imperador e só admitia um novo regime depois da morte de Pedro II. Foi convencido a liderar o movimento por uma mentira – a de que o Exército teria sido dissolvido naquele dia. Apesar disso, o fim do império foi pacífico, como outros grandes lances da história do país.

A primeira eleição presidencial teve cinco candidatos e foi indireta, como rezava a Constituição. Pesava sobre o pleito a ameaça de intervenção militar. Caso fosse outro o escolhido, que não o chefe do governo provisório, marechal Deodoro, as tropas sairiam dos quartéis, segundo os boatos daquele 25 de fevereiro de 1891. A oposição chegou a planejar em detalhes a posse de seu candidato, o advogado Prudente de Morais, presidente do Congresso, que embarcaria num cruzador e dali comandaria a reação. Embora não tenha havido golpe, a vitória de Deodoro acabou parcialmente empanada pela eleição do vice de Prudente, o também marechal Floriano Peixoto (na época, presidente e vice podiam ser de chapas diferentes). Em resumo: o primeiro governo republicano já nascia sob o signo do jeitinho – e da crise.

Nove meses mais tarde, impossibilitado de governar e sem o mínimo apoio no Parlamento, Deodoro cansou: "Impossível governar com este Congresso. É mister que ele desapareça para a felicidade do Brasil".[1]

O marechal não ficou só na conversa – seu discurso foi seguido por medidas concretas: fechamento do Congresso, instauração do estado de sítio e cerco das tropas aos prédios da Câmara e do Senado. Enquanto muitos parlamentares entregaram os pontos e voltaram para casa, um pequeno grupo reagiu. Com o apoio da Marinha e de parte do Exército, os inconformados conseguiram reverter

---

* Em abril de 1978, os repórteres Getulio Bittencourt e Haroldo Cerqueira Lima foram convidados para uma "conversa" de vinte minutos com o presidente. Não podiam gravar, nem anotar nada. Falaram por uma hora e meia. A memória prodigiosa de Getulio lhes permitiu reconstruir palavra por palavra tudo o que foi dito. O material foi publicado como manchete nos dias 5 – "Exclusivo – Fala Figueiredo" – e 6 de abril – "Privatizar é tarefa difícil" –, na forma de pingue-pongue, com perguntas e respostas completas. Figueiredo não desmentiu nenhuma afirmação. A reportagem ganhou o Prêmio Esso.

a situação. Doente, cansado e desiludido, Deodoro entregou o cargo a Floriano. Ao assinar sua renúncia, em 23 de novembro de 1891, deixou uma frase para a história: "Assino o decreto de alforria do último escravo do Brasil...".[2]

Pela Constituição, deveria haver uma nova eleição, mas Floriano manteve-se no poder até 1894, alegando que aquela lei só era válida para o caso de uma eleição direta.

No dia 15 de novembro de 1894, o carro oficial que deveria levar o novo presidente, Prudente de Morais, o primeiro a ser eleito por eleição direta, ao Palácio dos Arcos (hoje Palácio do Itamaraty) para tomar posse, simplesmente sumiu. E Floriano tampouco compareceu à posse.

Dali para diante, houve de tudo um pouco. Um presidente elegeu-se quando estava na França – Epitácio Pessoa. Outro – Delfim Moreira – foi vítima de uma doença que o deixou totalmente desligado, e quem mandava era um ministro. Dois nem tomaram posse -- Rodrigues Alves, que faleceu antes de iniciar seu segundo mandato, e Júlio Prestes, derrubado pela Revolução de 1930. Houve quem ficasse quinze anos no cargo e quem renunciasse sete meses depois – Getúlio Vargas e Jânio Quadros. Em menos de um século, golpes e contragolpes, mal ou bem-sucedidos* tinham sido seis – o último, dezesseis anos antes da reunião de Figueiredo.

Naquela sala, em 1984, administrava-se uma crise envolvendo a sucessão – agora, a que escolheria o trigésimo presidente da República. O nó da questão era uma proposta de emenda constitucional apresentada um ano antes por Dante Martins de Oliveira, um jovem deputado, inexperiente e desconhecido fora do Mato Grosso. O que poderia ter sido apenas um lance sem destaque de um parlamentar novato transformara-se numa onda aparentemente incontrolável – a ponto de fazer com que o vice-presidente, Aureliano Chaves, se declarasse abertamente a favor da proposta que seria votada pelo plenário da Câmara dos Deputados, no dia 25 de abril.

Curta e simples, a Emenda Dante de Oliveira, como ficou conhecida, restabelecia em apenas 126 palavras** aquilo que as constituições anteriores pregavam e

---

*   A contabilidade inclui 1930, 1937, 1955, 1961, 1964 e 1968.
** A PEC 5/83 ia direto ao ponto: "Art. 1º – Os arts. 74 e 148 da Constituição Federal, revogados seus respectivos parágrafos, passarão a viger com a seguinte redação: Art. 74 – O presidente e vice-presidente da República serão eleitos, simultaneamente, entre os brasileiros maiores de trinta e cinco anos e no exercício dos direitos políticos, por sufrágio universal e voto direto e secreto, por um período de cinco anos. Parágrafo Único – A eleição do presidente e vice-presidente da República realizar-se-á no dia 15 de novembro do ano que anteceder ao término do mandato presidencial.

que Figueiredo e seus parceiros tentavam evitar – que os brasileiros alfabetizados e maiores de 18 anos pudessem exercer plenamente o direito inscrito no parágrafo primeiro do artigo primeiro da Constituição: "Todo poder emana do povo e em seu nome é exercido".

Ao ser apresentada, a emenda só foi registrada numa pequena nota no jornal *O Globo*. Mas num desses lances em que acaso, circunstância e empenho somam-se para criar um momento histórico crucial, transformara-se no eixo de um movimento que uniu sonhos, ambições, ilusões, partidos, classes e regiões distintas em torno do fim da ditadura.

No dia 16 de abril de 1984, já tinham acontecido mais de quarenta comícios em todo o país, e as multidões pareciam capazes de enterrar o regime militar sem traumas nem prorrogações. Para isso, bastaria que todos os parlamentares da oposição votassem a favor da emenda e que outros 76 deputados e 22 senadores do Partido Democrático Social (PDS), o partido do governo, fizessem o mesmo. As contas pareciam indicar que os dissidentes já se aproximavam desse total, pelo menos na Câmara dos Deputados.*

Seis dias antes daquele encontro no Palácio do Planalto, a última manifestação pelas Diretas Já fora tão grandiosa que a Rede Globo, que até então restringira o noticiário sobre o movimento aos telejornais locais ou o embalara no meio de outros eventos, como o aniversário de São Paulo, chegou a tirar do ar parte de um capítulo de *Champanhe*, sua novela das oito, para abrir espaço e transmitir o final do comício da Candelária para todo o país. Os brasileiros puderam então ouvir quando o governador do Rio, Leonel Brizola, instou a multidão a preparar os títulos de eleitor, pois as diretas viriam com toda a certeza.**

Art. 148 – O sufrágio é universal e o voto é direto e secreto; os partidos políticos terão representação proporcional, total ou parcial, na forma que a lei estabelecer. Art. 2º – Ficam revogados o art. 75 e respectivos parágrafos, bem como o § 1º do art. 77 da Constituição Federal, passando seu § 2º a constituir-se parágrafo único". Curiosamente, no texto da emenda, publicado no *Diário do Congresso*, o artigo a ser alterado é o 74, quando de fato deveria ser o 76.

* Eram necessários dois terços dos votos na Câmara e no Senado para que a emenda fosse aprovada – ou seja, 320 votos entre os deputados e 46 entre os senadores. Se todos os parlamentares dos partidos de oposição fossem a favor da emenda, somariam 244 votos na Câmara e 24 no Senado.

** A TV Bandeirantes exibiu a íntegra da manifestação, também acompanhada em *flashes* ao vivo pela Manchete. A soma da audiência das três emissoras – Globo, Bandeirantes e Manchete – fez com que, entre as 21h e 21h30, cerca de 4,2 milhões de cariocas e 4,8 milhões de paulistanos pudessem acompanhar a manifestação (83% da audiência entre os cariocas e 60% entre os paulistanos, segundo o Ibope). Na Globo, de acordo com o jornalista Mário Sergio Conti, em *Notícias do Planalto*, quem definiu o momento em que a transmissão começaria foi Roberto Irineu Marinho, filho do dono da emissora. A preocupação da emissora era evitar discursos que pudessem ser considerados demasiado críticos pelo governo. Pouco depois das 22 horas, um helicóptero militar apareceu na

Centenas de milhares de pessoas – um milhão, no cálculo exagerado dos jornalistas – tinham feito uma grande festa diante de um palanque eclético onde cinco governadores, líderes sindicais, artistas, cantores e até dois deputados do partido do governo martelaram a mesma tecla. Na voz rouca de José Abelardo Barbosa de Medeiros, o mantra soou desse modo:

>   Alô, Valdemar, o povo quer votar.
>   Alô, Anacleta, o povo quer a direta...

A brincadeira era uma consagração: as diretas haviam se popularizado a ponto de virar um bordão na boca do mais popular apresentador de TV da época, Chacrinha.

Luiz Inácio Lula da Silva, presidente do Partido dos Trabalhadores e ex-líder metalúrgico que já comandara assembleias enormes nas greves do ABC, comentou, emocionado: "Nunca vi nada igual no Brasil!".

O governador de Minas Gerais, Tancredo de Almeida Neves, com a experiência de meio século de política, também se surpreendeu, a ponto de comentar com outro veterano, o presidente do PMDB, Ulisses Guimarães: "O Congresso não pode ficar indiferente a uma manifestação como esta...".

Ulisses balançou a cabeça e arrematou: "É a arrancada final. Vamos ter diretas!".

No largo e nas ruas próximas, a multidão cantava:

>   Chora, Figueiredo
>   Figueiredo chora, pois chegou a tua hora.

Mas quem proporcionou o momento mais emocionante foi um senhor franzino, de óculos grossos, terno preto e voz trêmula: "Peço silêncio para falar. Quero falar à nação brasileira...".

Aos 90 anos, Heráclito Fontoura Sobral Pinto era uma das figuras mais respeitadas do país, e não só em seu campo de atuação, o Direito. Católico fervoroso, sem vínculos com partidos ou grupos econômicos, defendera a posse de Juscelino Kubitschek em 1955, e a de João Goulart em 1961 – a quem não tinha em grande conta. No dia 9 de abril de 1964, oito dias após o golpe e dois dias antes de um Congresso enfraquecido pelas prisões e cassações eleger o marechal

---

altura da janela da sala em que o comando da Globo acompanhava a festa da Candelária, num gesto de intimidação que Roberto Irineu teria confrontado, dando uma banana para os tripulantes.

Castelo Branco como o novo presidente, Sobral Pinto lhe mandou uma carta afirmando que para isso ocorrer seria preciso rasgar o texto constitucional.

A ululante multidão da Candelária atendeu ao pedido do velho advogado e fez um silêncio espantoso, permitindo que ele seguisse adiante:

> Este movimento não é contra ninguém. Este movimento é a favor do povo. O artigo primeiro da Constituição diz: Todo poder emana do povo e em seu nome é exercido. Queremos o respeito intransigente à lei justa, à lei razoável, à lei que emana do povo. É indispensável um presidente civil, com a noção exata das suas responsabilidades, para fazer as Forças Armadas respeitarem as atribuições que a Constituição lhe dá, fazendo com que se mantenha o respeito à Constituição, aos direitos humanos.[3]

No final de seu discurso, Sobral comentou com os jornalistas: "É um espetáculo espantoso, impressionante. Nem mesmo os comícios de Ruy Barbosa em 1909 e 1910 atingiram esta grandeza".[4]

Nenhum dos participantes da reunião da segunda-feira seguinte com Figueiredo, no Palácio do Planalto, presenciara, como Sobral Pinto, os comícios da primeira campanha efetivamente disputada da história do país – vencida pelo situacionista marechal Hermes da Fonseca. Mas, naquele início de 1984, todos reconheciam a imprevisibilidade do cenário. Havia claras indicações de enfraquecimento da duradoura estrutura do poder surgida em 1964:

- Desde 1975, a censura à imprensa fora afrouxada.
- Na primeira eleição direta para governos estaduais, uma dezena de oposicionistas alcançara o poder – inclusive nos maiores estados da federação.
- A inflação era galopante – 211,02% no ano anterior – e a crise econômica parecia sem solução.
- Depois de tentar sem sucesso apontar um candidato de consenso, João Figueiredo abrira mão de comandar sua sucessão.
- O partido do governo estava cindido entre três pré-candidatos: o deputado federal mais votado do país, Paulo Maluf, o ministro do Interior, coronel Mário David Andreazza, e o vice-presidente, Aureliano Chaves, e um punhado de dissidentes alinhados com a tese que já conquistara o país.

Mais ainda: a geração que não vivera as incertezas e tensões anteriores ao golpe de 1964 e jamais votara para presidente estava convencida de que chegara sua hora de entrar no jogo político pela porta da frente.

No início de março de 1984, o deputado Nelson Marchezan, líder do governo na Câmara,* propusera ao presidente uma fórmula para esvaziar o movimento Diretas Já: encaminhar outra emenda restabelecendo as eleições diretas, mas apenas para 1988, na eleição do sucessor de João Figueiredo.

Na reunião daquela segunda-feira, Marchezan retomou sua proposta, devidamente redesenhada pela caneta do chefe da Casa Civil, com a participação do jurista Miguel Reale e do ex-ministro do Supremo Tribunal Federal Xavier de Albuquerque, ao lado do ministro Leitão de Abreu.

O presidente reagiu trazendo para a discussão os argumentos contrários dos principais comandantes militares. De olho nas pesquisas de opinião, os comandantes das Forças Armadas rejeitavam liminarmente a Emenda Dante de Oliveira. Nove entre dez enquetes asseguravam que a eleição direta já tinha um vencedor: Leonel Brizola, então governador do Rio de Janeiro.

Aos 62 anos, calejado por um longo exílio, Brizola já não era o incendiário de décadas anteriores. Publicamente, admitira até mesmo que Figueiredo cumprisse um mandato-tampão antes da eleição direta. Mas nem assim conseguira ser palatável para a cúpula do regime. Uma campanha eleitoral que o tivesse como candidato, avaliava o sistema, se transformaria num insuportável julgamento do golpe – ou, nos termos adotados pelo regime, da Revolução de 1964.

Nesse contexto, encaminhar uma emenda propondo as diretas para 1988 poderia ser um tiro no pé. Bastava uma subemenda antecipando a data de validade da proposta e Brizola teria nova chance.

A certa altura, carrancudo, o presidente pareceu disposto a encerrar a conversa: "Eu não vou mandar a emenda!".**

---

*   De origem humilde, fora motorista e depois secretário particular do bispo de Santa Maria, sua cidade natal, onde se elegera vereador pelo Partido Democrata Cristão, aos 21 anos. Eleito para a Câmara Federal em 1974 com 81 mil votos, teve um desempenho quase paroquial no primeiro mandato, tratando de questões ligadas principalmente à agricultura, e apresentando projetos de lei muito específicos, alguns curiosos, como o que regulamentava a profissão de garçom e o que determinava que a Caixa Econômica Federal emitisse *sweepstakes* para as corridas de cavalos realizadas pelo Jockey Club de Pelotas, no Rio Grande do Sul. Reelegeu-se em 1978 com quase 100 mil votos e ganhou espaço e destaque enfrentando os emedebistas mais atuantes quando o governo resolveu acabar com o bipartidarismo. Em 1982, foi o sétimo colocado em termos absolutos, com 238.847 votos, pouco mais que Ulisses Guimarães. Acabou tornando-se presidente da Câmara e desenvolveu um bom relacionamento tanto com o presidente Figueiredo quanto com os oposicionistas. Morreu em 11 de fevereiro de 2002.

** A mais detalhada descrição do encontro é fruto do empenho dos repórteres do *Jornal do Brasil*, Gilberto Dimenstein, José Negreiros, Ricardo Noblat, Roberto Lopes e Roberto Fernandes.

Magro, alto, sorriso fácil, Marchezan não entregou os pontos: "Essa emenda virá tarde. Se tivesse sido anunciada há um mês, o movimento pelas diretas não teria sido tão grande e a dissidência do PDS que o apoia seria menor".

Com a silenciosa anuência dos dois senadores presentes, o deputado prosseguiu: "Ou a emenda marca as diretas para 1988 ou a Dante de Oliveira será aprovada".

Foi o bastante para o presidente dar uma pancada forte com a mão esquerda sobre a mesa, erguer a voz e ameaçar fechar o Congresso, transferindo os poderes para o ministro do Exército, Walter Pires.

Figueiredo podia fazer isso e muito mais – a própria Constituição de 1967 lhe dava o direito de decretar o estado de sítio, intervir nos estados, restabelecer a censura e suspender a liberdade de reunião e associação diante de "grave perturbação da ordem ou ameaça de sua irrupção". E, embora já não pudesse dispor do AI-5, ele podia se valer da nova Lei de Segurança Nacional. Em vigor havia quatro meses, ela estabelecera quatro anos de detenção para quem incitasse a subversão da ordem política ou social, promovesse a animosidade nas Forças Armadas ou entre estas e as classes sociais ou instituições ou criticasse o presidente e outras autoridades.

Apesar disso, Marchezan seguiu esgrimindo:

– Para que chamar o Pires, presidente?
– Você acha que eu ficarei de braços cruzados?
– Então aja agora, para não ter que agir depois...

2

Tenentes, integralistas, comunistas

Para entender melhor a histórica incapacidade dos governantes de assimilar a vontade popular – e, portanto, de buscar maneiras de fazer valer a sua –, vale voltar um pouco no tempo.

A distância entre povo e governo caracterizou o Brasil desde o primeiro momento. A autoridade de Pedro Álvares Cabral era assegurada por uma carta régia assinada por dom Manuel, dito O Venturoso, e deveria valer ante os habitantes originais do território, que nem a língua entendiam. No Brasil Colônia, só havia eleições para vereadores e juízes – que recebiam votos apenas dos chamados homens bons: chefes de família com títulos de fidalguia e que não exercessem ofícios mecânicos.* Os primeiros anos da República não trouxeram maior aproximação entre o povo e o poder: o voto não se tornou universal, nem secreto – continuou restrito. Analfabetos e mulheres não votavam, e os eleitores escreviam o nome de seu candidato num livro, sob a supervisão do "cacique" local, que acabava influenciando o resultado com sua presença.

Depois da apuração, os vencedores ainda passavam pelo crivo do "reconhecimento dos poderes" quando podiam ser aceitos ou "degolados", conforme a conveniência da maioria da Assembleia Legislativa ou do Congresso eleito. Como resultado, os coronéis se revezavam no poder e a oligarquia jamais perdia uma disputa.

---

* A primeira eleição geral do Império aconteceu em 1821. Seguia as normas da Constituição espanhola de 1812, pois Portugal ainda discutia a sua. Eleição era indireta, e menores de 25 anos (salvo os casados), militares e padres da mesma idade, escravos, mulheres, pobres, empregados domésticos e quem não exercia atividade remunerada não tinham direito ao voto.

Em 1910, o candidato de oposição, Rui Barbosa, fez uma campanha inovadora e ousada: foi escolhido em convenção partidária, apresentou uma plataforma de governo, realizou dezenas de comícios e viajou por todo o país apresentando suas ideias. Esclareceu diretamente a opinião pública urbana, mas foi derrotado pelo voto de cabresto nas eleições em que o voto ainda era facultativo e restrito. Venceu o marechal Hermes da Fonseca, candidato do *status quo* e dos militares.

Mudanças no processo político propriamente dito só aconteceriam a partir de 1922, um ano memorável para o país, então com 30 milhões de habitantes – dos quais dois terços eram analfabetos – e onde as notícias circulavam mais devagar do que as carroças.

Marcado pela Semana de Arte Moderna, pela fundação do Partido Comunista e pela revolta dos Dezoito do Forte de Copacabana – embrião do movimento tenentista –, 1922 é considerado um momento de inflexão no processo político que culminaria, oito anos mais tarde, no fim da República Velha e no advento do Estado Novo.

Em março de 1922, na segunda disputa presidencial efetiva, o governista Artur Bernardes derrotou Nilo Peçanha por 466.877 votos a 317.714. As acusações de fraude levaram ao primeiro ato do movimento tenentista: o levante militar que entraria para a história como os Dezoito do Forte de Copacabana.*

Oito meses mais tarde, o Rio Grande do Sul assistiu a uma verdadeira guerra pelo governo do estado entre o federalista Joaquim Francisco de Assis Brasil e Antônio Augusto Borges de Medeiros, no poder havia 24 anos. A batalha começou nas urnas, seguiu na apuração marcada pelas denúncias de fraudes e descambou para a guerra civil quando os partidários de Assis Brasil, conhecidos como maragatos, atacaram Passo Fundo e Palmeira das Missões com um exército mambembe.

---

* Num clima de insatisfação exacerbado pela divulgação de cartas falsas, atribuídas a Artur Bernardes, o marechal Hermes da Fonseca acabou preso por criticar a eleição. Surgiram então vários focos de revolta, o mais importante nas instalações do Forte de Copacabana, em 5 de julho de 1922. Liderados por Euclides Hermes da Fonseca, filho do marechal, e Siqueira Campos, os amotinados apontaram seus canhões para vários pontos da cidade. Pretendiam tomar o Palácio do Catete e recolocar Hermes da Fonseca na presidência até a recontagem dos votos. A desigualdade de forças levou-os a liberar quem quisesse sair. Dos trezentos amotinados, só 28 permaneceram no local. Euclides Hermes da Fonseca saiu para negociar com o governo, foi preso e o prédio passou a ser bombardeado pelas tropas governistas, até que um pequeno grupo deixou o forte, disposto a lutar. Eram dezessete militares, que a caminho do palácio receberam a adesão de um civil, Otávio Pessoa. Dezesseis foram mortos no confronto. Os sobreviventes, Eduardo Gomes e Siqueira Campos, acabaram presos.

Em clara inferioridade, os rebeldes sustentaram o combate por 324 dias. Os maragatos perderam a guerra, mas o Pacto das Pedras Altas selou o destino de Borges de Medeiros: terminaria o mandato, mas não se candidataria novamente. O maragato José Brizola, pai de Leonel Brizola – futuro governador do Rio Grande do Sul e do Rio de Janeiro –, abandonou os combates antes do acordo, mas não viveu para usufruir os tempos de paz. Foi preso e logo depois executado, no dia 11 de outubro de 1923. Em depoimento ao jornalista Ricardo Osman, Francisca, ou Quita, sua filha mais velha, relembrou o crime:

> Eram uns cem homens que se esconderam no mato. Nossa casa ficou em desordem, quebraram nossas coisas e, quando o pai retornou, foi preso. Minha mãe, com Leonel no colo, ainda foi atrás do grupo por alguns quilômetros.[1]

O filho caçula teria outra versão do episódio, mais cinematográfica. Leonel estava perto de casa quando notou a chegada do cavalo do pai:

> Lentamente, o cavalo se aproximou, cansado, cabeça baixa e, passo a passo, parou junto à casa. Minha mãe abriu a porta e gritou, num grito espantado de dor, mais grunhido do que outra coisa, em berros cada vez mais fortes. Tive medo, mas não chorei, e me agarrei no vestido da minha irmã mais velha para me proteger daqueles gritos. Minha mãe gritava e eu não via nada. Só o cavalo parado ali. Parado e triste.*[2]

Sem o marido e sem as terras (que perdeu numa disputa judicial), Oniva, mãe de Leonel, foi para São Bento, a oito quilômetros de Cruzinha. Em 24 de fevereiro de 1924, ela e toda a família enfrentaram uma viagem de sessenta quilômetros até Passo Fundo. Ali, na Igreja Matriz de Nossa Senhora da Conceição, o menino, que tinha nascido em 22 de janeiro de 1922, foi afinal batizado como Leonel Itagiba de Moura Brizola. Era uma dupla homenagem: ao líder maragato com quem seu pai havia lutado (Leonel Rocha, um caudilho desprezado pelos fazendeiros e idolatrado pelos agricultores) e a um irmão morto ao nascer.

Apesar de ter nascido em 1922 e vivido a ebulição cultural e política do período, Brizola não foi afetado pelas excentricidades dos modernistas, pelo radicalismo dos comunistas ou pelos tenentes em pé de guerra. No entanto, foi certamente

---

* Brizola contou sua versão da morte do pai ao jornalista Flávio Tavares, quando ambos viviam no exílio, em Montevidéu.

impactado pela disputa eleitoral do governo gaúcho que acabou com a vida de seu pai.

Um pleito que, como a maioria naquela época, foi marcado por fraudes. O jogo político baseava-se na chamada política dos governadores, um "toma lá, dá cá" não escrito, mas fielmente cumprido, em que o governo federal apoiava os governos estaduais, sem restrições.

Sem voto secreto, a base do sistema era o voto de cabresto, e a adulteração das atas era a regra, não a exceção. Na definição do historiador José Murilo de Carvalho, o voto podia ser fraudado em três momentos: na hora de ser lançado na urna, na hora de ser apurado ou na hora do reconhecimento do eleito. O resultado era um sistema que funcionava perfeitamente – desde que a vontade dos eleitores não fosse levada em conta: no município, o coronel mandava e desmandava, nomeando e empregando seus aliados; na província, o governador não sofria qualquer oposição na Assembleia, enquanto o presidente podia ter certeza de que suas iniciativas seriam aprovadas pelo Congresso. A democracia política era apenas formal.

Muito do repúdio a essa realidade vivida parece ter influenciado Leonel Brizola quando participou ativamente do movimento pelas Diretas Já em 1984.

Na época em que Oniva foi para São Bento, uma nova rebelião tenentista estourou, dessa vez em São Paulo. O plano dos rebeldes era, mais uma vez, depor o presidente, que governava sob estado de sítio. Suas bandeiras eram as mesmas erguidas em 1922: voto secreto, representação e justiça, moralização dos costumes políticos e respeito à Constituição de 1891. Após três semanas de luta, os revoltosos deixaram a capital e conseguiram chegar até o oeste do Paraná.

O levante seguinte aconteceu no Rio Grande do Sul. Em 28 de outubro de 1924, o 1º Batalhão Ferroviário de Santo Ângelo levantou-se contra o governo, sob o comando do tenente Mário Portela Fagundes e do capitão Luís Carlos Prestes. Gaúcho de Porto Alegre, Prestes estudara Engenharia na Escola Militar do Realengo, no Rio de Janeiro, formando-se com as maiores notas da história da instituição.

Mesmo reprimidos por 14 mil homens das forças governistas, os rebeldes conseguiram escapar. É que, enquanto as tropas do governo seguiam o modelo de combate tradicional, abrindo trincheiras e ficando na defensiva, Prestes optou pela "guerra de movimento", o que permitiu romper o cerco, marchar em direção ao norte e alcançar os outros tenentes amotinados no Paraná.

Em abril de 1925, oitocentos gaúchos e setecentos paulistas encontraram-se em Foz do Iguaçu, formando assim a 1ª Divisão Revolucionária, logo apelidada de Coluna Prestes. Durante dois anos e cinco meses, esses 1.500 combatentes percorreram 25 mil quilômetros sem ser derrotados. A marcha terminou em 1927, quando os revoltosos se exilaram na Bolívia e na Argentina.

Em 1926, a oposição não teve nenhum candidato disputando a eleição: o governador de Minas, Fernando de Melo Viana, aceitou ser o vice na chapa encabeçada pelo paulista Washington Luís – era a política do café com leite em operação.

Na eleição seguinte, no entanto, Washington Luís acabou com o revezamento entre paulistas e mineiros e indicou outro paulista, Júlio Prestes, como candidato do governo. A quebra da política do café com leite levou à criação da Aliança Liberal, que reunia Minas Gerais, Rio Grande do Sul e Paraíba contra o resto do país. O programa aliancista defendia o voto secreto, a independência do Judiciário e a anistia para os tenentes. O candidato escolhido para disputar as eleições pela Aliança Liberal foi o gaúcho Getúlio Dornelles Vargas, que já tinha sido deputado estadual, federal, ministro da Fazenda e governador do Rio Grande do Sul.

Exilado em Buenos Aires, e já contagiado pelas teses do Partido Comunista, Prestes foi contra:

> Não nos enganemos. Somos governados por uma minoria que, proprietária das fazendas e latifúndios e senhora dos meios de produção e apoiada nos imperialismos estrangeiros que nos exploram e nos dividem, só será dominada pela verdadeira insurreição generalizada, pelo levantamento consciente das mais vastas massas das nossas populações dos sertões e das cidades.[3]

Getúlio apresentou sua plataforma no Rio de Janeiro. Na mesma noite, durante um jantar no Hotel Glória, teria acontecido um episódio presenciado por várias testemunhas. Tudo começou quando o deputado Auler de Freitas apresentou ao candidato um jovem, magro e moreno, que acabara de chegar de Paris. O rapaz tomou a iniciativa no diálogo:

– Presidente, sou um estudioso de quiromancia e queria ver a mão de V. Exa.
– Mas eu não acredito, respondeu o presidente
– Exa., a quiromancia é uma ciência que estudei na Europa. Os senhores, que estão iniciando esta luta política, devem aproveitar a experiência da quiromancia como mais um instrumento de ajuda para encontrar os melhores caminhos para o país.*

---

* O vidente costumava dizer que a astrologia era mais eficiente que a astronomia, mas que não era infalível. Prudente e feliz observação, pois previu sua própria morte para o dia 30 de dezembro de 1970, mas só morreu nove anos mais tarde.

Vargas estendeu a mão e seu interlocutor a perscrutou:

– Estou vendo candelabros em sua mão. Só tinha visto isso na mão de Clemenceau.* Mas um só. Na mão de V. Exa. estou vendo quatro. V. Exa. não chegará ao poder pelo voto, mas pelas armas. Terá três lustros (15 anos) de poder, com as luzes dos candelabros ameaçando apagar-se várias vezes, até que enfim se apagam. Mas logo depois há novo brilho, os candelabros de novo se acendem, para, afinal, sumirem definitivamente nas sombras.[4]

Confirmando a previsão de Sana Khan, um vidente que fazia sucesso na época, Vargas perdeu por 742.794 a 1.091.709 votos no pleito mais participativo da época: 5,6% dos habitantes votaram.**

Os resultados do pleito para presidente foram contestados pela Aliança Liberal. E, em vários estados, a Justiça Eleitoral não reconheceu o mandato de oposicionistas eleitos. Os inconformados armaram uma conspiração que ganhou força no país duplamente abalado – economicamente pela crise de 1929 e emocionalmente pelo assassinato do governador da Paraíba e candidato a vice-presidente na chapa de Getúlio, João Pessoa, em julho de 1930.

No dia 3 de outubro de 1930, Vargas embarcou num trem para o Rio de Janeiro como comandante do movimento que ficaria conhecido como Revolução de 1930 – Washington Luís foi deposto e Júlio Prestes impedido de assumir o cargo para o qual havia sido eleito. Um mês depois, assumiu a presidência do governo provisório.

Governo que oito dias mais tarde suspendeu as garantias da Constituição de 1891 (exceto o *habeas corpus* para crimes comuns), dissolveu o Parlamento, nomeou interventores, proibiu a Justiça de examinar os atos do Executivo, aposentou

---

* Georges Benjamin Clemenceau (Mouilleron-en-Pareds, 28 de setembro de 1841-Paris, 24 de novembro de 1929) foi um estadista, jornalista e médico francês. Entre 1902 e 1920, Clemenceau foi eleito senador. Ocupou o cargo de primeiro-ministro da França nos períodos 1906-1909 e 1917-1920. Neste último, chefiou o país durante a Primeira Guerra Mundial e foi um dos principais participantes da Conferência de Paz de Paris, que resultou no Tratado de Versalhes.

** Getúlio conquistou 610 mil votos nos três estados aliancistas – Minas, Paraíba e, principalmente, no Rio Grande do Sul. No Rio de Janeiro, houve praticamente um empate, mas, no resto do país, Júlio Prestes garantiu uma confortável vantagem. Houve outros candidatos: o Partido Comunista do Brasil (depois Partido Comunista Brasileiro), fundado oito anos antes, achava que Júlio Prestes era um lacaio do imperialismo britânico e Getúlio, do americano, e lançou Minervino de Oliveira, um operário marmorista que era vereador pela legenda do Bloco Operário Camponês, pois o PCB fora posto na ilegalidade no ano de sua fundação. Durante a campanha, Minervino foi preso duas vezes. Nas urnas, teve 720 votos.

militares e ministros do Supremo Tribunal Federal refratários ao novo tempo e mandou investigar a administração anterior.

Não seria dessa vez que a democracia ganharia espaço no Brasil: Getúlio Vargas governaria sem Constituição até 1934.

Em 1932, São Paulo insurgiu-se contra o novo governo presidencial. O movimento, que se apresentava como constitucionalista, tinha como fermento o inconformismo da elite do café, alijada do poder dois anos antes pela Revolução de 1930. Para tentar contornar a situação, Getúlio nomeou um interventor alinhado com as demandas dos paulistas – Pedro de Toledo, que acabaria se unindo ao movimento contra o governo federal – e marcando eleições para 1933. Mas, a essa altura, já havia uma frente ampla em ação: a Frente Única Paulista.

O movimento amplificou-se a partir da morte de quatro jovens. O episódio que vitimou Mário Martins de Almeida, Euclides Miragaia, Dráusio Marcondes de Sousa e Antônio Camargo de Andrade, eternizados na sigla MMDC é bem conhecido.* Mas o que poucos sabem é que eles morreram durante um confronto com governistas, num ataque à sede da Liga Revolucionária, organização favorável ao regime de Vargas situada nas proximidades da praça da República.

A revolução dos paulistas foi comandada por um gaúcho e um carioca: Isidoro Dias Lopes, de quase 70 anos, e Euclides Figueiredo, pai do futuro presidente da República, João Figueiredo. Vinte anos mais novo que Lopes, Euclides participara de diversas revoltas e rebeliões – dos dois lados do balcão.** Sua vivência não o impediu de ser um dos últimos a reconhecer a derrota: São Paulo já havia se rendido e Euclides ainda sonhava em continuar a luta. Seguiu rumo ao Rio Grande do Sul, foi preso e mandado para o exílio em Portugal.

* * *

---

* Três morreram na hora, o quarto algum tempo depois. Houve ainda um quinto ferido, o estudante Orlando de Oliveira Alvarenga, que morreu três meses depois e não teve seu nome associado ao movimento.

** Aluno na Escola Militar da Praia Vermelha, participara em 1904 do levante popular contra a vacina obrigatória, conhecido como a Revolta da Vacina. Preso e anistiado, formara-se na Escola de Artilharia e Engenharia de Realengo, estagiara na Alemanha e atuara na repressão à Revolta de Canudos. Em 1922, já servindo em Realengo, combatera os tenentes que tomaram o Forte de Copacabana. Convidado a ser um dos líderes da revolução comandada por Vargas, Euclides disse não. De acordo com Guilherme Figueiredo, por achar que, à medida que os militares fossem participando de revoluções, também iriam começar a participar das coisas políticas e acabariam tomando o lugar dos políticos.

A revolução constitucionalista foi derrotada, mas de algum modo influenciou as eleições seguintes, feitas com base no novo Código Eleitoral, que introduziu quatro modificações importantes: estendeu o voto às mulheres, criou a Justiça Eleitoral, tornou obrigatório o registro prévio das candidaturas e ampliou as garantias para o voto secreto, com o uso de cabines de votação e de envelopes para colocar as cédulas.

Mas a ampliação da representatividade foi acompanhada pela vinculação de parte dos constituintes às associações profissionais, que tiveram direito de escolher quarenta representantes, enquanto os outros foram escolhidos pelo voto popular. A principal razão dessa mescla era o temor de que a democratização pudesse levar ao retorno das práticas políticas da Velha República

Duas forças políticas antagônicas e influentes que tinham ligação com o exterior foram postas à margem de todo o processo: os comunistas e os integralistas. Nenhuma das duas tinha lá muito apreço pela democracia representativa, registre-se. Os primeiros não puderam concorrer, sob a alegação de que faziam parte de uma "organização de caráter internacionalista". A esquerda ainda inscreveu alguns nomes pela legenda improvisada da União Operária e Camponesa, mas não elegeu nenhum. Já a Ação Integralista Brasileira, que seduzira amplos setores da intelectualidade e da classe média,* ainda não era um partido oficialmente, mas um movimento cívico, político e cultural.

Na eleição indireta para presidente, Getúlio obteve 175 votos ou 70% do total. O segundo colocado foi Borges de Medeiros (o mesmo que fora o pivô da rebelião de 1923), com 58 votos. O general Góis Monteiro teve quatro votos, Protógenes Guimarães, dois. Outros oito nomes receberam apenas um voto. Um deles era Plínio Salgado – justamente o que tinha o maior respaldo popular organizado, assegurado pela Ação Integralista Brasileira, numa prova de que, nas indiretas, o apoio popular nem sempre pesa.

Paulista de São Bento de Sapucaí, Salgado tivera participação discreta na Semana de Arte Moderna de 1922. Quatro anos mais tarde, publicara o romance *O estrangeiro* e se tornara membro dos grupos Verde Amarelo e Anta. Em 1928, elegera-se deputado estadual pelo Partido Republicano Paulista.

Salgado acenava com uma certa Democracia Orgânica, num Estado Integral, claramente inspirado no fascismo de Benito Mussolini, com quem chegara a

---

* Os juristas Miguel Reale e Goffredo da Silva Telles, os escritores Gustavo Barroso, José Lins do Rego e Vinícius de Moraes estiveram entre seus militantes ou simpatizantes. Também teriam sido integralistas dom Hélder Câmara, Neiva Moreira e San Tiago Dantas.

conversar pessoalmente. Sob o lema "Deus, pátria e família" e tendo como símbolo a letra grega sigma, os integralistas promoviam desfiles apoteóticos, nos quais os militantes marchavam com o braço estendido à frente. A saudação era a palavra "anauê", termo tupi-guarani que quer dizer "você é meu irmão", e o uniforme, obrigatório, incluía uma camisa verde. Nos casamentos, só as noivas podiam dispensá-lo.

O integralismo pretendia construir uma sociedade de puros, adeptos dos valores morais mais elevados. Para Salgado, o mal do mundo estava no materialismo:

> Quando predomina o materialismo, também predomina o orgulho, a vaidade, a rebeldia, a discórdia, a indisciplina, razão pela qual as civilizações desabam, as Pátrias sucumbem, a sociedade apodrece na confusão desmoralizadora dos costumes; e a vida se torna insuportável.

A nova Constituição, promulgada em 16 de julho de 1934, no entanto, não baixou a temperatura política do país, que replicava o clima reinante em boa parte do mundo.

Na Itália, Mussolini fez de tudo para que a seleção italiana de futebol vencesse a Copa. Na Alemanha, comunistas foram injustamente acusados de atear fogo ao Parlamento. Milhares de pessoas foram presas. Intelectuais e artistas começaram a debandar: Albert Einstein foi para Princeton; Bertolt Brecht, para a Dinamarca, e a pequena Anne Frank acompanhou os pais, perseguidos por serem judeus, na mudança para Amsterdã. Na China, Mao Tse-Tung iniciava a Grande Marcha. Na União Soviética, Joseph Stálin iniciava a série de expurgos que resultaria na liquidação de treze de quinze generais de cinco estrelas do Exército Vermelho, 5 mil oficiais, dois terços dos quadros do PC, além de milhares de civis – todos acusados de serem "inimigos do povo".

No Brasil, os integralistas fizeram seu primeiro desfile no Rio de Janeiro em maio de 1934, com 4 mil pessoas. Em junho, outros 3 mil marcharam pelas ruas de São Paulo. No dia 24 de agosto, a polícia dissolveu o Congresso Antiguerreiro que o PC realizava no Teatro João Caetano, no Rio de Janeiro, matando quatro e ferindo outros vinte. Durante a repressão policial às greves, que se multiplicavam depois da que paralisou as barcas que ligavam o Rio a Niterói, soldados e cabos do Exército tomaram o partido dos grevistas.

A esquerda brasileira não se entendia nem mesmo em relação a qual seria o inimigo principal: se a guerra mundial ou o fascismo. Assim, enquanto os comunistas organizavam o Comitê Antiguerreiro, trotskistas e anarquistas criavam a

Frente Única Antifascista. Eles só concordavam em um ponto: era preciso barrar o avanço dos integralistas.

Pouco antes das eleições para as constituintes estaduais, a coisa esquentou de vez. Em Bauru, no interior de São Paulo, onde Plínio Salgado faria uma palestra comemorando a Revolução de 1930, integralistas e esquerdistas entraram em conflito. O tiroteio deixou um morto e quatro feridos – todos camisas-verdes da Ação Integralista Brasileira. Um dos principais acusados de ter participado da agressão aos integralistas era candidato a deputado estadual pela Coligação das Esquerdas.

Quatro dias depois, no domingo, os dois anos do Manifesto Integralista seriam lembrados na praça da Sé, a mesma que, cinquenta anos mais tarde, abrigaria o grande comício das Diretas. Todos os grupos de esquerda mobilizaram-se para impedir a manifestação. A Federação Operária de São Paulo, controlada pelos anarquistas, publicou um manifesto que ia direto ao ponto:

> És amigo da liberdade? – Queres que o Brasil marche para a paz e o progresso? – Repugna-te o crime e a bandalheira? – És amante da arte, da ciência e da filosofia? Pois então, guerra ao integralismo com todas as tuas energias. [...] Todos os homens de brio devem comparecer à praça da Sé, no dia 7, às 15 horas, para impedir o desfile dos bárbaros integralistas.[5]

Sob proteção da polícia, os camisas-verdes percorreram a avenida Brigadeiro Luís Antônio disputando uma guerra de *slogans* com seus adversários. Ao chegarem à praça da Sé, se depararam com quatrocentos homens dos bombeiros e da cavalaria da polícia, além da guarda civil.

De acordo com a *Folha da Manhã*, um civil que buscava escapar do confronto, na base de socos e bengaladas, tropeçou numa metralhadora instalada pela polícia diante da catedral fazendo a arma disparar em direção aos policiais e matando um guarda civil. Em seguida, foram disparados tiros de um prédio próximo, e os integralistas responderam ao fogo. O confronto se alastrou e terminou com seis mortos e 34 feridos – entre os últimos, o fundador da Liga Comunista (trotskista) e crítico de artes plásticas Mário Pedrosa.

Os grandes jornais não foram lá muito isentos. Enquanto o *Jornal do Brasil* dava manchete sobre a "covarde agressão às hostes integralistas na praça da Sé", a *Folha da Manhã* saiu com "Violento choque entre integralistas e extremistas". O grupo responsável pela *Folha da Manhã** ainda acabou forçado a corrigir a

---

* Em 19 de fevereiro de 1921, os jornalistas de *O Estado de S. Paulo* Olival Costa e Pedro Cunha fundaram a *Folha da Noite*, um vespertino voltado para os assalariados urbanos. Em julho de 1925,

informação veiculada pela *Folha da Noite*, que, logo depois do conflito, afirmara ter a rajada de metralhadora partido de comunistas instalados na sede da União dos Trabalhadores Gráficos (UTG). Em sua edição de 9 de outubro, a *Folha da Manhã* assinalou: "A reportagem dos acontecimentos cujas notas foram oficialmente fornecidas pela polícia, registrou, nas primeiras edições, lapsos compreensíveis dada a balbúrdia existente na Central da Polícia". Em seguida, deu a nota oficial da UTG, informando que havia seis meses não ocupava o tal endereço.

Enquanto os integralistas agiam, um pequeno grupo de intelectuais e militares contrariados com os rumos do governo Vargas reunia-se no Rio para criar uma nova organização política. Inspirada nas frentes populares que combatiam o nazifascismo em vários países da Europa, a Aliança Nacional Libertadora (ANL) era composta por comunistas, mas agregava ainda socialistas, ex-integrantes do tenentismo, liberais e católicos. Contrária ao latifúndio, ao imperialismo, a Hitler e a Mussolini, a organização declarava-se a favor da reforma agrária, das liberdades democráticas e da suspensão do pagamento da dívida externa.

Alguns líderes da Revolução de 1930, como Miguel Costa e Agildo Barata, romperam radicalmente com Getúlio para se tornarem dirigentes da ANL. Para ocupar o cargo de presidente de honra da ANL foi escolhido Luís Carlos Prestes, que voltaria ao Brasil clandestinamente em abril de 1935 depois de passar um tempo na União Soviética. Prestes desembarcara no Rio acompanhado por uma mulher alta, de cabelos escuros e olhos azuis que os comunistas tinham designado para cuidar de sua segurança, e com quem acabou se casando: Olga Benário, uma agitadora alemã de origem judia nascida em Munique.

Menos de três meses mais tarde, num manifesto em que expressava sua adesão às teses marxistas, Prestes deixou claro que não havia meio-termo: a escolha era entre o fascismo e a ANL. A democracia não era uma alternativa:

> A luta não é, pois, entre dois "extremismos" como querem fazer constar os hipócritas defensores de uma "liberal democracia" que nunca existiu e que o povo só conhece através das ditaduras sanguinárias de Epitácio Pessoa, Artur Bernardes, Washington Luís e Getúlio Vargas. A luta está travada entre os libertadores do Brasil, de um lado, e os traidores a serviço do imperialismo, do outro.[6]

---

surgiu a *Folha da Manhã* e, em 1949, nasceu a *Folha da Tarde*. Em 1º de janeiro de 1960, as três se fundiram e deram lugar à *Folha de S.Paulo*, adquirida dois anos depois por Octavio Frias de Oliveira e Carlos Caldeira Filho.

A ANL, garantia, abrigaria todos os que concordassem com o seu programa mínimo: os rebeldes paulistas de 1932, os intelectuais honestos, a juventude estudantil, donas de casa, mães de família, irmãs e filhas de trabalhadores. O manifesto terminava com um mote exclamativo, adaptação clara do lema dos bolcheviques em 1917: "Todo o poder à ANL!".

Quem leu o documento na comemoração dos dez anos do levante tenentista de 1922 foi um estudante de 23 anos que fazia assim, em grande estilo, sua estreia no cenário político brasileiro: Carlos Frederico Werneck de Lacerda. O rapaz míope e narigudo tinha política em seu DNA. Neto de um dos fundadores do Partido Republicano e filho de um advogado apaixonado pela política – também deputado federal, prefeito de Vassouras e financiador de um jornal anarquista –, era Carlos em homenagem a Karl Marx e Frederico por causa de Friedrich Engels. Aos nove anos, numa carta à sua mãe, Carlos jurou não se meter em política. Não cumpriu o prometido, nem fez jus ao nome, salvo no curto período de namoro com o Partido Comunista, que incluiu a pichação da estátua de Pedro Álvares Cabral e a leitura do manifesto de Prestes, apontando o glorioso futuro da Aliança.

O manifesto foi o pretexto que faltava para Vargas decretar a ilegalidade da ANL. Mesmo assim, o projeto de insurreição popular que os comunistas acalentavam acabou acontecendo, mas sem obedecer a qualquer planejamento.

Tudo começou em Natal, no Rio Grande do Norte, no dia 23 de novembro de 1935, e teve como motor uma categoria que voltaria à ribalta mais adiante: os sargentos. Insatisfeitos com a defasagem salarial e com a volta de um dispositivo regulamentar que aposentava compulsoriamente os militares que não tivessem alcançado o oficialato após dez anos na ativa – o que era um grande problema, principalmente nas cidades do Nordeste –, os sargentos do 21º Batalhão de Caçadores, ao lado de cabos e soldados, assumiram o controle da cidade, o que levou o governador e outras autoridades a refugiar-se na embaixada da Itália. Enquanto isso, o sapateiro João Praxedes de Andrade, membro da direção regional do PCB, assumia a liderança de um Comitê Popular Revolucionário formado por comunistas. No entanto, depois de alcançar Recife, e sem contar com o esperado reforço das massas da Vila Militar ou da Escola de Aviação, os poucos rebeldes foram rendidos pelas forças governistas, que contavam com o apoio dos militantes da AIB, liderados por Plínio Salgado.

A resposta do regime foi imediata: antes mesmo de a rebelião pipocar no Rio de Janeiro, Vargas decretou o estado de sítio. Pouco depois, centenas de pessoas foram presas.

Em menos de cinco meses após a revolta, de novembro de 1935 a março de 1936, foi reformada a Constituição de 1934 para ampliar os efeitos das medidas de emergência e alterada a Lei de Segurança Nacional. A repressão policial foi feroz. Servidores públicos e militares foram expurgados a partir da Comissão Nacional de Repressão ao Comunismo e os acusados passaram a ser julgados pelo Tribunal de Segurança Nacional. O modelo repressivo seria em boa parte copiado na ditadura seguinte, como se verá adiante.

3

As eleições de 1938 e o Estado Novo

Havia uma eleição no horizonte, mas ainda não seria dessa vez que o poder trocaria de mãos. A oposição lançou a candidatura de Armando de Sales Oliveira pela União Democrática Brasileira, apoiado por Juraci Magalhães e Otávio Mangabeira, da Bahia, Flores da Cunha, do Rio Grande do Sul, Prado Kelly, do Rio de Janeiro, e Antônio Carlos, de Minas Gerais.

Para enfrentar o prestígio de Sales Oliveira, Vargas apostou no ministro da Viação, José Américo de Almeida, com o apoio da maioria dos governos estaduais. E havia até um terceiro candidato, Plínio Salgado, pela Ação Integralista Brasileira – o grande partido de massas da época.

A escolha do candidato dos integralistas foi legitimada por meio de plebiscito com 846.544 participantes, e, para a eleição, o partido montou 4 mil comitês eleitorais pelo país. O jornal *A Razão*, porta-voz do movimento, descrevia do seguinte modo as alternativas oferecidas ao eleitor:

> O povo brasileiro já conhece os candidatos à presidência da República nas próximas eleições. Um é indicado pelas chamadas "forças majoritárias" do país; outro pelas chamadas "forças de oposição" ao Catete, e um terceiro é o indicado pelo único partido político de âmbito nacional. Do primeiro se aguarda a palavra sobre o seu programa; do segundo, já se conhecem alguns discursos; e do terceiro, há quase dois anos, já se sabe qual será a sua diretriz, já se conhecem as linhas mestras do seu programa, já se sabe enfim como vai governar, o que quer fazer e como fará aquilo que quer.[1]

Toda essa onda teve pouca eficácia: na verdade, ao manter as aparências, Getúlio simplesmente ganhava tempo para destruir seus adversários, já que, no

Congresso, não conseguiria os dois terços necessários para mudar a Constituição e prorrogar o seu mandato.

Se o caminho normal não levava aonde ele queria, era preciso encontrar um pretexto para justificar a quebra das regras. E ele veio em 30 de setembro de 1937, no programa de rádio *A Hora do Brasil* (antecessor de *A Voz do Brasil*), quando, em tom de quem faz uma denúncia terrível, o general Góis Monteiro, chefe do Estado-Maior, anunciou a descoberta de um certo Plano Cohen, armado por comunistas brasileiros e soviéticos para deflagrar uma nova insurreição armada, semelhante à Intentona Comunista, ocorrida dois anos antes. O movimento prometia tudo a que tinha direito: saques, depredações, incêndio de casas e prédios, greves estudantis e operárias e o assassinato de generais.

Acontece que tudo não passava de uma fraude tosca e primária. Nem o nome do plano era real. Na primeira versão, seus criadores usaram a assinatura fictícia de um comunista húngaro chamado Bela Kun. Quando o verdadeiro Kun foi acusado de trotskismo, preso e executado, o plano passou a atender pelo nome de Cohen. O plano era, na verdade, o *début* do capitão e integralista Olímpio Mourão Filho, que forjara o documento. Mourão Filho ressurgiria no cenário político 27 anos mais tarde, e em grande estilo.

Plínio Salgado teve a impressão de que chegara sua vez e resolveu dar uma demonstração de força – e de respaldo ao governo de Vargas. Então, em 1º de novembro, mimetizando a marcha sobre Roma que antecedera a ascensão de Mussolini quinze anos antes, o líder dos integralistas desfilou à frente de milhares de camisas-verdes – estima-se que estavam presentes entre 10 mil e 50 mil pessoas – até o Palácio do Catete para manifestar apoio a Getúlio e sua luta contra o comunismo ateu. Dias mais tarde, pouco antes de Getúlio anunciar o Estado Novo, a AIB teve um gesto impensável para um partido político: simplesmente retirou a candidatura de seu líder à Presidência.

Não adiantou nada: nove dias mais tarde, o Congresso amanheceu cercado por tropas do Exército. À noite, em cadeia nacional pela *Hora do Brasil*, Vargas anunciou a oficialização de uma nova ordem política no país, o Estado Novo – única saída para "salvar" o Brasil do perigo comunista. Com isso, a 14ª eleição presidencial foi para o espaço.

A lua de mel entre o governo e os integralistas durou pouco. No dia 2 de dezembro, um decreto-lei acabou com todos os partidos políticos, proibiu o funcionamento de milícias cívicas e organizações auxiliares e vetou expressamente o uso de uniformes, estandartes, distintivos e outros símbolos. As organizações políticas que existiam até então poderiam, quando muito, virar sociedades civis para fins culturais, beneficentes ou desportivos, desde que mudassem de nome.

Os argumentos eram que o sistema eleitoral era artificial, os partidos não tinham programa ou esposavam ideologias contrárias ao novo regime, que deveria "estar em contato direto com o povo, sobreposto às lutas partidárias de qualquer ordem, independendo da consulta de agrupamentos, partidos ou organizações, ostensiva ou disfarçadamente destinados à conquista do poder público".[2]

Ou seja, em vez transformar o integralismo em base teórica do novo regime, Vargas ignorou o apoio dos camisas-verdes e jogou a AIB na mesma vala em que lançara as outras organizações políticas.

Os integralistas não aceitaram passivamente a mudança e, com a participação de outros oposicionistas, tentaram o golpe duas vezes: em março e em maio de 1938. O primeiro levante ocorreu sob o comando militar de Euclides Figueiredo. O segundo começou quando um oficial apresentou-se no quartel da Polícia Militar com uma ordem de soltura de um prisioneiro. Porém, o oficial do dia desconfiou e ligou para o delegado cuja assinatura estava no documento, e este negou ter assinado o papel. Horas mais tarde, outro grupo atacou a residência de Getúlio, mas foi rechaçado pela guarda do Palácio Guanabara e, em seguida, por tropas do Exército. O auê (não confundir com anauê) não durou nem cinco horas.

Ao longo do tempo, os integralistas mudaram várias vezes a interpretação do que ocorrera. Milhares foram presos. Plínio Salgado negou qualquer participação na tentativa de golpe e foi excluído do processo por falta de provas. Mesmo assim, acabou sendo preso e exilado. Viveu seis anos em Lisboa, acompanhado da mulher e de um secretário particular. Suas contas foram pagas com ajuda de integralistas e, aparentemente, por um generoso suporte financeiro dado pelo governo de Vargas.*

O arcabouço legal do assim chamado Estado Novo foi assegurado pelo ex-integralista mineiro Francisco Campos, autor da Constituição de 1937. Entre as

---

* No arquivo político de Salgado, encontra-se um balanço de caixa, datado de abril de 1946 e referente aos 82 meses de seu exílio, que traz mais um indício de que ele recebia auxílio governamental: para além do registro das verbas enviadas pelos integralistas, há a indicação de expressivo montante que teria sido "Recebido por intermédio de D. Rosa Lins Albuquerque, a partir de 30.9.42 até 10.6.45". Por essa rubrica, teriam sido recebidos 699$800$00. A atualização monetária desse valor, considerando a data de junho de 1945, para abril de 2010, feita por Gilberto Calil, doutor em História Social (UFF), professor adjunto do curso de História e do PPGH da Universidade Estadual do Oeste do Paraná, em *Os integralistas frente ao Estado Novo: euforia, decepção e subordinação*, indica um montante de R$ 1.022.259,12.

mudanças, a nova Constituição estabeleceu que a eleição presidencial seria indireta, nos seguintes termos:

> Art. 82 – O Colégio Eleitoral do Presidente da República compõe-se: a) de eleitores designados pelas Câmaras Municipais, elegendo cada Estado um número de eleitores proporcional à sua população, não podendo, entretanto, exceder o número de vinte e cinco; b) de cinquenta eleitores, designados pelo Conselho da Economia Nacional, dentre empregadores e empregados em número igual; c) de vinte e cinco eleitores designados pela Câmara dos Deputados e de vinte e cinco designados pelo Conselho Federal, dentre cidadãos de notória reputação.

Além de cancelar a eleição presidencial marcada para 1938, o Estado Novo feriu mortalmente o sistema federativo. O governo federal não se contentou em nomear interventores para todos os estados – mandou queimar as bandeiras estaduais numa cerimônia cívica, com a intenção de deixar claro quem mandava no país. Tecnocratas assumiram o comando dos negócios públicos e o Congresso foi substituído por conselhos técnicos.

O Estado reforçou sua presença como agente econômico, as importações foram diminuídas, dando espaço para um surto de desenvolvimento industrial. Essa medida levou muitos empresários, que antes se opunham ao governo, a aproximar-se de Getúlio. Em 1942, todo um sistema legal trouxe grandes avanços para os trabalhadores: salário mínimo, férias, limitação de horas de trabalho, carteira de trabalho, Justiça do Trabalho. As condições de trabalho melhoraram, mas o custo de vida continuou altíssimo. Em dissertação de mestrado defendida em 1993 (*Cenas de uma pálida modernidade: condições de vida da classe trabalhadora em São Paulo, no Estado Novo*), José Rogério da Silva mostra que a carestia de vida foi constante e progressiva ao longo do Estado Novo: de 1935 a 1945, o custo de vida mais que triplicou,* enquanto os salários pouco cresceram.

---

* Entre 1920 e 1939, a flutuação do custo de vida no Brasil era calculada a partir da indexação dos gastos com a manutenção da família de Leo Affonseca Jr., pertencente à alta classe média. O próprio Leo fazia as contas e as enviava para o governo, que as publicava. Com a criação da Lei do Salário Mínimo, o índice passou a ser calculado pela Fundação Getulio Vargas, batizado de Índice de Custo de Vida (ICV). Em junho de 1966, foi realizada uma pesquisa de orçamentos domésticos, com vistas a modernizar o ICV. Para tanto, foram preenchidas, pelos funcionários da própria FGV e por operários do Arsenal de Marinha, cadernetas domiciliares, nas quais se registravam, dia a dia, a natureza e o valor do consumo dos diferentes itens de despesa. Dessas cadernetas, foram selecionadas, por amostragem, 36 referentes a famílias de operários do Arsenal de Marinha e 27 da própria FGV, todas com salários inferiores a Cr$ 15.000. O índice derivado dessa pesquisa foi publicado a

Os meios de comunicação receberam a missão de exaltar o "realizador do progresso material" e o "conciliador entre as classes e protetor dos oprimidos": o presidente Getúlio Vargas. Numa postura que os manuais de comunicação de hoje definiriam como proativa, foi criado o Departamento de Imprensa e Propaganda (DIP), que controlava a censura e incentivava a produção de cartazes, espetáculos, livros e artigos laudatórios. Pela primeira vez na história do país, o governo passou a usar todos os meios de promoção de seu líder. Na música popular, a canção "O sorriso do presidente" festejava:

> Surgiu Getúlio Vargas
> O grande chefe brasileiro
> Que entre os teus filhos
> Como um herói foi o primeiro.

O livreto do DIP intitulado *O Brasil é bom*, lançado em 1938, recomendava:

> Menino: Lê este livrinho com atenção. Aprende estes ensinamentos. Se teu pai e irmãozinhos sabem ler, faze com que o leiam contigo. Se eles não sabem ler, prestarás um serviço ao teu Brasil, lendo-o em voz alta para que eles o ouçam e aprendam o que nele se ensina.

E o que ensinava o tal livro?

> Se todos os brasileiros são irmãos, o Brasil é uma grande família. Realmente, é uma grande família feliz. Uma família é feliz quando há paz no lar. Quando os membros não brigam. Quando não reina a discórdia [...] O chefe do governo é o chefe do Estado, isto é, o chefe da grande família nacional. O chefe da grande família feliz [...]

Em 1942, teve início o enfraquecimento de Getúlio. Após dezenove embarcações de bandeira brasileira serem bombardeadas por submarinos alemães, a União Nacional dos Estudantes, a UNE, tomou as ruas e, diante da pressão popular, Vargas declarou guerra contra a Alemanha, Itália e Japão, o chamado Eixo.

A partir de 1943, floresceram manifestações em favor do fim da ditadura do Estado Novo e da redemocratização do país: o Manifesto dos Mineiros e o

---

partir de março de 1958 e já abrangia 85 itens de despesas. Desde então, os índices foram sendo aperfeiçoados e surgiram medições mais específicas – INPC, IPCA, IPCS, INCC, etc.

I Congresso Brasileiro de Escritores. Independentes e não alinhados aglutinaram-se em torno de Carlos Lacerda.*

Getúlio ainda tentou se manter: abriu espaço para o surgimento de partidos, restabeleceu a Justiça Eleitoral, estabeleceu relações com a União Soviética, concedeu a anistia (que o Supremo Tribunal Federal havia antecipado) e marcou eleições para dezembro de 1945. Mas não chegou até lá. Às sete da noite de 29 de outubro de 1945, três caminhões com soldados deixaram o Ministério da Guerra rumo ao Palácio do Catete. No comando, estava o chefe de gabinete do comando do Núcleo da Divisão Blindada, o major Ernesto Geisel. A divisão deveria ocupar o centro do Rio e o Palácio Guanabara durante a deposição do presidente.**

Logo após o golpe que depôs Getúlio, as sedes do PCB foram invadidas e depredadas e seus dirigentes passaram a ser perseguidos e presos.

---

* Presidido por Aníbal Machado, o Congresso reuniu delegados de todo o país e escritores de outros dezesseis países. Os paulistas eram representados, entre outros, por Antonio Candido, Arnaldo Pedroso d'Horta, Caio Prado Júnior, Guilherme de Almeida, Monteiro Lobato, Luís Martins, Oswald de Andrade, Mário de Andrade, Sérgio Milliet. A delegação carioca incluía Afonso Arinos de Melo Franco, Alceu Amoroso Lima, Aparício Torelli (mais conhecido como Barão de Itararé), Augusto Frederico Schmidt, Austregésilo de Ataíde, Carlos Drummond de Andrade, Carlos Lacerda, Cecília Meireles, Dinah Silveira de Queiros, Gilberto Freire, Guilherme Figueiredo, José Lins do Rego, Josué Montelo, Malba Tahan, Manuel Bandeira, Marques Rebelo, Moacir Werneck de Castro, Pedro Nava, Prudente de Morais Neto, Roquete Pinto, Sérgio Buarque de Holanda, Viana Moog, Vinícius de Moraes, Virgílio de Melo Franco. Dos outros estados vieram Afrânio Peixoto, Alphonsus de Guimarães Júnior, Astrogildo Pereira, Aurélio Buarque de Holanda, Carlos Castelo Branco, Érico Veríssimo, Fernando Sabino, Graciliano Ramos, Hélio Pelegrino, Jorge Amado, Luís Viana Filho, Murilo Rubião, Otto Lara Resende, Paulo Mendes Campos, Pompeu de Souza.
** Elio Gaspari registra que Geisel não estava preocupado com a redemocratização ao cercar o palácio: "Getúlio foi deposto porque prometeu eleições e queria fazer trapaça. Estava sendo safado".[3]

4

Getúlio vai, volta e cai

No dia 1º de dezembro de 1945, após dezesseis anos de ditadura, 7,5 milhões de brasileiros foram às urnas. Era a 14ª eleição presidencial, a primeira escolha verdadeiramente democrática de um presidente da República em toda a história do país. Eram quatro candidatos: o brigadeiro Eduardo Gomes, da União Democrática Nacional, que teve 3,2 milhões de votos; o marechal Eurico Gaspar Dutra, do Partido Social Democrático, com 2 milhões (em aliança com o Partido Trabalhista Brasileiro, que não lançou candidato próprio); Yedo Fiúza, ex-prefeito de Petrópolis, que concorreu pelo Partido Comunista, com 500 mil; e Mário Rolim Teles, cafeicultor paulista, representando o nanico Partido Agrário Nacional, que conquistou 10 mil.

Foi no contexto dessa disputa eleitoral que Brizola iniciou sua carreira política. Trabalhando e estudando Engenharia em Porto Alegre, ele juntou-se aos sindicalistas do Partido Trabalhista Brasileiro.

Ao longo da vida, justificaria a escolha de várias formas. Em 24 de maio de 2000, em palestra na Fundação Pasqualini, personalizou desse modo sua opção:

> [...] nós víamos aquele panorama de jovens divididos em duas grandes correntes. Uma era dos filhos das famílias ricas – fazendeiros, industriais, empresários [...] A outra metade era o Partido Comunista. Fechado nas suas células, tudo era organizado, controlado. Nós fazíamos parte de um grupo ali de uns doze, quinze, que trabalhávamos duramente para estudar. [...] Guardávamos uma simpatia pelo presidente Vargas, mas uma coisa intuitiva [...]

Sua primeira tarefa política – organizar a Ala Moça do PTB – rendeu-lhe uma vaga na chapa de candidatos a deputado estadual do partido para as eleições de janeiro de 1947, que aceitou meio sem querer.

A inexperiência não o impediu de apresentar uma plataforma de fácil entendimento pelos jovens: "A minha mensagem era a seguinte: não se pode entender como um estudante militar tem tudo – livros, fardamento, pensão e até um ordenado – e nós [estudantes civis] não temos nada. Foi o meu grito de revolta".

Obteve 3.839 votos, ficando como o 11º entre os 23 petebistas e o 27º dos 55 deputados estaduais. Em seus primeiros pronunciamentos já tratava de dois temas que se tornariam verdadeiras obsessões: a educação e a submissão dos interesses nacionais às empresas estrangeiras. Num comício, Getúlio viu o rapaz em ação e comentou: "Esse guri vai muito longe".

Na Assembleia, Brizola fez amizade com outro jovem deputado: um rico estancieiro chamado João Belchior Marques Goulart. Jango, como era conhecido, envolvera-se na política por causa de Getúlio, que conhecera em 1934, durante uma visita do presidente a São Borja.

Quando Getúlio foi deposto, Jango passou a visitar com frequência o novo vizinho em São Borja. Aproximou-se tanto que acabou sendo o porta-voz da mensagem de apoio do ex-ditador ao marechal Dutra.

Getúlio foi para São Borja depois de ser derrubado e manteve-se distante da política, até o Carnaval de 1949, quando deu uma rara entrevista para Samuel Wainer, dos *Diários Associados*, na qual declarou que, se voltasse à política, não seria como líder de partidos, mas sim "como líder de massas". Publicada em letras garrafais na primeira página de *O Jornal* e dos outros veículos dos Associados, a declaração recolocou-o no jogo.

No Rio, uma das vozes mais estridentes contra a volta de Vargas era Carlos Lacerda. Desde a redemocratização, o jornalista assinava uma coluna muito lida no *Correio da Manhã*, intitulada "Na tribuna da imprensa", de onde disparou, parafraseando Artur Bernardes:

> O senhor Getúlio Vargas, senador, não deve ser candidato à Presidência. Candidato, não deve ser eleito. Eleito, não deve tomar posse. Empossado, devemos recorrer à revolução para impedi-lo de governar.

A receita de Lacerda não passou de bravata: em 1950, Getúlio se candidatou à Presidência e, no ano seguinte, assumiu seu posto no Palácio do Catete com

48,7%* do total de votos. Enquanto isso, Brizola manteve-se na Assembleia gaúcha, agora como o mais votado de todos os partidos. Disputou e perdeu a eleição para prefeito e foi nomeado secretário de Obras pelo novo governador, Ernesto Dornelles, primo de Getúlio.

Enquanto, em Porto Alegre, Brizola iniciava um ambicioso plano de obras, no Rio, Getúlio enfrentava a oposição dos grandes jornais, que não lhe davam trégua ou suporte. No campo militar, o presidente também tinha problemas: seu segundo mandato tinha como marca o divórcio entre Vargas e as Forças Armadas, depois de uma fase de namoro e lua de mel.

A cena política brasileira, que passara décadas oscilando entre polos militares opostos – getulistas e antigetulistas –, abraçou um novo ator, o operariado, graças ao fortalecimento e à cooptação das estruturas sindicais pelo presidente – o que acabou incompatibilizando Vargas com boa parte da cúpula militar. Antigos aliados, como Góis Monteiro, Canrobert Pereira da Costa, Juraci Magalhães e Juarez Távora, sem falar no brigadeiro Eduardo Gomes – candidato à Presidência em 1945 –, passaram a vê-lo como o inimigo principal. Nacionalistas e esquerdistas mantiveram-se ao lado do ex-ditador; entre eles, estava o general Newton Estillac Leal, que havia participado do Estado-Maior revolucionário e apoiado a aproximação dos tenentes com a Aliança Liberal, mas que, após a vitória do movimento, dedicou-se à carreira militar.

Vargas nomeou Estillac Leal ministro do Exército, mas o general acabou desagradando a esquerda e a direita.

Em junho de 1951, a *Última Hora*, jornal concebido por Samuel Wainer para servir de apoio ao governo Vargas, circulou pela primeira vez no Rio de Janeiro. Seis meses depois, liderava o mercado dos vespertinos da capital do país, revolucionando a imprensa, profissionalizando as redações e adotando estratégias ousadas de *marketing*. Porém, o que mais marcou a circulação do jornal foi a defesa do governo, sempre sob o fogo cerrado de Lacerda. Uma Comissão Parlamentar de Inquérito foi instaurada para investigar se o novo jornal recebera recursos

---

* A mesma eleição levaria, para a Assembleia de São Paulo, Ulisses Guimarães e Franco Montoro. Em Minas, o ex-vereador Tancredo Neves tornou-se deputado estadual pela legenda do PSD. E, em Pernambuco, Miguel Arraes, ex-secretário da Fazenda, conseguiu a segunda suplência na Assembleia pernambucana, também pelo PSD.

do Banco do Brasil e transformou o caso da *Última Hora* numa gigantesca dor de cabeça para o governo.*

Onze meses depois, numa tentativa de amainar a crise política alimentada pela CPI da *Última Hora*, Getúlio trocou seis dos sete ministros civis. No Trabalho, colocou Jango. Na Justiça, Tancredo Neves.

Quinto dos doze filhos de Antonina de Almeida Neves com Francisco de Paula Neves, misto de comerciante e político, conviveu pouco com o pai, mas acabou herdando o gosto pela política. Seu Francisco, que fora vereador, costumava fazer o filho ler em voz alta os discursos de senadores e deputados publicados pela imprensa. Jogou futebol como meia-direita, tentou vestibular para Engenharia e Medicina e fez exame para a Marinha, mas formou-se em Direito. Trabalhou como revisor, repórter e redator do jornal *O Estado de Minas* antes de se tornar promotor de Justiça.

Depois de perder o mandato, em 1930, Tancredo foi trabalhar como advogado e casou-se com Risoleta Guimarães Tolentino, com quem teria três filhos. Com a redemocratização, filiou-se ao PSD, em razão de disputas locais que inviabilizaram sua adesão à União Democrática Nacional (UDN). Saída providencial, já que ao longo de sua carreira política acabaria por se transformar num dos mais acabados exemplos de pessedista – seu figurino dificilmente se encaixaria nos moldes do udenismo. Elegeu-se para a Assembleia Constituinte mineira, em 1947, onde foi o relator da comissão especial composta em plenário para elaborar o texto constitucional. Em 1950, na mesma eleição que levou Vargas de volta à Presidência, conquistou seu primeiro mandato de deputado federal.

Getúlio encantou-se com a ação de Tancredo em favor do veto a um projeto de lei que interessava à especulação imobiliária e que corria o risco de ser derrubado e chamou o deputado para uma longa conversa, que Tancredo resumiu mineiramente:

> Vargas ficou agradecido, me chamou para conhecê-lo pessoalmente. Tivemos uma conversa longa. Ficamos amigos. De vez em quando ele me chamava no Catete para assistir um cinemazinho com ele.[1]

Ao assumir o poder, Vargas tomara uma série de medidas nacionalistas – como o monopólio estatal do petróleo e a limitação da remessa de lucros e dividendos das empresas estrangeiras para o exterior –, mas a que mais causou confusão foi o

---

* Ulisses representava o PSD na CPI e sua atitude complacente lhe seria cobrada mais tarde.

aumento do salário mínimo. A ousada proposta, que previa dobrar o mínimo no dia 1º de maio, partiu do ministro do Trabalho, Jango.

O aumento não beneficiava os recrutas, e os chefes militares temiam que dificultasse a incorporação de novos contingentes. Além disso, queriam mais verbas para as Forças Armadas e prepararam um manifesto assinado por 42 coronéis e 39 tenentes-coronéis. O redator do documento – que o jornalista Elio Gaspari definiria como "o único protesto de assalariados contra um aumento do salário mínimo"[2] – teria papel relevante em outros momentos da vida nacional: o então tenente-coronel Golberi do Couto e Silva.

Golberi fora para o Exército porque a família não tinha como bancar seus estudos. Serviu na Infantaria e estudou na Escola de Estado-Maior do Exército, mas passou ao largo de combates e batalhas de verdade. O inglês que aprendera lendo revistas e ouvindo rádio abriu-lhe as portas para um estágio na escola militar americana de Fort Leavenworth. Dali foi para Nápoles, como oficial de inteligência estratégica e informações da Força Expedicionária Brasileira.

O manifesto de Golberi repercutiu, e o tiroteio ricocheteou em Jango, que, ao entregar a proposta de aumento do salário mínimo, já havia renunciado.

Em maio, Getúlio deu os 100% de aumento e fez questão de elogiar publicamente seu defenestrado ministro, classificando-o de "incansável amigo e defensor dos trabalhadores".[3] Contornou a crise, mas não conseguiu reduzir a temperatura política, que continuou elevada e alcançaria a estratosfera no dia 5 de agosto de 1954, quando um pistoleiro de má pontaria disparou contra Carlos Lacerda, ferindo seu inimigo número um no pé e matando Rubens Florentino Vaz, um major da Aeronáutica que fazia as vezes de segurança particular do deputado da UDN.

Lacerda não perdeu tempo e anunciou em uma manchete em seu jornal, *Tribuna da Imprensa*: "Perante Deus, acuso um só homem como responsável por esse crime. Este homem chama-se Getúlio Vargas".[4]

Os indícios de envolvimento de funcionários do Palácio do Catete e o fato de um major-aviador ter morrido deram os pretextos para que a Aeronáutica abrisse um inquérito policial-militar, logo transformado em tribunal de julgamento do presidente. Os autores do atentado foram identificados e presos, e o chefe da guarda pessoal do presidente, Gregório Fortunato, acabou admitindo a autoria intelectual do atentado.*

---

* Conhecido como o Anjo Negro, Gregório Fortunato foi condenado com mais sete membros da guarda pessoal. Gregório acabou assassinado no Presídio Frei Caneca, no Rio de Janeiro, em 1962, numa provável queima de arquivo.

Diante desses fatos, no dia 21 de agosto, a renúncia do presidente se transformou no mote da oposição. No dia seguinte, já em tom de imposição, um grupo de brigadeiros apresentou a mesma proposta num manifesto. Dias antes, o presidente comentara com Tancredo: "O tiro que arrebatou a vida ao infortunado major Vaz atingiu-me também e ao meu governo pelas costas. De tudo isto restarão duas vítimas: ele e eu", e, no dia 23, encomendou a Wainer uma manchete dramática para a *Última Hora*: "Só morto sairei do Catete".[5]

À meia-noite do dia 24, os comandantes militares deram um ultimato: se não deixasse o cargo por bem, Vargas seria deposto. Getúlio reuniu o ministério para discutir o que fazer. Durante a conversa, um Tancredo muito mais radical do que aquele que participaria da campanha das Diretas propôs que colocassem as tropas na rua e decretassem o estado de sítio: "a imprensa e os parlamentares mais exaltados ficariam mais dóceis, mais prontos ao entendimento. E a repressão no meio militar seria muito mais eficiente",[6] justificaria mais tarde.

Jango e a filha do presidente, Alzirinha Vargas, eram da mesma opinião. Mas Getúlio rejeitou a ideia. Terminado o encontro, chamou Tancredo e pediu que redigisse um pedido de licença, condicional: "Como os senhores não encontraram uma solução, eu tenho a minha. Eu me licencio, desde que os ministros militares assegurem a ordem e o respeito aos poderes constituídos. Do contrário, os revoltosos encontrarão aqui o meu cadáver". O presidente não chegou a assinar a nota.

Tancredo preparava-se para sair do Catete, quando Vargas chamou-o e entregou-lhe a sua caneta, dizendo que era "para um amigo certo das horas incertas".[7] O ministro acabara de guardar a Parker 51 de ouro no bolso interno do paletó e deixava o palácio quando ouviu um estampido. Correu até o quarto do presidente e ajudou Alzirinha a socorrer o pai. Viu os olhos de Getúlio percorrerem o quarto, passarem pelos dele, até se fixarem nos da filha. Pouco depois, os brasileiros ouviram pelo rádio a leitura de um dos mais dramáticos documentos da história brasileira: a carta-testamento de Vargas.

> Mais uma vez, as forças e os interesses contra o povo coordenaram-se e novamente se desencadeiam sobre mim. Não me acusam, insultam; não me combatem, caluniam, e não me dão o direito de defesa. Precisam sufocar a minha voz e impedir a minha ação, para que eu não continue a defender, como sempre defendi, o povo e principalmente os humildes. [...] E aos que pensam que me derrotaram respondo com a minha vitória. Era escravo do povo e hoje me liberto para a vida eterna. Mas esse povo de quem fui escravo não mais será escravo de ninguém. Meu sacrifício ficará para sempre em sua alma e meu sangue será o preço do seu

resgate. Lutei contra a espoliação do Brasil. Lutei contra a espoliação do povo. Tenho lutado de peito aberto. O ódio, as infâmias, a calúnia não abateram meu ânimo. Eu vos dei a minha vida. Agora vos ofereço a minha morte. Nada receio. Serenamente dou o primeiro passo no caminho da eternidade e saio da vida para entrar na História.

A morte não encerrou as investigações sobre o atentado a Lacerda. No inquérito da Aeronáutica, Gregório Fortunato acusou o general Ângelo Mendes de Morais, ex-prefeito do Distrito Federal e ex-chefe do Departamento de Administração do Exército, de ser o mandante do crime. O processo foi parar no Ministério da Guerra, que concluiu ter sido um crime militar e encaminhou o assunto para o Superior Tribunal Militar. O escrivão era o chefe de gabinete do ministro. Vale anotar o nome: Sílvio Frota.

5

Juscelino e Jango

Aproveitando a comoção causada pela morte de Getúlio, Brizola tornou-se o deputado federal mais votado do Rio Grande do Sul em outubro de 1954. Lacerda, catapultado pelo atentado que quase tirara sua vida e por sua presença na cena política nacional, se elegeu deputado federal pelo Distrito Federal, com uma votação igualmente consagradora.

Na primeira sessão parlamentar, normalmente restrita ao protocolar juramento dos deputados, deu-se o primeiro embate. Quando Lacerda foi chamado para declarar seu respeito à Constituição, Brizola tomou a palavra com um pedido de questão de ordem: "Ou aceitaremos esse juramento como válido e legítimo, e então o panfletário está enganando o povo lá fora, ou o panfletário está falando a verdade e assistiremos, aqui, consternados, a um juramento falso".[1] Lacerda não estava presente naquele momento e respondeu ao ataque na sessão do dia seguinte, dizendo que não cabia aos deputados analisar questões de ordem de nenhum tipo no momento do juramento.

No dia 3 de outubro de 1955, tendo Jango como vice, o mineiro Juscelino Kubitschek de Oliveira elegeu-se presidente da República pela coligação PSD/PTB.

Dois adversários – o governador de São Paulo, Ademar de Barros e Plínio Salgado – aceitaram a derrota, mas a UDN não se conformou.* Se seu candidato fora derrotado, é porque havia alguma coisa errada: o partido recorreu ao

---

*   Juscelino Kubitschek (PSD + PTB) teve 3.077.411 votos, seguido por Juarez Távora (UDN + PR, PL, PDC), com 2.610.462 votos. Ademar de Barros (PSP + PTN, PST) obteve 2.222.223 votos e Plínio Salgado (PRP) ficou em quarto, com 714.379 votos.

Tribunal Superior Eleitoral, alegando que a soma dos votos dos derrotados era maior que o total obtido pelos vencedores. Os juízes negaram o pedido.

A campanha contra a posse dos eleitos seguiu em frente, embalada agora pela denúncia de que JK teria tido – como de fato teve – o apoio dos comunistas, que continuavam na ilegalidade, mas agiam abertamente.

Quando o presidente Café Filho entregou o cargo a Carlos Luz, presidente da Câmara dos Deputados, por problemas de saúde, Lacerda repetiu a fórmula tentada anteriormente contra Vargas:

> É preciso que fique claro, muito claro, que o presidente da Câmara não assumiu o governo da República para preparar a posse dos senhores Juscelino Kubitschek e João Goulart. Esses homens não podem tomar posse, não devem tomar posse e não tomarão posse.

Quem barrou o golpe, com outro golpe, foi o ministro da Guerra, Henrique Duffles Teixeira Lott. Deposto, Carlos Luz juntou parte de seu governo a bordo do cruzador *Tamandaré*, ancorado na baía de Guanabara. O marechal Lott ordenou que os canhões do Forte de Copacabana bombardeassem o barco, mas carregou a determinação com mais cautela do que ênfase:

> – Dê uns tiros de pólvora seca; depois mais tiros de intimidação; se ele continuar, então tem que atirar na frente do navio; finalmente atirar em cima. É imprescindível que o navio não saia, porque se sair vai para Santos, e teremos uma guerra civil. É melhor perdermos o navio com quem está a bordo do que ter guerra civil no Brasil.[2]

O navio safou-se, e o presidente deposto, vários militares e Lacerda seguiram na direção de Santos, onde imaginavam obter o apoio do então governador de São Paulo, Jânio da Silva Quadros, que, na definição de Lacerda, tinha "bigodes de Nietzsche e olhos de Bette Davis".

Mas Jânio negou apoio a Carlos Luz, que voltou para o Rio derrotado. Café Filho obteve alta médica, mas, ao sair do hospital, encontrou um tanque na porta de casa. Recorreu ao Supremo Tribunal Federal, em busca de um *habeas corpus* e de um mandado de segurança que lhe garantiria a volta ao cargo, mas o Supremo negou os pedidos.

Em 22 de novembro, o Congresso Nacional oficializou Nereu Ramos, primeiro vice-presidente do Senado, como presidente. Três dias mais tarde, ele decretou o estado de sítio. Lacerda asilou-se na embaixada de Cuba. Golberi foi preso.

Juscelino e Jango tomaram posse em 31 de janeiro de 1956. Lott continuou ministro da Guerra e Nereu Ramos assumiu a Justiça. Os coronéis de 1954 continuaram no Exército e identificaram um alvo claro: Jango, o herdeiro do trabalhismo, suspeito de ser comunista. Os udenistas seguiram convencidos de que, se seus candidatos não eram bons de urna, havia outro caminho para colocá-los no poder – pela mão dos militares. O confronto aconteceria mais adiante e se estenderia até 1984.

O maior feito da administração de Juscelino foi a concretização de uma antiga aspiração imaginada pelos inconfidentes e retomada na primeira Constituição: a construção de uma nova capital. Por décadas, o assunto vinha sendo adiado, até ser retomado como lema de campanha por JK. Em três anos, os principais edifícios estavam de pé e, no dia 21 de abril de 1960, o presidente chorou convulsivamente durante a missa de inauguração. A imagem foi para a primeira página de todos os jornais. Só a *Tribuna da Imprensa* destoou, apresentando uma foto em que JK e Jango cochichavam. Lacerda nem foi à festa.

No entanto, mais complicado do que erguer Brasília a toque de caixa era construir seu sucessor. Juscelino apostou no ex-tenente Juraci Magalhães, governador da Bahia e presidente da UDN, mas o partido optou por apoiar o ex-prefeito e ex-governador de São Paulo, Jânio Quadros.

Com uma campanha baseada no combate à corrupção, Jânio tornou-se o primeiro oposicionista a se eleger na história da República, com a maior votação individual vista até então no Brasil – ele recebeu 2 milhões de votos a mais do que o marechal Lott, segundo colocado. Para a Vice-Presidência, uma eleição paralela (os eleitores podiam escolher o candidato a presidente de uma chapa e o vice de outra), Jânio tinha Milton Campos, da UDN, enquanto Lott concorria com Jango, do PTB. Mas, já durante a campanha, multiplicaram-se os comitês informais Jan-Jan, e Jango acabou vencendo por larga margem.

Na campanha, Jânio prometera fazer um governo surpreendente. Dito e feito: colocou homens de direita nos ministérios militares, adotou recomendações do Fundo Monetário Internacional, porém, no campo da política externa, tomou medidas que certamente eram aplaudidas por seu vice. Em seu gabinete, o presidente ostentava fotos de Tito, o líder socialista da Iugoslávia, do indiano Nehru, líder da independência, e do indonésio Sukarno, herói nacional e adepto do regime de democracia guiada, destituída de alternância de poder.

Tentando manter equidistância dos EUA e da União Soviética, em plena guerra fria, Jânio reatou relações diplomáticas com a URSS e a China, reconheceu o governo de Fidel Castro, condenou a tentativa de invasão da baía dos

Porcos por mercenários financiados pelos norte-americanos e mandou Jango para um demorado périplo pelo mundo socialista – da Europa oriental à China, passando pela União Soviética.*

O envio de uma eclética comitiva aos países socialistas e a aproximação com os países do chamado Terceiro Mundo não foram as únicas inovações do governo Jânio Quadros. O presidente trocou o terno por *slacks*, bem mais descontraídos e adequados ao clima quente de Brasília, combateu o contrabando, o biquíni, as brigas de galo e as corridas de cavalo (em dias úteis), passou milhares de bilhetinhos para seus assessores sobre os mais diversos assuntos, reforçou a censura contra filmes e programas de TV, ignorou o Congresso e Lacerda – na época governador do recém-criado Estado da Guanabara.

Entre outras medidas, encaminhou uma lei que regulamentaria as remessas de lucros das empresas estrangeiras; outra estabelecendo a Comissão Administrativa de Defesa Econômica (Cade), que vigiaria trustes e oligopólios; criou um grupo de trabalho para cuidar da reforma agrária; estabeleceu jornada de oito horas e cartão de ponto para o funcionalismo público e desvalorizou a moeda em mais de 100%.

Brizola, por outro lado, ficara pouco no Parlamento. Em 1956, tornara-se prefeito de Porto Alegre, com um *slogan* que repetiria mais tarde: "Nenhuma criança sem escola". Teve 55,14% dos votos e marcou sua posse com um mutirão de tapa--buracos e de limpeza de ruas e bueiros.

Em pouco tempo, firmou sua imagem de engenheiro com preocupações sociais, investindo em saneamento, novas escolas, urbanização das margens do rio Guaíba, todavia não concluiu o mandato – deixou a prefeitura para disputar o governo do estado em 1958.

Em busca da vitória, fez pacto com a Igreja e com o PRP de Plínio Salgado, alianças que lhe permitiram penetrar nas zonas de colonização italiana e alemã, hostis ao PTB, e facilitaram sua vitória com 55,2% dos votos. O único apoio que recusou foi o do Partido Comunista, sempre na ilegalidade, mas cada vez mais atuante.

Assumiu o cargo de governador poucos dias após completar 37 anos. Sua administração foi inovadora em vários aspectos – a começar pelo uso da comunicação: toda sexta-feira à noite, ele entrava no ar e fazia um comunicado pela

---

* A pequena comitiva de Jango não tinha nada de esquerdista: os senadores Dix Huit Rosado, da UDN, e Barros de Carvalho, do PTB, ex-ministro da Agricultura de JK, e os deputados Gabriel Hermes, também da UDN, e André Franco Montoro, do Partido Democrata Cristão.

Rádio Farroupilha. Brizola criou também várias secretarias e algumas empresas estatais e mistas, como a Aços Piratini.

Brizola e Jânio se deram muito bem, apesar das diferenças políticas. Numa viagem, Jânio chamou o novo governador gaúcho para sentar-se a seu lado no avião. Quarenta anos mais tarde, Brizola recordaria o episódio a este autor e a Duda Hamilton, dizendo, com diplomática sutileza, que Jânio lhe pareceu "um pouco alterado". Depois de contar detalhes de seu relacionamento com poderosos do planeta como se ambos fossem íntimos e de reclamar que o Brasil estava sob controle dos interesses internacionais, o presidente teria chorado no ombro do governador.

Pouco depois, Jânio nomeou Brizola vice-presidente da delegação brasileira à Conferência da Organização dos Estados Americanos em Punta del Este, no Uruguai, onde a estrela era o ministro da Economia de Cuba, Ernesto Che Guevara. Os americanos resolveram expulsar o país da OEA e tiveram o apoio da delegação brasileira. Menos de Brizola, que abandonou o encontro em protesto.

Ao voltar para Havana, onze dias mais tarde, Guevara fez escala em Brasília e recebeu de Jânio a Ordem do Cruzeiro do Sul, a mais nobre condecoração brasileira, gerando uma onda de protestos entre militares e conservadores.

A essa altura, Lacerda já estava novamente na oposição. Obcecado pela ideia de derrubar ou pelo menos limitar a ação de Jânio, o governador da Guanabara procurou brigadeiros, ministros e raposas da UDN, propondo uma reforma da Constituição que fortalecesse o Congresso, reduzindo os poderes do presidente. No dia 24 de agosto, o governador da Guanabara foi para a TV Rio, líder de audiência da época, e falou por uma hora. A repercussão do discurso, também transmitido por uma cadeia de rádio, foi tamanha que o ministro da Justiça, Oscar Pedroso Horta e o próprio Lacerda foram convocados para falar na Câmara.

Depois de ouvir o discurso do governador da Guanabara, Jânio chamou seu chefe da Casa Civil, Francisco Quintanilha Ribeiro, e comunicou: "Chico, mande arrumar suas coisas. Voltamos hoje para São Paulo".

A crise que se seguiu é o tema do livro *1961, que as armas não falem*, deste autor e de Duda Hamilton. A obra não apresenta uma explicação taxativa para os motivos que levaram Jânio a deixar o cargo, pelo simples fato de que não há como concluir o que exatamente fez o presidente decidir-se pela renúncia. Vale, contudo, transcrever o trecho em que algumas hipóteses são levantadas por protagonistas e pelo neto do personagem principal, Jânio Quadros Neto.

– Tudo foi muito bem planejado e organizado. Mandei o João Goulart em missão oficial à China, no lugar mais longe possível. Assim, ele não estaria no Brasil para assumir ou fazer articulações políticas. Escrevi a carta de renúncia a 19 de agosto e entreguei para o ministro da Justiça, Oscar Pedroso Horta, no dia 22. Eu acreditava que não haveria ninguém para assumir a presidência. Pensei que os militares, os governadores e, principalmente, o povo, nunca aceitariam a minha renúncia e exigiriam que eu ficasse no poder. [...] o Jango era inteiramente inaceitável para a elite. Achei que era impossível ele assumir, que todos iriam implorar que eu ficasse.

– Você queria ser ditador?

– Absolutamente não! Poderia ter sido mas não o quis. Se eu tivesse mandado os militares fecharem o Congresso, eles teriam obedecido. Charles de Gaulle renunciou na França e o povo foi às ruas, exigir a sua volta. A mesma coisa ocorreu com o Fidel Castro, em Cuba. Era isso o que eu esperava. Eu jamais teria sido um ditador militar. Renunciei no Dia do Soldado porque quis sensibilizar os militares e conseguir o apoio deles. Era para ter criado um certo clima político. Imaginei que, em primeiro lugar, o povo iria às ruas, seguido pelos militares, e os dois me chamariam de volta [...] O que mais deu errado foi a falta de apoio popular. Achei que o povo iria às ruas. Enganei-me. O povo brasileiro é muito passivo. Todo mundo ficou chocado, mas ninguém reagiu.[3]

Pedroso Horta atribuiu o gesto a um traço de personalidade:

Você já leu num jornal qualquer a notícia de que um cidadão, de braço dado com a namorada, passeando, de repente surpreendeu a moça trocando olhares com outro homem, sacou o revólver e com um tiro matou a namorada? Esse cidadão poderia ter feito uma infinidade de coisas mais simples. Poderia não ter dado importância ao fato ou ter deixado a rapariga ou ter trocado socos com o suposto rival etc. Ninguém sabe por que, entre tantas alternativas, preferiu a pior: matar a namorada. Infelizmente, o nosso Jânio é um desses que matam a moça.[4]

Secretário particular do presidente, José Aparecido de Oliveira, viu a carta da renúncia já pela metade, na mesa do presidente, na manhã do dia 25, mas não tinha explicação para o gesto do chefe:

Para mim, chega a ser um insulto ter de explicar por que ele renunciou. Não gostou da comida do palácio? Do salário? Faltou transporte? Jânio sempre me disse que, no país do fico, o que ele fez foi uma denúncia, não uma renúncia. E se voltasse à presidência, nas mesmas condições, faria novamente.[5]

O jornalista Carlos Castelo Branco manteve, por trinta anos, a mais respeitada coluna política da imprensa brasileira. No governo Jânio, Castelinho, como era conhecido entre os colegas, tornou-se assessor de imprensa da Presidência. Viveu os bastidores da crise sobre a qual escreveu um livro, mas desistiu de encontrar uma explicação, e escreveu no último capítulo da obra:

> Creio ir-se tornando evidente, na medida em que chega ao fim este relato, que seu autor também não sabe por que Jânio Quadros renunciou. Se soubesse não teria escrito o que escreveu – esforço cambaleante de depoimento e de pesquisa, acumulação de recordações às vezes desconexas de sete meses vividos intensamente sem ter em vista um desfecho, mas interiormente preparado para qualquer desfecho.[6]

6

Golpe contra o vice

O que se seguiu à renúncia foi uma espécie de ensaio geral para o golpe que se consumaria três anos mais tarde: os três ministros militares, Odílio Denys, Sílvio de Azevedo Heck e Gabriel Grün Moss, colocaram o presidente da Câmara na Presidência, designaram Ernesto Geisel como chefe de gabinete e proibiram que a informação fosse repassada a Jango, que estava em missão oficial na China. O objetivo da trinca era barrar a chegada de Goulart ao poder.

A notícia da renúncia alcançou Jango em Cingapura, primeira escala de sua longa viagem de volta ao Brasil. O homem que, pela Constituição, deveria completar o mandato não demonstrou entusiasmo diante da perspectiva. Parecia pressentir os problemas que viriam, e decidiu retardar seu retorno, fazendo uma parada estratégica em Paris.

No Rio, o marechal Lott divulgou um manifesto a favor da posse do vice-presidente. Foi preso enquanto a equipe de censores, sob o comando de Golberi, impedia que o documento fosse lido nas rádios e publicado pelos jornais.

Ao certificar-se de que Jânio não fora forçado a nada e que Jango fora vetado pelos ministros militares, Brizola telefonou para vários comandantes militares, em busca de apoio para a posse do vice-presidente. Às 11h30 da manhã de domingo, Brizola chegou a um estúdio improvisado nos porões do Palácio Piratini portando uma metralhadora a tiracolo. Na torre da Rádio Guaíba, os brigadianos da polícia militar estavam a postos para impedir que a emissora fosse fechada por soldados do Exército, como já ocorrera com outras que tinham divulgado o manifesto de Lott. De improviso e por quase meia hora, Leonel Brizola disparou pontos de exclamação e enumerou as atitudes que "patrícios, democratas e independentes" deveriam tomar diante do golpe. Repelindo qualquer outra hipótese que não fosse a posse de Jango, prometeu reagir: "Nem que seja para sermos esmagados. Mas defenderemos nossa honra e nossas tradições. A Constituição do país tem de ser respeitada!".[1]

Naquela noite, no Palácio Piratini, sede do governo gaúcho, jornalistas e funcionários andavam para lá e para cá armados, enquanto os brigadianos postavam-se atrás de pilhas de sacos de areia na entrada do palácio. Tudo se encrespou mais ainda depois que um telegrafista captou uma mensagem secreta em seu radioamador. Em nome do general Odílio Denys, o chefe de gabinete do Ministério da Guerra, Orlando Geisel, informava que uma força-tarefa da Marinha seguia rumo a Porto Alegre, mandava convergir todas as tropas do Exército para a cidade e arrematava: "Empregue a Aeronáutica, realizando inclusive bombardeio, se necessário". O comunicado terminava com as palavras mais caras a um militar: "O ministro da Guerra confia em que a tropa do III Exército cumprirá o seu dever".[2]

O governador disparou contra o ministro da Guerra com a arma que usava melhor: o microfone. Chamou o palácio de "cidadela da liberdade" e insinuou que poderia ser destituído, mas garantiu que nada mudaria sua disposição:

> Que nos esmaguem! Que nos destruam! Que nos chacinem, neste palácio. Chacinado estará o Brasil com a imposição de uma ditadura contra o povo! Esta rádio será silenciada, tanto aqui como nos transmissores. O certo, porém, é que não será silenciada sem balas.[3]

Brizola anunciou também que receberia o comandante do III Exército em breve. O general José Machado Lopes dispunha de 120 mil homens espalhados pelos três estados da Região Sul. O governador ainda discursava quando chegou a notícia de que Machado Lopes estava realmente a caminho – não para subjugar o governador, mas para aderir ao movimento.

Os discursos de Brizola e o apoio de Machado Lopes à legalidade atearam fogo ao Rio Grande e barraram o golpe já consumado. Houve muito movimento de tropas, mas nenhum combate. A única morte registrada foi de um voluntário, ex-pracinha da FEB, vítima de colapso cardíaco quando marchava em direção ao Palácio Piratini.

A Rede da Legalidade, formada a partir da emissora controlada por Brizola, chegou a reunir duzentas emissoras espalhadas pelo país e certamente influenciou Brasília, onde os políticos agarraram-se a uma saída improvisada e fora de esquadro: o parlamentarismo, aprovado com a anuência discreta do PTB, que foi contra a emenda, mas liberou seus parlamentares para votar como bem entendessem.

Jango recebeu – e aceitou – em um luxuoso hotel em Paris a notícia de que teria de engolir o parlamentarismo se quisesse assumir o cargo. Diante do fato e da crise militar, resolveu voltar pela rota mais longa, desembarcando em Montevidéu, onde foi recebido por oitenta jornalistas brasileiros (muitos com revólveres na cintura), que Brizola despachara em dois aviões militares.

Antes de partir para Montevidéu, como emissário do Congresso, Tancredo acertou com Ernesto Geisel os termos em que os ministros militares aceitariam a posse de Jango: o parlamentarismo, a volta a Brasília sem escala em Porto Alegre e, acima de tudo, nada de Brizola a tiracolo.

Sua missão quase foi por água abaixo em Porto Alegre, onde Brizola armara uma arapuca – a Brigada Militar estava a postos no aeroporto, pronta a barrar o avião de Tancredo, que sobrevoou a pista por três vezes e seguiu direto para a capital uruguaia.

A fórmula parlamentarista não foi aceita pacificamente. Para o líder da bancada do PTB, o parlamentarismo não passava de um golpe branco e era inaceitável. O amazonense Almino Monteiro Álvares Affonso* ainda tentou mandar uma carta denunciando a manobra para Jango e cobrando uma atitude firme do vice, mas, quando a missiva chegou ao aeroporto, o avião levando Tancredo já estava no ar.

Em Montevidéu, Tancredo deu seu xeque-mate em três lances. Primeiro convenceu Jango a aceitar o parlamentarismo (a julgar pelas conversas telefônicas mantidas por ele em Paris, não foi tão difícil assim); em seguida, ligou para Geisel e comunicou que o vice-presidente aceitava o acordo, mas com uma condição (que Jango não mencionara): desembarcar e discursar em Porto Alegre. O general rejeitou a hipótese com veemência, como Tancredo previra, permitindo ao deputado apresentar a solução paliativa que estava em seus planos desde o primeiro momento: Jango iria até Porto Alegre, mas não falaria – apenas acenaria para a multidão da sacada do Piratini. Geisel assentiu. Tancredo retornou então à sala onde estava Jango e explicou que os militares tinham outra condição: que ele

---

* Estudante de Direito em São Paulo, ele se destacara na política estudantil e na luta pelo monopólio estatal de petróleo. De volta a seu estado, elegera-se deputado federal pelo Partido Social Trabalhista, de onde migrara para o PTB, ajudando a criar o chamado "grupo compacto" a favor da reforma agrária e da estatização de diversos setores da economia.

não discursasse em Porto Alegre. O vice espumou: "É uma humilhação passar pela capital da resistência em silêncio!".[4]

Mas acabou concordando com mais essa imposição. Em seguida, Tancredo disse que havia uma última condição. Jango reagiu com palavrões e o mineiro, quase maquiavélico, deu o golpe final: "Essa é a mais fácil, justamente por isso, deixei-a por último. Os militares não querem nem ver Brizola na sua posse".[5]

Jango abriu um sorriso: também preferia o cunhado longe de Brasília na hora da posse. Em Porto Alegre, cumpriu o *script* combinado. O governador tentou convencer o cunhado a anunciar que estava sendo vítima de um esbulho, seguisse para a capital por terra, à frente das tropas fiéis à Constituição. Em Brasília, tomaria posse, dissolveria o Congresso e convocaria novas eleições. Machado Lopes deu o contra. Disse ao futuro presidente que, caso ele se afastasse da solução pacífica, ficaria "falando sozinho na estrada".[6] Quem ficou falando sozinho foi Brizola, que desistiu da ideia.

A volta foi outra novela: oficiais da Aeronáutica pretendiam derrubar o avião de Jango. Após várias peripécias, este tomou posse no dia 7 de setembro com um discurso pacificador.*

---

* Numa demonstração de poder ainda tímida, ele retardou a posse. Também descartou vários nomes para primeiro-ministro, entre os quais Auro de Moura Andrade. Mais tarde, isso lhe custaria caro.

7

Tancredo e as reformas

O Brasil experimentou o parlamentarismo assim, de improviso, e com data prevista para ser confirmado ou abandonado. E o primeiro gabinete reuniu três personagens que estariam mais tarde na linha de frente da campanha das Diretas. Tancredo tornou-se o primeiro-ministro, sem dificuldade: 259 votos a favor, 22 contra e sete abstenções. Em seu discurso de posse, Tancredo fez o elogio da conciliação e cutucou, sem citar, os que, como Brizola, preferiam o confronto.

Para Tancredo, Jango tinha

> forte personalidade de líder, em que se destacam as virtudes nobres e viris da clarividência, da isenção, da serenidade e da conciliação, líder que possui, como poucos, aquele raro dom que marca os autênticos estadistas – o de esquecer mágoas e superar ressentimentos, para se preocupar, tão somente, com o bem-estar e a segurança do seu povo e o engrandecimento de sua Pátria.[1]

O primeiro-ministro reconheceu que o cenário não estava pacificado e que precisaria de firmeza e determinação para decifrar a crise durante a curta trégua oferecida a seu governo, sob pena de por ela ser devorado:

> Ou este governo assume, desde já, um forte conteúdo afirmativo e reformista, com decisão e coragem inquebrantáveis, ou teremos abertas as comportas de vácuo para sucção de todas as aventuras e subversões contra as tradições e as esperanças brasileiras.[2]

Na visão de Tancredo, mais que medida paliativa e temporária, o parlamentarismo era o melhor caminho para implementar as reformas de base. A expressão designava um ambicioso conjunto de modificações na estrutura jurídica, administrativa, política e econômica do país, que o PTB esboçara em 1958, ainda durante o governo de Juscelino Kubitschek.

Sob essa genérica denominação inseriam-se as reformas bancária, fiscal, urbana, administrativa, agrária e universitária. Os trabalhistas também propunham que o direito de voto fosse estendido aos analfabetos e às patentes subalternas das Forças Armadas, como marinheiros e sargentos. Em linhas gerais, o projeto se apoiava em medidas nacionalistas e na ampliação da presença do Estado na vida econômica, com maior controle dos investimentos estrangeiros no país, mediante a regulamentação das remessas de lucros para o exterior. O carro-chefe era, sem dúvida, a reforma agrária.

Tancredo prometeu reformas, mas deixou claro que não concordava com o estatismo: "Não carece o Estado de tarefas adicionais, e sim de meios para executar aquelas que já o assoberbam".

O reforço da federação ocupou boa parte do pronunciamento, ao lado da inflação, enquanto a reforma agrária – "prioridade absoluta" – mereceu apenas oito linhas em que foi definida como "passo inicial e precípuo para a integração do homem do campo em nossa vida econômica". A redução das desigualdades sociais por via de aumento de salários foi apontada como forma de evitar a propagação "dos sentimentos de uma revolta íntima, cujas consequências já nos é possível vislumbrar".[3]

O novo mandatário defendeu a regulamentação da remessa de lucros e a lei antitruste e prometeu encarar de frente as reformas agrária, salarial, bancária, fiscal, monetária e educacional, cujos detalhes, garantiu, estavam inscritos nos documentos encaminhados aos parlamentares, que conformavam um plano de trabalho ao mesmo tempo rígido e flexível.

Para a Fazenda, Tancredo escalou um nome apartidário e bem aceito pelo mercado – o banqueiro e ex-embaixador Walter Moreira Salles. Os outros cargos foram distribuídos entre PSD, PTB, UDN e PDC.

O Ministério do Trabalho estava nas mãos do deputado André Franco Montoro, do Partido Democrata Cristão, então com 45 anos.

Um dos seis filhos de Tomásia Alijostes, dona de casa, descendente de espanhóis, e André de Blois Montoro, dono de uma pequena tipografia, de origem italiana, Montoro havia cursado simultaneamente Filosofia e Pedagogia na

Faculdade São Bento e Direito na USP, onde viveu a primeira aventura política: candidatou-se e perdeu as eleições para o XI de Agosto, a entidade estudantil da faculdade do largo São Francisco.

Ao assumir o Ministério do Trabalho, fora apresentado por Jango ao general Segadas Viana, que assumia como o ministro da Guerra, com uma frase irônica: "Excelência, o homem da agitação vai ser este...".[4]

Radicalismo não era o estilo de Montoro, evidentemente. Adepto dos ensinamentos que o papa Leão XIII reunira na encíclica *Rerum novarum*, o homem que deveria cuidar dos trabalhadores era acima de tudo católico. Tão católico que não admitia nenhum tipo de controle da natalidade – tinha sete filhos. Do ponto de vista ideológico, pretendia manter a mesma distância do comunismo totalitário e do capitalismo opressor.

Em 1947, ao lado de Alceu de Amoroso Lima e Sobral Pinto, Montoro fundara a Vanguarda Democrática, organização que pretendia estudar os problemas econômicos e sociais do Brasil com base no pensamento católico e atuar politicamente. Não durou muito: o grupo logo concluiu que seria mais eficiente atuar num partido político e ingressou no Partido Democrata Cristão.

Tancredo determinou a Montoro que apresentasse uma proposta de reforma de toda a legislação trabalhista em apenas dez dias. Ele chegou a montar uma comissão para regulamentar o salário-família (que seria aprovado quando ele já não estava no cargo), abriu espaço legal para o reconhecimento dos primeiros sindicatos de trabalhadores rurais e lançou uma campanha de financiamento da casa própria com um *slogan* claramente reformista: "Fazer de cada proletário um proprietário". Mas não pôde fazer muito mais.

No Ministério da Indústria e Comércio, Tancredo colocou outro paulista, com quem faria mais tarde uma dobradinha curiosa durante a campanha das Diretas: Ulisses Silveira Guimarães, então com 45 ou 46 anos. A imprecisão se justifica: sua biografia oficial crava 6 de outubro de 1916 como dia do seu nascimento, mas o repórter Francisco Ornellas, de *O Estado de S. Paulo*, localizou dois documentos que apontam para o mesmo dia, mas um ano antes. É o que aparece na certidão de nascimento, expedida em 24 de janeiro de 1934, e no certificado de conclusão da quinta série, expedido pelo Ginásio Municipal São Joaquim, de Lorena, papéis que o próprio Ulisses entregou na secretaria da Faculdade de Direito do largo São Francisco, ao se matricular, em 1938.

Magro e alto, o rapaz conquistou seus primeiros votos aos 17 anos, ao ser eleito orador da turma da Escola Normal Livre Municipal de Lins. Seus colegas

– 51 moças e apenas três rapazes – não ouviram o discurso, censurado pelo delegado da cidade, por fazer referência à Revolução de 1932.

Com o diploma de professor primário nas mãos, Ulisses começou a lecionar, até mudar para São Paulo, onde foi estudar Direito. No tempo de faculdade, estudou piano no Conservatório Dramático Municipal, até seu amigo e preceptor Mário de Andrade convencê-lo a desistir.

Se jamais se tornou um ás dos teclados, Ulisses destacou-se na legião de feras do gogó que eram as Arcadas. Em 1938, a retórica levou-o à diretoria do Centro Acadêmico XI de Agosto e à presidência da Associação Acadêmica Álvares de Azevedo. Na mesma chapa, do Partido Conservador, presidida por Francisco Quintanilha Ribeiro, estava Jânio Quadros. No ano seguinte, o futuro sr. Diretas tornou-se vice-presidente da recém-criada União Nacional dos Estudantes (UNE). O pé na política não inibiu sua verve literária: num concurso da Academia Paulista de Letras, ganhou o título de "maior prosador das Arcadas".

Ao terminar o curso, abriu um escritório dedicado às questões tributárias com Antônio Silva da Cunha Bueno, seu colega de turma. A sociedade durou pouco e ele arranjou então um emprego público no Conselho Administrativo do Estado. Só deixaria a condição de amanuense em 1963, ao se aposentar.

Em 12 de março de 1945, entrou para o PSD, que jamais abandonaria. Dali por diante, faria toda a sua trajetória no Parlamento. Elegeu-se deputado estadual constituinte em 1947, foi líder do PSD na Assembleia e, em 1950, ganhou a primeira de suas onze eleições para deputado federal.

Até o dia 2 de dezembro de 1954, Ulisses admitiria mais tarde, tinha sido um parlamentar sem expressão. O político cerebral, que não costumava agir por impulso, relatou assim o estalo que mudou sua trajetória e que aconteceu, sempre segundo o próprio, no interior de um Chevrolet preto. Ulisses tinha 38 anos e resolveu que nunca mais percorreria ministérios e repartições levando pedidos de prefeitos e eleitores:

> Desisti do roteiro que deveria cumprir naquela manhã. [...] Nesse momento, decidi que não estava na política para ser um despachante, nem o Estado que eu imaginava tinha lugar para aquele tipo de política que estava praticando. Não importava que aquela fosse a medida de presunção brasileira da eficiência dos parlamentares. Naquele átimo, também pensei nisso, e decidi que iria transgredir esse costume. O que eu queria da política era coisa bem diferente. Nunca mais voltaria àquelas peregrinações.[5]

Em fevereiro de 1955, já disposto a desempenhar um papel relevante no cenário político brasileiro, Ulisses foi escalado para disputar a presidência da Câmara dos Deputados. Perdeu a vaga para o mineiro Carlos Luz, ex-ministro da Justiça de Dutra.

Com Juscelino no poder, Ulisses finalmente alcançou sua meta e assumiu a presidência da Câmara dos Deputados. JK tinha o apoio dos 181 deputados do PSD e PTB, mas os setenta udenistas faziam uma marcação cerrada – sobretudo a chamada banda de música, que tinha Lacerda como maestro. O apelido fora dado pela imprensa, porque seus integrantes faziam muito barulho. Cada um tocava um instrumento, mas sem desafinar.*

No dia 1º de abril de 1959, Ulisses recebeu o pedido de cassação das imunidades parlamentares do maestro daquela banda, para que fosse processado com base na Lei de Segurança Nacional, por causa da Carta Brandi. Era um caso antigo: seis anos antes, Lacerda publicara na *Tribuna da Imprensa* uma carta datada de 5 de agosto de 1953 e dirigida a Goulart, naquela época ministro do Trabalho. Na carta, o deputado argentino Antônio Jesús Brandi relatava os entendimentos secretos que Jango teria mantido com Juan Domingo Perón, então presidente da Argentina, no sentido da implantação no Brasil de uma república sindicalista e mencionava a existência de contrabando de armas argentinas para o país. A denúncia era grave, Lott mandou abrir um IPM, mas, no final, descobriu-se que era tudo uma falsidade só. A carta era forjada.

No afã de processar Lacerda, Ulisses chegou a mudar a ordem dos discursos, para que o de defesa fosse proferido primeiro, ao contrário do usual. O udenista foi derrotado na votação, mas manteve suas imunidades, porque seus adversários não conseguiram 2/3 dos votos. E não demorou a revidar, denunciando as frequentes ausências do presidente da Câmara.

Ulisses realmente andava ausente do plenário, preocupado com sua pré-campanha para o governo paulista e apostando no prometido apoio de JK – que acabou se resumindo ao uso da foto do presidente em um cartaz. Isolado e sem financiadores, Ulisses acabou desistindo da candidatura e voltou para a Câmara. Foi reeleito com o dobro da votação anterior.

Na crise da legalidade, Ulisses operou ao lado dos que buscavam a saída parlamentarista. Mas teve uma participação discreta em todo o episódio.

---

* Comandado por Lacerda, o grupo incluía Afonso Arinos de Melo Franco, Adauto Lúcio Cardoso, Aliomar Baleeiro, Bilac Pinto, José Bonifácio Lafayette de Andrada, Prado Kelly e Oscar Dias Corrêa, que aos 37 anos era o mais jovem do grupo e o vice-líder do partido (na liderança, estava Lacerda).

* * *

Quando Jango e Tancredo assumiram o poder, as relações de produção no campo ainda eram em grande parte semifeudais. Em muitas propriedades, nem dinheiro circulava: os trabalhadores compravam tudo no barracão, configurando um regime de semiescravidão. A área destinada à lavoura era reduzida: caíra de 9,5% do total em 1940 para 8,2% em 1950.

No Censo de 1960, chegaria a 11,2%. Ainda assim, menos que a média dos outros países da América. Pior: no Nordeste, a concentração da propriedade transformava pequenos agricultores em foreiros. As pequenas propriedades que escapavam desse processo limitavam-se a produzir para o autoconsumo.

No clássico *Quatro séculos de latifúndio*, Alberto Passos Guimarães, jornalista e militante do PCB, demonstrou que em 1950, comparativamente a 1920, ocorrera diminuição na produtividade física dos principais produtos de mercado interno, como o arroz, o feijão, a batata e o milho. Já os produtos agrícolas de exportação, como o café e o cacau, tinham registrado aumento no rendimento médio por hectare no mesmo período. O Brasil nos anos 1950 tinha uma das lavouras mais atrasadas de todo o continente.

Os camponeses sem terra não tinham direitos trabalhistas, nem poder de fogo para conquistá-los. E, no Parlamento, havia uma grande quantidade de projetos propondo vários tipos de reforma agrária, mas faltava massa de apoio para que qualquer um deles fosse aprovado.

Em busca de conciliação, Tancredo escalou o pessedista Armando Monteiro Filho, de 36 anos, para a pasta da Agricultura. Pernambucano, filho de usineiros, ele criou uma comissão encarregada de examinar os muitos projetos e definiu assim sua linha de ação: "Nós faremos a reforma agrária. Daremos as terras do governo e desapropriaremos pelo preço justo as terras dos particulares, sem causar prejuízo a ninguém".[6]

O problema de uma fórmula aparentemente sem arestas era justamente a desapropriação pelo preço justo, que inviabilizava um processo amplo de reforma agrária e de combate ao latifúndio, como reclamavam a esquerda e os movimentos camponeses, entre eles, as chamadas Ligas Camponesas – um tipo de associação pouco formal que havia surgido em 1945.

8

Brizola, Arraes e Julião

Como acertado por Tancredo em Montevidéu, Brizola não esteve na posse do cunhado. No momento em que Jango chegou afinal à Presidência, o principal ator da campanha da Legalidade estava em São Borja, terra natal de Jango e Getúlio, comendo uma costela assada em fogo de chão, com um grupo de voluntários do Comitê de Resistência Democrática.

Mas o governador gaúcho daria o troco quarenta dias mais tarde, em Goiânia, ao lançar, com pompa e circunstância, a Frente Nacional de Libertação. Diante do Palácio das Esmeraldas, que tinha sido a segunda trincheira da Legalidade (a primeira fora o Piratini, em Porto Alegre), ele e Mauro Borges discursaram perante uma plateia enorme, que o jornal comunista *Novos Rumos* calculou, provavelmente com certo exagero, em 50 mil pessoas. Mauro Borges indicou o alvo do movimento: "Sofremos verdadeira espoliação pela ação nefasta dos grupos que instalaram entre nós suas bombas de sucção financeira que exaurem nosso combalido organismo econômico".[1]

Para o governador de Goiás, o Brasil só deixaria a condição de país exportador de matérias-primas quando estabelecesse relações diplomáticas e comerciais com todos os países do mundo. Particularmente, com a União Soviética e a China, deixando de depender "de um só mercado consumidor".

Chegara a hora das reformas:

> O momento impõe não apenas medidas paliativas e protelatórias, mas soluções reais com objetivos a serem alcançados a curto e a longo prazo, pois a nossa crise, em verdade, é estrutural. Se não forem feitas as reformas de base, pelas quais o

povo clama, se não se estancar a sangria permanente dos grupos estrangeiros, não haverá salvação.

Se o caminho da lei estivesse impedido, valia recorrer a um atalho:

> Dispomos de recursos para conquistar democraticamente essas posições – o voto secreto e livre, que precisamos usar conscientemente. Todavia, se ao nosso processo de evolução pacífica opuserem a violência, pensando obstá-la, responderemos à força com a força, reafirmando nosso direito à liberdade.[2]

Brizola veio depois. Num discurso de meia hora, garantiu que o próximo golpe acabaria mal: "Os golpistas que não tentem seus golpes, principalmente do tipo telefônico, pois não haverá mais golpes sem bala".

Também mirou a mídia golpista – que ainda não tinha essa alcunha – e procurou afastar a pecha que certamente seria assacada contra ele, Borges e outras lideranças presentes:

> Enganam-se os que supõem terem eles vindo a Goiânia com propósitos subversivos. Subversivos são os que vivem intrigando, a poder do dinheiro. O povo brasileiro é bem mais informado do que eles imaginam. Hoje, quando um homem do povo pega um jornal, desses bem impressos, tecendo intrigas, esse homem já tem a noção exata do que isso significa. Basta isso para que ele pense exatamente ao contrário.[3]

No encerramento do ato, o deputado José Joffili, do PSD da Paraíba, leu a Declaração de Goiânia. Pelas tantas, o documento afirmava:

> O sistema parlamentar, por si só, não soluciona os problemas da Nação. É apenas forma de governo, cuja orientação depende da composição do Parlamento. A política econômica e financeira de hoje é a mesma de ontem, inadequada à realidade nacional e subordinada a grupos de espoliação internacionais, sobretudo os norte-americanos.

Em termos de política externa, a Frente pretendia equidistância dos dois polos em que o mundo se dividia: "Não seremos colônia dos Estados Unidos, nem satélite da URSS".

No aeroporto de Congonhas, a caminho do Rio Grande do Sul, Brizola explicitou mais claramente os objetivos do movimento:

Não é um movimento partidário, nem dissidente e nem pretende existir ou atuar através das praxes usuais da política tradicional brasileira, isto é, da política de habilidade que tem caracterizado os movimentos das oligarquias políticas que até agora vêm dominando o nosso país e são responsáveis pela situação que aí está. Quando declaramos que o nosso caminho será demarcado pela legalidade, definimos os nossos propósitos, mas também queremos dizer que não nos submeteremos a quaisquer violências ou limitações em nossos passos, dentro das liberdades democráticas. À violência, responderemos com violência.[4]

Novos Rumos dedicou sua manchete ao evento – "Acabar com os trustes e o latifúndio para salvar o Brasil" – e vaticinou, otimista, em seu editorial:

Contra essa união só poderão estar os traidores do Brasil e de seu povo, os agentes do imperialismo e os beneficiários do latifúndio, os golpistas inconformados com o avanço dos anseios de libertação e de progresso que pulsam hoje, com uma força incoercível, no coração de milhões de brasileiros.[5]

O encontro de Goiânia reuniu uma legião de descontentes com o parlamentarismo e com os primeiros passos daquele governo de composição. A frente nacionalista e de esquerda tinha duas outras estrelas, além de Leonel Brizola e Mauro Borges: o deputado Francisco Julião, de 46 anos, e o prefeito de Recife, Miguel Arraes de Alencar, 44 anos.

Caçula e único filho homem de Maria Benigna Arraes de Alencar e José Almino de Alencar e Silva, Miguel Arraes nascera em Araripe, no sul do Ceará, onde seu pai fora responsável por várias inovações: o primeiro matadouro industrial do interior, a primeira indústria de beneficiamento de algodão e o primeiro a utilizar comercialmente a energia elétrica.

Para garantir que os filhos continuassem a estudar, a família trocou Araripe, na época uma pequena vila, por Crato, onde o rapaz foi matriculado no Colégio Diocesano. Arraes tinha 16 anos quando uma das piores secas de todos os tempos atingiu o Cariri – um episódio tão trágico que até hoje é relembrado em caminhadas anuais. Ficou tão impactado que, setenta anos mais tarde, ainda relembraria a passagem com emoção, em depoimento ao jornalista Xico Sá:

Um dia, quando ia estudar, me deparei com três homens presos. Eram flagelados do curral da concentração. Foram presos como desordeiros, só porque ficaram revoltados com as injustiças na distribuição de comida por lá. É uma lembrança que guardo para sempre, as histórias vindas de lá eram um horror danado.[6]

O adolescente tinha motivos para ficar chocado. Havia quase 74 mil retirantes confinados ali e em outros cinco locais (Ipu, Fortaleza, Senador Pompeu, Quixeramobim e Cariús). Atraídos por promessas não cumpridas de água, comida, assistência médica e trabalho. Foram todos vacinados, mas, ainda assim, doenças como tifo, disenteria e sarampo mataram boa parte dos retirantes.

A seca ajudou a empurrar Arraes para o Rio, onde ingressou na Faculdade Nacional de Direito. Ficou pouco na capital: aprovado num concurso público para o recém-criado Instituto do Açúcar e do Álcool, foi viver em Recife, onde terminou o curso, sem deixar qualquer registro de envolvimento com a política ou o movimento estudantil.

Em 1945, casou-se com Célia de Souza Leão, irmã da mulher do usineiro Cid Sampaio, com quem desenvolveria uma relação de parceria e concorrência. Em 1947, seu chefe no IAA, o jornalista, advogado e ex-deputado Barbosa Lima Sobrinho, foi eleito governador e entregou-lhe a Secretaria da Fazenda de Pernambuco. Arraes enfrentou um orçamento apertado e modernizou o sistema de escrituração do governo.

O passo seguinte foi na política: em 1950, elegeu-se primeiro suplente de deputado estadual pelo PSD. Assumiu o cargo graças a um acordo e foi reeleito, agora pelo Partido Social Trabalhista, criado por dissidentes do PTB.

Participou da vencedora campanha de Pelópidas Silveira à prefeitura. No ano seguinte, coordenou a vitoriosa campanha do concunhado ao governo do estado; embora da UDN, Sampaio tinha o apoio das forças de esquerda. Voltou assim à Secretaria da Fazenda e dali lançou-se candidato a prefeito, cinco meses depois.

Em sua plataforma de governo – onze páginas datilografadas – tratou do êxodo rural às muriçocas, passando pela falta de relações diplomáticas com países socialistas e, claro, pela reforma agrária.

A maior parte dos recifenses vivia nos mocambos – moradias improvisadas em alagados, morros e até no centro da cidade –, o que o levou a incluir em sua plataforma de governo um plano habitacional ousado – uma espécie de antecipação dos projetos do gênero favela-bairro, sob um argumento razoável:

> Melhor ter um mocambo do que não ter onde morar. Melhor ter um mocambo próprio do que pagar aluguéis escorchantes por um mocambo alheio – aluguel não só do mocambo, mas também do "chão" pelo qual se cobra, por vezes, preço extorsivo.[7]

Sua ideia era desapropriar os alagados, urbanizá-los, indenizar seus proprietários com parte do terreno saneado e dar milhares de pequenos lotes à população sem moradia. Para garantir água potável, poços artesianos. Ao lado, banheiros e tanques de lavar roupa. A iluminação e a energia elétrica viriam com a encampação da Tranways, subsidiária da American Power.

Eleito com folga,* cumpriu várias promessas: ampliou o sistema de abastecimento de água, a rede de esgotos e de energia elétrica, urbanizou bairros pobres, iluminou e pavimentou ruas e implantou a rede de ônibus elétricos na cidade.

Outro fruto de sua administração foi o Movimento de Cultura Popular, anterior ao Centro Popular de Cultura da UNE, que acabaria chamando a atenção da imprensa e de estudiosos. Inspirado no movimento Peuple et Culture, criado na França em 1945, no embalo da vitória sobre o nazismo, por operários, sindicalistas, engenheiros, oficiais e suboficiais, estudantes, professores e artistas, tinha como objetivo conscientizar as massas, como se dizia na época, por meio do ensino, das artes plásticas, da dança, da música e do teatro.

O MCP criou uma rede de escolas radiofônicas; centro de artes plásticas e artesanato, com cursos de cerâmica, tapeçaria, tecelagem, cestaria, gravura e escultura; escola para motoristas-mecânicos; cinco praças de cultura, com bibliotecas, cinema, teatro, música, teleclube, orientação pedagógica, recreação e educação física; um centro de cultura; galeria de arte e grupo teatral – que revelou, dentre outros, José Wilker como ator.

A proposta atraiu, entre tantos, os escultores Abelardo da Hora e Francisco Brennand, os dramaturgos e escritores Ariano Suassuna e Hermilo Borba Filho, o diretor de teatro Luís Mendonça e jornalistas como Aluizio Falcão – o mesmo que comporia o samba "Zé Ninguém", em 1962, hino informal da campanha que levaria Arraes ao governo do estado.

O balanço de suas atividades, datado de 1964, contabiliza 30.405 alunos beneficiados em 414 escolas – sem contar os adultos. Foi no MCP que o educador Paulo Freire, diretor do Serviço de Extensão Cultural da Universidade do Recife, colocou em prática pela primeira vez a pedagogia inovadora que o tornaria famoso mundialmente.

O viés militante das ações educativas foi logo apontado como subversivo. Mas Anísio Teixeira, o mais conceituado educador do país, considerou a cartilha do MCP como a melhor já editada no país: "os que a consideram subversiva devem considerar subversivas a vida e a verdade e ordeiras, a tolice e a mentira".[8]

Mas nem tudo saiu como nos planos: parte da imprensa acusou a instituição de ser um "antro de perdição de meninas". Em resposta, o Movimento lançou uma nota de protesto e depois divulgou a relação com os nomes das escolas,

---

* Teve 82.812 votos, contra pouco mais de 57 mil do segundo colocado, Antônio Pereira, do PSD.

endereços, número de turmas e de alunos, convidando a população para visitar e conhecer o trabalho ali desenvolvido.

Dois anos depois, a semente do MCP daria frutos no Rio, com a criação do Centro Popular de Cultura vinculado à UNE. Por trás da iniciativa, estavam o teatrólogo Oduvaldo Viana Filho, o cineasta Leon Hirszman e o sociólogo Carlos Estevam Martins. Os três recusavam-se a aceitar a arte distante da realidade concreta, valorizavam a presença da política nas manifestações artísticas e combatiam o hermetismo, dizendo que a arte iria apenas até "onde o povo consiga acompanhá-la, entendê-la e servir-se dela".[9]

Ferreira Gullar, Francisco de Assis, Paulo Pontes, Armando Costa, Carlos Lyra, Sérgio Ricardo, João das Neves, Augusto Boal, entre outros, integraram o CPC, que abriu espaço para novos nomes da cultura, como Cacá Diegues, Arnaldo Jabor, Joaquim Pedro e Eduardo Coutinho no cinema, MPB4 e Nara Leão na música.

Na eleição presidencial de 1960 e na renúncia de Jânio, Arraes e Cid Sampaio se distanciaram: o prefeito apoiou Lott e o governador fechou com Jânio, que ganhou também em Recife. Na sua renúncia, a polícia de Cid Sampaio ocupou as ruas, invadiu sindicatos e residências e prendeu os suspeitos de sempre. Estudantes e portuários entraram em greve contra o golpe e pelo respeito à legalidade. Arraes defendeu a posse de Jango, recusando a solução parlamentarista. Era, portanto, perfeitamente compreensível sua presença no lançamento da Frente Nacional de Libertação em Goiânia.

Outro personagem de destaque em Goiânia, Francisco Julião, também vinha da elite nordestina. Filho e neto de senhores de engenho, aderira ao marxismo aos 19 anos, mas sem qualquer vinculação com o PC. Fora preso pela primeira vez quando estudante, durante a ditadura Vargas; formara-se advogado e resolvera defender os pobres e os marginalizados.

Com o fim do Estado Novo e a redemocratização do país, ele ingressara no Partido Republicano, que trocou em 1947, pelo Partido Socialista Brasileiro. Foi candidato a deputado estadual e federal, sem sucesso, até que, em 1954, chegou à Assembleia Legislativa graças a 485 votos. Ali, foi contatado pelos camponeses do Engenho Galileia, de Vitória de Santo Antão, a setenta quilômetros de Recife. O grupo criara a Sociedade Agrícola de Plantadores e Pecuaristas de Pernambuco (SAPPP). Oficialmente, os objetivos da entidade eram fundar uma escola primária e juntar dinheiro para comprar caixões de madeira para as crianças que morriam com frequência (a taxa de mortalidade infantil no Nordeste, em 1955, era de 196 crianças por mil. Em 2010, embora continuasse a ser o dobro da registrada no Sudeste, a mesma taxa era de 33,2 por mil). Um dos líderes do movimento era José Ayres dos Prazeres, um ex-militante do PCB, no Recife, que participara da chamada Intentona Comunista e fora um dos dirigentes da Liga de Iputinga. Mais tarde, voltou ao campo e deixou o Partidão.

Na tentativa de evitar represálias, os camponeses convidaram o senhor do engenho para presidente de honra da associação e fizeram uma posse solene. Mas alguém alertou o fazendeiro de que o verdadeiro projeto da SAPPP era acabar com a paz no campo e implantar o comunismo, e ele ordenou a dissolução da sociedade, ameaçou chamar a polícia, aumentar o pagamento anual pelo uso da terra e até expulsar as 140 famílias de foreiros do engenho – em troca de cultivar a terra, os foreiros deviam pagar uma quantidade fixa em espécie ao proprietário.

Julião fez mais do que defender a Liga – tornou-se seu principal propagador. Em 1959, o movimento ganhou notoriedade graças à série de reportagens de Antônio Calado, publicadas pelo *Correio da Manhã* entre 10 e 23 de setembro.

O escritor e repórter rendeu-se ao movimento dos camponeses:

> Que é, no Engenho Galileia, que desperta o entusiasmo do repórter calejado? Umas quinhentas pessoas adultas recusarem-se a ser despejadas das terras que ali cultivavam – e ficaram [...]. O que faz a gente se entusiasmar [...] é que se libertaram eles próprios. E dá mais alegria a cara de um caboclo que se salvou sozinho do que todo um povoado que se salvou arranjando emprego no DNOCs (Departamento Nacional de Obras contra a Seca).[10]

O jornalista também chamou a atenção do Sul-maravilha para a figura daquele dublê de advogado e deputado que personificava a luta dos camponeses sem terra: "Eu acredito que Julião ainda consiga muita coisa com as Ligas e torço, mesmo, para que vários Engenhos Galileias inquietem num futuro próximo aquele Nordeste egoísta e rotineiro [...]".[11]

A questão agrária era muito antiga. Uma das primeiras leis brasileiras após a independência estabeleceu a compra como única forma de acesso à terra, abolindo, definitivamente, o regime de sesmarias. Teve origem num projeto de lei apresentado por Bernardo Pereira de Vasconcelos, um liberal à moda inglesa. Um de seus dispositivos, o que proibia a ocupação de áreas públicas e determinava que a compra de terras só poderia ser feita mediante pagamento em dinheiro, reforçou o poder dos latifundiários ao tornar ilegais as posses de pequenos produtores.

Em 6 de outubro de 1961, durante uma conferência em São Paulo, promovida pelo Centro Parlamentarista, o primeiro-ministro Tancredo Neves resumiu assim o cenário em que se situava o debate sobre a reforma agrária:

A esquerda quer uma reforma agrária audaciosa; o centro quer uma reforma baseada na equidade e a direita não deseja a reforma agrária. O que eu desejo é uma reforma imposta em termos de direito, em que sejam respeitados os preceitos da civilização cristã.[12]

Pouco mais de um mês depois, em Belo Horizonte, Tancredo teria a oportunidade de conferir qual era a disposição dos que lutavam pela reforma agrária. Diante dele e do presidente da República, 7 mil pessoas entoaram um refrão incisivo:

Reforma agrária na lei ou na marra!

Foi no dia 17 de novembro, no encerramento do I Congresso Nacional de Lavradores e Trabalhadores Agrícolas, perante 1.600 delegados – a maior parte alinhada com o PCB, escolhidos em assembleias, em locais de trabalho e de residência e em treze encontros e conferências de âmbito estadual –, representando 20 dos 21 estados. A dissidência era composta pelos sem-terra gaúchos, afinados com Brizola, e pelo pessoal minoritário das Ligas Camponesas, liderados por Julião.

Os comunistas apostavam na transformação dos camponeses sem terra em trabalhadores, organizados em torno de sindicatos rurais e imaginavam que a reforma agrária poderia ser conquistada sem sangue. Julião, no entanto, conhecera a Polônia, Tchecoslováquia, União Soviética e China, mas se encantara mesmo com Cuba, para onde fora junto com Jânio, ainda candidato a presidente. Nos encontros com Fidel e Che Guevara, Julião deve ter passado a ideia de que, se houvesse uma Sierra Maestra brasileira, esta seria no Nordeste (pelo menos foi a impressão que o economista Celso Furtado teve ao conversar com Che, no encontro da OEA em Punta del Este).

Na *Cartilha do camponês* (que escreveu pouco depois), Julião registrou seu entusiasmo com os regimes socialistas:

Tenho uma boa notícia para te dar. Teu inimigo cruel – o latifúndio – não anda bem de vida. E eu te garanto que a moléstia é grave. Não há remédio para ele. Morrerá espumando de raiva como um cão danado. Ou como um leão velho que perdeu as garras. Morrerá como morreu na China, um país muito parecido com o nosso Brasil. Morrerá como foi morto em Cuba, onde o grande Fidel Castro entregou a cada camponês um fuzil e disse: "Democracia é o governo que arma o povo". Eu fui lá e vi tudo, camponês. Em Cuba não há mais cambão, nem naquela ilha libertada ninguém arranca mais lavoura. Nem põe a casa abaixo. Nem bota o gado no roçado. Nem cobra por um quadro de terra 150 quilos de algodão.[13]

Não havia acordo entre ele e os comunistas.* Antes do congresso, duas levas de brasileiros ligados às Ligas Camponesas já tinham feito cursos de guerrilha em Cuba – uma em maio e outra entre julho e agosto. Na volta ao Brasil, esse pessoal comprou várias fazendas pelo país e montou acampamentos para treinar outros guerrilheiros.**

Julião compensou a falta de delegados alinhados com as Ligas com sua retórica. O poeta e jornalista Marcelo Mário de Melo, fundador do PCBR, descreveria o talento do tribuno num relato sobre a geração de 1968:

> Vi muitos oradores discursando em comícios no Recife, dando bem o seu recado e arrancando aplausos. Mas o único que vi levar a multidão às ovações foi Francisco Julião. Sem citar estatísticas, contornando os chavões do economês e as referências a documentos políticos e autores. Advogado de júri ele dominava a técnica oratória. Tinha uma boa voz, com a pronúncia marcada por toques de português castiço – a elegância antiga de acentuar o l no final das palavras e o uso do apóstrofo. Num comício no dia do seu aniversário, disse que estava completando cinquenta anos. Quando se referia a João Goulart, pronunciava nitidamente o t final.[14]

As comissões aprovaram a tese apresentada pelos delegados ligados às Ligas Camponesas. Em suas primeiras linhas, já dizia a que viera o documento:

---

* No início de 1961, quando as Ligas já não se limitavam a Pernambuco (onde reuniam 10 mil associados) e tinham se espalhado por mais doze estados, Prestes propôs a sua fusão com a União dos Lavradores e Trabalhadores Agrícolas do Brasil, criada pelo PCB sete anos antes, sob o argumento de que isso daria mais força ao movimento agrário. Julião recusou a oferta, que teria vindo junto com a de lhe entregar o papel de líder da nova entidade. Embora volta e meia lhe pespegassem o carimbo de comunista, o fato é que as relações de Julião com o chamado Partidão eram complicadas.

** De acordo com Denise Rollemberg, autora de *O apoio de Cuba à luta armada no Brasil*, doze membros das Ligas foram treinados em Cuba. Pelo menos oito dispositivos, como eram chamadas as bases guerrilheiras, foram montados no país. No segundo semestre de 1962, o Serviço de Repressão ao Contrabando acabaria se deparando, quase por acaso, com um desses dispositivos em Divinópolis, a seiscentos quilômetros de Goiânia. Lá encontraram manuais de instrução de combate armado, planos para implantação de outros focos de sabotagem, descrição dos fundos financeiros enviados pelo governo cubano para montar acampamentos guerrilheiros. Jango entregou um dossiê sobre o caso de Divinópolis a um emissário cubano, que acabou sendo vítima de um acidente aéreo em Lima. A pasta de couro contendo o dossiê foi parar nas mãos da CIA, que acusou Fidel Castro de estar exportando a revolução.

> As massas camponesas oprimidas e exploradas de nosso país, reunidas em seu I Congresso Nacional, vêm, por meio desta Declaração, manifestar a sua decisão inabalável de lutar por uma reforma agrária radical. Uma tal reforma nada tem a ver com as medidas paliativas propostas pelas forças retrógradas da Nação, cujo objetivo é adiar por mais algum tempo a liquidação da propriedade latifundiária. A bandeira da reforma agrária radical é a única bandeira capaz de unir e organizar as forças nacionais que desejam o bem-estar e a felicidade das massas trabalhadoras rurais e o progresso do Brasil.[15]

Resumindo, a ideia era acabar com os latifúndios, substituindo-os pela propriedade coletiva ou estatal. Os donos de propriedades improdutivas com mais de quinhentos hectares receberiam como pagamento títulos da dívida pública, quase sem valor. Pequenas propriedades seriam isentas do imposto territorial rural, que se tornaria progressivo, gravando mais as maiores extensões. E por aí ia.

Jango também foi ao congresso. Aplaudido e abraçado pela plateia, prometeu apoiar um projeto de reforma agrária que enfrentasse o maior obstáculo – a obrigatoriedade constitucional de pagar as desapropriações em dinheiro –, que tornava inócua qualquer tentativa de combater o latifúndio e dar terra a quem não tinha. A presença dos dois mandatários da República no congresso camponês parecia indicar que a reforma agrária agora era prioridade. Em seu discurso, Jango disse que muita gente se assustava com palavras, mas não perdia o sono "diante do panorama social do País, onde um povo pobre luta para viver em território potencialmente poderoso"[16] e prometeu enfrentar a reforma agrária.

Novos Rumos mandou para o congresso muito mais que um repórter: Armênio Guedes, um baiano de 43 anos de idade e 26 de Partido Comunista que tivera papel relevante na Conferência da Mantiqueira, que reorganizara o PCB em 1943, e fora secretário particular de Prestes no curto período da legalidade. Depois de passar uma temporada em Moscou, ajudara a redigir a Declaração de Março de 1958, que colocou a democracia como objetivo da ação política do PCB. Ao voltar de Belo Horizonte, Armênio escreveu uma pequena crônica sobre o encontro camponês e registrou a frase de Julião sobre a lei e a marra.

No texto de *Novos Rumos*, Armênio reconhece que a tese dos comunistas fora derrotada por Julião, mas tentou negar que o congresso tivesse acabado num racha – como noticiara a chamada imprensa burguesa:

> O que o repórter do *Jornal do Brasil* não compreendeu, ou não quis compreender é que tais discussões são a própria base da unidade conquistada pelo I Congresso Nacional dos Lavradores e Trabalhadores Agrícolas. O que ele não percebeu é que

do Congresso saíram mais fortes Julião e as Ligas Camponesas, a Ultab e todos os que lutam por uma reforma agrária verdadeira.[17]

Na mesma linha ia o artigo de Giocondo Dias (o cabo comunista que tomara o quartel em Natal, na chamada Intentona), agora membro da comissão executiva do Comitê Central, ao afirmar que o congresso havia apontado "o caminho constitucional, o da reforma da Constituição num sentido democrático" para resolver o problema da terra. Não era o que diziam os cartazes espalhados pelo plenário.*

O Congresso da Ultab, a promessa de Jango ou a emblemática frase de Julião foram incapazes de superar o enrosco que envolvia a reforma agrária. Entre 1962 e 1964, registra Élia de Oliveira Chaves na dissertação *A reforma agrária no Congresso Nacional: 1959 a 1979 (análise histórica do discurso político)*, foram feitos 493 discursos sobre o assunto. De 1960 a 1964, nada menos do que quarenta projetos tratando do tema foram apresentados ao Congresso. Quatro levavam a assinatura de João Cleofas, o udenista derrotado por Arraes. Três, a de Plínio Salgado, o ex-líder integralista. Um, a de Brizola. Julião, que se elegera para a Câmara dos Deputados em 1962, não encaminhou uma só proposta. Na verdade, nunca foi ao Congresso, nem ocupou a tribuna, salvo no dia 31 de março de 1964, como se verá adiante.**

* * *

---

* As outras notícias da edição 146 de *Novos Rumos* dão uma boa ideia das preocupações dos comunistas naquele momento. Além de criticar o projeto de reforma tributária proposto pelo primeiro-ministro Tancredo Neves, havia uma reportagem especial sobre os 80 anos do pintor Pablo Picasso e o último capítulo da autobiografia do cosmonauta soviético Iuri Gagárin. Num artigo de fundo, o deputado federal Marco Antônio Tavares Coelho procurava demonstrar que a campanha anticomunista estava com os dias contados.

** Em janeiro de 1962, o Conselho de Ministros recebeu o projeto elaborado pela comissão formada a pedido de Jânio e coordenada pelo senador udenista Armando Monteiro Filho, que propôs a instituição de um imposto territorial rural cuja arrecadação serviria para financiar a reforma agrária. A tentativa não deu certo: pessedistas e udenistas se uniram e vetaram tanto a proposta de reforma agrária como o Estatuto da Terra. Ambos seriam implementados, com outro enfoque, no início do primeiro governo militar, o do general Castelo Branco. Três meses mais tarde, o vice-presidente da Liga Camponesa de Sapé, na Paraíba, foi assassinado. Uma manifestação de protesto em João Pessoa foi inicialmente proibida pelo general Artur da Costa e Silva, na época comandante do IV Exército, sediado em Recife e com jurisdição sobre todo o Nordeste. Tancredo veio a público afirmar que a crise demonstrava a urgência da reforma agrária. A Câmara abriu uma CPI para investigar o caso e o general Costa e Silva, ouvido pelos deputados, disse que as Ligas Camponesas não constituíam problema para as Forças Armadas.

No dia 26 de junho de 1962, o primeiro gabinete parlamentarista da República renunciou coletivamente. O pretexto para deixarem o comando menos de um ano após a posse era de que seus membros precisavam concorrer às eleições parlamentares de 1962 – um fato. Como fato era, também, que o regime parlamentarista nascera como um remendo e sobrevivia mal e mal, imprensado entre a disposição de Jango de retomar seus poderes, as pressões da direita (cada vez mais ativa no Parlamento e na imprensa) e as pressões da esquerda, que considerava qualquer conciliação um insulto e parecia mais interessada na marra do que na lei.

Por trás da cena, acumulavam-se os embates entre ministros que deveriam decidir o rumo do país e Jango, que não se conformava com o papel quase simbólico que lhe cabia no parlamentarismo. O presidente estava em busca da fatia de poder que lhe fora tungada em nome da conciliação e não disfarçava. O próprio Tancredo assinalaria três episódios em que tais relações se assemelharam a uma queda de braço: a aprovação de um orçamento deficitário no Congresso, mudanças no estatuto da Sudene, unilateralmente aprovadas pelo Senado, e a ampliação do escopo da lei de remessa de lucros. Resignado, chegou a anotar, numa ata de reunião: "Não podemos fazer grandes censuras porque hábitos incrustados de uma prática de regime presidencial por mais de setenta anos não podemos erradicar da noite para o dia".[18]

Jango quis colocar o ministro das Relações Exteriores no lugar de Tancredo. Carioca, 51 anos, San Tiago Dantas era advogado, jurista, professor, diretor de banco, diretor de uma faculdade de Filosofia e ensaísta, além de deputado federal. Descendente de militares – seu avô lutara na Guerra do Paraguai e seu pai comandara o encouraçado *Minas Gerais* durante a Segunda Guerra Mundial –, preferiu a vida acadêmica. Na juventude, militou na Ação Integralista Brasileira e chegou a concorrer, sem êxito, a uma cadeira na Câmara dos Deputados pelo Distrito Federal. Afastou-se do integralismo quando seus adeptos tentaram derrubar Vargas em 1938. No segundo governo de Getúlio, tornou-se assessor pessoal deste. Preparou o anteprojeto de criação da Petrobras, da estrutura ferroviária da União e da Rede Ferroviária Federal.

Voltou para a política em 1955, filiado ao PTB, e foi eleito deputado federal por Minas Gerais três anos mais tarde. Jânio chegou a nomeá-lo embaixador do Brasil na ONU, mas renunciou antes que Dantas tomasse posse. Tancredo o indicou para as Relações Exteriores, onde reatou relações com a União Soviética e foi contra a determinação norte-americana de expulsar Cuba da OEA.

Mas o PSD vetou San Tiago Dantas para primeiro-ministro e Jango inclinou-se na direção do pessedista Auro de Moura Andrade, sob protesto dos sindicalistas.

O presidente condicionou a indicação a um acordo secreto: o premiê o consultaria sobre os ministros militares e tentaria antecipar o plebiscito sobre o regime político do país. Como garantia, Moura Andrade entregou a Jango uma carta de renúncia assinada e sem data.

Mas o futuro primeiro-ministro escolheu os ministros militares por conta própria e Jango ligou para Almino Affonso:

> Almino, tu como líder do PTB, tem condição de falar a qualquer instante?

O deputado confirmou, Jango foi adiante:

> Pois então, Almino, pede a palavra e anuncia que o Moura Andrade renunciou. Tu não te lembra da carta? Pois é, eu a datei; logo ele renunciou.[19]

Dez minutos mais tarde, no plenário lotado, Almino comunicou a renúncia do primeiro-ministro. Moura Andrade jamais perdoaria esse desfecho.

Jango optou, afinal, por Francisco Brochado da Rocha, jurista e secretário do Interior e Justiça de Brizola no governo gaúcho. Brochado durou só até setembro de 1962. Caiu em meio a greves de funcionários públicos, quando a emenda que antecipava o plebiscito para 7 de outubro de 1962 (junto com as eleições parlamentares) foi derrotada. Seu sucessor, o udenista Hermes Lima, cumpriu quase um mandato-tampão até o plebiscito, afinal definido para 6 de janeiro de 1963. O ministério armado por ele foi uma espécie de antecipação do que Jango manteria ao reassumir os poderes do presidencialismo. Amauri Kruel assumiu o Ministério da Guerra, João Pinheiro Neto (que mais tarde cuidaria da reforma agrária), o do Trabalho, Eliezer Batista, o da Indústria e Comércio (seu filho Eike tinha apena 5 anos), e para o da Educação, foi nomeado Darci Ribeiro.

Mineiro de Montes Claros, perto de completar 40 anos, Darci não suportara as aulas de Medicina. Reprovado duas vezes, fora para a Escola de Sociologia e Política de São Paulo, formando-se em 1946. Por dez anos, trabalhara no Serviço de Proteção aos Índios. Em seguida, foi contratado por Anísio Teixeira para dirigir a Divisão de Estudos Sociais do Centro Brasileiro de Pesquisas Educacionais (CBPE), do Ministério da Educação e Cultura. Dois anos mais tarde, tornou-se vice-diretor do Instituto Nacional de Estudos Pedagógicos.

Na recém-criada Brasília, Juscelino lhe entregara o planejamento de uma nova universidade, tarefa que Darci desempenhou em parceria com Teixeira, Oscar Niemeyer e vários cientistas ligados à Sociedade Brasileira para o Progresso da Ciência (SBPC). No curto governo de Jânio, ajudara a elaborar o Plano Nacional de Educação. Jango o colocara na reitoria da UnB.

9

A marra de John Kennedy

No dia 30 de julho de 1962, a situação do Brasil ocupou quase meia hora de John Fitzgerald Kennedy. No salão oval da Casa Branca, os interlocutores do presidente norte-americano eram Lincoln Gordon, o embaixador no Brasil, o subsecretário de Estado para Assuntos Interamericanos, Richard Goodwin, e o assessor especial para Assuntos de Segurança Nacional, McGeorge Bundy. Como outros encontros, aquele foi inteiramente gravado, sem que seus participantes (salvo o próprio presidente) tivessem conhecimento do fato.

Desse modo, é possível conhecer quase todos os detalhes da conversa (alguns trechos foram censurados por decisão do governo americano). Forçando um pouco a mão, pode-se dizer que o sumo dos diálogos mostra que os americanos também tinham sua versão do modelo "na lei ou na marra" e procuravam antecipar os passos a serem dados em um e outro cenário.*[1]

O embaixador americano começou elogiando a franqueza do presidente brasileiro, com quem se encontrara uma semana antes, em Brasília. Gordon disse que Jango teria de explicar a Kennedy as contradições de seu governo, cujo ministro das Relações Exteriores elogiava a Aliança para o Progresso, enquanto Brizola e San Tiago Dantas batiam pesado nos americanos. Textualmente: "Nós

---

* Não era a primeira vez que um presidente americano se valia desses dispositivos ocultos de gravação, utilizado desde o tempo de Franklin Roosevelt. Mas até o caso Watergate, em 1973, tais registros seguiram trancados a sete chaves. O sistema de gravação de Kennedy foi desmontado logo após seu assassinato. A íntegra da conversa de 30 de julho de 1962 está disponível no Miller Center of Public Affairs da Universidade de Virgínia e no site Café na Política – http://www.cafenapolitica.com –, mantido por Francisco das Chagas Leite Filho.

somos responsáveis pela mortalidade infantil e tudo o que é de ruim que ocorre debaixo do sol. Tudo... muito irracional e altamente emocional".

O presidente e seus assessores concordaram que a melhor maneira de promover os interesses norte-americanos seria apoiar financeiramente candidatos simpáticos aos EUA ("coisa de uns poucos milhões de dólares, digamos"). Depois de um corte de sete segundos, feito pela censura governamental, a transcrição é retomada e Kennedy comenta:

> Isto é muito dinheiro. Porque, você sabe, afinal, para uma campanha presidencial aqui você gasta cerca de 12. E nossos custos – pelo menos acho – que 8 milhões de dólares seria uma enorme quantidade de dinheiro para uma eleição.

Gordon concordou, Kennedy classificou o cenário de "incrivelmente complicado" e mandou tocar o projeto de financiamento de campanhas. Depois de novo corte na gravação, o presidente americano questionou:

> Bom, acho que agora não posso fazer nada com Goulart ali. Não tem nada...
> *Gordon*: Bom, acho que tem. Este é o ponto importante da estratégia, em geral. Uma coisa que quero alertar é a possibilidade de uma ação militar. Esta é, esta é uma grande possibilidade nas cartas.
> *Kennedy*: Agora, deixe-me perguntar – nós temos sido muito críticos da ação militar no Peru...
> *Gordon*: [Ininteligível]
> *Kennedy*: [...] o que é inteiramente diferente. Não podemos ser exatamente. Os militares fizeram um excelente trabalho um ano atrás. Tudo depende das circunstâncias de uma ação militar.
> *Gordon*: Eu acho, eu acho...
> *Kennedy*: Em outras palavras, nós éramos contra ação militar na República Dominicana. Tínhamos nossas reservas em relação aos militares depois que eles prenderam Prado. Mas vamos recuar e reconhecê-los na próxima semana, ou esta semana; mas a questão é mesmo de como... Qual será nossa atitude ao que seria...
> *Goodwin*: Bom, acho que o que deveríamos fazer... Este é um negócio muito difícil e temos que nos proteger muito cuidadosamente. Não acho que queiramos estimular um golpe. O que realmente queremos fazer com Goulart, acho, são duas coisas: queremos fazer uso do fato de que ele tem uma grande consideração com o senhor. E ele está muito orgulhoso que esta relação com os Estados Unidos [ininteligível] foi estabelecida. E há algumas coisas... Acho que nós conseguiremos em breve e finalmente [resolver] estes caso da IT&T.

Goodwin referia-se à decisão tomada por Brizola, que, ao completar cem dias no governo, encampara a Companhia de Energia Elétrica Riograndense, filial da Bond & Share, e a International Telephone and Telegraph (IT&T) – provocando uma crise nas relações entre os Estados Unidos e o Brasil.

Brizola criticava a Ceerg desde os tempos de deputado estadual e iniciara o processo de encampação no começo de seu governo. O serviço oferecido era péssimo e a concessão já tinha expirado, mas a empresa resistia a todas as pressões e se defendia juridicamente. Com o aval de Juscelino, Brizola expropriou os bens da Ceerg, pagando o valor simbólico de um cruzeiro.

A reação veio de todos os lados: dos eletricitários com medo de perder empregos* a Douglas Dillon, secretário do Tesouro dos Estados Unidos, que classificou o governador gaúcho de "péssimo exemplo para toda a América Latina".

As tratativas arrastaram-se por mais de dois anos. A IT&T inicialmente admitiu discutir o valor a ser pago por meio de um árbitro, mas mudou de ideia. Brizola acabou expropriando os bens da empresa, descontando as usinas doadas pelo governo do estado. Quando o Poder Judiciário autorizou a imissão de posse, San Tiago Dantas chamou o governador gaúcho ao Itamaraty. Brizola ficou uma onça ao descobrir que a conversa não seria apenas entre o governador e o ministro, mas incluiria Roberto Campos, embaixador brasileiro em Washington, e Lincoln Gordon. O negócio azedou de vez quando Brizola ficou sabendo que alguns diretores da IT&T também estariam na reunião.

Alguns dias mais tarde, numa entrevista coletiva em Washington, Kennedy definiu assim o governador do Rio Grande do Sul: "Não é dos mais amigos do nosso país!".[2]

Jango tinha assumido o compromisso de compensar qualquer empresa americana encampada dali por diante, mas o Congresso norte-americano, em represália, aprovou uma emenda vedando empréstimos a países que expropriassem o patrimônio das empresas de seu país.**

---

* Na mesma época, outra empresa estrangeira entrou na mira do governo gaúcho: a Companhia Telefônica Riograndense, ligada à multinacional IT&T. O sistema de telecomunicações do Rio Grande do Sul era tão ruim quanto a rede elétrica: havia menos de 15 mil telefones para os 670 mil habitantes de Porto Alegre e a fila de espera chegava à casa dos 40 mil interessados. As negociações arrastaram-se por dois anos, antes de chegarem a um acordo – uma sociedade de economia mista, com participação do governo (25%), da IT&T (25%) e dos usuários (50%). Para definir o valor do acervo, Brizola indicou um árbitro udenista. Estava quase tudo certo quando mudou a direção da IT&T. Os novos gestores exigiram a reabertura das negociações, mas o governador expropriou os bens, com base no valor arbitrado – decisão que a Justiça validou.

** A IT&T e a Bond & Share foram afinal compensadas pelo governo brasileiro depois do golpe militar.

A conversa de Kennedy com seus auxiliares no salão oval, naquele 30 de julho de 1962, já deixa claro que o caso da IT&T teria consequências graves para o Brasil.

> *Gordon*: [Observação ininteligível]. Nós temos sua carta para Goulart. Falei com ele novamente na segunda-feira. Acho que vamos resolver aquilo. Espero que evitemos outras expropriações desta vez. Acho que podemos fazer algum progresso nesta coisa das companhias de serviço público. Isto é muito negativo, mas acho que devemos trabalhar o mais que pudermos. A principal coisa é, ao mesmo tempo, organizar as forças que são tanto políticas como militares para, ou reduzir o seu poder [de Jango]... num caso extremo afastá-lo, se for preciso. Isto dependeria de uma ação aberta de sua parte. Ele está jogando que está bem preparado [ininteligível].
> *Goodwin*: Ele mudou muitos comandantes militares nas guarnições?
> *Gordon*: Ele mudou um certo número e está ameaçando mudar outros. Até que ponto ele vai nessas mudanças, vai depender um pouco da resistência dos militares. Acho que uma das nossas tarefas importantes é fortalecer a espinha dos militares. Para deixar claro, discretamente, que não somos necessariamente hostis a qualquer tipo de militar ou coisa que o valha, se ficar claro que o motivo para a ação militar for...
> *Kennedy*: Contra a esquerda?
> *Gordon*: ... Ele está entregando o maldito país para...
> *Kennedy*: ... os comunistas.

Lincoln Gordon diz que há muitas provas de que Jango estava fazendo isso, propositadamente ou não, e que os militares brasileiros anticomunistas estavam preocupados com o que o governo americano fizera em relação ao Peru. O governo americano apostara num candidato, Haya de la Torre, do Apra, de esquerda democrática, não comunista, que venceu a eleição por uma margem muito reduzida, empurrando a decisão para o Congresso. Os militares deram um golpe e instauraram uma junta militar de doze pessoas. Kennedy, que havia condenado o golpe, disse que naquela semana mesmo iria voltar atrás e reconhecer o governo peruano. Goodwin gostou da notícia:

> Porque nós podemos muito bem querer que eles [os militares brasileiros] assumam até o fim do ano, se eles puderem.
> *Gordon*: Nós temos aquela frente militar. E acho que sua função é primeiramente manter Goulart nos eixos...

Kennedy: Que tipo de ligação nós temos com os militares?

Gordon: Bem, é muito boa. Os militares não estão unidos, o que complica as coisas. Há uns poucos oficiais que são francamente de esquerda, incluindo uns poucos em altas posições: o comandante do I Exército, que fica no Rio de Janeiro... Um cara muito perigoso. Goulart brincou com a ideia de fazê-lo ministro da Guerra, mas depois desistiu porque houve muita [ininteligível].

Kennedy: Você acha que se Goulart tivesse poderes... Você sabe, você pode ter essas brigas com o Congresso e usar qualquer coisa para seguir em frente. Você acha que se ele tivesse poderes, agiria? Ou isto é apenas uma tática?

Gordon: Acho que... Tenho dúvidas de que seja, não acredito que o homem seja um comunista. Acho que ele provavelmente faria algo como... Mais como [o antigo ditador Juan] Perón. Um tipo assim...

Kennedy: Ditador pessoal.

Gordon: ... Um tipo de ditador pessoal e populista.

Kennedy: Sim.

Goodwin: Eu, não... Acho que a gente tem de se lembrar que ele pode não ter um objetivo, mas Dantas tem um objetivo. E Brizola tem um objetivo e este objetivo não é peronista, no final pode ser nasserista ou titoísta. E acho que a presença deles, que eles [têm], e a dominação intelectual que eles podem ter poderia sensibilizá-lo. Porque não tem... se você for desempenhar um papel na cena mundial, você sabe, hoje em dia você não pode ser um Perón. Você tem de ir além e é isso o que eles querem.

Kennedy: Sim.

Goodwin: Não tenho dúvida...

Gordon: Eles querem isso. O Goulart não dá a mínima para política externa. Na verdade, ele está [...] interessado em [ininteligível].

Kennedy: Vaidade.

Goodwin: ... Bem, você sabe, ele é um homem de grande vaidade e de desejo pelo poder...

Kennedy: [Ininteligível].

Goodwin: Não, acho que haja 80% de chances de que ele force para a esquerda com aqueles dois caras.

Gordon: Bom, eu não acredito que [ininteligível].

Goodwin: Ele não seria um ditador local, não ficaria satisfeito com [ininteligível].

Gordon: Há muitas chances de que eles o derrubem.

Kennedy: Dantas?

Gordon: Não, que eles tentariam derrubar Goulart em certas circunstâncias.

Kennedy: Sim, mas o Dantas é... Agora, o que devemos fazer? Acho que temos este problema de quanto podemos fazer contra Goulart e quanto tentaremos fazer com ele.

Gordon: Acho que nós temos de tentar...

Moral da história: desde julho de 1962, o governo norte-americano estava disposto a apoiar um golpe no Brasil, caso Jango não se comportasse. Democracia e livre iniciativa na lei ou na marra.

Os americanos tinham muitos parceiros locais dispostos a cooperar no Brasil. Um deles existia desde 1959: o Instituto Brasileiro de Ação Democrática (Ibad). Pelo estatuto, sua meta era fomentar o desenvolvimento da livre empresa. Na prática, o objetivo era barrar o avanço do comunismo. O Ibad era criação de Ivan Hasslocher, dono de uma pequena agência de publicidade – S. A. Incrementadora de Vendas Promotion.

O Ibad pouco fizera no governo Juscelino. Colocara a cabeça para fora em abril de 1961, com um grande seminário sobre reforma agrária em Campinas, que resultou num livro escrito por José Arthur Rios. Na visão do Ibad, a reforma era bem diferente da que preconizavam Julião, as Ligas Camponesas e a Frente Nacional de Libertação.

Menos de duas semanas após o Congresso dos Trabalhadores Agrícolas e Lavradores ter sacramentado a ideia de que os camponeses sem terra deveriam ser beneficiados na lei ou na marra, surgiu no Rio de Janeiro o Instituto de Pesquisas e Estudos Sociais (Ipes), que seria explicitamente mencionado na reunião do presidente Kennedy. Instalado em vários estados, era mais presente no Rio e em São Paulo.

Oficialmente, tratava-se de uma agremiação apartidária, dirigida por empresários e profissionais liberais democráticos, com objetivos essencialmente educacionais e cívicos, não representando uma classe ou interesses privados. Na prática, reunia gente graúda disposta a barrar o comunismo e impedir as reformas de base. Na definição posterior de uma jornalista da revista *Seleções do Reader's Digest*, o raciocínio era mais ou menos este: "a hora de afastar o desastre é agora, não quando os vermelhos já tiverem o controle completo do nosso governo".[3]

Para agilizar o trabalho e evitar a concentração de poder, o Ipes fora dividido em vários grupos. Sua cúpula incluía proprietários, acionistas, presidentes e diretores de multinacionais e associados, militares, jornalistas e acadêmicos. Na lista de empresas contribuintes figuravam o Banco Itaú, as Lojas Americanas, a Suzano de Papel e Celulose, Brahma, Coca-Cola e Kibon, Light, Souza Cruz, Editora Globo e Seleções do Reader's Digest.

Entre os grupos de estudo, o mais proeminente era o de Levantamento da Conjuntura (GLC), comandado por Golberi do Couto e Silva. O autor do manifesto dos coronéis contra o aumento do salário mínimo estava agora encarregado de fazer o mapeamento dos militantes de esquerda e progressistas, a partir, inclusive, de grampos telefônicos, no que pode ser visto como uma espécie de proto-SNI.

Em muitos momentos, Ipes e Ibad jogaram juntos, a ponto de o historiador e cientista político uruguaio René Armand Dreifuss ter adotado o termo "complexo Ipes-Ibad" em seu clássico estudo sobre o golpe militar, *1964: a conquista do Estado*.

O Ipes financiava folhetos, livretos, palestras e viagens aos Estados Unidos para estudantes sensíveis às suas teses. Atuava como uma espécie de motor intelectual. A ação prática corria por conta do Ibad. Entre as realizações do Ipes, estão onze documentários dirigidos por Jean Manzon e Carlos Niemeyer. Entre eles, *Depende de mim* e *O que é a democracia?*, lançados às vésperas da eleição de 1962. Os filmes usavam imagens de Hitler, Mussolini e da construção do Muro de Berlim, na tentativa de "convencer o espectador de que os perigos do totalitarismo rondavam o país e, portanto, nesse momento de tensão, o voto serviria não apenas para eleger um candidato, mas para preservar a própria democracia".*

Em março de 1962, o Ibad colocou em funcionamento uma máquina de financiamento de campanhas. Ivan Hasslocher tentou inicialmente utilizar a estrutura do Movimento Popular Jânio Quadros, que tivera participação significativa na campanha presidencial de 1960. Dinheiro não era problema: para transformar o MPJQ na Ação Democrática Popular (Adep), o orçamento inicial era de Cr$ 1 bilhão (correspondentes a R$ 74,5 milhões de outubro de 2012) e mais outra bolada, caso necessário, às vésperas da eleição. Carlos Castilho Cabral, o idealizador do MPJQ, recusou a proposta por não concordar com a obrigatória condenação da política externa independente que Jânio havia praticado.

Dados coletados mais adiante por uma Comissão Parlamentar de Inquérito indicam que a Adep subsidiou as campanhas de cerca de 250 candidatos a deputado federal, seiscentos a deputado estadual, oito candidatos a governador e vários candidatos ao Senado. Um candidato a deputado federal recebia pouco mais

---

* No artigo "O golpe no cinema: Jean Manzon à sombra do Ipes", publicado na revista *Artcultura*, vol. 11, Reinaldo Cardenuto resgata a história desses filmes.

de cem mil reais (em valores de outubro de 2012). O Ibad também alugou o vespertino carioca *A Noite* por três meses. Nesse período, o jornal, que antes defendia os candidatos do PTB e as posições nacionalistas, passou a promover candidatos apoiados pela Adep e identificados com o anticomunismo.

Baseado nas conclusões da CPI, Jango primeiro determinou a suspensão por três meses das atividades do Ibad e da Adep, que acabaram dissolvidos em dezembro de 1963, por determinação do Poder Judiciário.

10

Vitória do PTB

Nem o dinheiro da Adep conseguiu barrar o crescimento do PTB. Desde o fim da ditadura Vargas, assinala Gláucio Ary Dillon Soares, o eleitorado crescera substancialmente – em boa parte, graças à queda no total de analfabetos: se, em dezembro de 1945, 7,5 milhões tinham ido às urnas, em 1962, o total foi de 18,5 milhões de cidadãos. No mesmo período, os analfabetos, que eram 54%, caíram a 36% da população.

Há muitas maneiras de analisar esses números. Em termos partidários, sem levar em conta as coligações, evidencia-se o crescimento do PTB e uma queda relativa das bancadas da UDN e do PSD. Os trabalhistas, que tinham 10,2% dos votos para a Câmara em 1945, chegaram a 24,8% em 1962. Os pessedistas, que abocanharam 42,4% do bolo em 1945, haviam caído para 30,1% em 1962, enquanto os udenistas baixaram de 26,8% para 22,6% no mesmo intervalo.

Outra forma de olhar os resultados é agrupando os partidos em blocos ideológicos – esquerda, direita e centro, como faz Gláucio Soares. Nessa condição, emerge a queda do centro (PL, PDC, PSD), de 45,1% para 36,8%; igual tendência na direita (PRP, PR e UDN), de 32,1% para 26,6%, e o ascenso da esquerda (PTB, PCB, PSB, PSP e pequenos trabalhistas), de 22,8% para 36,6%.

Vale reproduzir o ponto de vista do professor Jairo Nicolau,* para quem tais mudanças não correspondem a uma reviravolta, mas a um quadro de estabilidade

---

* Jairo Nicolau é professor e pesquisador do Instituto Universitário de Pesquisas do Rio de Janeiro (Iuperj). É autor de *Sistemas eleitorais: uma introdução* (Rio de Janeiro, Editora Fundação Getulio Vargas, 1999), *História do voto no Brasil* (Rio de Janeiro, Jorge Zahar, 2001) e organizador de *Dados eleitorais do Brasil (1982-1996)* (Rio de Janeiro, Revan/Iuperj, 1998).

do sistema partidário, que ele classifica de "surpreendente". Nicolau conclui que não foi a eleição de 1962 que levou ao golpe dois anos mais tarde.

Individualmente, o grande vencedor de 1962 foi Leonel Brizola. Como governador, ele fizera da educação seu foco. Inaugurou 1.045 prédios escolares, com 3.360 salas de aula e capacidade para 235.200 alunos. Outros 113 tiveram suas obras iniciadas e mais 258 transformaram-se em projetos. Quando deixou o cargo, os gaúchos tinham mais 5.902 escolas primárias, 278 escolas técnicas e 122 ginásios e escolas normais, que resultaram em 688.209 matrículas e 42.153 vagas para professores.

Também deu atenção aos sem-terra, que eram muitos num estado de grande concentração fundiária. Criou um instituto e um programa de reforma agrária, quando o governo federal ainda ignorava a questão.

Com aval e incentivo do governo gaúcho, surgiram acampamentos às margens de rodovias e diante de enormes latifúndios improdutivos que somavam 48 mil hectares. Na frente de um deles, Brizola mandou colocar a seguinte faixa: "Acampamento João XXIII, somos cristãos e queremos terra". O apelo ao papa foi insuficiente ante o conservadorismo da Igreja, que se recusou a realizar uma missa no local, alegando que aquilo só podia ser coisa de comunista. Brizola insistiu e acabou levando até lá o comandante do III Exército, o cardeal e produtores rurais de peso para conhecer as grandes famílias de sem-terra, na sua maioria descendentes de alemães que não tinham onde trabalhar. Em junho de 1962, foram entregues os primeiros títulos de terra, correspondentes a lotes de 25 hectares. No final do ano, já havia seiscentas famílias beneficiadas.

Mesmo sem fazer campanha (continuou governando o Rio Grande do Sul), Brizola recebeu 269 mil votos para deputado federal pela Guanabara, quase metade do total de eleitores. Sua votação só seria superada em termos absolutos 36 anos mais tarde, quando Miro Teixeira obteve 560 mil votos como candidato do MDB a deputado federal.

Francisco Julião também foi eleito por Pernambuco, na legenda do Partido Socialista Brasileiro. Num discurso em Ouro Preto, ele deixara claro quais eram seus planos:

> Não creio que a redenção da minha pátria venha das urnas. Nem das elites. Nem da "família cristã". Ela virá, sim, e nisso creio firmemente, das massas angustiadas, do camponês sem terra, do operário sem trabalho [...] Não posso, não devo, não quero participar dessa farsa. A não ser para denunciá-la.[1]

O PCB conseguiu eleger quatro deputados federais, abrigados em outras legendas, já que os comunistas continuavam na ilegalidade: Fernando Santana na Bahia, o médico Adão Pereira Nunes e o ferroviário Demistóclides Batista no Estado do Rio, e Marco Antônio Tavares Coelho, na Guanabara. Mineiro de Belo Horizonte, 36 anos, Marco Antônio formara-se em Direito, mas nunca exercera a profissão. Muito jovem, fora atraído para o comunismo por Darci Ribeiro. O convite era para integrar o Socorro Vermelho, organização clandestina destinada a auxiliar pessoas perseguidas pela ditadura e que era uma espécie de biombo do Partidão.

Em 1962, Marco foi designado para disputar a eleição. Sua vinculação ao PCB era um segredo de Polichinelo e, para evitar a impugnação, a campanha foi relâmpago.

Outro novato: Mário Covas Júnior. Filho de um português e uma espanhola, tinha 32 anos e se interessava pela política desde garoto. Aos 17 anos, trocara Santos por São Paulo, para cursar a Escola Técnica Bandeirantes. No terceiro ano do curso de Química Industrial, prestou concurso para a Escola Politécnica da USP, onde participou do Grêmio e da Atlética e tornou-se dirigente da União Estadual dos Estudantes e da seção paulista da União Nacional dos Estudantes. Na mesma turma da Poli (e no outro polo político) estava Paulo Salim Maluf.

A estreia de Covas na vida pública aconteceu em 1956. Como diretor de Serviços Públicos da Prefeitura de Santos, desdobrou-se no atendimento aos atingidos pelos deslizamentos de terra durante um temporal que durou três dias.

Cinco anos mais tarde, com o apoio de Jânio Quadros, de quem era grande admirador, disputou a Prefeitura de Santos, pelo Partido Social Trabalhista. Adotou uma girafa e a vassoura janista como símbolos da campanha, reciclou o *slogan* do candidato ao governo Carvalho Pinto – "Nunca foi tão fácil escolher o melhor" –, obteve o apoio do jornal *A Tribuna*, um dos mais influentes da Baixada Santista, e elaborou uma declaração de princípios, alguns dos quais retomaria, anos mais tarde, ao fazer o discurso mais importante de sua vida:

> Cremos na Família, célula primeira da sociedade, na infância, e na juventude, credoras do melhor de nossos esforços e sacrifícios; cremos na harmonia e independência dos poderes constituídos legalmente, alicerce da ordem jurídica, econômica e social; cremos na Pátria, livre, independente e soberana, mercê do trabalho de seus filhos, e da predestinação da nacionalidade brasileira; e, porque cremos, daremos de nós a parcela de trabalho e idealismo que nos compete, na concretização das aspirações populares, que nos propomos representar.[2]

Obteve 22.369 votos, 6 mil votos a menos que seu adversário, Luís La Scala. Mas, pouco antes da posse, La Scala morreu num acidente de automóvel, provocando um grande debate na cidade sobre quem deveria assumir: o vice da chapa mais votada ou o segundo colocado nas urnas? O próprio Covas resolveu a questão, afirmando que o vice deveria assumir.

O fato foi de tamanha repercussão para a história nacional que o Supremo Tribunal Federal referendou o entendimento de Covas, criando uma jurisprudência que seria invocada, anos mais tarde, para garantir a posse de José Sarney, o vice de Tancredo Neves.

Em 1962, conhecido pela campanha do ano anterior, Covas candidatou-se a uma vaga na Câmara Federal, novamente pelo PST. Obteve 22.247 votos, 72% deles em Santos, onde ficou com um a cada três votos para deputado federal, um número impressionante.

No primeiro dia na Câmara, foi escolhido para líder do bloco de pequenos partidos formado por PST, PTN, PRT e MTR, com 25 deputados, mas, em seus primeiros tempos como parlamentar, só foi à tribuna para tratar de problemas da exportação de café, do porto de Santos, da situação financeira das Santas Casas e de questões regimentais.

O PTB também foi o partido mais bem-sucedido nas eleições para os governos estaduais em 1962: fez quatro governadores, contra três da UDN e dois do PSD – eram só onze estados em disputa.

Em São Paulo, concorrendo pelo Partido Social Progressista (PSP), Ademar de Barros derrotou por uma margem estreita seu arquirrival Jânio, que voltara da Europa a tempo de ser lançado pelo Partido Trabalhista Nacional (PTN) e pelo Movimento Trabalhista Renovador (MTR).

A disputa mais eletrizante aconteceu em Pernambuco. O usineiro e ex-ministro da Agricultura de Vargas, João Cleofas, tentava o cargo pela terceira vez, com respaldo do empresariado e muito dinheiro – inclusive da Adep.*

Arraes venceu a eleição por uma diferença de 13.353 votos ou 2,21%. Foi a pé até o palácio tomar posse e fez questão de discursar para a massa de seguidores. No pronunciamento de catorze páginas, pronunciou a palavra "povo" mais de cem vezes e foi tachado de "revoltado" pelo *Diário de Pernambuco*.

---

* João Cleofas tentara o posto duas vezes, sem sucesso. Em 1950, perdera por apenas 10 mil votos para o ex-interventor Agamenon Magalhães, do PSD. Quatro anos mais tarde, fora derrotado por Cordeiro de Farias, por 35 mil votos.

11

O governo de Jango

No plano federal, um debate rachava o mundo político e funcionava como um biombo por trás do qual direita e esquerda se escudavam: a volta ao presidencialismo.

Tancredo queria evitar o plebiscito e defendia uma emenda que desse poderes constitucionais ao futuro Congresso. Mas a tese do primeiro-ministro não vingou e, depois de greves e negociações, o plebiscito, inicialmente previsto para 1965, acabou sendo antecipado para 6 de janeiro de 1963.

Brizola, Arraes, a Frente Parlamentar Nacionalista, a UNE, a CGT e o PCB fecharam com o presidencialismo. O PDC de Montoro, dividido, abriu a questão, enquanto o PSB (incluindo Julião) ficou com o parlamentarismo. Já o Partido Libertador (apesar da presença de um parlamentarista histórico, o gaúcho Raul Pilla) optou pela abstenção, enquanto o recém-criado PCdoB optou pelo voto nulo.

O PSD dividiu-se: enquanto Amaral Peixoto e seu grupo pregavam um período maior de experimentação para o parlamentarismo, outros, como Juscelino e Tancredo, apoiaram a volta ao presidencialismo. O racha resultou num documento, a Declaração de Brasília, que é um bom exemplo da fórmula "nem contra, nem a favor, muito pelo contrário".

A UDN, tampouco, conseguiu ter consenso: enquanto Magalhães Pinto aproximava-se de Jango, Lacerda fazia de tudo para impedir o plebiscito. Quando lhe perguntavam o que esperava da votação, respondia: "Não me interessa. Quero é feijão, arroz, carne, luz, água, telefone, transporte, esgoto, etc. para o povo carioca".[1]

A imprensa também dividiu-se. A *Última Hora*, de Samuel Wainer, jogou-se de cabeça na campanha do Não (ao parlamentarismo). O *Correio da Manhã* e a

Folha de S.Paulo ficaram numa posição intermediária, enquanto *O Estado de S.Paulo* decretou: "Com parlamentarismo ou com presidencialismo, o Brasil permanecerá acéfalo enquanto o mal não for cortado nas suas raízes".

O governo jogou tudo na campanha. Juscelino chegou a percorrer o país a bordo de um Douglas DC3 especialmente cedido (e adaptado) pela Varig, pregando em favor do não, passaporte para seu sonho de voltar ao poder pelo voto em 1965.

Como aconteceria na campanha das Diretas, os artistas entraram no jogo: o CPC da UNE criou o *Auto do não*, peça teatral de quarenta minutos encenada em diversos comícios no Rio que também contaram com a presença de artistas como Vinícius de Moraes, Pixinguinha, Zé Ketti e a Velha Guarda da Mangueira. Um *spot* de pouco mais de três minutos, estrelado por Bibi Ferreira, nos moldes de um programa de rádio reuniu uma seleção de craques dos programas de auditório – Ivon Cury, Elizeth Cardoso, Isaurinha Garcia e o cantor Jorge Goulart, que, um ano mais tarde, emplacaria o sucesso carnavalesco "Cabeleira do Zezé". A letra da marchinha, repetida por todos, dizia:

> Meu povo, está na hora de acabar a confusão
> Toda a nação vai responder que não
> O ato adicional está indo mal
> Todo o meu povo, com razão,
> Vai responder que não, não e não.[2]

O Instituto Superior de Estudos Brasileiros (Iseb), um órgão autônomo, destinado ao estudo, ao ensino e à divulgação das ciências sociais, mas financiado pelo MEC, produziu um folheto defendendo o voto contra o parlamentarismo, gerando protestos no Congresso pelo uso de recursos públicos em favor de uma tese a ser posta em julgamento.

O panfleto classificava a adoção do parlamentarismo na crise da renúncia de Jânio como "golpe branco". E justificava assim o voto: "O NÃO será um crédito ao senhor presidente da República e a afirmativa de que o povo não pactua com grupos que se prestem a servir a interesses estrangeiros, em detrimento das aspirações de independência do Brasil".

O jornal *O Globo* noticiou que a publicação, distribuída amplamente, era "vazada em dialética tipicamente comunista".[3] Agentes do Dops invadiram a gráfica que imprimia o panfleto e o Iseb tentou obter um *habeas corpus* preventivo contra o ato, mas este foi negado pelo TRE.

O último lance de Lacerda foi o auê em torno da descoberta do campo guerrilheiro ligado às Ligas Camponesas em Divinópolis, mas, se havia realmente um novo Plano Cohen em andamento (Lacerda negou taxativamente), este acabou abortado quando o *Diário Carioca* denunciou o caso.

Em 6 de janeiro de 1963, o não recebeu 9.457.448 votos contra 2.073.582 do sim, a favor do parlamentarismo. A abstenção foi de 7.034.207 eleitores, (37,88% contra 20% na eleição de 1962). Ainda assim, a rejeição ao parlamentarismo, com a consequente retomada dos poderes de Goulart, quase alcançou a soma dos votos dados a Jânio e Jango em 1960 (5.636.623 e 4.547.010 votos, respectivamente).

Para a oposição a Jango, era hora de mudar de estratégia. O general Cordeiro de Farias diria mais tarde que, naquele momento, começou a conspiração para derrubar o presidente.

Diante da perspectiva de retomar seus poderes de presidente e do cenário econômico desfavorável,* Jango nomeou, na véspera do plebiscito, um ministro extraordinário: o economista Celso Furtado, de 42 anos.

Paraibano de Pombal, no alto sertão, Furtado formara-se em Direito no Rio de Janeiro, lutara como pracinha da Força Expedicionária Brasileira (FEB) na Segunda Guerra Mundial e fizera o doutorado em Economia na Sorbonne. No Chile, integrara a primeira turma da Comissão Econômica para a América Latina (Cepal), órgão das Nações Unidas dirigido pelo argentino Raúl Prebisch e que logo se tornaria um *think tank* (algo semelhante a uma usina de ideias) desenvolvimentista. Depois de curta permanência no Brasil, foi para Cambridge, em cuja universidade concebeu a obra que se tornaria um clássico da nossa historiografia econômica: *Formação econômica do Brasil*. Era o início de uma produção acadêmica que o transformaria no cientista social brasileiro mais lido no Brasil e no exterior. A convite de Juscelino, Furtado havia criado e dirigido a Superintendência de Desenvolvimento do Nordeste (Sudene).

Embora o governo estivesse cada vez mais imprensado e a encomenda fosse de urgência, Furtado produziu um Plano Trienal que buscava atender simultaneamente às pressões internas pelas reformas de base e às externas, do governo norte-americano e do FMI, que reclamavam regras claras para os investimentos estrangeiros e medidas ortodoxas de controle da inflação (que havia subido de 33,2%, em 1961, para 45,5%, em 1962).

---

* O crescimento do PIB caíra de 10,3% para 5,2% de 1961 para 1962.

A pretensão do plano, apresentado no apagar das luzes de 1962, era combater a inflação sem comprometer o desenvolvimento econômico. Num cenário marcado pelo nacionalismo, previa reforma fiscal para elevação das receitas tributárias e inibição do investimento privado; redução do dispêndio público via diminuição dos subsídios ao trigo e ao petróleo, aliada à recomposição salarial e à atração de recursos externos.

Nas duzentas páginas do documento, as questões macroeconômicas mereceram rios de tinta, enquanto as tão sonhadas reformas de base ocuparam apenas seis páginas repletas de generalidades.

Resultado: levou tiros de todos os lados. O Comando Geral dos Trabalhadores classificou o plano de reacionário; Prestes acusou Furtado de preservar os interesses dos capitais internacionais e da burguesia, enquanto o presidente da UNE, Vinícius Caldeira Brandt, disse que, por ser um instrumento dos monopólios e latifúndios, a proposta tinha apoio dos americanos. Arraes condenou a redução de investimentos da Petrobras e apontou o remédio para a crise:

> As reformas de base, diante das quais ninguém poderia ficar indiferente. A indiferença aqui tem o nome de cumplicidade. O indiferente será cúmplice da fome e da doença que, anualmente, matam milhares de crianças e adultos de todas as regiões brasileiras, pelo medo de ser acusado de comunista, agitador ou extremista.[4]

No outro *corner*, Lacerda replicou:

> O sr. Celso Furtado ainda confunde o enriquecimento do povo com o enriquecimento do Estado e pensa que o governo cria riqueza. E parece considerar possível improvisar, em pouco mais de um mês, um plano para três anos; sem a contraprova decisiva da vivência dos problemas. Nós queremos planejar para construir a liberdade; os autores do Plano Trienal querem planejar para destruí-la.[5]

Para implementar as propostas do Plano Trienal, Jango escalou San Tiago Dantas para ministro da Fazenda. Mas o aporte de recursos estrangeiros, notadamente dos Estados Unidos, era essencial para que o plano desse certo. De acordo com Felipe Pereira Loureiro, autor do artigo "O Plano Trienal no contexto das relações entre Brasil e Estados Unidos (1962-1963)", só em 1963, o passivo potencial do balanço de pagamentos era de quase US$ 900 milhões, mais da metade do valor das exportações nacionais em 1962. Mas, como se viu aqui, os americanos fecharam a torneira.

Três meses antes do plebiscito, o general Wiliam Drapper viera ao Brasil para analisar a situação financeira do país, a mando de Kennedy. Seu relatório concluiu que o país estava na iminência de uma catástrofe financeira, diante da qual ele propunha uma política dura de limitação de ajuda, até que a situação brasileira fosse "arrumada".

A assistência econômica de curto prazo deveria ser condicionada a um "programa de estabilização responsável", capaz de apresentar "resultados imediatos". O relatório de Drapper não é explícito, mas os fatos subsequentes permitem imaginar o que ele quis dizer com sua conclusão: "Infelizmente, parece que as condições no Brasil precisam piorar, antes de melhorarem".[6]

Mas suas observações não tiveram aceitação unânime na cúpula do governo Kennedy. Num telegrama enviado ao Departamento de Estado, o embaixador Lincoln Gordon duvidou que Jango fosse apeado do poder em consequência do arrocho no crédito: "Isso é altamente especulativo e nós acreditamos (que seja) implausível. Os militares falharam em excluir Goulart em agosto de 1961". Já Frank K. Sloan, secretário assistente para Assuntos Americanos no Departamento de Estado, recomendou a adoção de um "programa passo a passo" para enquadrar Jango, que só teria apoio financeiro se afastasse os comunistas e a área sindical.

Em novembro de 1962, Jango ameaçou recorrer ao grande fantasma da época: a União Soviética, caso os Estados Unidos negassem apoio ao Plano Trienal.

Preocupado, o Departamento de Estado norte-americano mandou fazer um estudo sobre essa possibilidade e concluiu que nem os soviéticos seriam capazes de resolver o problema: a aproximação resultaria num déficit de US$ 1,35 bilhão na balança de pagamentos e num buraco final de US$ 600 milhões (descontada a economia provocada pela moratória) que só poderia ser coberto pelo corte de importações essenciais. Em resumo, disseram os analistas americanos, "nós achamos que qualquer brasileiro razoável, por mais esquerdista que seja, hesitaria em procurar ou em aceitar um rompimento com os Estados Unidos nesse estágio".*

Oito dias mais tarde, a administração Goulart entrou na pauta do Comitê Executivo do Conselho de Segurança Nacional (National Security Council). Três hipóteses de atitude norte-americana foram avaliadas pelos conselheiros de Kennedy:

---

* A afirmação está em documento datado de 3 de dezembro de 1962. telegrama da Embaixada Americana ao Departamento de Estado, 924, Section I, 02.11.1962. JFKL, President Office Files, 112,16, pp. 2-3.

- Observar e esperar a evolução dos acontecimentos.
- Colaborar com os elementos brasileiros hostis a Goulart com o intuito de causar sua queda.
- Buscar mudança na orientação política e econômica do governo brasileiro.

Foi aprovada a última hipótese, com duas ressalvas: um emissário especial – Robert Kennedy, o procurador-geral de Justiça e irmão do presidente americano – deveria pressionar Jango. A ideia de colaborar com um golpe ficou sendo o plano B.

A conversa entre Jango e Bob Kennedy (com a participação de Lincoln Gordon) não foi boa. O americano disse que seu irmão estava preocupado com os "muitos sinais de infiltração comunista ou de nacionalistas de extrema esquerda" no governo, nas Forças Armadas, nos sindicatos e no movimento estudantil. Outra preocupação era com o pagamento de "indenização adequada às empresas americanas expropriadas pelo Estado". Bob Kennedy terminou sua explicação dizendo que os Estados Unidos queriam cooperar com o Brasil, mas, antes, Jango deveria "colocar a casa em ordem".[7]

O presidente respondeu que nunca fora comunista e sempre lutara contra o PCB desde o início de sua carreira, mas que fora obrigado a "organizar as forças populares" depois que as elites tinham lhe virado as costas. Os problemas econômicos, argumentou, teriam se complicado em razão da deterioração dos termos de troca e não pela irresponsabilidade governamental.

Bob Kennedy insistiu: Jango não compreendera a preocupação do presidente norte-americano, principalmente quanto à presença de elementos antiamericanos no governo brasileiro. Irritado, o presidente pediu a seu interlocutor que nominasse essas pessoas. Bob Kennedy passou a bola para o embaixador. Lincoln Gordon citou órgãos nos quais o problema seria "agudo": Petrobras, Ministério das Minas e Energia e Banco Nacional de Desenvolvimento Econômico.

Jango rebateu afirmando que a ajuda americana ao Plano Trienal era indispensável. Disse também que os Estados Unidos podiam confiar nele e que não cairia no jogo dos comunistas. Sugeriu ainda que o caminho para vencer a guerra fria era apoiar os regimes democráticos do hemisfério, como o brasileiro.

Naquela quadra, seu governo fazia o possível para agradar os ianques. Recebeu uma missão do FMI destinada a sabatinar o Plano Trienal, sob a condição de que isso não fosse divulgado. A notícia vazou pela agência de notícias norte-americana UPI e o governo tentou minimizar dizendo que era uma "visita de rotina". San Tiago Dantas prometeu batalhar para que os reajustes salariais ficassem abaixo da inflação e dispôs-se a cumprir o plano em menos de três anos, desde que recebesse ajuda suficiente para isso.

Mas o problema era político. O governo Kennedy não admitia a presença de figuras "contrárias aos Estados Unidos" na administração Goulart. Os documentos do Departamento de Estado, secretos na época, mencionavam expressamente o "criptocomunista Almino Affonso" (ministro do Trabalho), o "provável comunista" Evandro Lins e Silva, chefe do gabinete civil, o "comunista" Raul Ryff, assessor de imprensa, o "protegido de Brizola", João Caruso, diretor da Supra, o organismo da Reforma Agrária, e o "economista de esquerda", Cibilis Viana, assessor econômico da Presidência.[8]

No dia 14 de fevereiro de 1963, Celso Furtado foi a São Paulo para debater seu plano com os estudantes. No aeroporto de Congonhas, foi recebido pelo presidente da União Estadual de Estudantes. Chamava-se José Serra, e tinha 20 anos.

Serra era ligado à Ação Popular, uma organização surgida seis meses antes, em Belo Horizonte, durante uma reunião com a presença de representantes de catorze estados.* O ideário da AP mesclava o pensamento religioso com uma forte influência da Revolução Cubana. A mescla de marxismo e cristianismo redundava na disposição de lutar pelo socialismo e contra a alienação capitalista.

O jovem líder estudantil ficou impressionado com o ministro:

> Um poço de racionalidade. Ganhou o debate e mesmo aqueles que não se convenceram de suas teses devem ter saído de lá desejando que sua razão fosse a verdadeira. A maioria, estivesse ou não fora da realidade, não apostava "no quanto pior, melhor". Naquela tarde, assistindo ao debate (e até falando, imaginem!), decidi que, depois de concluir meu curso de engenharia, iria estudar economia.[9]

Nos muitos embates em torno do plano, Celso Furtado valeu-se muitas vezes da ironia, como quando prestou o seguinte esclarecimento: "Devo esclarecer que não me encomendaram um projeto de revolução, mas um plano de governo".[10]

Não havia um caminho fácil para o governo Jango, que desde o plebiscito tinha Darci Ribeiro como chefe da Casa Civil. Em suas memórias, Darci foi sincero ao dizer que não era talhado para a função:

---

* Alguns autores cravam o surgimento da AP em fevereiro de 1963, num congresso em Salvador, mas a reunião de Belo Horizonte já havia definido o nome, a sigla e princípios básicos da organização.

Tentei recusar, mostrando minha inabilidade para jogadas políticas ou para o convívio com o mundo político, e dava a entender que melhor para mim seria ficar como reitor da Universidade de Brasília do que participar do governo numa tarefa para a qual eu não me encontrava habilitado.

Na cabeça de Darci, Jango deveria fazer uma espécie de continuação da Revolução de 1930:

> Um governo vinculado aos sindicatos, capaz de mobilizá-los para grandes atos de massa. Um governo socialmente responsável ante as populações pobres da cidade e do campo. Um governo orientado para o capitalismo de Estado, capaz de fortalecer as grandes empresas públicas, como a Petrobras, a Vale, a CSN, o Banco do Brasil e de criar novas empresas públicas, como a Eletrobrás e a Embratel. Um governo predisposto a realizar a reforma urbana, que garantisse aos trabalhadores pobres a propriedade de sua moradia, chamando ao poder público as relações com os proprietários da terra que ocupavam. Essas eram as questões substantivas. Esse complexo de diretrizes de governo apontava para um socialismo evolutivo, oposto ao revolucionário, que eu formularia depois, já no exílio.[11]

A direita via um comunista debaixo de cada cama e preparava-se para tomar o poder pela força (com a ajuda providencial dos norte-americanos e seu plano B). E a esquerda desprezava a democracia burguesa e imaginava-se chegando ao poder na boleia de um tanque.

Num cenário marcado pela guerra fria, estavam postas as condições para um desenlace nada democrático.

Um bom exemplo do pensamento reinante nesse campo, naquela época, está no livrinho *Quem dará o golpe no Brasil*, no qual o cientista político carioca Wanderley Guilherme dos Santos, então com 26 anos, dizia não haver grande diferença entre o regime político vigente e uma futura ditadura militar: "A diferença entre a ditadura que ameaça o povo e o governo que possuímos não é a mesma que se dá entre a água e o vinho, mas apenas a que separa um vinho suave de outro, só que mais azedo".[12]

Wanderley estava convicto de que se armava um golpe contra o povo, que só seria barrado com a evolução do movimento popular.

> É imperioso que o movimento popular avance, transformando em vantagem material sua vantagem moral, levando em conta especialmente o fato de que

é o povo, principalmente sua vanguarda, os trabalhadores, os camponeses e os estudantes, o único inimigo consequente das forças golpistas.[13]

Outra condição para evitar o golpe seria manter a divisão da burguesia e da classe média, evitando que ambas fossem seduzidas pela ideia de um governo forte. Mas admitia que nem assim seria possível afastar definitivamente a hipótese da implantação de uma ditadura. Se isso ocorresse, as formas de luta seriam outras – que o autor não especificou. O livrinho terminava com uma conclamação militante:

> Que as forças do povo disponham sua linha de frente da melhor forma possível e que lutem de modo mais encarniçado. Já está em marcha o golpe contra o povo; que se ponha em marcha, então, o povo contra o golpe, no Brasil.[14]

Quem dará o golpe no Brasil era parte da coleção Cadernos do Povo Brasileiro. Livros de bolso que cobriam temas atuais num Brasil em ebulição – da bossa nova à reforma agrária – com tiragens espantosas para a época. A soma de seus 28 volumes ultrapassara o milhão de exemplares, fruto de um convênio entre o Iseb e a Editora Civilização Brasileira, de Ênio Silveira, ligado ao PCB, mas com bom trânsito em toda a esquerda.

A ideia de que o socialismo estava logo depois da esquina não circulava apenas entre os intelectuais. Durante o I Seminário pela Reforma Universitária, realizado em Salvador, de 20 a 27 de maio de 1961, a UNE produzira um documento que ia muito além dos limites da academia. Os estudantes queriam reformular toda a estrutura socioeconômica do país, colocando "na base deste desenvolvimento, a promoção da classe operária, tanto urbana, quanto rural".[15] Para isso, seria preciso superar "a estrutura econômica liberal-burguesa" e a anarquia econômica do lucro por uma economia planificada, que acabasse com a exploração do trabalho humano pelo capital particular e pelo Estado oligárquico e classista. E por aí seguia.

A diretoria seguinte, eleita em chapa única composta por integrantes da AP, como o presidente José Serra, e do PCB, que indicou o vice, Marcelo Cerqueira, tinha como plataforma mais verbas para o ensino, a reforma universitária e a união operário-estudantil-camponesa capaz de pôr abaixo a ordem social "caduca e alienada".

Em resumo: não seria pela via da sempre condenada democracia burguesa que as mudanças ocorreriam, decretara a esquerda brasileira. No início de 1963, Brizola tinha trocado a Frente Nacional de Libertação pela Frente de Mobilização

Popular, que foi definida como "um parlamento das esquerdas" e reunia estudantes, sargentos do Exército, marinheiros, fuzileiros, operários, camponeses e uma penca de siglas de esquerda, que ia do Partido Operário Revolucionário--Trotskista ao Grupo Compacto do PTB.

Jorge Ferreira estima o alcance da FMP entre os subalternos das Forças Armadas: "Cálculos sugerem que, dos 40 mil sargentos na ativa, 22 mil eram brizolistas. Leonel Brizola, ao falar na televisão, muitas vezes aparecia com dois fuzileiros navais, empunhando seus fuzis, um de cada lado do líder".[16]

Em maio de 1963, 2 mil sargentos homenagearam o comandante do I Exército, Osvino Ferreira, tido como progressista e comprometido com as demandas dos praças. Diante de uma plateia recheada de lideranças operárias e estudantis, o subtenente paraquedista Jelcy Rodrigues Correia soltou o verbo:

> Quem são os trabalhadores que nos oferecem apoio? São irmãos, pais, cunhados e primos nossos, enfim, é a família brasileira, é o povo brasileiro que vem a público dizer em alto e bom som que todos são iguais perante a fome! [...] pegaremos em nossos instrumentos de trabalho e faremos as reformas juntamente com o povo, e lembrem-se os senhores reacionários que o instrumento de trabalho do militar é o fuzil.[17]

Jelcy acabou preso, mas recebeu a solidariedade de Brizola e de outras lideranças de esquerda.

Os sargentos continuariam na berlinda: em setembro de 1963, o Supremo Tribunal Federal decidiu que os que haviam sido candidatos no ano anterior, no embalo da campanha da Legalidade eram inelegíveis – o que levaria à suspensão de seus mandatos.

Na madrugada do dia 12, sob o comando de um autodenominado Comando Revolucionário de Brasília, cerca de seiscentos homens da Aeronáutica e da Marinha tomaram diversos prédios em Brasília, prenderam um ministro do Supremo Tribunal Federal, cortaram as comunicações da capital federal com o resto do país. Os revoltosos receberam a solidariedade de um grupo de deputados da Frente Parlamentar Nacionalista. A rebelião durou apenas doze horas e terminou com a prisão de 536 militares.

O episódio enfraqueceu ainda mais o governo, que concedera um aumento salarial de 70% para o funcionalismo e liberara o aumento do preço do aço e das linhas de crédito para a indústria automobilística – que ameaçava deixar o país se não fosse atendida – num claro sinal de que o Plano Trienal tinha ido para o espaço.

No final do primeiro semestre, com a inflação na casa dos 30%, Jango mexeu em seu time: trocou três ministros militares, tirou Almino Affonso do Ministério do Trabalho, devolveu Celso Furtado para a Sudene e substituiu San Tiago Dantas pelo ex-governador paulista Carvalho Pinto, na tentativa de estabelecer uma política monetária mais rigorosa.

12

O estado de sítio e os grupos dos onze

No final de setembro de 1963, o jornal *Los Angeles Times* publicou uma entrevista com o governador da Guanabara. Mais uma vez, Lacerda provou que não media as palavras. Além de afirmar que o país estava nas mãos dos comunistas e prever a queda de Jango, ele comparou a decisão norte-americana de ajudar financeiramente o país ao gesto insano de "vender rosas numa casa de ópio ou tranquilizantes a quem já está totalmente descontrolado"[1] e recomendou que fechassem a torneira. Declarações que repercutiram muito mais aqui do que nos Estados Unidos, onde a mídia estava mais interessada em Timothy Leary e em seu colega Richard Alpert, que haviam distribuído 3.500 doses de LSD a mais de quatrocentos alunos da Universidade Harvard, para "expandir a consciência" da moçada.

No dia 4 de outubro, Jango reagiu mandando um pedido formal de decretação de estado de sítio para o Congresso. Enquanto o documento era protocolado em Brasília, no Rio, o coronel de Artilharia, Francisco Boaventura Cavalcante Júnior, comandante do GOAeT (Grupo de Obuses Aeroterrestres), recebeu verbalmente a ordem para prender Lacerda, "a qualquer custo" – expressão que no jargão militar podia significar vivo ou morto.

Boaventura, que aparecerá mais tarde nessa história mais de uma vez, era o menos indicado para a missão. Acabara de cursar a Escola Superior de Guerra. Lacerdista e anticomunista, em julho de 1950, ainda capitão, demitira-se do conselho deliberativo do Clube Militar, ao lado do major Euler Bentes Monteiro, na crise provocada pela publicação do artigo sobre a Guerra da Coreia.

Em vez de cumprir a ordem, o coronel mandou avisar o governador. Lacerda antecipou a visita que faria a um hospital. Quando afinal um grupo de paraquedistas deixou o quartel para cumprir a ordem, atrasou-se no trânsito, tumultuado por um acidente provocado por lacerdistas e a prisão não ocorreu. Quem foi para o xilindró foi Boaventura.

A medida ficou na intenção – o pedido acabou retirado da pauta, depois de levar paulada de todos os lados. O deputado comunista Marco Antônio Tavares Coelho formou com os que criticaram a iniciativa: subiu à tribuna, desancou Lacerda e o governador de São Paulo, Ademar de Barros, mas condenou a ideia do estado de sítio. O chefe da Casa Civil, Darci Ribeiro, ainda tentou convencer o ex-companheiro, mas não conseguiu.

Duas semanas depois, Brizola apresentou o que pretendia ser "uma organização simples, ao alcance de todos, mesmo nas áreas ou localidades mais isoladas ou distantes", a qual, articulada com um verdadeiro mar de siglas – FMP, CGT, UNE, FPN, PTB, PSB e Ligas Camponesas –, poderia enfim "consolidar e cimentar a unidade das forças populares e progressistas de nacionalistas, civis e militares, de todos os getulistas e trabalhistas que se considerem convocados pela carta de Vargas".[2]

O projeto estrambótico foi anunciado por meio dos microfones de uma cadeia de estações de rádio liderada pela Mayrink Veiga, do Rio de Janeiro. O objetivo era criar "grupos dos onze", em que cada um saberia exatamente o que fazer, como num time de futebol. Se não fosse possível juntar onze, sete já seriam suficientes. Com esse quórum mínimo, bastava ler a cartilha, "quantas vezes forem necessárias até uma segura compreensão dos fins e objetivos da organização", escolher os dirigentes, ficar em pé e ler com a devida solenidade a carta-testamento de Getúlio, que cada um dos presentes assinaria também.

Cada integrante tinha cargo e tarefas determinadas: comandante, assistente, secretário-tesoureiro, responsáveis por rádio-escuta, transporte, propaganda, mobilização popular, informações e assistência médico-social. A área de comunicações era tão importante que a cartilha sugeria dividir entre dois companheiros a missão de contatar os integrantes do grupo, avisando-os sobre a necessidade de esconderijo ou fuga, quando necessário.

Paradoxalmente, a formação de cada novo grupo deveria ser comunicada por escrito ao próprio Brizola, em carta endereçada à Rádio Mayrink Veiga.*

Num anexo, eram apresentados possíveis nomes para a organização – Comandos de Libertação Nacional (Colina), Comando de Libertação Brasileira (Colb),

---

* A militância da Mayrink Veiga levou os donos de outros veículos de comunicação a criarem a Rede da Democracia, integrada pelas rádios Tupi, Jornal do Brasil e Globo. Quanto à Mayrink, foi fechada depois do golpe militar.

Comando dos Onze Revolucionários (Core), Comando Revolucionário dos Onze (Cron) e Comando Revolucionário de Libertação Nacional (Corlin). O caráter revolucionário da empreitada deveria ser valorizado sempre, "com certo mistério e mística de clandestinidade, complementada por instruções secretas, senhas, códigos, símbolos etc...".

Comunistas podiam ser admitidos nos grupos dos onze, mas o partido deles ficava de fora:

> O PCB nada mais é que um movimento dividido em várias frentes internas em luta aberta entre si pelo poder absoluto e pela vitória de uma das facções em que se fragmentou. [...] São fracos e aburguesados esses camaradas chefiados pelos que veem, em Moscou, o único sol que poderá guiar o proletariado mundial à libertação internacional. Fogem à luta como fogem à realidade e não perderão nada se a situação nacional perdurar por muitos anos ainda.[3]

Entre os estudantes, o sonho prosperou rapidamente. Miguel Armony foi um dos que se entusiasmaram com a tarefa. Deixou registradas suas memórias sobre a empreitada no livro *A linha justa*.

O encontro com os quase guerrilheiros aconteceu a 61 quilômetros do centro do Rio, em Japeri. Havia um contato aguardando o grupo:

> O nosso primeiro grupo dos onze parecia ter quatro pessoas. Descemos, entramos no barraco. Os três eram bancários, o camponês nos apresentou, estavam em greve, lutavam por melhores salários. Tinham liderança e queriam saber o que significavam, realmente, os grupos dos onze. Nós nos examinamos mutuamente com os olhos, depois cruzamos os olhares dentro de nosso grupo, e Brandão começou a falar. Explicou que havia um golpe em marcha, que tínhamos como meta defender a constituição, lutar pelas reformas de base. Eu tomei a palavra e comecei a recitar a cartilha do partido ao qual, aliás, eu já não pertencia.[4]

Depois dessa primeira aventura, Armony ficou encarregado de assessorar outro grupo, formado por professores e, sobretudo, profissionais liberais. Entre eles estava Anita Prestes, filha do líder do PCB. Os professores receberam a tarefa de produzir material de propaganda para os grupos. Novo encontro marcado para 30 de março, em Caxias, na Baixada Fluminense, jamais se realizou: o ambiente na cidade já era tenso, e a polícia de Lacerda começava a prender gente. O golpe estava chegando.

A filha de Prestes pode ter participado desse encontro, como relata Armony, mas o PCB também rejeitou o projeto de Brizola.

* * *

O lance seguinte de Brizola foi tentar sua indicação para ministro da Fazenda, no lugar de Carvalho Pinto, que aos poucos ia sendo empurrado para fora do governo – numa prova de desprestígio indiscutível, não foi nem consultado quando Jango encaminhou ao Congresso um projeto que estendia o 13º salário ao funcionalismo.

Em busca de apoio e sob intenso tiroteio da imprensa e dos udenistas, o líder dos grupos dos onze reuniu 140 personalidades na casa de Ênio Silveira.

Samuel Wainer afirmou ter testemunhado a conversa em que Brizola reivindicou sua nomeação. O presidente observou que isso açularia os golpistas e Brizola teria retrucado: "É preciso forçar a direita a botar a cabeça para fora, porque aí a esmagaremos!". Wainer fez uma pergunta, que Brizola não respondeu: "E se houver o contrário?".[5]

A reação foi enorme. O *Jornal do Brasil*, por exemplo, comparou a hipotética escolha à assunção de Benjamin Vargas para a chefatura de polícia do Rio de Janeiro, pouco antes do suicídio de Getúlio, em 1954. O *Estadão* elogiou a austeridade e o rigor de Carvalho Pinto no comando da Fazenda, atribuindo a campanha contra o ministro justamente a esse comportamento. O *Diário de S. Paulo* classificou a possível troca como um "desafio à legalidade". Na Câmara dos Deputados, Aliomar Baleeiro, da UDN, definiu a especulação envolvendo Brizola para ministro da Fazenda como "verdadeiro escárnio ao Congresso e à nação" e sapecou: "Tudo isso mostra que o sr. João Goulart saiu da loucura mansa e divertida para uma crise furiosa e desesperadora".

Hermano Alves, jornalista nascido em Portugal e fundador da *Tribuna da Imprensa* (junto com Lacerda), agora trabalhando na *Folha de S.Paulo*, enfatizou a falta de adequação de Brizola ao figurino exigido pelo cargo num artigo publicado em 8 de dezembro de 1963. Sob o título "O professor Brizola e o engenheiro Gudin", o dublê de jornalista e parlamentar afirmava que políticos nacionalistas e esquerdistas só estavam discutindo a ideia de colocá-lo no lugar de Carvalho Pinto "para que os adversários do governo preparassem um golpe que seria esmagado por um contragolpe".

Em vez de Brizola, Jango nomeou Nei Galvão, um desconhecido diretor do Banco do Brasil para ministro da Fazenda, numa malsucedida tentativa de agradar petebistas e pessedistas. A Frente de Mobilização Popular se opôs "ao governo como um todo e ao presidente em particular".

13

A Frente Progressista

Já lutando contra o câncer que lhe corroía os pulmões e o levaria à morte em setembro de 1964, San Tiago Dantas, agora apenas deputado, tentou construir um caminho entre o radicalismo dos brizolistas e o imobilismo do PSD. Era a Frente Progressista, que deveria somar parcelas do PTB e do PSD, comunistas e outros aliados em torno de um programa mínimo: dar suporte ao governo e suas reformas, no Parlamento e fora dele.

Inútil especular se a iniciativa poderia conseguir na lei o que parte da esquerda jurava de pés juntos só ser possível na marra. Fato é que ela não prosperou: a Frente de Mobilização Popular lançou um manifesto contra a política de conciliação; o PCB chegou a flertar com a ideia, que acabou rechaçada por suas bases sindicais; no PDC, a ala conservadora venceu o embate interno.

Depois de muita conversa, o PSD concordou em participar, desde que Jango apoiasse a candidatura de Juscelino, que, por sua vez, declarou que "não iria desapropriar uma polegada de terra produtiva em todo o país".[1] No final das contas, o próprio Jango jogou uma pá de cal no que San Tiago Dantas apresentava como "a esquerda positiva".

A versão final do projeto de reformas de base, divulgada em fevereiro de 1964, relacionava oito proposições: administrativa, agrária, bancária, eleitoral, universitária e da educação, urbana, fiscal e cambial (incluindo o estatuto do capital estrangeiro, com a regulamentação das remessas de lucros).

Todas mexiam no *status quo*. Do imposto de renda progressivo à facilitação das desapropriações nas cidades e no campo, para assegurar terra para os pequenos agricultores sem posses e casa para os trabalhadores sem moradia. Passando pela concessão do voto aos analfabetos e a todos os militares e pela criação de um sistema financeiro comprometido com as prioridades nacionais, incluindo um Banco Central.

A divisão era lógica: de um lado, medidas que exigiam mudanças constitucionais – como o voto para os analfabetos, o direito de cabos e sargentos disputarem eleições e o pagamento de desapropriações com títulos da dívida pública. De outro, as que podiam ser encaminhadas por leis ordinárias. Finalmente, as que só demandavam atos do Executivo, como a mudança do artigo da Lei de Segurança Nacional que restringia o registro de partidos políticos e que permitiria a legalização do Partido Comunista.

Ao apresentar o projeto, San Tiago Dantas fez questão de lembrar que governar é conciliar, mas conciliar coisas compatíveis – o que vale dizer que mirava a maioria de centro-esquerda.

Na tradicional mensagem de fim de ano, o presidente anunciou que 1964 seria o ano das reformas, custasse o que custasse. E começou a cumprir o que dissera regulamentando a lei de remessa de lucros, para irritação dos investidores estrangeiros. Pouco depois, acenou com o congelamento de preços, convocou as Forças Armadas para ajudar a desapropriar terras para a reforma agrária, interveio na Petrobras, congelou as anuidades escolares e dobrou o salário mínimo.

Na edição de 17 de fevereiro de 1964, o *Panfleto*, jornal que servia de porta-voz da Frente de Mobilização Popular, desancou tanto Dantas e sua "formidável capacidade de manobra e engodo"[2] quanto a ideia de uma frente de centro-esquerda. Para Brizola e seus seguidores, era simplesmente absurdo tentar reunir as velhas raposas do PSD com o que o jornal definia como o grupo "mais autêntico no quadro partidário brasileiro" – CGT, UNE, FPN, FMP e outros agrupamentos de esquerda. Jango deveria indicar outra pessoa para tocar adiante as reformas de base e apoiar uma Frente Única de Esquerda, organizada em torno de Brizola, abandonando a tal Frente Progressista, recomendava o jornal.

O pano de fundo de todo o imbróglio era a sucessão presidencial repleta de pré-candidatos: Juscelino, Lacerda, Brizola, Magalhães Pinto, Arraes, Ademar de Barros, Carvalho Pinto e o próprio Jango – ainda que para isso fosse necessário aprovar uma emenda constitucional permitindo sua reeleição.

No dia 26 de fevereiro, Brizola deveria ser o destaque de um comício a favor das reformas em Belo Horizonte. Mas, quando os primeiros convidados chegaram ao prédio da Secretaria da Saúde, um punhado de beatas armadas com seus rosários ocupava a mesa destinada aos palestrantes. Lideradas pelo padre Caio de Castro, da Congregação do Verbo Divino, aquelas senhoras de tradicionais famílias mineiras tinham se inspirado na cruzada do padre católico irlandês Patrick Peyton, fundador da Cruzada do Rosário, dedicada a promover a Virgem Maria. Numa operação financiada pela CIA, Peyton estrelara grandes eventos no Chile e na Venezuela, antes de ser orientado a mirar o Brasil. O objetivo não declarado do movimento que girava em torno do *slogan* "A família que reza unida, permanece unida" era derrotar os candidatos esquerdistas.

O entrevero virou assunto da Câmara dos Deputados graças a uma ação conjunta dos udenistas. Em nome do governo, Tancredo admitiu que o país vivia uma eclosão "mais ou menos violenta" de um processo comunista, como em todas as partes do mundo, mas descartou liminarmente o raciocínio de que havia uma revolução logo depois da esquina: "Confundir tal processo com a guerra revolucionária não é mais do que fazer oposição ao próprio Brasil".

O líder do governo na Câmara acusou a UDN de usar a guerra revolucionária como "uma camuflagem para o golpe" e travou um debate tenso com Bilac Pinto, que estaria fazendo "a apologia da derrocada do sistema democrático brasileiro" ao sugerir que os brasileiros deveriam se armar. A tarefa de cuidar da segurança, continuou Tancredo, era prerrogativa das Forças Armadas. Na réplica, o udenista disse que os militares tinham estudos confidenciais sobre a infiltração comunista, que não divulgavam por temor de represálias por parte do governo.

A movimentação das beatas e o tiroteio parlamentar eram parte de uma articulação desenvolvida em Minas havia tempos – e que envolvia até o governador Magalhães Pinto. O pivô militar era o general Olímpio Mourão Filho, de 63 anos. Ex-líder da Ação Integralista Brasileira e autor do Plano Cohen, era tido e havido como um inimigo do governo, mas os militares ligados a Jango não o levavam a sério – tanto assim que, em agosto de 1963, haviam entregado a ele o comando da IV Região Militar. Um mês depois de assumir o posto, Mourão e o general Carlos Luís Guedes, 58 anos, comandante da Infantaria Divisionária da IV Região Militar, estiveram com Magalhães Pinto discutindo os detalhes do golpe.

Quatro meses depois, um grupo de empresários reuniu-se com o general Guedes para discutir a situação política. Desfiaram um rosário de queixas até que o general conseguiu dar seu recado:

> Os senhores são homens de inteligência, de prestígio, de dinheiro: tomem a rua de Jango! Se preciso, gastem do próprio bolso, já que eles o fazem tirando recursos do povo através dos órgãos de governo; mobilizem a opinião pública, que sabemos insatisfeita e apreensiva, mas abúlica. Quando o povo estiver nas ruas manifestando sua discordância, nós, como parte do povo, portando armas, nada mais faremos que usá-las para aquilo que fomos criados – a segurança interna, a defesa

dos princípios constitucionais – e mais uma vez, como mostra a nossa história, afinados com a vontade popular, agindo de acordo com os seus interesses. Entretanto, esta é a indispensável condição: tomem as ruas de Jango. Do contrário, permaneceremos impassíveis, de braços cruzados.[3]

14

Comício da Central

Uma semana depois de mexer no vespeiro chamado remessa de lucros, Jango mandou chamar João Pinheiro Neto, o presidente da Supra, a seu apartamento no Rio e travou o seguinte diálogo:

> Pinheiro, estamos aqui para decidir algumas providências com relação ao comício da Central do Brasil no próximo dia 13 de março, quando vamos assinar em público os decretos da Supra, das refinarias, da remessa de lucros, congelamento de aluguéis, etc.[1]

O comício tinha sido proposto pouco antes por lideranças sindicais ligadas ao PCB, quando o presidente assinara o aumento do salário mínimo.

Diante da surpresa demonstrada pelo presidente da Supra, Jango continuou:

> É. Está resolvido. Vamos fazer uma grande manifestação popular em frente ao Ministério da Guerra. O Jair (Jair Dantas Ribeiro, ministro da Guerra) já está de acordo. E tudo está sendo preparado: palanque, tanques do Exército, tudo programado. Que é que tu achas?[2]

O responsável pela reforma agrária disse a Jorge Ferreira que concluiu ser inútil opor-se a um fato consumado. Comunicada a decisão, José Gomes Talarico, outro participante do encontro, levantou o primeiro problema: como estabelecer uma lista de oradores?

Fundador do PTB, Talarico tinha quase 50 anos. Jornalista, deputado estadual na Guanabara e um dos mais próximos assessores de Jango, passou a representar o presidente na organização do comício, completando a troica composta ainda por dois comunistas de carteirinha: Osvaldo Pacheco da Silva, presidente da Federação Nacional dos Estivadores e representante do CGT e do Pacto de Unidade e Ação (PUA), e pelo deputado federal Hércules Correa dos Reis, do PTB, secretário da Comissão Permanente das Organizações Sindicais (CPOS).

Empreiteiras que prestavam serviços ao governo bancaram 3 mil faixas, 3 milhões de volantes e 200 mil jornais tabloides explicando as tais reformas para o povão.

Três dias antes do comício, em editorial, o *Correio da Manhã* criticou a mobilização. Para o mais importante jornal do país, as reformas tinham de ser conquistadas no Parlamento:

> O Congresso é o corpo político por excelência do país. É o único foro competente para a discussão séria e a solução definitiva dos grandes problemas nacionais. Mas dos dois lados, da esquerda e da direita, pretendem arrancar ao Congresso essa sua maior prerrogativa. Pois é este o caminho e é este, ao mesmo tempo, o objetivo da radicalização do país: substituir o plenário pela rua e as comissões pelas conspirações. O Congresso Nacional tem o direito e tem mais o dever de reagir contra esses radicalismos totalmente perigosos.[3]

Naquele 10 de março, a cúpula do PSD rompeu com o governo. Por treze votos a seis, a bancada pessedista resolveu que não haveria rodízio na indicação do presidente do Senado, abrindo espaço para a terceira eleição consecutiva de Auro de Moura Andrade – que Jango queria longe do comando do Parlamento, de qualquer maneira. A crise foi tamanha que Benedito Valadares deixou a liderança do partido na Câmara.

Era o comício da Central cobrando seu preço antecipadamente. Até aquele momento, mesmo dividido, o PSD parecia disposto a seguir com o governo até o fim do mandato. Agora, a maioria da representação parlamentar mudara de posição.

O ponto de vista dos defensores das reformas teve na seção "Retrato sem retoque", na *Última Hora* de 11 de março, uma boa síntese. A autora era Adalgisa Nery,* que Samuel Wainer havia transformado em colunista:

---

* Adalgisa tinha passado pelo *jet set* antes de entrar para a política. Casou muito cedo, aos 17 anos, com o pintor Ismael Nery, e ficou viúva doze anos mais tarde, aos 29. Seu segundo casamento, com Lourival Fontes, o todo-poderoso diretor do Departamento de Imprensa e Propaganda, transformou-a numa figura badalada pelo mundo do poder e da cultura. Quando Lourival foi demitido do DIP, em 1943, levou-a para Nova York e para a Cidade do México, onde se tornou amiga dos pintores Diego Rivera, José Orozco, David Siqueiros e Frida Kahlo. Separada do segundo marido e

> Em qualquer país do mundo, os grandes comícios em praça pública com a participação de personalidades de alto gabarito político e, inclusive, com a presença e fala do presidente da República, fazem parte da contextura do regime democrático. [...] No Brasil, entenderam os defensores das liberdades democráticas, entenderam os escalões da eterna vigilância de si mesma, entenderam os marechais do espírito cristão, que o comício numa praça pública, o autêntico lar do povo, é indubitavelmente manifestação subversiva e atenta contra a ordem.

Naquele mesmo dia, no Arsenal da Marinha, falando aos trabalhadores, Jango disse que as grandes ameaças à democracia eram as estruturas econômicas e sociais inteiramente superadas. Depois de convocar os ouvintes para o comício, reafirmou sua tese:

> Quem ameaça o regime democrático não é a voz do povo nas ruas. O que ameaça a democracia é a fome, a miséria, a doença dos que não têm recursos para enfrentá-la. Esses são os males que podem ameaçar a democracia, mas nunca o povo na praça pública, no uso de seus direitos legítimos e democráticos.[4]

Lacerda determinou às empresas de transportes que não fornecessem ônibus para o transporte dos manifestantes, mas não conseguiu impedir o sucesso do comício, assegurado pela ação dos sindicatos e pelo uso da máquina do governo – os funcionários públicos foram instados a comparecer e o uso dos trens da Central foi liberado. O resultado é que entre 150 mil e 200 mil pessoas foram ao encontro do presidente diante do Ministério da Guerra.

A presença de Arraes e Brizola no palanque fora objeto de muita negociação. Na véspera, o governador de Pernambuco estivera no apartamento de Samuel Wainer. Segundo o jornalista, Arraes tomara algumas doses de uísque e estava "bastante loquaz". Depois de vaticinar que o comício seria uma espécie de dia D para Jango – que, pressionado pela massa, não encamparia as reformas exigidas e acabaria caindo –, assegurou que iria ao comício de qualquer maneira.

Depois que ele foi embora, perto das seis da manhã – sempre de acordo com as memórias de Wainer –, o dono da *Última Hora* telefonou para o presidente, acordou-o e foi para o apartamento de Jango no Edifício Chopin, em Copacabana. Segue o relato de Wainer: "Então, relatei-lhe detalhadamente a conversa que tivera com Miguel Arraes".

---

internada num hospital, foi convidada por Samuel Wainer para escrever na *Última Hora*. O sucesso da coluna "Retrato sem retoque" ajudou a eleger Adalgisa três vezes.

– Não permitirei que ele venha ao comício – irritou-se Jango.

– Arraes garante que irá – insisti, acrescentando que também Leonel Brizola estaria no palanque, decidido a, em aliança com Arraes, radicalizar sensivelmente o tom da manifestação. Na minha opinião, o presidente não teria escolha. Se não embarcasse na aventura de Arraes e Brizola, a esquerda se dividiria e estaria aberto o caminho para um golpe de direita. Se embarcasse, dificilmente chegaria a bom porto – também nessa hipótese a direita reagiria violentamente, certa de que chegara o momento de bloquear a ascensão esquerdista.

Pedi a Jango que não fosse ao comício, ele rechaçou meu apelo. Visivelmente aborrecido, chamou à sua presença o general Assis Brasil, chefe da Casa Militar, e ordenou:

– Impeça Miguel Arraes e Leonel Brizola de viajarem até o Rio para o comício. Diga-lhes que, se vierem, serão presos.[5]

Algumas horas depois, Jango mudou de ideia. De acordo com Wainer, depois de uma conversa com Luís Carlos Prestes, em que o dirigente do PCB garantiu que os discursos não seriam radicais.

Antes de deixar o palácio, o presidente assinou dois decretos: um desapropriava terras ociosas às margens de rodovias e açudes federais. Outro encampava as refinarias particulares de petróleo. Também determinou que duas fazendas dele, que se enquadravam no decreto da Supra, fossem desapropriadas.

O comício começou às cinco da tarde. Faixas no meio da multidão indicavam a pauta ampla do ato político: "Salve o glorioso CGT", "Reconhecimento da China Popular", "PCB, teus direitos são sagrados", "Abaixo com as companhias estrangeiras", "Brizola 65 – Solução do povo", "Jango em 65 – Presidente da República", "Trabalhadores querem armas para defender o seu governo", "Sexta-Feira, 13, mas não é de agosto", "Jango – Defenderemos as reformas a bala", "Abaixo os gorilas" e "Forca para Lacerda".

O primeiro dos quinze oradores foi José Lélis da Costa, presidente do Sindicato dos Metalúrgicos da Guanabara. O segundo, José Serra, o presidente da UNE, que falou por oito minutos.

Na ala reservada à imprensa, dois gaúchos a caráter, que tinham vindo com a delegação de trabalhadores do Rio Grande do Sul anunciaram ao repórter de *O Globo*: "Viemos para o que der e vier".

O líder do PTB no Senado, Artur Virgílio, foi o quinto orador. Ressaltou que o Congresso perderia a identificação com o povo se não votasse as reformas de base:

> Já não é mais hora de privilégios, de discriminação. Temos de dar oportunidade a todos, aos que trabalham e produzem e que devem participar da riqueza do país. Esse é o sentido das reformas do sr. João Goulart. O decreto da Supra tem o sentido de transformação da economia rural brasileira. Alerto o Congresso que é o povo que está reunido hoje e que clama, ordeira e pacificamente, pelo direito de produzir, de participar das riquezas do Brasil.[6]

Arraes veio a seguir e lembrou o encontro entre Jango e os pernambucanos: "Esse mar de gente que está à nossa frente é igual ao mar que há oito meses atrás recebeu o presidente João Goulart".[7]

O governador de Pernambuco também recordou a participação decisiva do povo em outros dois momentos de ameaça às liberdades – no suicídio de Vargas e na renúncia de Jânio, antes de anunciar, categórico:

> Ninguém se iluda. Esse país nunca mais será governado sem o povo e o povo sempre vem à praça na defesa da liberdade. Liberdade não apenas das palavras, mas que tem que ser traduzida em atos concretos. Hoje, o avanço político do povo está comprovado por esta massa que está diante de nós.[8]

Jango chegou às 19h44, acompanhado por Eugênio Calliardi, seu secretário particular, e por Maria Thereza Goulart, 23 anos, sua bela mulher, trajando um vestido azul-piscina, com os cabelos presos num coque. Ao microfone, o deputado Doutel de Andrade falava em nome do PTB. Carioca da Vila Isabel, antigo jogador júnior do Flamengo, formara-se em Direito, mas entrara para o jornalismo quando estudante. Cobriu a campanha presidencial de Getúlio e assim aproximou-se das lideranças trabalhistas. Com a posse de Vargas, passou a trabalhar com Jango, na ampliação das bases trabalhistas.

Doutel apontou a essência transformadora das reformas:

> As reformas de base que defendemos com intransigência visam a uma transformação básica, a fim de que os ricos não sejam tão ricos e os pobres não sejam tão amargurados. As minorias insistem em travar a marcha do Brasil para o destino de sua história. João Goulart é o depositário das esperanças do povo brasileiro, contra aqueles que defendem um capitalismo desumano indiferente ao povo.[9]

Jango teve de ouvir o discurso do cunhado que tentara manter longe daquele palanque. Brizola começou com um leve puxão de orelha:

> Este é o encontro do povo com o governo, encontro com esta multidão e com os milhões que através de seus rádios, do recesso de seus lares, estão presentes não apenas para aplaudir, mas para dialogar com o governo. O povo está aqui para clamar, para reivindicar, para exigir e para declarar a sua inconformidade com a situação que estamos vivendo. Saudamos o governo pelo seu gesto democrático, porque é realmente raro um governante descer para o diálogo com o povo.[10]

A seguir, relembrou que o presidente chegara ao poder na esteira da campanha da Legalidade:

> Povo e governo devem constituir-se numa unidade e esta unidade já existiu em agosto de 1961, quando o povo garantiu a posse do presidente e no plebiscito em que o povo mostrou que queria um fim à política de conciliação do parlamentarismo e que queria as reformas de base.[11]

Brizola mudou de tom ao referir-se a Lacerda, que definiu como "um energúmeno". Sobrou também para o Congresso, que propôs dissolver por meio de um plebiscito, substituindo-o por uma Constituinte:

> [...] o povo olha para um dos poderes da República que é o Congresso Nacional e ele diz não, porque é um poder controlado por uma maioria de latifundiários reacionários, privilegiados e de ibadianos. É um Congresso que não dará mais nada ao povo brasileiro; o atual Congresso não mais se identifica com as aspirações do povo brasileiro.[12]

Para finalizar, deixou claro que estava ali para o que desse e viesse: "Nosso caminho é pacífico, mas saberemos responder à violência com violência. Quem tem o povo ao seu lado, nada tem a temer".[13]

Foi ovacionado.

Jango veio na mesma toada de seus antecessores no palanque. Apresentando-se como presidente do povo, falou de improviso por mais de uma hora. Por duas vezes, Darci Ribeiro segredou-lhe alguma coisa ao pé do ouvido – e o presidente mudou de assunto:

> Chegou-se a proclamar, trabalhadores brasileiros, que esta concentração seria um ato atentatório ao regime democrático, como se no Brasil a reação ainda fosse dona da democracia, ou proprietária das praças e das ruas. Desgraçada democracia

a que tiver de ser defendida por esses democratas. Democracia para eles não é o regime da liberdade de reunião para o povo. O que eles querem é uma democracia de um povo emudecido, de um povo abafado nos seus anseios, de um povo abafado nas suas reivindicações.[14]

A imprensa dividiu-se na avaliação do comício. Para o *Diário Carioca*, fora "uma extraordinária demonstração de pujança do regime democrático, com o povo brasileiro unido ao seu presidente em praça pública, em festivo ato de pleno exercício da democracia".

O *Correio da Manhã* avaliou que

> o sensacional acontecimento do dia de ontem não foi o espetáculo propriamente do comício; foi a assinatura de dois decretos da mais alta repercussão para o país. Dois decretos de natureza demagógica: o da Supra – embora atenuado e o da encampação das refinarias de petróleo. Para que então o comício de ontem?

Depois de lascar uma bordoada na "provocadora exibição" de Brizola, o editorial concluía desejando que o comício fosse "o último dessa espécie. Pois o país precisa de trabalho e de segurança e não de comícios que só fazem contribuir para a intranquilidade geral".

Na *Tribuna da Imprensa*, era outra coisa:

> Guerra civil, fechamento do Congresso, Constituinte e até implantação da socialização crescente da economia do país foram os elementos essenciais utilizados pelos oradores do comício de ontem pelas reformas de base, do presidente João Goulart ao deputado Leonel Brizola; do presidente da Supra ao representante da CGT.

Já o *Estadão* viu no comício a gota d'água:

> Depois de tudo o que ali foi dito, depois da leitura dos decretos presidenciais que violam frontalmente a lei não tem mais sentido falar-se em legalidade democrática como coisa existente. Quando o chefe do Executivo se permite, nas praças públicas, fazer a apologia da subversão e incitar as massas contra os poderes da República que lhe estorvam a marcha para o cesarismo, pode-se afirmar que a ditadura, embora não institucionalizada, é uma situação de fato.

Na mesma linha estava o editorial da *Folha de S.Paulo*:

> O comício de ontem, se não foi um comício de pré-ditadura, terá sido um comício de lançamento de um espúrio movimento de reeleição do próprio sr. João Goulart. Resta saber se as Forças Armadas, peça fundamental para qualquer mudança desse tipo, preferirão ficar com o sr. João Goulart, traindo a Constituição e a pátria, ou permanecer fiéis àquilo que devem defender, isto é, a Constituição, a pátria e as instituições. Por sua tradição, elas não haverão de permitir essa burla.

O projeto das reformas chegou ao Congresso dois dias depois do comício da Central, acompanhado por uma justificativa ambiciosa. Nela, o conjunto de mudanças era comparado à Independência, à Abolição, à Proclamação da República e à promulgação das leis trabalhistas:

> O desafio histórico repete-se outra vez. Agora, nossa geração é que está convocada para cumprir a alta missão de ampliar as estruturas socioeconômicas e renovar as instituições jurídicas, a fim de preservar a paz da família brasileira e abrir à nação novas perspectivas de progresso e de integração de milhões de patrícios nossos numa vida mais compatível com a dignidade humana.[15]

O governo também propunha a realização de um plebiscito sobre as reformas, numa demonstração de que não confiava na correlação de forças instalada no Parlamento.

A estratégia era evidente: constranger o Congresso, onde não tinha maioria, a partir da pressão popular – uma espécie de ensaio geral para substituir Câmara e Senado por uma Assembleia Constituinte.*

O *Diário Oficial* com a mensagem de Jango ainda estava sendo entregue nos gabinetes de deputados e senadores e as reformas já provocavam confusão pelo Brasil afora. Em Brasília, durante uma recepção no Palácio do Planalto, o consultor-geral da República, Waldir Pires, apontou para os jornalistas os três caminhos possíveis para chegar às reformas: pelo Congresso, por uma Constituinte ou "diretamente pelo próprio povo". No mesmo evento, o vice-presidente do CGT,

---

* Os acadêmicos divergem na interpretação desse cenário. Simplificando muito, é possível alinhar num bloco aqueles que, como René Dreifuss e Moniz Bandeira, veem no desfecho a vitória de um golpe de classe, destinado a barrar o avanço popular via reformas. Do outro lado estariam Daniel Aarão Reis, Argelina Figueiredo e Antônio Lavareda, que enxergam no episódio uma decorrência da falta de apego à democracia dos grupos envolvidos – aí incluída a esquerda.

Dante Pelacanni (que criara a chapa Jan-Jan em 1960), desenhou um cenário dramático, para o caso de o Congresso votar o *impeachment* do presidente (que a oposição preparava): "Se fizer isso, será fechado pelo povo! Entre o Congresso de ibadianos e o presidente da República, o povo já escolheu Jango!".[16]

Na noite daquele mesmo 16 de março, o homem da reforma agrária foi impedido de dar uma palestra na Faculdade de Direito do largo São Francisco em São Paulo. Sabendo do clima adverso, João Pinheiro Neto pedira garantias ao comandante do II Exército. O general Amauri Kruel negou qualquer providência, argumentando que era serviço para a polícia do governador Ademar de Barros.

Um grupo de estudantes barrou a entrada do presidente da Supra aos gritos de "Aqui não, isto é São Paulo!". Os mais afoitos avançaram contra Pinheiro Neto, que acabou batendo em retirada, sob o ataque de bombas cabeça de negro (que fazem mais barulho do que outra coisa) e rojões. Quando ele saiu, a polícia ainda estava a poucas quadras, distribuindo bordoadas em partidários e adversários do palestrante e em alguns jornalistas e chegou tarde ao largo São Francisco. Três pessoas foram parar no pronto-socorro: um repórter da revista *Manchete* e dois estudantes de Direito.

Os policiais tentaram entrar na faculdade, mas os estudantes a favor das reformas ergueram uma barricada e condicionaram sua retirada à presença do presidente da Supra, que, a essa altura, dava entrevista numa emissora de TV, reclamando da situação: "Se a democracia depender dessa polícia, que não é capaz de garantir um único cidadão, estará perdida!".[17]

No dia seguinte, os estudantes decidiram refazer o convite a Pinheiro Neto. A nova palestra nunca aconteceu.

Em Juiz de Fora, naquele mesmo 16 de março de 1964, outro ato a favor das reformas deixou um saldo de vinte presos, três feridos e um vasto noticiário. Em *O Estado de S. Paulo*, o registro do incidente começa desse modo:

> Belo Horizonte – 16 – A concentração pelego-comunista programada para ontem em Juiz de Fora, por iniciativa do PTB e da Frente de Mobilização Popular, com o apoio do Pacto de Unidade e Ação e Comando Estadual de Trabalhadores só se realizou em virtude de forte proteção proporcionada pela polícia. Mais de 1.000 policiais entre praças da PM, guardas-civis e investigadores foram mobilizados, com o fim de garantir a normalidade da reunião, à qual afinal só compareceram o governador Miguel Arraes e o ex-ministro Paulo de Tarso. Os demais convidados, srs. Leonel Brizola, Almino Affonso, Neiva Moreira e outros, à última hora, negaram-se a ir àquela cidade. Apenas oitocentas pessoas, todas com convites, assistiram ao ato.[18]

Os convidados foram revistados na entrada do cinema e Arraes foi escoltado pelos secretários da Segurança Pública e do Interior, a quem o governador Magalhães Pinto determinara que garantissem a realização do comício.

Na manhã seguinte, o governador de Pernambuco encontrou-se com seu colega mineiro em Belo Horizonte. Mais do que agradecer as providências, Arraes queria era trocar impressões com Magalhães Pinto sobre a situação política. Tinham boas relações – acalentavam inclusive o projeto de uma chapa para 1965, desde que o mineiro fora lançado pela ala Bossa Nova da UDN em novembro de 1963, como alternativa ao nome de Lacerda dentro da UDN. Magalhães Pinto fazia um jogo duplo: acenava para a esquerda e conspirava com a direita. Seu secretariado, montado sob medida, poderia transformar-se em um ministério depois do golpe.

Depois do encontro, Arraes esteve com Jango e o alertou: o golpe estava na rua. Não foi o único recado alarmista que o presidente recebeu: quase duas semanas antes, a pedido de Prestes, o deputado Marco Antônio Tavares Coelho estivera com ele e pedira a Jango que destituísse o general Kruel, argumentando que o comandante do II Exército estava comprometido com o golpe. O presidente tranquilizou o parlamentar comunista: "Você está enganado, o Kruel é meu amigo, eu acabo de nomear o filho dele para correspondente do Lloyd em Nova Orleans, então eu tenho plena confiança no Kruel".[19]

Ao deixar o Rio rumo a Recife, o governador de Pernambuco comentou com um amigo: "Volto certo de que um golpe virá. De lá ou de cá, ainda não sei".[20]

Outro alerta foi do deputado mineiro João Herculino. Aos 37 anos, João Herculino de Souza Lopes estava em seu primeiro mandato como deputado federal, mas participava da política desde 1949.

Ele estava em Sete Lagoas quando soube que estava acontecendo um encontro entre o general Olímpio Mourão e o ex-deputado Vasconcelos Costa. Em seu livro de memórias, afirma ter ouvido a conversa em que ambos planejavam antecipar o golpe, para evitar que Jango trocasse todos os comandos militares. Procurou o presidente no Palácio da Alvorada e relatou o que ouvira. Jango tranquilizou-o:

– Herculino, estás vendo assombração de dia, tchê!
 – De dia, não. Foi à meia-noite que ouvi isso.
 – Fica tranquilo, Herculino, o meu chefe da Casa Militar, general Assis Brasil, percorreu todas as unidades militares e me garantiu que a situação está sob controle e que nunca um presidente foi militarmente mais forte do que eu.
 – Então, Jango, pode ficar certo de uma coisa: eu lhe escreverei uma carta no exílio...[21]

No dia 17, durante um almoço com 19 dos 37 deputados do chamado grupo agressivo do PSD, favorável às reformas de base, Jango tentou novamente passar otimismo:

> Ninguém muda o curso histórico de uma nação, quando ele é escrito e traçado pelo povo. Há dois anos o povo brasileiro aguarda ansiosamente a concretização das reformas estruturais da sociedade brasileira. Hoje, o debate ultrapassa os gabinetes, saiu dos parlamentos para ganhar as praças e as ruas. Ninguém pode, por exemplo, improvisar um espetáculo como aquele que assistimos no dia 13, no Rio de Janeiro.[22]

Vinte e quatro horas mais tarde, São Paulo apresentaria um espetáculo mais impressionante que o comício da Central. Mas com sinal trocado.

15

Marcha com Deus e com Castelo

A mobilização contra o comunismo, as reformas de base e o governo Jango teve grande participação das mulheres, organizadas em torno de um punhado de siglas: Camde (Campanha da Mulher pela Democracia), Limde (Liga da Mulher Democrata), UCF (União Cívica Feminina), MAF (Movimento de Arregimentação Feminina) e a FBPF (Federação Brasileira para o Progresso Feminino), com larga tradição de luta em favor dos direitos da mulher, em especial durante a campanha sufragista entre 1922 e 1932.

Se as senhoras católicas já tinham muitas razões para temer o presidente, Jango lhes deu mais uma no discurso feito durante o comício da Central. Referindo-se à manifestação em que Brizola fora barrado em Minas Gerais, o presidente passou um pito nas beatas:

> Não podem ser levantados os rosários da fé contra o povo, que tem fé numa justiça social mais humana e na dignidade das suas esperanças. Os rosários não podem ser erguidos contra aqueles que reclamam a discriminação da propriedade da terra, hoje ainda em mãos de tão poucos, de tão pequena maioria.[1]

As militantes da Camde chegaram a divulgar uma versão apimentada da frase em que Jango teria afirmado que "os terços e as macumbas da Zona Sul" não teriam poder sobre ele.

Numa conversa no escritório de advocacia do deputado federal Cunha Bueno, ex-sócio de Ulisses, a freira Ana de Lurdes resolveu transformar indignação em ação, organizando uma marcha como as do padre Peyton. A adesão de entidades (femininas ou não) foi imediata.* Na terceira reunião, já havia mais de duzentos militantes, entre eles, a mulher do governador Ademar de Barros. Na quarta, eram 1.500 participantes e, na véspera do comício, cerca de 2.500 pessoas.

A marcha levou 55 minutos para ir da praça da República, onde estavam as lápides dos estudantes mortos na revolução constitucionalista de 1932, até a praça da Sé. Liderados pelos cavalarianos emplumados da Força Pública, a primeira-dama paulista era seguida por deputados, donas de casa, cidadãos de classe média e delegações de outras cidades. O último grupo era formado pela banda da Guarda Civil, executando uma interminável versão de *Paris, Belfort*, marcha militar francesa de Antonin-Xavier Farigoul que fora adotada pela Rádio Record antes de se tornar o hino extraoficial da revolução de 1932.

Do alto dos prédios, caía uma chuva de papel picado. Da rua, subia um coro endereçado aos que assistiam à movimentação das janelas: *Desce, desce!*

Os manifestantes entoavam um refrão que não dava qualquer margem a dúvidas sobre a intenção do protesto: "Um, dois, três/ Brizola no xadrez/ E se tiver lugar põe também o João Goulart".

Na Sé, juntaram-se à manifestação Júlio de Mesquita Filho, dono de *O Estado de S. Paulo*, o reitor da USP, Luiz Antonio da Gama e Silva, e o governador Ademar de Barros, além de vários parlamentares.

Padre Calazans, 53 anos, ex-deputado estadual e senador, um dos principais nomes da UDN em São Paulo, inflamou a multidão ao estabelecer uma correspondência entre a marcha e o comício da Central ocorrido uma semana antes:

> Nós somos o povo. Não somos o do comício da Guanabara, estipendiado pela corrupção. Aqui estão mais de 500 mil pessoas para dizer ao presidente da República que o Brasil quer a democracia, e não o tiranismo vermelho [...] Aqui estamos sem tanques de guerra, sem metralhadoras. Estamos com nossa alma e com nossa arma, a Constituição.[2]

Para o senador, os paulistas não tinham nem Fidel, nem Brizola como seu patrono: "Brizola é o patrono dos comunistas. Se houver plebiscito para as reformas pretendidas pelo governo, da forma como ele as pretende, o povo dirá não, não e não".

---

* Além das já mencionadas, a marcha teve a participação de entidades religiosas (Fraterna Amizade Cristã Urbana e Rural, Círculos Operários Católicos, Associações Cristãs de Moços), associações civis e de classe (Associação Comercial de São Paulo, Sociedade Rural Brasileira, Clube dos Diretores Lojistas, Conselho de Entidades Democráticas, Campanha para Educação Cívica) e os grandes sindicatos patronais, como a Federação das Indústrias do Estado de São Paulo (Fiesp).

O jornal *O Globo* registrou o discurso de um líder estudantil não identificado:

> Se eles pretendem modificar as nossas instituições, que modifiquem a instituição do contrabando, a instituição dos inimigos da democracia, a instituição da corrupção. São Paulo está de pé. Que venham 300 mil Brizolas, que venham 300 mil comunistas, que nós os derrotaremos![3]

Arnaldo Cerdeira, líder da bancada do PSP na Câmara Federal, falou na sequência: "Querem destruir a família brasileira, querem destruir a fé cristã de nosso povo. Mas nós não acreditamos, paulistas, não acreditamos, brasileiros, que haja realmente perigo para a democracia".[4]

Everardo Magalhães Castro, compositor (foi um dos fundadores da bossa nova) e deputado estadual pelo PDC na Guabanara, relembrou Brizola mais uma vez:

> O Fidel Castro brasileiro, Leonel Brizola, teve a petulância de pedir aos comunistas que se encontravam no comício do dia 13, na Guanabara, que levantassem os braços se estivessem a favor das reformas e contra a Constituição. Agora, eu digo aos que estiverem a favor da Constituição que levantem os braços.[5]

Toda a massa popular, vaiando Brizola e gritando o estribilho "Um, dois, três, Brizola no xadrez", levantou os braços, dando vivas à Constituição, registrou *O Globo*.

Plínio Salgado começou seu discurso dizendo que o momento era emocionante e fez uma pergunta às Forças Armadas:

> Especialmente à guarnição de São Paulo, ao glorioso II Exército. Sereis capaz, depois desta concentração, sereis capaz de erguer as vossas armas contra aqueles que querem se levantar contra a desordem e contra a baderna? Ou contra aqueles que querem destruir as liberdades e a família brasileira? Contra aqueles que querem entregar o Brasil ao mundo soviético? São Paulo está de pé, como em 1932, para manter a soberania e a honra da nação brasileira.[6]

O deputado Herbert Levy, que havia criado o jornal *Notícias Populares* para combater a *Última Hora*, atacar o governo e fortalecer seu nome como candidato ao governo de São Paulo, alertou:

> Seja o povo aqui reunido uma advertência ao presidente da República e ao seu cunhado. Uma advertência para que não brinquem com o comunismo, com o

povo de São Paulo. A presença do povo nesta praça representa a vitória do povo brasileiro.

Cunha Bueno sintetizou o que pretendiam: "Os brasileiros aqui estão reunidos para dizer ao presidente da República: Basta! Basta! Basta!".[7]

Auro de Moura Andrade – aquele que Jango nomeara e desnomeara primeiro-ministro e que acabara de se reeleger presidente do Senado – encerrou o comício em grande estilo: "Hoje o povo veio à praça pública para mostrar que deseja liberdade, que quer a democracia. Veio para dizer que os comunistas não são os donos da rua!".[8]

A imprensa derramou-se em aplausos. *Folha de S.Paulo*:

> Poucas vezes ter-se-á visto no Brasil tão grande multidão na rua, para exprimir em ordem um ponto de vista comum, um sentimento que é de todos, como o que encheu ontem o centro da cidade de São Paulo, na "Marcha da Família com Deus, pela Liberdade". Ali estava o povo mesmo, o povo, constituído pela reunião de todos os grupos que trabalham pela grandeza da pátria.

O *Estadão* seguiu na mesma trilha: "Meio milhão de paulistanos e paulistas manifestaram ontem em São Paulo, no nome de Deus e em prol da liberdade, seu repúdio ao comunismo e à ditadura e seu apego à lei e à democracia".* *O Globo* saiu com "São Paulo de pé em defesa da democracia". Praticamente o mesmo de *Notícias Populares*: "São Paulo de pé defende a democracia".

No dia seguinte à Marcha da Família com Deus pela Liberdade, o chefe do Estado-Maior do Exército distribuiu uma circular reservada que colocou mais lenha na fogueira. As Forças Armadas, convocadas por Auro de Moura Andrade, Herbert Levy, Padre Calazans e outros líderes civis do movimento finalmente se moviam.

Cearense de Fortaleza, 67 anos, o general Humberto de Alencar Castelo Branco era baixinho, cabeçudo e narigudo, características que os contemporâneos do Colégio Militar de Porto Alegre transformaram em apelidos cruéis:

---

* A grande imprensa já escolhera seu lado. Na edição de 3 de fevereiro, *O Globo* publicou uma foto de nordestinos com aspecto de cangaceiros, acompanhada da legenda: "Milícias armadas no aniversário do governo Arraes". Na melhor das hipóteses, era uma barriga, como se diz no jargão jornalístico, para nomear um erro ou bobeada. Na verdade, os tais milicianos integravam o grupo folclórico Bacamarteiros de Caruaru e tinham viajado mais de cem quilômetros para se apresentar na festa de primeiro aniversário do governo.

Monstrengo, Torto, Encolhido, Tamanco, Nanico, Aborto da Natureza, Feioso e Quasímodo.

Como outros tenentes, participara da Revolução de 1930. Durante a Segunda Guerra, chefiara a seção de operações da Força Expedicionária Brasileira na Itália, permanecendo durante trezentos dias nos campos de batalha. Em 1955, ficou ao lado do ministro da Guerra, marechal Lott, a favor da posse de Juscelino. Mas, em março de 1964, estava convencido de que, para garantir a legalidade, era preciso apear Jango do poder.

Em dezembro de 1962, durante uma palestra no comando do IV Exército, Castelo Branco comparara o avanço dos esquerdistas em Pernambuco à invasão holandesa do século XVII – e previa desfecho igual: "O mesmo nobre sentimento dos que expulsaram daqui o invasor holandês ainda pulsa no coração dos nordestinos. E será com esse espírito que expulsaremos agora a ameaça comunista".[9]

No plebiscito, votara pelo parlamentarismo. Em setembro de 1963, abatido pela morte repentina da mulher, fora transferido para o comando do Estado-Maior do Exército – uma queda para o alto que o deixava longe do comando das tropas. Mesmo assim, quando Jango resolveu encaminhar ao Congresso o pedido de estado de sítio, formalizou suas objeções em duas cartas enviadas ao novo ministro da Guerra que ajudaram no fracasso da manobra. Pelo menos assim interpretou o jornal *O Estado de S. Paulo*.

Pouco depois, em mais um lance arriscado, Castelo Branco consolidou suas críticas num relatório endereçado ao ministro da Guerra em 22 de outubro. O documento de sete laudas seria considerado mais tarde por Lira Neto, autor de *Castello, a marcha para a ditadura*, como "a certidão de nascimento do golpe de março de 1964". Nela, o general dividia o país em quatro grupos: "um grupo político, com base ideológica definida", que queria "uma imediata evolução político-econômico-social dentro da legalidade"; outro, "possuidor de uma ideologia ambígua, que quer o domínio do poder, ora invocando reformas, ora pleiteando o desaparecimento das forças que lhe sejam opostas, procura aproveitar-se do primeiro grupo e da ação comunista no país"; os comunistas propriamente ditos e, abaixo desses três, "o povo brasileiro, desejoso de paz, de bem-estar, não solidário com repetidas greves, contrário a pressões militares e sempre pela legalidade".

O documento negava a existência de uma conspiração fardada, afirmando, ao contrário, que os conspiradores estavam do outro lado:

> Há, sim, uma aparência de conluio de civis que procura envolver trabalhadores, elementos das polícias militares, pouquíssimos oficiais e sargentos das Forças

Armadas, para uma posse total do governo, para fechar o Congresso Nacional e para estabelecer no Brasil um regime extralegal.[10]

Castelo sugeriu ainda providências a serem adotadas: vitalizar o Alto Comando, garantindo a seus membros o direito de opinar sobre a situação política, a proibição das greves políticas, troca de comando das PMs estaduais por militares da ativa. O ministro concordou, agradeceu, mas recusou as propostas.

A partir de fevereiro de 1964, Castelo começou a reunir empresários e lideranças civis em sua casa em Ipanema. Até aquele momento, Jango não colocara seu nome na lista dos militares contrários ao governo, embora Evandro Lins e Silva, que fora chefe da Casa Civil e ministro das Relações Exteriores antes de ser nomeado ministro do Supremo, tivesse alertado o presidente, sem qualquer sucesso.

Castelo ficara estarrecido, no dizer de Elio Gaspari, com a presença do ministro da Guerra no comício da Central. Na circular reservada que distribuiu, apontou duas ameaças: "o advento de uma Constituinte como caminho para a consecução das reformas de base e o desencadeamento em maior escala de agitações generalizadas do ilegal poder do CGT". Mas ainda recusava, ao menos por escrito, a hipótese de as Forças Armadas ultrapassarem os limites da lei:

> [...] Entrarem as Forças Armadas numa revolução para entregar o Brasil a um grupo que quer dominá-lo para mandar e desmandar e mesmo para gozar o poder? Para garantir a plenitude do grupamento pseudossindical, cuja cúpula vive na agitação subversiva cada vez mais onerosa aos cofres públicos? Para talvez submeter a Nação ao comunismo de Moscou? Isto, sim, é que seria antipátria, antinação e antipovo. Não. As Forças Armadas não podem atraiçoar o Brasil. Defender privilégios de classes ricas está na mesma linha antidemocrática de servir a ditaduras fascistas ou síndico-comunistas.[11]

Se não abalou a rotina dos quartéis, a circular colocou o general na marca do pênalti: Jango resolveu demiti-lo. Uma semana mais tarde, no entanto, o encontro do presidente com os marinheiros daria outro significado ao documento.

16

Marinheiros e sargentos

Ao saber que Lacerda se encontrara com oficiais da Marinha numa corveta e marcara o golpe para 2 de abril, Brizola juntou um grupo de militares e sindicalistas num apartamento na praia do Flamengo, no Rio, e passou a distribuir tarefas: os sargentos deveriam impedir a saída e entrada de oficiais nos quartéis e a mesma coisa fariam os marinheiros em seus navios.*

Foi nesse clima que a Associação dos Marinheiros e Fuzileiros Navais, entidade considerada ilegal, resolveu comemorar seu segundo aniversário.

A festa, marcada para a noite de 25 de março, na sede do Sindicato dos Metalúrgicos, rachou os progressistas, divididos ante o que fazer: prestigiar o evento, demonstrando que a luta dos marinheiros era também a de todo o povo, ou restringir a manifestação à classe, partindo da premissa de que era melhor não cutucar o cão fardado com vara curta.

Arraes e Brizola ficaram mais uma vez em campos opostos. O governador de Pernambuco e o poeta Moacir Félix, secretário-geral do Comando dos Trabalhadores Intelectuais, opuseram-se à participação no ato dos marinheiros, enquanto

---

* Avelino Capitani descreveu a cena em depoimento a César Daniel de Assis Rolim: "Quando ficamos sabendo da reunião, levamos imediatamente as informações para o Brizola. Ele ficou muito preocupado e convocou uma reunião em um apartamento. Convidou também os marinheiros. Fomos Marco Antonio e eu como representantes. Ali ficou decidido o que cada um deveria fazer no momento do golpe. Sargentos deveriam dominar os quartéis e impedir a saída e entrada de oficiais. Os marinheiros deveriam neutralizar os golpistas na Marinha, usando navios. Brizola viria imediatamente para o Rio Grande do Sul. Foi uma reunião muito importante onde as forças nacionalistas e progressistas decidiram o que cada uma deveria fazer, objetivamente, em caso de golpe de Estado".[1]

Brizola e Hércules Correa defenderam a ida de todos os progressistas à festa. A discussão só acabou às seis da manhã, quando o governador de Pernambuco propôs uma votação. A maioria resolveu manter distância do protesto, mas não houve consenso e a resolução foi inócua.

Às oito da noite, havia 3 mil homens, no cálculo da *Última Hora*, a maioria de farda, no Palácio dos Metalúrgicos. Na mesa diretora, três deputados (Adão Pereira Nunes, Hércules Correa e Max da Costa Santos, representando Brizola), vários líderes sindicais, inclusive o presidente do CGT, Osvaldo Pacheco, um padre (Alípio de Freitas, um dos idealizadores da Ação Popular), dois generais reformados, Luís Gonzaga de Oliveira Leite e Henrique Oest, que fora constituinte eleito pelo PCB em 1946, uma mulher, Zilda Maria, representando a Liga Feminina da Guanabara, e o presidente da Associação dos Soldados e Cabos da Polícia Militar do Brasil.

O convidado de honra era um velho marinheiro, cuja saga inspiraria o poeta Aldir Blanc e João Bosco na canção "Mestre-sala dos mares": João Cândido, de 83 anos, que liderara a Revolta da Chibata em 1910.*

Os discursos inflamados misturavam reivindicações concretas, como a melhoria da alimentação a bordo ou a revisão dos regulamentos da Marinha, com temas mais gerais. Um dos mais exaltados era o cabo José Anselmo dos Santos, sergipano de 23 anos, presidente da associação. Ao defender a anistia para os companheiros que tinham se amotinado em Brasília, meses antes, ele apoiou-se no exemplo do homenageado:

> Em nossos corações de jovens marujos palpita o mesmo sangue que corre nas veias do bravo marinheiro João Cândido, o grande Almirante Negro, e seus companheiros de luta que extinguiram a chibata na Marinha. Nós extinguiremos a chibata moral, que é a negação do nosso direito de voto e de nossos direitos democráticos. Queremos ver assegurado o livre direito de organização, de manifestar o pensamento, de ir e vir.[2]

Uma hora depois do início do ato, o ministro da Marinha, Sílvio Motta, mandou prender os quarenta organizadores do ato. Não adiantou: a massa presente ao

---

* A Marinha republicana continuava a punir fisicamente com até 25 chibatadas quem descumprisse as normas. Em 21 de novembro de 1910, o marinheiro Marcelino Rodrigues de Menezes, acusado de embarcar com uma garrafa de cachaça, recebeu não 25, mas 250 chibatadas, na presença de todos os tripulantes, que se revoltaram imediatamente, tomaram os navios e apontaram seus canhões para o Rio de Janeiro, até que o governo cedeu, aboliu a chibata e deu anistia aos revoltosos.

sindicato declarou-se em sessão permanente e os discursos seguiram, agora intercalados pelo Hino Nacional. Dante Pelaccani, vice-presidente do CGT, anunciou que a luta dos marinheiros era agora de todo o povo.

A tropa de fuzileiros enviada para o sindicato, com ordem de prender os insubordinados, aderiu aos revoltosos e permaneceu na sede do Sindicato dos Metalúrgicos. Pouco depois, chegou o Exército. Os marinheiros divulgaram então um manifesto redigido pelo vice-presidente da associação, Marco Antonio Silva Lima, pelo cabo Anselmo e pelo ex-deputado comunista Carlos Marighella.

Filho de um imigrante italiano com uma negra, Marighella estudara no Ginásio da Bahia, hoje Colégio Central, e chegara a cursar Engenharia Civil na Escola Politécnica, em Salvador, onde se notabilizou, entre outras coisas, por ter recebido nota 10 ao responder a uma prova de Física em versos. Entrou para o PC aos 18 anos e, aos 21, foi preso pela primeira vez por escrever e divulgar um poema com críticas ao interventor da Bahia, Juraci Magalhães. Em 1936, sem se ter formado, tornou-se militante profissional. Preso e torturado, passou sete anos na ilha de Fernando de Noronha. Anistiado duas vezes, elegeu-se deputado constituinte em 1946, voltando à clandestinidade quando o partido perdeu o registro e seus parlamentares, os mandatos. Teve atuação relevante na chamada Greve dos 300 Mil, em 1953, e na campanha "O petróleo é nosso".

O documento dos sargentos tinha um fecho poético e dramático: "Devemos continuar em nossa trincheira de luta com o pensamento único de que aqui estamos para deixar a pátria livre ou morrer pelo Brasil".[3]

O sindicato foi cercado pelas tropas do Exército, mas não houve ação. A crise só terminou quando Jango nomeou um ministro alinhado com as reformas e os marinheiros em pé de guerra foram anistiados. As decisões foram comemoradas numa passeata liderada pelo cabo Anselmo, durante a qual o contra-almirante destituído, Cândido de Aragão, comandante geral do Corpo de Fuzileiros Navais e solidário com o movimento, já recolocado no cargo, foi carregado nos ombros dos eufóricos marinheiros.

Cinco dias depois, foi a vez de os sargentos entrarem em cena. Fizeram isso em clima de festa – na elegante sede do Automóvel Clube do Rio de Janeiro, ao celebrarem os quarenta anos de criação da Associação de Subtenentes e Sargentos da Polícia Militar no dia 30 de março. A pauta de reivindicações não era muito diferente. Girava em torno do direito a se candidatarem (vetado pela Constituição de 1946).

Convidado de honra, Jango hesitava. Muita gente tentou evitar que o presidente comparecesse ao almoço. Para Tancredo, tratava-se de uma provocação desnecessária, numa hora em que o presidente teria que somar e não criar ainda mais polêmica. O ex-primeiro-ministro se propôs a ir ao almoço com uma mensagem do presidente. O fato de o ministro da Guerra estar no hospital podia ser usado como pretexto para a ausência.

Mas havia outros pontos de vista: o chefe da Casa Militar, general Assis Brasil, lembrou que nenhum outro presidente tivera um dispositivo militar tão leal e eficiente, acrescentando que, como o ato tinha o aval dos ministros militares, Jango poderia comparecer sem problema. Na crise da Legalidade, com a patente de coronel, Assis Brasil fizera a ponte entre Brizola e o comandante da III Divisão de Infantaria, Peri Beviláqua, que acabou apoiando a posse de Jango. Diante da argumentação de Assis Brasil, Tancredo atalhou: "Deus faça com que eu esteja enganado, mas creio ser este o passo do presidente que irá provocar o inevitável, a motivação final para a luta armada!".[4]

Mas havia outras questões: ninguém sabia qual era o clima da reunião. Pouca gente, informou alguém por telefone. O pessoal da Vila Militar ainda não tinha chegado, ressaltou outro. Sabotagem, suspeitou um terceiro informante.

Jango resolveu ir. Mas, ao que tudo indica, sem muita convicção. Tanto que encomendou um discurso cauteloso a seu assessor de imprensa, Raul Ryff.

Pouco antes de deixar o Palácio das Laranjeiras rumo ao Automóvel Clube, Jango recebeu dois amigos. O jornalista Jânio de Freitas reconstituiu assim o episódio:

> Dois dos seus amigos pessoais, Samuel Wainer e João Etcheverry, foram ao encontro dele no Palácio Laranjeiras para repassar o discurso preparado e acompanhá-lo ao clube. Encontraram um Jango inesperado. Abatido, muito nervoso, relutava em ir ao encontro de um pessoal que andava exaltadíssimo e vinha tomando atitudes de audácia crescente. Jango temia sofrer provocações, e estava convencido de que aconteceriam. Fracassados os argumentos em contrário, Samuel Wainer deu a Jango um produto estimulante, uma das chamadas bolinhas, de que era consumidor habitual na sua vida agitada. O remédio funcionou. Foi um Jango mais do que animado que saiu do Laranjeiras para o clube.[5]

Animado é um termo que não faz jus ao que se passou no encontro. O deputado Garcia Filho, líder dos sargentos, chamou os golpistas de 1955 e 1961 de "fariseus", antes de garantir ao presidente que tivera a coragem de erguer a bandeira das reformas de base no comício da Central "o mais decidido apoio dos sargentos, cabos e soldados do Brasil".

Jango rebateu um tom acima. De acordo com Janio de Freitas, teria tomado um segundo comprimido de anfetamina a caminho do Automóvel Clube, sob protesto de Etcheverry. Misturada com o uísque, a droga destravou a oratória do presidente revelando "um homem exaltado, de fisionomia alterada pela ira – os gestos endurecidos, as veias das têmporas intumescidas"[6] que simplesmente abandonou o texto de Ryff. Jango defendeu a reforma da Constituição e listou os financiadores da campanha contra seu governo:

> Se os sargentos me perguntassem – estas são as minhas últimas palavras – donde surgem tantos recursos para campanha tão poderosa, para mobilização tão violenta contra o governo, eu diria simplesmente, sargentos brasileiros, que tudo isto vem do dinheiro dos profissionais da remessa ilícita de lucros que recentemente regulamentei através de uma lei. É do dinheiro maculado pelo interesse enorme do petróleo internacional e de companhias nacionais contra a lei que também assinei do monopólio da importação de petróleo pela Petrobras. [...] Esse é o dinheiro graúdo. Se os sargentos me perguntarem sobre o dinheiro mais miúdo, mas também muito poderoso, eu diria que é o dinheiro dos proprietários profissionais de apartamentos em todo o Brasil, de apartamentos que estavam sendo negados aos brasileiros, de apartamentos que não se alugavam mais em cruzeiros, de apartamentos cujo aluguel já se exigia pagamento em dólar, como se Copacabana fosse um país estrangeiro, como se os brasileiros vivessem subordinados a outros interesses.[7]

A participação do presidente no almoço dos sargentos elevou a indignação dos militares a um patamar superior, como demonstra a lembrança de Jaime Portela de Melo, em suas memórias:

> Esse comício do dia 30 foi o ponto culminante da insensatez governamental: uma reunião de inferiores das Forças Armadas, presidida pelo Chefe de Estado, que compactuava com a indisciplina e liquidação da hierarquia militar, independentemente da posição política, não haveria militar que não se sentisse ferido naquilo que há de mais caro e mais nobre em suas instituições: a disciplina e o respeito às leis que a regem.[8]

Paraibano de Pocinhas, 52 anos, Portela era tenente-coronel e participara da maior parte das tentativas de golpe ocorridas no país nos últimos tempos. Estava a bordo do *Tamandaré* quando o presidente Carlos Luz deixou a Guanabara em novembro de 1955, na frustrada tentativa de manter-se no poder e barrar a posse de Juscelino. Preso e transferido para um porto de fronteira em Mato Grosso, participou ativamente das manobras que tentaram impedir a posse de Jango em

1961. Era inimigo de Ernesto Geisel desde 1955, quando este recusou o convite para juntar-se aos coronéis que pretendiam impedir a posse de Juscelino e ainda negou-se a falar com Orlando, por este achar que a eleição estava consumada e era o caso de dar posse ao vencedor. Desde 1962, trabalhava junto com o general Costa e Silva no Departamento Geral do Pessoal do Exército.

17

Mourão, Jango e Brother Sam

O editorial do *Correio da Manhã* de 31 de março de 1964 dizia tudo em seu título: Basta. O chega-prá-la em Jango, afirmava:

> A Nação não admite nem golpe nem contragolpe. Quer consolidar o processo democrático para a concretização das reformas essenciais de sua estrutura econômica. Mas não admite que seja o próprio Executivo, por interesses inconfessáveis, quem desencadeie a luta contra o Congresso, censure o rádio, ameace a imprensa e, com ela, todos os meios de manifestações do pensamento, abrindo o caminho à ditadura.
>
> Os Poderes Legislativo e Judiciário, as classes armadas, as forças democráticas devem estar alertas e vigilantes e prontos para combater todos aqueles que atentarem contra o regime.
>
> O Brasil já sofreu demasiado com o Governo atual. Agora, basta!"*

Jango não precisou ler o editorial do *Correio da Manhã* para constatar que a situação se complicara – e muito. Pela manhã, foi até o Hospital dos Servidores, onde o general Jair Dantas Ribeiro, seu ministro da Guerra, recuperava-se de uma cirurgia da próstata. A única providência concreta da conversa, sobre a qual não há qualquer registro, foi a transferência do gabinete do ministro para a antessala do hospital.

---

* No dia seguinte, o *Correio* foi mais longe com outro editorial intitulado "Fora". Os dois textos entraram para a história – do país e do jornalismo.

Na volta para o palácio, a Mercedes presidencial teve de contornar caminhões de lixo estrategicamente dispostos para dificultar o acesso do presidente. Havia uma rebelião de contornos ainda imprecisos em curso.

Dentro do palácio, ninguém sabia direito o que fazer. O ministro da Justiça, Abelardo Jurema, resumiu assim o que acontecia:

> Na rua, já era público o movimento sedicioso de Minas, chefiado pelo governador Magalhães Pinto e Mourão Filho. Já eram ouvidas até proclamações. No palácio da Presidência da República, ainda se falava em observadores para apalpar uma situação que já era do domínio público.[1]

No sexto andar do Ministério da Guerra, sessenta alunos da Escola de Comando e Estado-Maior do Exército protegiam o chefe do golpe: Castelo Branco. Criada em 1905 e localizada na Praia Vermelha, no Rio, a Eceme era o estágio obrigatório para a ascensão ao generalato. Em seu comando estava o general Jurandir Bizarria de Mamede, pivô da crise que deflagrou a tentativa de impedimento da posse de Juscelino e que lera no auditório da escola o manifesto que Castelo Branco havia divulgado logo após a Marcha com Deus.

Um dos instrutores da Eceme era o tenente-coronel João Batista de Oliveira Figueiredo, de 46 anos. Filho de Euclides Figueiredo, um dos arqui-inimigos de Getúlio, ele nascera em São Cristóvão, no Rio, mas aos 9 anos mudara com a família para Alegrete, no Rio Grande do Sul, onde seu pai comandara a 2ª Brigada de Infantaria. Fizera apenas um ano no Colégio Militar de Porto Alegre, o suficiente, contudo, para confirmar a fama de estudioso: sua única nota abaixo de 9 foi em Desenho (7,5); a mais alta, Aritmética (9,66).

Doze dias após a instauração do Estado Novo (que havia levado seu pai mais uma vez à prisão), o cadete João Figueiredo recebeu o espadim das mãos de Getúlio, por ter se formado em primeiro lugar. Ao saber que se tratava do filho do coronel Euclides, Vargas tentou uma abordagem gentil: "Espero que o senhor continue a carreira militar no mesmo passo em que a está iniciando, e se torne um oficial tão brilhante como seu pai".[2]

A resposta foi bem ao estilo do futuro presidente da República, como veremos adiante: "Obrigado, presidente. O único perigo é que eu termine preso, como meu pai".[3]

Depois de cumprir três anos numa missão militar de instrução ao Exército do Paraguai, foi promovido a tenente-coronel. Em 1960, entrou para a Escola Superior de Guerra. No início do governo Jango, foi trabalhar sob as ordens de Golberi do Couto e Silva, no Conselho de Segurança Nacional, até tornar-se instrutor da Eceme em setembro de 1962.

No finalzinho de 1963, Figueiredo foi recebido no apartamento de Jango. Na longa conversa, de quatro horas, disse ao presidente que as Forças Armadas só se manteriam dentro dos desejados princípios de legalidade se ele revisse as bandeiras e alianças de seu governo. Jango não deu trela ao tenente-coronel, que, a uma objeção do presidente, respondeu rudemente: "Por via deste caminho o senhor será derrubado".[4]

Em março, quando a situação complicou de vez, Jango pediu uma ligação para Figueiredo, que mais uma vez teria sido curto, grosso e sincero: "Eu agora estou na conspiração. O senhor pode me prender".*[5]

Uma a uma, as tentativas de acabar com a rebelião deram com os burros n'água. O tal "dispositivo militar", tão presente nas discussões da esquerda e do governo, não deu as caras (em maio de 1980, numa entrevista para a revista *Ele e Ela*, o general Assis Brasil diria que tal dispositivo nunca existiu).

O edifício do Ministério da Guerra foi cercado por tropas fiéis a Jango, mas não se disparou um tiro. Acompanhado de Ernesto Geisel, seu fiel escudeiro, Castelo Branco deixou o prédio e passou a operar a partir de um apartamento em Copacabana.

O presidente recusou a proposta de romper com o Comando Geral dos Trabalhadores (CGT), demitir ministros e esquecer a reforma agrária, sugerida por Juscelino e pelo general Amauri Kruel. Ao comandante do II Exército, Jango deu a resposta que adotara como padrão naquele cenário: "General, eu não abandono meus amigos. Se essas são as suas condições eu não as examino. Prefiro ficar com as minhas origens. O senhor que fique com as suas convicções. Ponha as tropas na rua e traia abertamente".[6]

Na tentativa de retomar o controle da situação militar, o general Ladário Teles foi nomeado comandante do III Exército. Ao chegar a Porto Alegre na madrugada do dia 1º, percebeu quão complicada era a sua tarefa. Mal foi recebido por seu antecessor e só assumiu o posto depois de muita lengalenga.

Dessa vez, o Piratini não tinha condições de ser o quartel-general da legalidade, pois Ildo Meneghetti aderira rapidamente ao golpe, transferira seu governo para Passo Fundo e fechara o palácio.

A alternativa era usar a Prefeitura. Não era a mesma coisa – ao contrário do governador, o prefeito Sereno Chaise não mandava na Brigada Militar, nem podia requisitar emissoras de rádio.

---

* O episódio é registrado por várias fontes. Silvio Amorim, advogado e membro do Instituto Arqueológico, Histórico e Geográfico de Pernambuco, assegura que ouviu essa versão do filho de Jango, João Vicente.

Num discurso transmitido ao vivo pela Rádio Guaíba, Brizola procurou demonstrar otimismo:

> Agora se vai ver quem tem fibra e tem raça. Na hora de correr bala, do cheiro de pólvora, vamos ver a covardia dos traidores, golpistas e gorilas. Gorilas, gorilinhas, micos de toda espécie, aí vai a nossa resposta: não tomamos a iniciativa da violência. Não começamos a violência. Foram eles e agora vão tê-la.[7]

O general Ladário chegou a controlar algumas emissoras, mas a nova Rede da Legalidade não deslanchou. Em março de 1964, Brizola tinha liderança, mas nenhum instrumento de poder. Quanto a seus grupos dos onze, alardeados aos quatro ventos como a força do povo, não mexeram um músculo sequer.

Às duas da manhã de 1º de abril, Jango telefonou para Recife. O diálogo com o comandante do IV Exército, complicado pela precariedade das ligações interurbanas da época, parecia cifrado:

> — General, como está o IV Exército?
> — Bem, presidente. Em que situação?
> — De rigorosa prontidão. E por aí, como vão as coisas?
> — Por aqui tudo dominado, tudo bem. Por aqui estamos de prontidão.[8]

O general Justino Alves Bastos, de 63 anos, tinha no currículo a participação no Movimento Constitucionalista de 1932, exílio na Argentina, anistia, comando do Forte de Copacabana, a presidência do Clube Militar numa chapa apoiada pelos nacionalistas, antes de ser nomeado embaixador no Paraguai por Jânio — onde se tornou grande amigo do ditador que comandou o país com mão de ferro por 35 anos. Ou, nas palavras de seu inconteste admirador, Justino,

> a figura admirável do presidente da República, gen. Alfredo Stroessner, homem de Estado, conhecido por sua serena energia, por seu apego às gloriosas tradições da Pátria, mito evoluído, dando a seu país dias de paz e felicidade, ao mesmo tempo que lhe vai rasgando, para o futuro, grandes horizontes.[9]

Jango o colocara no comando do IV Exército em setembro do ano anterior. Sua missão incluía ficar de olho em Arraes, governador de Pernambuco. Em seu livro de memórias, *Encontro com o tempo*, o general descreveu desse modo suas impressões:

> Ao aprofundar com aquele governador meu conhecimento, notei serem impossíveis boas relações com ele. Retraído e quase mudo; educação, preparo, trato social, rudimentares; visível aversão a nosso sistema de vida usual. Difícil saber-se se era bom ou mau, parecendo ausente e desinteressado de quanto não se relacionasse com ele e com seus planos. Contrastava violentamente com os recifenses, em geral, que são de esmerada educação, de alta cultura média, expansivos e quase sempre ostentando tendência para o bem, para a solicitude e para a troca de ideias amigável e franca.[10]

Um mês após assumir, o general determinou que suas tropas ocupassem o entorno do quartel-general e pontos-chave da cidade para barrar um comício de camponeses e fez os soldados praticamente desfilarem diante do palácio do governo.

Quando Arraes perguntou que movimento era aquele, o general disse que tomara as medidas que lhe pareciam necessárias para garantir a ordem pública. Arraes retrucou, explicando que, pela lei, cabia a ele e não ao general zelar pela ordem pública e que, por essa razão, deveria ao menos ter sido avisado. Justino não baixou o tom:

> Não o preveni, porque também não fui avisado do reforçamento da guarda de seu palácio, desde a noite de ontem. Quanto à responsabilidade pela ordem, a minha é muito maior que a sua, pois enquanto o senhor dispõe de apenas 4.000 policiais, eu comando mais de 20.000 soldados.[11]

Arraes ainda tentou uma saída diplomática, mas não adiantou:

– Devemos nos unir, general, para ambos defendermos nosso presidente.
– O senhor, governador, defenderá o presidente; eu cumpro o meu dever, mantenho a ordem e garanto a segurança de meus patrícios. Boa tarde.[12]

Na primeira hora daquela manhã, Jango deixou o Palácio das Laranjeiras numa Mercedes com chapa fria e sem escolta. Continuava presidente, mas já não governava. Pouco antes, fora informado por San Tiago Dantas e Juscelino que uma frota de guerra norte-americana estava a caminho do Brasil e que os Estados Unidos reconheceriam imediatamente o novo governo.

Quando as tropas do general Mourão deixaram Juiz de Fora, a hipótese debatida vinte meses antes na conversa entre o presidente John Kennedy, Lincoln Gordon, Richard Goodwin e McGeorge Bundy, no salão oval da Casa Branca, virou uma operação secreta realizada pelas tropas norte-americanas: a Operação Brother Sam. Tratava-se do envio de força-tarefa composta por um porta-aviões e sete navios, com 110 toneladas de munição e 552 mil barris de combustível, com ordens de alcançar o litoral de São Paulo e garantir o abastecimento dos golpistas.

A Brother Sam só viraria notícia no dia 19 de dezembro de 1976, graças ao empenho do repórter Marcos Sá Correa, então no *Jornal do Brasil*. Nos arquivos secretos do governo americano, finalmente liberados, Sá Correa encontrou as provas da participação fundamental, ainda que indireta, dos Estados Unidos no golpe militar. E surpreendeu-se com a eficiência dos gringos:

> A primeira impressão que advém da leitura dessas pastas é a descoberta de como a burocracia americana foi capaz de montar, com antecipação, um sistema de informações sobre a derrubada de Goulart tão preciso que era capaz de antecipar, por horas, o próximo passo dos conspiradores; tão bem regulado que desvendava, no mesmo dia, o que se conversara em encontros privados no quarto de hospital em que se internara o ministro da Guerra, general Jair Dantas Ribeiro: tão minucioso que não desprezava um balanço regular do noticiário da imprensa. O acompanhamento da Revolução de 1964 foi feito, em Washington, através de relatos que se sobrepunham, em níveis diferentes de complexidade, importância e exuberância de fontes.[13]

Além das más notícias relatadas por JK e Dantas, Jango recebera um diagnóstico feito pelos generais leais: era impossível resistir no Rio. O presidente decidiu então seguir para Brasília e dali para Porto Alegre, na expectativa de retomar a luta a partir de seu estado natal.

Na Granja do Torto, um manifesto foi produzido a dez mãos. Com palpites de Darci Ribeiro, Almino Affonso, Doutel de Andrade e Tancredo, o documento classificava o golpe como reacionário e antinacional. Jango começava reafirmando sua "inabalável decisão de defender esse mesmo povo contra as arremetidas da prepotência da pressão do poder econômico" e terminava sinalizando com a tolerância, marca registrada de sua curta estadia no Alvorada:

> Meu governo foi daqueles, na história da República, que mais se empenharam em cercar de prestígio, de conciliação e de respeito os dignitários do episcopado, do clero da Igreja Católica e dos demais credos religiosos. Mistificam com a supervalorização do perigo comunista, como se não fôssemos uma democracia plantada irremovivelmente no coração do povo. Do povo em que acredito e em quem

depósito a certeza da vitória da nossa causa. Não recuarei, não me intimidarão. Reagirei aos golpes dos reacionários contando com a lealdade, a bravura e a honra das forças militares, e com a sustentação das forças populares do nosso país.[14]

Jango pretendia voar para Porto Alegre no Convair 990, orgulhosamente apresentado pela Varig como o avião mais rápido do mundo, mas uma pane suspeita descartou a maravilha tecnológica. Depois de tomar um chá de cadeira de três horas, o presidente e sua pequena comitiva embarcaram num Avro da FAB, muito mais lento. Gastaram cinco preciosas horas até a capital gaúcha.

O pronunciamento do presidente foi ao ar pela Rádio Nacional, mas não teve consequências. No início da noite, os rebeldes prenderam o ministro da Justiça, Abelardo Jurema, que ficara no Rio. Só então ele se deu conta do quanto o governo estava desinformado:

> Toda a Praia Vermelha era uma praça de guerra muito bem defendida. Note-se, praça de guerra preparada só por oficiais da Escola Técnica do Exército e da Escola de Estado-Maior. Não havia inferior, nem cabo, nem sargento, nem praça. Tudo era de tenente para cima.[15]

Eram três e quinze da manhã de 1º de abril quando Jango chegou a Porto Alegre. Um pequeno comitê de recepção recebeu o presidente da República e cinco ministros na pista do Aeroporto Salgado Filho, sob estrita vigilância militar e cercado por carros de combate das tropas legalistas. Muitos empurrões, muita emoção, muitas palavras: "presidente, reaja, presidente, vamos fazer a resistência!".

Pela rádio, Brizola ainda concitou os sargentos a resistir:

> Tomem a iniciativa... à unha mesmo (gritaria), com o que tiverem na mão. Tomem as armas desses gorilas. Tomem conta dos quartéis e prendam os traidores (gritaria) [...] Agora vai chegar a vez dos golpistas e gorilas! Das fronteiras do Rio Grande para cima. Aqueles que traíram em Santa Catarina e Paraná, em São Paulo, em Minas Gerais e em outros pontos do território nacional. Atenção, sargentos do Brasil! Atenção, oficiais nacionalistas do Exército, da Marinha e da Aeronáutica e das Forças Públicas estaduais. Tomem nesta noite as necessárias iniciativas! Hoje à noite! Amanhã, no momento oportuno, ocupem os quartéis e prendam esses golpistas que querem garrotear os nossos direitos e as nossas liberdades![16]

Foram todos para a casa do general Ladário Teles, onde chefes das unidades militares apresentaram relatos desanimadores. Em Bagé, os oficiais haviam tentado prender os sargentos; no 12º Regimento de Cavalaria, os sargentos tinham detido os oficiais. O general ainda tinha esperanças de reverter a situação. O mais inflamado era Brizola, que rebatia um a um os argumentos dos generais e chegou a sugerir que o presidente nomeasse Teles como ministro da Guerra e ele próprio, Brizola, como ministro da Justiça. Não colou.

O general Floriano Machado, da III Região Militar, foi quem jogou a pá de cal sobre um governo agonizante. Há versões variadas sobre seu diálogo com o presidente, presenciado por várias testemunhas, mas, em resumo, Floriano demonstrou que não havia como enfrentar os rebeldes e Jango entregou os pontos. Às dez da manhã do dia 2 de abril, Jango encerrou a reunião – e um episódio crucial da nossa história – com uma frase curta e objetiva: "Não quero derramar o sangue dos brasileiros para defender meu mandato".[17]

Brizola caiu no choro. E logo depois romperia com o cunhado. Em 1981, numa entrevista ao *Coojornal*, reconheceria que Jango estava certo:

> A decisão de não reagir veio após receber o comunicado de que o governo Johnson reconhecia o novo governo. Eu lhe confesso que, com o conhecimento que tenho hoje sobre a preparação do golpe, àquela altura o presidente agiu corretamente. Era uma situação difícil, embora considere que, havendo resistência, como era possível, talvez o povo brasileiro tivesse sido poupado da permanência, por tão longo tempo, do regime autoritário.[18]

Com as tropas golpistas a menos de duas horas de distância, o presidente voltou ao aeroporto e seguiu para São Borja, sua terra natal – talvez imaginando repetir a história de Getúlio em 1945, que, depois de curto exílio em sua estância, voltou à política como senador e elegeu-se presidente.

18

O papelão do Congresso

Numa Brasília ainda mal servida por estradas e voos comerciais, o Congresso ficou quase à margem do golpe. Nele se processaria, contudo, o desfecho formal do processo.

A sessão regular daquela terça-feira, 31 de março de 1964, tinha como pauta a votação da anistia para os sargentos que haviam se rebelado em setembro do ano anterior. Mesmo assim, só metade dos deputados compareceu.

Às 13h30, quando a segunda sessão legislativa de 1964 foi instalada, a lista de presença registrava apenas 82 deputados. Outros chegaram ao longo do dia, até alcançar 209 dos 404 deputados eleitos.

Mário Covas estava na Iugoslávia, como membro da comitiva oficial ao Congresso Interparlamentar. Franco Montoro, que descansava em seu chalé em Campos do Jordão, recebeu um telefonema da irmã Carmen, dizendo que havia uma agitação militar em Minas e voltou para São Paulo. Os voos estavam suspensos e a muito custo, ele e outros cinco deputados conseguiram que o presidente da Vasp, brigadeiro Faria Lima, arranjasse um avião de seis lugares, que acabou pousando na base aérea de Anápolis, porque o aeroporto de Brasília estava fechado. Como outros parlamentares, o pedecista só chegou ao Congresso no dia 1º.

No pequeno expediente da sessão vespertina de 31 de março, normalmente destinado a comunicações menos importantes – e onde é possível um parlamentar se inscrever, desde que chegue cedo –, o deputado e ex-governador Emílio Gomes, do PDC do Paraná, denunciou a campanha desencadeada pelo comunismo internacional na Bahia; Dias Menezes, do PTN de São Paulo, e Peracchi Barcelos, do PSD gaúcho, criticaram Jango pelo discurso no Automóvel Clube;

Cunha Bueno comunicou a criação da Associação Latino-Americana de Defesa da Democracia e Britto Velho, do PL gaúcho, deu seu integral apoio "a qualquer atitude a ser adotada, pelas Forças Armadas, com relação ao momento político nacional".[1]

No grande expediente, o deputado Antônio Carlos Magalhães, da UDN baiana, fez um longo e ácido discurso em que mostrou o tamanho da fortuna de Jango. Depois da derrota da emenda das Diretas, em 1984, ele teria um papel relevante na construção da dissidência governista que faria pender a balança em favor de Tancredo Neves, como se verá no segundo volume desta obra.

Baseado nos dados do imposto de renda, que os governantes tinham de apresentar à Justiça Eleitoral, ACM, como ficaria conhecido o deputado, definiu o presidente como "não só um dos mais prósperos brasileiros, [...] senão também o maior dos fazendeiros e terratenientes deste país essencialmente agrícola". Jango tinha 15 mil hectares de terras, 24 mil cabeças de gado, 1.522 cavalos, 20 mil ovelhas e 25 casas – patrimônio que levou o deputado a parodiar um ditado popular: "Dize-me o que tens e eu te direi o que sinceramente és e pretendes, em termos de reformas".

Pouco depois, com a autoridade de quem se insurgira contra Artur Bernardes, participara da Coluna Prestes, integrara a Revolução de 1930 e combatera a ditadura getulista, Juarez Távora, então líder do PDC, fez um discurso em favor da manutenção da hierarquia das Forças Armadas – e da consequente autoridade do presidente da República sobre elas:

> Porque se as coisas continuarem assim, sr. presidente, tenho a impressão de que as Forças Armadas não resistirão mais a essas pressões que tendem a destruí-las. Eu não desejo, porque como homem que tem longa experiência de muitos anos vividos fora da lei e por um exame retrospectivo de consciência, cheguei à conclusão de que a ponta de baionetas ninguém modifica a estrutura de um povo; ninguém constrói uma nação, a não ser pela inteligência, a não ser pela compreensão, a não ser pela tolerância, a não ser por essa capacidade de entendimento, como disse, inata do povo brasileiro. E não seremos dignos dele se não nos mirarmos no seu exemplo.

Durante a discussão final do projeto de anistia para os sargentos – e depois de muito insistir, João Herculino conseguiu dar um recado dramático:

> Sr. presidente, srs. deputados, tive neste instante, um contato telefônico com a Assembleia do Estado de Minas Gerais e é com pesar, profundo pesar, que

comunico a esta Casa que a Constituição começa a ser rasgada em meu Estado. O deputado Sinval Bambirra [sindicalista e deputado estadual pelo PTB] foi preso. O jornal *Última Hora* foi fechado, seu diretor foi preso; os ônibus foram requisitados, a gasolina foi requisitada, as casas de comércio e os bancos estão fechados. Sr. presidente, responsabilizo neste momento, o governador Magalhães Pinto pela baderna instalada em Minas Gerais e por este ato que constitui a maior violação de nossa Carta Magna e um perigo para esta Casa e para todos os deputados.

Houve algum alvoroço, até o presidente da Câmara, Ranieri Mazzilli, conseguir que todos voltassem a seus lugares. O processo de votação prosseguiu, mas não se completou, por falta de quórum.

A sessão da noite foi menos concorrida – só 153 deputados compareceram –, mas mais movimentada. Golpe ou revolução, a ação dos militares e a reação dos civis dominaram os debates. Uma das preocupações era garantir que o Congresso pudesse seguir funcionando – o que a falta de voos, os telefones cortados e o bloqueio do telex, do rádio e da televisão dificultavam.

Por sugestão do deputado udenista Adauto Lúcio Cardoso, que recordou situação semelhante vivida em 1955, o presidente da Câmara designou dois deputados para conferir pessoalmente "se Brasília é ou não ratoeira", examinando as condições de comunicação da capital federal com o resto do país.

O deputado Manuel de Almeida, do PSD de Minas, leu uma mensagem de Juscelino. Apresentando-se como "político progressista e tolerante, aberto às exigências da ascensão das massas populares", JK apresentou sua versão para a legalidade. Ela estaria, naquele momento, "onde estão a disciplina e a hierarquia. Não há legalidade sem Forças Armadas íntegras e respeitadas em seus fundamentos. A legalidade exige, pois, que primeiro, se restaure a confiança e a paz nos quartéis, nos navios e nos aviões".

Foi nesse momento singular que Francisco Julião usou pela primeira (e única) vez a tribuna da Câmara. Após apresentar uma longa análise da situação dos agricultores sem terra, admitiu ter negligenciado a ação parlamentar em prol do diálogo direto com as massas: "Eu tenho estado ausente desta Câmara, mas tenho estado presente junto ao povo".

Prometendo ser mais assíduo, explicou as razões pelas quais via com alegria a situação política do momento, em que os discursos e as promessas tinham ficado para trás. Para ele, ou o país encontrava a solução para a questão agrária, ou haveria uma revolução sangrenta:

> Não é a grande noite que o Brasil espera, não é ainda a grande noite que o povo pede, porque a noite que o povo pede é a noite de sua redenção e esta ainda não é a noite da redenção das massas espoliadas do país. Nós estamos esperando que essa noite chegue e que não seja uma noite de São Bartolomeu.

O deputado deixou um alerta: não adiantava resistir, ninguém conseguiria barrar o avanço das massas rumo à sua libertação. E isso aconteceria na lei ou na marra, garantiu. Julião pediu bênção para sargentos, marinheiros, operários e camponeses indômitos e deixou acesa uma centelha de esperança: o que estava nas ruas não era a revolução, mas a contrarrevolução que sempre a antecede: "[...] cada vez mais eu vejo que Karl Marx tinha razão quando dizia que quem fará a revolução não serão as massas oprimidas, mas a reação".

No final do discurso, Julião ainda cutucou Adauto Lúcio Cardoso, líder da UDN, por recusar-se a estender a anistia concedida aos sargentos rebelados, em setembro de 1963, às lideranças sindicais civis.

Algum tempo mais tarde, o líder do PTB, Almino Affonso, pediu a palavra. Apresentou-se como líder da maioria, cargo que era de Tancredo, que corrigiu o colega, antes de ceder a palavra ao petebista:

> [...] não declinei, não declino e não declinaria, nesta hora, das minhas responsabilidades de líder do Governo e de líder da maioria nesta Casa. Mais do que nunca, o meu destino está indissoluvelmente vinculado ao do presidente João Goulart para a vitória e para a derrota. Os que me conhecem a formação e os sentimentos jamais fariam a injustiça de supor-me capaz de uma deserção no fragor da luta. (Palmas). Recuso-me, efetivamente, a participar dos debates no clima passional em que estão sendo travados [...].

Tancredo não voltou à tribuna e, no dia seguinte, renunciou ao cargo de líder do governo.

Na sessão de 1º de abril, Herculino voltou à carga. Num aparte a Amaral Neto, o deputado mineiro procurou mostrar que a guerra não acabara:

> – Senhor presidente, estou mantendo contato permanente com Belo Horizonte, embora a torre de micro-ondas tenha sido tomada pelas forças rebeldes, que obedecem ao comando do reacionário Magalhães Pinto. Quero, sr. presidente, comunicar a esta Casa, à nação brasileira, que o povo de Belo Horizonte está nas ruas e está sendo atacado pela polícia do governador Magalhães Pinto com bombas de

gás lacrimogêneo e bombas de efeito moral. Ora, sr. presidente, se o povo está nas ruas e se o povo está sendo atacado com bombas pela polícia...

– Não é verdade...

– ... é porque o povo está reagindo contra a baderna ali instalada pelo reacionário banqueiro Magalhães Pinto.[2]

Às 2h40 da madrugada de 2 de abril, enquanto Jango ainda voava rumo à capital gaúcha, Auro de Moura Andrade abriu a sessão do Congresso. Leu um ofício encaminhado por Darci Ribeiro que procurava demonstrar que o presidente tinha o controle da situação: pelo texto, Jango estava no Rio Grande do Sul, "à frente das tropas militares legalistas e no pleno exercício dos poderes constitucionais, com o seu ministério". Interpretando o documento a seu bel-prazer, Moura Andrade declarou:

> Já que o presidente da República deixou a sede do governo, deixou a Nação acéfala numa hora grave e abandonou o governo, o Congresso deve tomar a atitude que lhe cabe. Assim sendo, declaro vaga a Presidência da República e, nos termos da Constituição, invisto no cargo o presidente da Câmara dos Deputados, sr. Ranieri Mazzilli. Está encerrada a sessão!

Os artigos 66, 88 e 89 da Constituição de 1946 estabeleciam apenas três circunstâncias legais para que um presidente da República vivo e em pleno mandato deixasse o cargo: pela renúncia, pelo *impeachment* ou caso se afastasse do país sem aprovação legislativa. A oposição parlamentar a Jango não tinha maioria para aprovar seu impedimento. O presidente não renunciara. Para garantir sua decisão ilegal, Moura Andrade mandou desligar os microfones, sob protesto dos senadores e deputados presentes e palavras de incentivo de outros – entre eles, Ulisses Guimarães – e saiu pela porta da frente.

No Palácio do Planalto, quando o golpe ainda estava em curso, o deputado Marco Antônio Tavares Coelho testemunhou uma evidente demonstração do descompasso entre o estado de espírito de alguns governistas e a realidade.

É ele quem relata, em suas memórias:

> Entramos no gabinete de Jango. Darcy Ribeiro estava sentado à frente de uma mesa e ao seu lado encontrava-se uma pessoa que eu não conhecia. Foi nos apresentado – era o tenente-coronel do Exército, Júlio Avelar, chefe da Polícia Federal.

Sem qualquer rodeio ou explicação, Darcy virou-se para nós três e disse: "Aqui está uma lista de pessoas que vocês devem prender imediatamente". Li os nomes: ministro Ribeiro da Costa, presidente do Supremo Tribunal Federal; senador Auro de Moura Andrade, presidente do Congresso; senador Milton Campos; deputado Bilac Pinto, presidente da UDN, e outras figuras do Parlamento. Estatelados, ainda ouvimos um adendo de Darcy: "O coronel Avelar vai entregar a vocês um fuzil-metralhadora". Durante alguns instantes fiquei mudo. [...] Afirmei que continuaríamos batalhando no campo da mobilização política e que o essencial era desencadear ações populares contra o golpe de Estado. Como não esperava aquela reação, Darcy ainda insistiu com veemência, enfatizando que aquela providência contra personalidades que representavam as instituições do país e a oposição era o único recurso que nos restava para impedir a vitória do golpe militar. E concluiu: "Vocês ainda vão se arrepender amargamente". Saímos, pois nada mais havia a discutir.³

Mais tarde, em seu livro *Confissões*, Darci admitiria a irresponsabilidade: "Fiquei no meu posto de chefe da Casa Civil, passando pitos e dando ordens incumpríveis".⁴

A notícia de que as tropas de Mourão tinham deixado Belo Horizonte fez com que estudantes, intelectuais e o pessoal do Centro Popular de Cultura se concentrassem na sede da União Nacional dos Estudantes (UNE), na praia do Flamengo, nº 132, a antiga sede do clube alemão Germânia, que os estudantes haviam ocupado em 1942 e que Getúlio entregara para a UNE no tempo da Segunda Guerra.

Mas a turma não conseguiu fazer nada, além de ouvir discursos antigolpistas e planejar ações irrealizáveis. Por volta das cinco da tarde, o prédio foi cercado por adeptos do golpe, que *O Globo* identificou como "populares e estudantes democratas". Os ocupantes do prédio assistiram à movimentação das janelas do segundo andar. Os manifestantes cantavam o Hino Nacional e davam vivas a Lacerda, Ademar e Magalhães Pinto. Logo atearam fogo ao prédio, que acabou metralhado por milícias lacerdistas.

A chegada de soldados da Aeronáutica, leais ao governo Jango, permitiu que a maior parte da turma deixasse a sede da UNE. O então presidente, José Serra, e o vice, Marcelo Cerqueira, foram para a casa de um amigo do deputado Max da Costa Santos. Serra deitou às duas da manhã. Três horas mais tarde, foi acordado com uma má notícia dada pelo deputado – a situação estava perdida, só restavam os Correios, dirigidos por um coronel ligado a Brizola:

Fomos para lá, onde eles ouviam todos os telefonemas, se grampeava, digamos, e as informações eram dramáticas! Eu não cheguei a ouvir grampo, mas eles sabiam o que estava acontecendo. Aí, quando o general Cunha Melo, que devia enfrentar o Mourão, ligou para lá para perguntar sobre combustível, eu disse ao Marcelo Cerqueira, que era vice-presidente da UNE: "Marcelo, vamos embora! Porque se o general que vai enfrentar uma insurreição não tem combustível...".[5]

A bordo de uma Kombi, Serra e Marcelo seguiram até uma construção de 3.200 metros quadrados no centro da cidade de Duque de Caxias, na Baixada Fluminense, conhecida como "Fortaleza". Era a casa do folclórico deputado Tenório Cavalcanti, do PTB, *O Homem da Capa Preta*. Serra não teve um sono tranquilo:

> O fato é que eu passei a noite do golpe lá, com a UNE sendo incendiada. Eu dormi lá um sono terrível, porque é daqueles que você está dormindo e você pensa: "Não, eu sonhei que tudo isso de ruim está acontecendo, estou sonhando, não aconteceu nada! E eu vou acordar aqui na minha cama!", a noite inteira sonhando isso, que infelizmente o sonho era falso.*[6]

Marcelo Cerqueira diz que ele e Serra temiam que Tenório Cavalcanti os entregasse para a polícia. A dupla trocou a "Fortaleza" do deputado ligado ao jogo do bicho pela casa de alguns amigos e acabou se exilando no apartamento onde funcionava a embaixada da Bolívia.

Na manhã de 1º de abril, Antonio Carlos Peixoto, um outro capa preta – o termo designava os dirigentes do Partidão –, encontrou um clima já meio delirante na praia do Flamengo:

> No prédio da UNE havia uns trinta e poucos malucos fazendo coquetel molotov – umas garrafas cheias de gasolina – fazendo aqueles talhinhos na rolha, para armar o coquetel molotov tem que ter um talho na rolha para botar o pavio. Eu disse: "Vocês estão loucos, vocês vão morrer. Vocês vão ser trinta e poucos cadáveres dentro de muito pouco tempo. Aqueles que vieram aqui ontem de noite e metralharam, mas encontraram tropa da Aeronáutica, vão voltar. E dessa vez não tem tropa da Aeronáutica não. Vocês vão morrer". Eu acho que talvez tenha sido a

---

* Na verdade, a UNE só seria incendiada no dia seguinte pelo que a revista *O Cruzeiro* chamou de "grupos mais exaltados e tomados de fúria"[7] – os mesmos que depredaram a redação do jornal *Última Hora*.

coisa mais útil que eu fiz na vida até hoje. Botei gente para fora de lá a pontapé e a pescoção, na base da autoridade, aos gritos: "Sai, vai embora, some, desaparece!". Consegui convencer mais três ou quatro que me ajudaram nessa tarefa ingrata e aí eu fechei a porta da UNE, eu acho que fui a última pessoa que viu essa UNE.[8]

Os coquetéis da resistência devem ter explodido no incêndio do prédio promovido pela turba que foi para as ruas celebrar o golpe. No topo do edifício, restou a faixa que condenava a movimentação das mulheres paulistas ocorrida treze dias antes: *A Ubes repudia a marcha dos golpistas!*

No Centro Acadêmico Cândido de Oliveira, da Faculdade Nacional de Direito, centenas de estudantes aguardaram em vão as armas prometidas pelo almirante Cândido Aragão. Acabaram cercados por policiais militares que começaram a disparar contra o prédio, até que surgiu um tanque do Exército, de onde saiu um oficial com um megafone, ordenando a retirada dos policiais. O presidente do Caco, Walter Oaquim, ligado ao PCB, relembra o que aconteceu:

> Era o Ivan Cavalcanti Proença.* Ele disse que iria retirar os estudantes da faculdade, que eles não iriam fazer nada. Eles se retiraram. Começou a cair uma chuva fina. Fomos falar com ele, que disse: "Eu sou capitão e esse é o último carro da legalidade. Vou voltar para ser preso. Não adianta vocês pedirem mais nada. Vocês vão fazendo uns grupos de cinco e saindo da faculdade".[9]

---

* Capitão dos Dragões da Independência – o regimento encarregado da guarda do presidente –, Ivan Cavalcanti Proença era nacionalista. Membro da diretoria do Clube Militar, cursara o Iseb. Ao voltar ao Ministério da Guerra, foi preso e passou 58 dias no Forte de Santa Cruz. Cassado, virou professor, mas não se livrou da perseguição: chamado várias vezes a depor, perdeu cinco empregos por pressão do Serviço Nacional de Informações (SNI).

19

Arraes – governador e prisioneiro

Para Miguel Arraes, o golpe materializou-se às 19h15 do dia 1º de abril, na figura do coronel Frederico Neto dos Reis Pimentel. Com a pose de quem era filho de coronel, neto de condessa, bisneto de conde, trineto de marquês e senador e tetraneto de um alferes mineiro, Frederico tomou o pequeno elevador até o terceiro andar do imponente prédio de mais de duzentos anos, na ilha de Antônio Vaz, entre os rios Capiberibe e Beberibe, a cinco quilômetros do centro de Recife. Foi recebido por Aldo Lins e Silva, de 41 anos.

Comunista de carteirinha e advogado de renome em São Paulo, Aldo estava em sua cidade natal por um triste acaso: viera acompanhar o enterro da mãe. Desde as sete da manhã, deixara o luto de lado para acompanhar o irmão, Mauro, médico e militante do PCB, e o prefeito de Recife, Pelópidas Silveira, até o Palácio do Campo das Princesas. Não tinham qualquer encontro agendado, mas aquela lhes pareceu a melhor forma de se inteirarem dos acontecimentos e, se possível, interferirem sobre eles. Diante de Aldo, o coronel apresentou-se sem dizer o que o trazia ali. Desconfiado, o advogado atravessou a ala residencial e transmitiu o pedido do militar a seu destinatário, acrescido de um comentário: "Arraes, o oficial quer lhe falar. Parece que a coisa está feia".[1]

Aldo notou os olhos vermelhos do governador. Arraes não dormira quase nada – às quatro da manhã, acordara a filha mais velha, Ana Lúcia, e pedira que ajudasse a madrasta, Madalena, a Mada, a arrumar os outros irmãos, pois o palácio não era mais um refúgio seguro para seus dez filhos. Duas horas mais tarde, recebera um emissário do comandante do IV Exército. O oficial queria saber qual seria a reação do governador no momento em que o palácio fosse cercado.

De nada adiantou mostrar ao coronel o manifesto que acabara de escrever e que falava em "caminho tradicional de pacifismo e compreensão".[2] Tampouco lhe adiantou a promessa de pedir aos portuários para acabarem com a greve em defesa de Jango ou a garantia expressa de que recolheria imediatamente as tropas da PM aos quartéis.

O coronel até consultou o comandante do IV Exército, mas Justino Alves Bastos nem deu pelota para as ofertas do governador. Num comunicado transmitido por todas as rádios, também assinado pelo almirante Dias Fernandes, os dois comandantes formalizaram o apoio às tropas de Mourão Filho, que seguiam em direção ao Rio, a quem chamaram de "combatentes pela legalidade democrática em nosso País".[3] A ação do Exército, apolítica e legalista, de acordo com a nota, saberia "respeitar os mandatos de quantos se inscreveram nestes ideais e que assim vierem colaborar para a segurança e tranquilidade do povo".

Arraes telefonou para o general Assis Brasil e relatou os fatos. O suposto comandante do "dispositivo militar de Jango" saiu-se com esta: "Resista, governador, porque estamos vencendo em todas as frentes!".[4]

Bravata, claro, pois não havia batalha em frente alguma.

O máximo que o governador de Pernambuco pôde fazer foi recusar as condições humilhantes sob as quais Justino permitia que ele continuasse no cargo: demitir o secretário da Segurança, colocar a Polícia Militar sob o comando do IV Exército e ir ao Rio para convencer Jango a ceder. Se, em vez de cumprir tais ordens, Arraes renunciasse, informaram, poderia deixar o país junto com a família sem problemas. A resposta do governador selou seu destino:

> Talvez neste momento eu já seja um prisioneiro do IV Exército. Talvez eu já atravesse a porta deste gabinete preso. Mas nunca os senhores conseguirão que o atual governador de Pernambuco saia desmoralizado desta sala. Eu tenho um mandato que me foi conferido, não pelos senhores, mas pelo povo, e que termina numa certa data. Os senhores não me podem tomar esta representação que o povo me conferiu. Poderão, entretanto, impedir-me de exercê-la pela força. Enquanto eu for governador de Pernambuco não aceitarei a menor limitação às minhas prerrogativas constitucionais. Além disso, eu tenho nove filhos que precisarão saber, no futuro, como o pai se comportou nesta hora.[5]

Aos poucos, políticos, sindicalistas, aliados, assessores e funcionários foram deixando o palácio. Era como uma tropa cabisbaixa, abandonando a trincheira de um exército derrotado. Foi quando surgiu o coronel Pimentel. Depois de bater continência para o governador, o emissário de Justino lhe informou sua missão. O registro oficial do diálogo, encaminhado pelo coronel ao ministro da Guerra alguns dias mais tarde, é formal, mas minucioso. Descreve a "ligeira palestra" mantida no terraço do palácio, quando entregou o ofício de Justino.

"Enfaticamente", como assinala no relatório, o coronel descartou qualquer hipótese de contestação do que chamou de "propósito da autoridade militar em manter as medidas de segurança que se impunham adotar naquela conjuntura, bem como da preservação de sua dignidade pessoal e de sua Exma. Família".

Em bom português, cabia-lhe conduzir imediatamente para a prisão o governador eleito de Pernambuco. Este não perdeu a calma, nem a compostura, registraria o coronel. Em "tom sereno e cortês", perguntou apenas pelas consequências da determinação. Pouco depois, no Fusca de um primo, o governador dirigiu-se ao quartel do Socorro, do 14º Regimento de Infantaria, já na condição de preso político – um dos primeiros daquele momento.

No centro da cidade, os estudantes tentaram virar o jogo. Uma passeata saiu da Escola de Engenharia rumo ao centro da cidade, aos gritos de "Abaixo o golpe" e "Viva Miguel Arraes". Foi dispersada a bala. De acordo com testemunhas mencionadas pelo escritor Paulo Cavalcanti, os soldados teriam se recusado a atirar contra os estudantes em passeata até o major Hugo Coelho tomar das mãos de um praça uma arma automática e começar ele próprio a disparar na direção dos jovens.

Na versão do general Justino, foram os universitários que atacaram os soldados "com tiros de revólver, granadas de mão e ao som desrespeitoso e humilhante das vaias".[6]

Independentemente de quem começou, houve mortos e feridos – e de um lado só. Alvejados, os estudantes Jonas de Albuquerque Barros, de 17 anos, e Ivan Rocha Aguiar, de 23, morreram na hora.* No pronto-socorro, um militar tentou incriminar a mãe de Ivan pela responsabilidade moral da morte do filho. A mulher teria retrucado: "Vocês é que o mataram. Tenho mais sete filhos para continuar a luta desta criança".[7]

---

* Além dos dois estudantes de Recife, mais quatro pessoas morreram no dia 1º de abril: Ari de Oliveira Mendes Cunha, em frente à Faculdade Nacional de Direito do Rio de Janeiro; Labib Elias Abduch, na Cinelândia; o estudante Antônio Carlos Silveira Alves, baleado acidentalmente quando a arma de um colega caiu no chão, na Faculdade Nacional de Filosofia; e Augusto Soares da Cunha, em Governador Valadares, abatido por pistoleiros arregimentados pelo delegado. O filho dele, Otávio Soares da Cunha, baleado no rosto, também morreu três dias depois. No golpe militar, nenhuma vítima pertencia às Forças Armadas.

Nos dias do golpe, foram presas quase mil pessoas em Pernambuco, incluindo o prefeito Pelópidas Silveira, os líderes dos portuários, vários deputados e vereadores e os repórteres da *Última Hora*, cuja redação foi empastelada.

Arraes gravou uma mensagem para ser transmitida pela rádio. Eurico Andrade, repórter da *Última Hora*, conseguiu contrabandear a fita para fora do palácio, mas não pôde transmiti-la, pois as rádios já estavam controladas. O texto dizia o seguinte:

> Sei que a nossa pátria atravessa dias de grande dificuldade. Mas sei que o povo haverá de conquistar cada vez maior liberdade e condições de lutar por um Brasil grande, em que haja harmonia entre seus filhos, e essa harmonia não pode vir senão da justiça que se estabelece para todos, para milhões de irmãos que estão no Brasil inteiro à espera de uma palavra e da luta que cada um, que tenha consciência dos nossos destinos, possa empreender. Estou assim, pela força da ocupação do Palácio, feita à luz do dia, enquanto se registram negociações, impedido de exercer o mandato, numa violação da Constituição Estadual e da Constituição Federal. Prefiro isso a negociá-lo e a vê-lo manchado, porque jurei ser digno das gloriosas tradições do povo pernambucano. E o povo de Pernambuco nunca veria o seu governador descer para negociar o mandato que honrosamente conquistou nas ruas do Recife e nas cidades do interior do nosso Estado. Espero que todos possam, através da unidade cada vez maior do povo, levar o nosso Estado e a nossa pátria à grandeza que todos nós desejamos. Boa tarde, meus amigos.[8]

Aos 63 anos, o dirigente comunista Gregório Bezerra tentou resistir ao golpe pela força das armas. Foi buscá-las no Palácio das Princesas, mas, quando chegou, Arraes já fora derrubado.

Na manhã do dia 2 de abril de 1964, Bezerra foi preso pela quarta vez* quando dirigia um jipe a cem quilômetros da capital, tentando sublevar os

---

* Gregório Lourenço Bezerra era operário da construção civil quando foi detido pela primeira vez em 1917, durante uma passeata. Libertado em 1922, apresentou-se ao Exército para prestar o serviço militar. Reservista em 1924, aprendeu a ler e escrever sozinho e cursou a Escola de Sargentos da Infantaria, entre 1925 e 1926. Transferido para o Recife em 1930, filiou-se ao Partido Comunista. Lutou com os revolucionários da Aliança Liberal. Foi preso em Recife durante a chamada Intentona, torturado e condenado a 27 anos e meio de prisão, sendo anistiado em abril de 1945. Eleito para a Constituinte pelo PCB e cassado em 1947, foi mais uma vez para a prisão, sob a acusação de ter incendiado um quartel em João Pessoa. Absolvido por falta de provas, viveu nove anos como clandestino. Em setembro de 1957, foi preso mais uma vez em Serra Talhada e solto logo depois graças a um *habeas corpus*.

camponeses. Levado para o quartel-general do IV Exército com os braços amarrados por cordas e os pulsos sangrando, foi apresentado ao general Justino. De acordo com o mesmo depoimento, o coronel Hélio Ibiapina Lima, da 2ª seção (serviço secreto) estava furibundo ao apresentar o prisioneiro ao comandante do IV Exército:

> General, esse Gregório Bezerra foi meu instrutor no Colégio Militar do Ceará, o melhor instrutor de educação física, o homem mais estimado e mais querido dos alunos do Colégio. Hoje, metido no comunismo! Traiu a confiança de todos e da Pátria, esse Gregório! Hoje tenho nojo e ódio de ti.[9]

Bezerra teria respondido no mesmo tom: "Também tenho nojo e ódio aos que me insultam! Sou mais patriota do que aqueles que me chamam de traidor e de vendido!".

O general perguntou sobre os depósitos de armas. O prisioneiro negou a existência das armas escondidas. Acrescentou que, se as tivesse, não estaria ali amarrado, e sim nas ruas, lutando.

Levado para uma unidade militar no arrabalde do bairro de Casa Forte, passou a ser espancado com uma barra de ferro pelo coronel Darci Ursmar Villocq Viana. Aos juízes militares que o condenaram mais tarde, o líder comunista descreveu a cena assim:

> Uns três ou quatro sargentos do Parque de Moto-Mecanização, instrumentos inconscientes daquele verdugo, completavam o espancamento com pontapés e socos por todos os lugares do meu corpo. As pancadas se sucediam no estômago, no rosto, nos rins, nos testículos, nas costas, nas pernas.[10]

Ao longe, do pátio do quartel, um grupo de sargentos e soldados assistia a tudo em silêncio. Ao final da sessão, os militares resolveram exibir o prisioneiro nas imediações. Diria Gregório:

> Aí, Villocq comandou a minha saída, em procissão, pelo subúrbio de Casa Forte, numa demonstração tipicamente medieval. Eu, na frente, de calção, com o sangue a jorrar de todos os lados, e a malta de militares, com Villocq no comando, a puxar-me pelo pescoço, em três tiras de corda, cada um puxando para um canto. E eu, sem poder me pôr de pé, tal o estado de abatimento físico. Mas, se eu caísse, talvez fosse pior. Então, eu reagia e punha-me a andar. Os pés, nessas alturas, eram verdadeiras feridas, pela ação do ácido.[11]

No quartel das Cinco Pontas, o prisioneiro foi filmado. As imagens foram exibidas pelo *Repórter Esso* da TV Tupi. A cena, chocante, ajudaria a desenhar o quadro de violências que o general Ernesto Geisel seria encarregado de investigar, como se verá adiante.

As tentativas de resistência ao golpe em Pernambuco foram voluntárias, desconexas e simbólicas. Um grupo de partidários de Arraes e de Jango conseguiu abrigo na casa do professor de literatura João Alexandre Barbosa e de sua mulher, Ana Mae, em Recife. Conseguiram esconder alguns jipes na garagem do casarão recém-construído e enviaram um emissário ao quartel do Socorro, onde o governador estava preso. Pela janela, o prisioneiro jogou um bilhete embrulhado numa pedra – era uma espécie de manifesto.

Mas o que deviam fazer com aquela cartinha? Foram atrás de um mimeógrafo no setor cultural da Universidade Federal. Levado para a casa de João Alexandre, o aparelho girou a noite toda, fazendo barulho na noite geralmente silenciosa do bairro elegante, cheio de adeptos do golpe.

Enquanto os professores produziam o último panfleto, dois tanques de guerra e tropa armada de baionetas e fuzis do Exército cercaram o Sítio da Trindade. Na sede do Movimento de Cultura Popular, os soldados destruíram os arquivos e todo o acervo.

Tão ineficaz quanto os tais panfletos foi a tentativa do general Euriale de Jesus Zerbini de armar uma resistência aos golpistas em Caçapava, no vale do Paraíba, a 117 quilômetros de São Paulo e a 317 quilômetros do Rio. Aos 54 anos, ele era amigo do general Assis Brasil desde a juventude e, como tal, fazia parte do tão falado dispositivo militar de Jango. Em dezembro de 1963, Zerbini alertara pessoalmente o presidente sobre a movimentação do general Amauri Kruel, comandante do II Exército. Como em outras ocasiões já mencionadas aqui, Jango não recebeu bem a advertência.

Zerbini acabara de assumir o comando da Infantaria Divisionária/2. À uma da manhã do dia 1º, telefonou para o comandante do 5º Regimento de Infantaria e descobriu que o quartel estava vazio. Às onze da noite, quem ligou foi Assis Brasil, em busca de informações. Meia hora mais tarde, o próprio Jango telefonou para Zerbini e repetiu o que o chefe do tal dispositivo militar dissera pouco antes: uma força viria do Rio de Janeiro para reforçar o poder de fogo dele.

Mas isso não aconteceu. O general Zerbini fez vários telefonemas e mandou uma carta para Kruel explicando que continuava fiel ao governo, mas logo se deu conta de que estava sozinho. Acabou preso no Forte de Copacabana.

Mais tarde, a um estudante que foi visitá-lo no presídio, Gregório Bezerra resumiu sua visão de toda a história que vivera: "Em 35, tínhamos armas e não tínhamos massa; em 64, tínhamos massa e não tínhamos armas".[12]

* * *

A virada foi comemorada por quase toda a imprensa. *O Jornal do Brasil* sentenciou:

> Desde ontem se instalou no País a verdadeira legalidade... Legalidade que o caudilho não quis preservar, violando-a no que de mais fundamental ela tem: a disciplina e a hierarquia militares. A legalidade está conosco e não com o caudilho aliado dos comunistas.

O Globo também vibrou: "Ressurge a Democracia! Vive a Nação dias gloriosos". A *Folha de S.Paulo* concluiu que a culpa fora de Jango, por governar com os comunistas: "Não houve rebelião contra a lei. Na verdade, as Forças Armadas destinam-se a proteger a pátria e garantir os poderes constitucionais, a lei e a ordem".

O Estado de S. Paulo viu "defesa da lei e do regime" no golpe militar. Na *Tribuna da Imprensa*, Jango recebeu um festival de insultos:

> Escorraçado, amordaçado e acovardado deixou o poder como imperativo da legítima vontade popular o sr. João Belchior Marques Goulart, infame líder dos comuno-carreiristas-negocistas-sindicalistas. Um dos maiores gatunos que a história brasileira já registrou, o sr. João Goulart passa outra vez à história, agora também como um dos grandes covardes que ela já conheceu.

O porrete retórico alcançou ainda Darci Ribeiro, Waldir Pires e outros membros do governo deposto, designados como "quadrilha que assaltou o poder". Um bando de canalhas, de acordo com a *Tribuna*.

> E além de canalhas, covardes. E, além de covardes, cínicos. E, além de cínicos, pusilânimes. E, além de pusilânimes, desonestos. Bravatearam, fingiram-se machões, disseram que fariam isto e aquilo, mas aos primeiros tiros saíram correndo espavoridos e ainda estão correndo até agora. Alguns, como Aragão, como Assis Brasil, como Chrysanto de Figueiredo [chefe de polícia do Distrito Federal], como Arraes, como Cunha Melo [Luís Tavares da Cunha Melo, general, chefe do gabinete militar], como todo o rebotalho comunista, não serão encontrados tão cedo.

A *Tribuna da Imprensa* estava errada: o almirante Aragão foi preso e conduzido à Fortaleza da Laje, onde permaneceu quatro meses incomunicável. Devido aos maus-tratos recebidos na prisão, ficou cego de um olho. Assis Brasil deixou Jango em Montevidéu, retornou ao Rio, apresentou-se aos superiores – para evitar o julgamento como desertor – e foi imediatamente preso no Forte de Jurujuba. Tanto Aragão quanto Assis Brasil foram transferidos para a reserva e tiveram seus direitos políticos suspensos por dez anos, juntamente com outros 125 oficiais, inclusive os generais de brigada Luís Tavares da Cunha Melo e Chrysanto de Miranda Figueiredo (que em 1963 presidira um inquérito contra a *Tribuna da Imprensa*).

Quanto a Miguel Arraes, fora transferido com outros presos para o arquipélago de Fernando de Noronha, então um punhado de ilhas completamente isoladas, a 345 quilômetros do continente.

Na época, o arquipélago nada tinha de paradisíaco, salvo a natureza. Entre 1737 e 1942, ali funcionara um presídio, até Getúlio transformar a área em território federal. Durante décadas, a ilha principal foi o destino de muitos presos políticos – desde participantes da Revolução Farroupilha, da Cabanagem e da Revolta Praieira a integralistas e comunistas (como Carlos Marighella).

Ali, o único privilégio do agora ex-governador era dispor de um iglu – uma desconfortável e calorenta construção pré-fabricada doada pelos americanos – só seu.

Como líder das Ligas Camponesas, o nome de Francisco Julião constava de todas as listas de procurados, mas ele escapou de ser preso imediatamente acampando em seu gabinete no Congresso. Ali ficou até o dia 7 de abril, quando Adauto Cardoso, o líder da UDN, que ele tanto criticara em seu único discurso na noite de 31 de março, levou-o em segurança para fora em seu carro oficial. Para não assustar o motorista que os conduzia, contaria mais tarde Julião ao repórter Geneton Morais Neto, Adauto rabiscou três palavras numa folha de jornal: "Está tudo perdido".[13]

Geneton descreveu assim o que se passou em seguida: "A tarde estava caindo em Brasília, num crepúsculo de cartão-postal". Adauto Lúcio Cardoso olha para o céu e constata: "Ah, essa cidade deveria se chamar Belo Horizonte!". Veio o estalo. Julião tomou ali, dentro do carro, a decisão de fugir para Belo Horizonte, disfarçado de camponês.

No interior de Minas, lançou um manifesto, publicado numa revista uruguaia, conclamando o povo a pegar em armas contra o novo regime. A polícia encontrou-o numa cabana, numa área rural próxima a Brasília, mas foi reconhecido imediatamente. Os policiais olharam suas mãos, calejadas, e estavam quase se convencendo de que ele era mesmo um camponês. Foi quando um deles, mais desconfiado, teve a ideia de mandar que tirasse as botas. As mãos eram de camponês, mas os pés eram de deputado.

Sobral Pinto lhe conseguiu um *habeas corpus*, que permitiu ao agora ex-deputado exilar-se na embaixada do México, após tentar em vão uma vaga nas representações diplomáticas da Iugoslávia e do Chile.

20
Um golpe, muitas explicações

No dia 2 de abril, uma multidão incalculável – estipulada com a usual imprecisão jornalística, em um milhão de cariocas – reuniu-se ao lado da Candelária, no centro do Rio de Janeiro. O que deveria ser mais uma Marcha da Família com Deus pela Liberdade transformara-se na Marcha da Vitória. Encabeçada por um grupo de cavalarianos da Polícia Militar, a passeata começou às duas da tarde, com a chegada do marechal Dutra e percorreu três quilômetros e meio, até chegar à Esplanada do Castelo. Uma das faixas, certamente produzida antes do golpe, previa – "Venceremos com o rosário e com a cruz, contra o bolchevismo". Outra, mais direta, determinava: "Fora com os comunas". Uma terceira pregava: "Justiça social, sim, totalitarismo não". Entre os presentes estavam Lacerda, Magalhães Pinto, Olímpio Mourão, Castelo Branco e políticos da UDN e do PSD.

Em apenas 48 horas, o cenário político brasileiro virou de cabeça para baixo. Os novos donos do poder eram militares, mas não se enquadravam nos compartimentos estanques que a hierarquia rígida da caserna tanto valoriza – formavam um grupo mal costurado e sem coesão.

A chamada revolução redentora não tinha um comando central, nem um plano minucioso. O depoimento de vários participantes da conspiração e da ação militar propriamente dita levou Maria Celina D'Araujo, Gláucio Ary Dillon Soares e Celso Castro a concluírem, em *Visões do golpe: a memória militar de 1964*, que a tomada do poder foi o resultado de "ações dispersas e isoladas, embaladas, no entanto, pelo clima de inquietação e incertezas que invadiu a corporação".[1] Se para os mais velhos e mais graduados as raízes do movimento remetiam a 1937, para os jovens oficiais – que acabaram se tornando responsáveis pela consolidação do processo e pelo endurecimento do jogo – havia dois fatores determinantes: o anticomunismo e a quebra de hierarquia, representada pela atuação de sargentos e marinheiros. Paradoxalmente, muitos golpistas também quebraram a hierarquia ao conspirar contra seus chefes.

Das longas entrevistas emergem dois grupos de conspiradores. O primeiro, mais intelectualizado, ligado às escolas superiores das Forças Armadas, reunido sob o pejorativo apelido de "turma da Sorbonne", abrangia Cordeiro de Farias, Jurandir Bizarria Mamede, os irmãos Orlando e Ernesto Geisel, João Figueiredo e Golberi. Esse pessoal é que conseguiu, após muita insistência, atrair o general Humberto de Alencar Castelo Branco.

O outro grupo, mais ligado à tropa, acabou se juntando em torno do general Artur da Costa e Silva, na época chefe do Departamento de Produção e Obras. De acordo com Maria Celina D'Araujo e seus parceiros, a escolha dos dois líderes é reveladora:

> De um lado, foram líderes forjados no meio da conspiração, e não conspiradores históricos; de outro, foram lideranças que os militares promoveram para diferenciar o movimento de uma simples quartelada. Para os depoentes este era um aspecto fundamental: o movimento precisava de líderes de destaque para ganhar credibilidade.[2]

Mas, registre-se, é um engano elementar restringir a articulação aos quartéis. O movimento incluía desde liberais insatisfeitos com a ameaça de comunismo a radicais de direita, passando por udenistas, pessedistas e oportunistas em busca do dinheiro fácil do Ibad – a instituição que Ivan Hasslocher criara em 1959. No lado paulista, Júlio de Mesquita Filho, de *O Estado de S. Paulo*, chefiava o grupo encarregado dos assuntos políticos. Um Estado-Maior chegou a ser estabelecido e dele participava, no setor de logística, Paulo Egídio Martins.

Sociólogos, historiadores e cientistas políticos vêm tentando explicar as razões para a rápida derrocada do governo Jango e o fracasso das esquerdas.

Otávio Ianni destaca as contradições do desenvolvimento populista, identificando no comício da Central o símbolo maior da "existência de condições políticas para uma ruptura que não se realizou".[3] Ianni, que seria cassado pelo AI-5 e integraria o Centro Brasileiro de Análise de Planejamento, viu a "liquidação da democracia populista no Brasil" como decorrência de um novo estágio das relações dos Estados Unidos com a América Latina.

Roberto Campos, que viria a ser ministro do Planejamento do governo Castelo Branco, foi entrevistado por Ronaldo Costa Couto para o livro *Memória viva do regime militar – Brasil: 1964-1985* e creditou o golpe a uma crise sistêmica, resultante da combinação de uma perda de eficiência com o colapso da disciplina. Relativizou o papel dos americanos – "a atitude americana foi de simpatia e de apoio, porém não de promoção revolucionária"[4] – e inscreve a queda de Jango dentro do ciclo autoritário que teria ido além da América Latina, para alcançar a Tailândia, a Grécia e a Indonésia.

René Dreifuss, que foi professor da Universidade Federal Fluminense, considerou a queda de Jango inevitável como uma avalanche. Mais que um mero golpe militar, seria o resultado da junção de várias conspirações civis-militares a favor dos interesses das multinacionais e de seus parceiros locais, através do complexo Ipes/Ibad, que teria sido o verdadeiro partido da burguesia.

O general Cordeiro de Farias, idealizador da Escola Superior de Guerra, insistia em valorizar a participação civil – e feminina, principalmente – no movimento de que foi um dos mentores:

> As forças civis foram a vanguarda da Revolução de 1964 [...] Sempre faço questão de deixar claro que nós, militares, fomos a retaguarda da Revolução de 1964. A Vanguarda foi a opinião pública e, dentro dela, as mulheres. Minas Gerais terá sido a única exceção. Mesmo assim, a frente militar mineira somente se articulou em virtude da mobilização civil promovida pelo governador Magalhães Pinto. Nesse sentido, a Revolução não foi obra do Exército, mas uma reação espontânea iniciada pelas mulheres e por elas alimentada até o fim.[5]

Luiz Alberto Moniz Bandeira acha que foi "um episódio da luta de classes", no qual o "empresariado, sobretudo seu setor estrangeiro, tratou de conter e reprimir a ascensão dos trabalhadores".[6] Cientista político, Bandeira foi filiado ao PSB e assessorou o deputado Sérgio Magalhães, do PTB, presidente da Frente Parlamentar Nacionalista.

Para o cientista político Francisco Weffort, o nacional-reformismo nascido dentro do Estado pretendia interpretar os anseios do povo sem ter uma liderança carismática e/ou uma organização partidária eficiente e, portanto, não tinha qualquer capacidade de ação. Weffort foi secretário-geral do PT e, depois, ministro da Cultura de Fernando Henrique Cardoso.

Com a autoridade de quem batizara a Cruzada Democrática em 1952, Jarbas Passarinho definiu o que aconteceu em 1964, num artigo para o *Estadão*, 35 anos mais tarde, como uma contrarrevolução provocada pela rebelião dos marinheiros, sancionada pelo governo:

As Forças Armadas só então se decidiram pela ofensiva, reclamada pela opinião pública. O apoio da sociedade brasileira, da imprensa, praticamente unânime, da maioria esmagadora dos parlamentares no Congresso, da Igreja, maciçamente mobilizada nas manifestações das enormes passeatas, as mulheres rezando o terço e reclamando liberdade, tudo desaguou na deposição de João Goulart, sem o disparo de um tiro sequer, o povo aclamando os militares.[7]

Em *Confissões*, que escreveu pouco antes de perder a luta para o câncer que driblara anteriormente, Darci Ribeiro afirma que o cenário político estava contaminado pela sucessão presidencial, tendo Brizola e Arraes como candidatos da esquerda, um punhado de candidatos da direita, entre eles, Ademar de Barros, Magalhães Pinto e Carlos Lacerda. E que Jango não se animava com nenhum deles. Mas o chefe da Casa Civil do presidente descarta a hipótese de que Goulart tivesse pretensão de dar um golpe ou de continuar no poder:

> Meu testemunho é que nunca percebi nenhum desses pendores nele. Senti, muitas vezes, seu enfado com o exercício do poder. Seu dispositivo militar, tratado aliás muito displicentemente, não prestava para um golpe. Os militares que poderiam conduzir a isso, como Kruel, eram vistos com suspeita por Jango. O que ele tinha como paixão política era criar um PTB invencível, capaz de impor, pela democracia e pelo voto, as grandes reformas que o Brasil exige.[8]

Já o historiador Daniel Aarão Reis imagina que o golpe foi quase uma obra do acaso:

> Ao contrário do que habitualmente se imagina, não houve ali o triunfo de articulações calculadas, mas da improvisação, uma frente social e politicamente heterogênea, acionada pela ousadia e pela decisão de uns quantos civis e militares, liderados por um chefe que se intitulava alegremente de vaca fardada (Mourão Filho).[9]

Aarão participou do movimento estudantil, militou na Dissidência da Guanabara e no Movimento Revolucionário 8 de Outubro (MR-8) e foi fundador do PT.

No governo Jango, duas oportunidades de realizar as reformas na democracia foram perdidas, alerta Argelina Figueiredo em *Democracia ou reformas? Alternativas democráticas ou crise política*.[10] A primeira, dentro do Congresso, aproveitando o parlamentarismo de ocasião, e a segunda, na tentativa de implantação do Plano Trienal de Celso Furtado.

O próprio Celso Furtado, em depoimento a Ronaldo Costa Couto, avalia que o golpe se explicava – como quase tudo no mundo da época – pela polarização da guerra fria, mas diz que Jango assumiu riscos demais para um país grande e heterogêneo, que normalmente age guiado por um "instinto de sobrevivência". O presidente teria agido apenas como candidato à sua própria sucessão e pelo confronto com Lacerda:

> Da última vez em que estive com ele, que foi para conversar a fundo as coisas, eu lhe disse: "Mas presidente, o senhor precisa definir sua posição". Porque ele não decidia. Estava o país diante de uma eleição presidencial, com candidatos definidos, e ele numa situação ambígua, dançando numa corda bamba. Eu disse: "O senhor tem que, pelo menos definir claramente sua posição de que, se Lacerda for eleito, ele tomará posse. Será o presidente do Brasil, se for eleito". Ah, ele ficou! Toquei no ponto sensível. Ele olhou para mim: "Celso, esse é o assassino do doutor Getúlio. Esse não". Portanto, o jogo dele era para evitar a eleição de Carlos Lacerda. Não estava pensando no Brasil, não.[11]

O historiador Jorge Ferreira assinala:

> A questão democrática não estava na agenda da direita e da esquerda. A primeira sempre esteve disposta a romper com tais regras, utilizando-as para defender os seus interesses. A segunda, por sua vez, lutava pelas reformas a qualquer preço, inclusive com o sacrifício da democracia.[12]

Há tentativas de explicação para todos os gostos. Afonso Celso Scocuglia, professor da Universidade Federal da Paraíba, acha que muitas dessas análises foram feitas durante a ditadura, por aqueles que direta ou indiretamente tinham sido derrotados e que, por isso,

> não conseguiram admitir profundos equívocos das esquerdas e todas as "incertezas" da democracia, especialmente da democracia populista multiliderada por Goulart (Jango), PTB, PCB, nacionalistas, militares, comunistas, estudantes, marinheiros, sargentos. Tudo isso sob uma fragilidade institucional sem precedentes e respaldado por um dispositivo militar absolutamente despreparado, desinformado e "minado por dentro".[13]

Deixando as avaliações teóricas para quem as tem como ofício, vale registrar que o golpe juntou – em celas, embaixadas ou no banco dos réus – Celso Furtado e Leonel Brizola, Miguel Arraes e San Tiago Dantas, Julião e Abelardo Jurema, Darci Ribeiro e Marco Antônio Tavares Coelho, Luís Carlos Prestes e o cabo Anselmo, instantaneamente alijados do jogo político.

Milhares de brasileiros de várias correntes políticas, favoráveis às reformas de base, receberam o carimbo de subversivo em suas fichas corridas.

Os udenistas, que haviam tentado bagunçar o coreto em 1954 e 1955, acharam que afinal tinham chegado ao poder. Mas não foi bem assim.

21

Nascimento do novo regime

Para manter uma fachada de constitucionalidade, o presidente da Câmara, Ranieri Mazzilli, do PSD, assumiu o comando do país interinamente, assim que Auro de Moura Andrade assegurou a participação do Congresso no golpe, decretando irregularmente a vacância do poder, embora o presidente estivesse em território nacional e sem qualquer disposição de renunciar. O parágrafo segundo do artigo 78 da Constituição deixava claro o *script*:

> Vagando os cargos de Presidente e Vice-Presidente da República, far-se-á eleição sessenta dias depois de aberta a última vaga. Se as vagas ocorrerem na segunda metade do período presidencial, a eleição para ambos os cargos será feita, trinta dias depois da última vaga, pelo Congresso Nacional, na forma estabelecida em lei. Em qualquer dos casos, os eleitos deverão completar o período dos seus antecessores.

Mas o minueto institucional não tinha nada a ver com o baile. Na verdade, como observou o brasilianista Thomas Skidmore, a sucessão estava sendo decidida nos bastidores, entre os militares:

> A grande maioria dos oficiais, os mais francos dos quais eram conhecidos como membros da linha dura, mantinha-se inflexível: era imperioso parar o carrossel que vinha girando desde 1945 em que as periódicas intervenções militares eram seguidas pelo rápido retorno dos civis ao poder.[1]

Os termos empregados numa simples conversa telefônica, que tinha tudo para ser amistosa, demonstram que os papéis já não seguiam um roteiro convencional. O diálogo entre Mazzilli e o general Artur da Costa e Silva deixou as coisas bem claras:

> *Mazzilli*: Meu ministro, como vai?
> *Costa e Silva*: Seu ministro, não. Comandante-chefe da Revolução!²

Costa e Silva demorou a se engajar na conspiração contra Jango. Mesmo depois do comício da Central, achava impossível resistir ao tão propalado dispositivo militar do presidente. Cordeiro de Farias, em depoimento a Celina do Amaral Franco, diria que o general achava a conspiração uma maluquice. Quem se animava com a ideia era a mulher dele, Iolanda:

> Costa e Silva concordava que a situação do país era péssima. Mas não se engajava. Nunca teve ardor, vontade. Não era covarde, mas achava que não existiam condições para um levante militar. Enfim, era um homem que, em vez de nos ajudar, atrapalhava o trabalho dos conspiradores.³

Embarcou na última hora e, quando teve sua chance, autonomeou-se ministro da Guerra, alegando ser o mais antigo membro do Alto Comando. Nessa condição, organizou o Comando Supremo da Revolução, tendo a seu lado o almirante Augusto Rademaker Grünewald (Marinha) e o brigadeiro Francisco de Assis Correia de Melo (Aeronáutica). Mazzilli fez a sua parte, "nomeando" a trinca para os três ministérios militares.

Mas a questão do poder estava longe de ser resolvida. Em nome de Carlos Lacerda, Juraci Magalhães procurou o marechal Eurico Gaspar Dutra e convenceu-o a assumir um mandato-tampão de um ano, tendo ele próprio, Juraci, como seu vice. A candidatura durou pouco: o general Moniz de Aragão encerrou a manobra, anunciando que Castelo Branco seria o presidente. Dutra retirou sua candidatura e, enquanto Costa e Silva se acomodava no poder, Castelo começou a articular com os políticos. A reunião decisiva começou às nove da noite de 9 de abril, no apartamento de um deputado em Copacabana. Quem articulou o encontro entre o general e os líderes do PSD foi Tancredo. Estavam lá Juscelino, o presidente do PSD, Amaral Peixoto, presidente do partido, e o governador Negrão de Lima.

Embora tivesse alguma experiência com a lógica militar – fora oficial da PM de Minas e lutara na Revolução Constitucionalista de 1932 –, JK estava desconfortável. De acordo com Ronaldo Costa Couto, o ex-presidente não imaginava que ali se iniciava um longo período ditatorial: "Para ele, ali está apenas um general que vai completar o mandato de João Goulart. Um general de passado legalista, simpático à UDN, carente de apoio político. Tanto que veio pedi-lo".[4]

Ao confidenciar detalhes da reunião ao repórter Jorge Bastos Moreno, então no *Jornal de Brasília*, em 1978, Tancredo acrescentaria uma informação relevante:

> Dizem que naquele encontro na casa de Joaquim Ramos, antes da sua posse, Castelo teria insinuado a Juscelino que os militares pretendiam ficar pouco tempo no poder e que logo o devolveriam a um civil, que poderia ser o próprio JK. Não houve insinuação nenhuma, o presidente Castelo Branco disse com todas as letras que iria trabalhar para fazer dele, Juscelino, seu sucessor em eleições livres e democráticas.[5]

Juscelino estava apressado e Castelo Branco, notando a impaciência, disse-lhe que não se prendesse, já que tinha outro compromisso. Juscelino aproveitou a deixa e se despediu polidamente, certo de que deixava tudo combinado.

A autodenominada Revolução liquidara com o governo Jango, mas não acabara com a política. Na ausência momentânea de um núcleo de poder estruturado, vários grupos tentaram moldar o novo regime.

O diretor do jornal *O Estado de S. Paulo*, Júlio de Mesquita Filho, esboçou um ato institucional que definia a regra do jogo a partir de então. Não foi o único a fazê-lo. O mesmo tentaram oito raposas políticas. Seis eram da UDN: Daniel Krieger, Adauto Lúcio Cardoso, Bilac Pinto, Paulo Sarasate, Pedro Aleixo e João Agripino. Duas, do PSD: o líder da bancada, Martins Rodrigues, e Ulisses Guimarães. O ato proposto por eles cassaria por quinze anos o mandato de parlamentares considerados subversivos.

Nem o autoproclamado Comando Supremo da Revolução foi tão longe. No dia 9 de abril de 1964, o general Costa e Silva, o almirante Rademacker e o brigadeiro Correia de Melo assinaram um ato institucional sem número. O preâmbulo do documento deixava claro quem mandava: "Fica, assim, bem claro que a revolução não procura legitimar-se através do Congresso. Este é que recebe deste Ato Institucional, resultante do exercício do Poder Constituinte, inerente a todas as revoluções, a sua legitimação".[6]

No artigo primeiro, a Constituição de 1946 foi mantida. Mas o artigo seguinte instituiu a eleição indireta (pela maioria absoluta de deputados e senadores) do presidente e do vice para um mandato que deveria terminar em 31 de janeiro de 1966.

No penúltimo artigo, o décimo, vinha a paulada:

No interesse da paz e da honra nacional, e sem as limitações previstas na Constituição, os comandantes em chefe, que editam o presente Ato, poderão suspender os direitos políticos pelo prazo de 10 (dez) anos e cassar mandatos legislativos federais, estaduais e municipais, excluída a apreciação judicial desses atos. Parágrafo único – Empossado o Presidente da República, este, por indicação do Conselho de Segurança Nacional, dentro de 60 (sessenta) dias, poderá praticar os atos previstos neste artigo.

Era mais brando que o proposto por Ulisses e seus companheiros, mas suficientemente duro para fazer um estrago imenso. A primeira lista de cassação tinha 102 nomes. Encabeçava-a Jango, seguido de Jânio, depois Prestes, Arraes e Brizola. E mais Rubens Paiva, Plínio de Arruda Sampaio, Celso Furtado, Abelardo Jurema, Almino Affonso, João Pinheiro Neto, Darci Ribeiro, Raul Ryff, os generais Osvino Ferreira Alves e Assis Brasil, o almirante Cândido Aragão, o dirigente do CGT, Dante Pelacanni, e dois dos três organizadores do comício da Central – Hércules Correa e Osvaldo Pacheco (o terceiro, José Gomes Talarico, seria cassado cinco dias mais tarde, em outra leva). Quarenta e um cassados eram parlamentares. Foram expulsos das Forças Armadas, 122 oficiais.

Esse primeiro ato suspendeu, ainda, a estabilidade e a vitaliciedade de cargos públicos por seis meses e autorizou a instalação de investigações sumárias – o que provocou uma enxurrada de inquéritos policiais militares para apurar denúncias de subversão e corrupção. O arquivo *Brasil Nunca Mais*, organizado pela Cúria Metropolitana de São Paulo, conseguiu reunir documentos relacionados a 707 IPMs instaurados entre 1964 e 1979. No total, o regime militar resultou em 4.841 punições oficiais, das quais 2.990 ocorreram em 1964.

Os acusados não tinham acesso nem às acusações que lhes eram imputadas nos inquéritos – o que tornava pouco eficaz qualquer tentativa de defesa. Luiz Hildebrando Pereira da Silva, professor na Faculdade de Medicina da USP em 1964 e membro do PCB, foi alvo de um IPM junto com outros nove colegas, além do presidente da Associação dos Funcionários do Hospital das Clínicas e do presidente do Centro Acadêmico. O fato de o inquérito ser secreto manteve os acusados ignorantes das acusações, mas não impediu que se gerasse um processo na Justiça Militar. O professor Cesarino Júnior, insuspeito por ter sido um dos fundadores do PDC, concordou em defendê-los, mas não havia tempo para consultar os autos.

Hildebrando propôs fotografar a documentação. Conseguiu um aparelho emprestado com o dono da Fotoptica, Thomas Farkas, foi à Auditoria e copiou tudo. As acusações eram inconsistentes: divulgação ou colaboração em *O Bisturi*, o jornalzinho dos estudantes, venda do jornal *Novos Rumos* – que na época era legal. Outra acusação era a de terem recolhido fundos para "socorrer ou dar asilo a comunistas procurados pela polícia". Como prova, apenas uma carta anônima dirigida à Comissão de Investigação da USP. Analisando a letra, Hildebrando descobriu a autora, uma bióloga que ele ajudara a entrar no corpo docente e a quem pedira ajuda financeira depois do golpe para um fundo de solidariedade.

Após examinar a papelada, o advogado tranquilizou-o:

> Pelo que vejo, os autos do processo não contêm nada que possa permitir uma condenação pela Lei de Segurança Nacional [a acusação remetia ao artigo 2º, parágrafo 3º, da Lei de 1953, que penalizava quem tentasse "mudar a ordem social com auxílio estrangeiro" com penas entre quinze e trinta anos de cadeia]. Fiquem tranquilos.

A essa altura, faltavam só quatro dias para o ato institucional perder a validade. Mas o otimismo do advogado não se concretizou: um dia antes do prazo fatal, Hildebrando e seus colegas foram sumariamente demitidos pelo governador Ademar de Barros.

Seis meses antes, Arraes passara a ter como vizinhos no antigo Posto de Observação de Mísseis Teleguiados (instalado pelos norte-americanos na região da praia do Boldró, uma das mais belas do arquipélago de Fernando de Noronha), o ex-governador de Sergipe e um grupo de deputados nordestinos. Ex-líder da UDN, João de Seixas Dória fora eleito sem o apoio de seu partido, pela coligação PSD, PR, PTB e PS. No dia 31 de março, no Rio, Jango lhe pediu que voltasse para o Nordeste, em busca do apoio de governadores – o presidente imaginava contar com pelo menos cinco deles.* Em Salvador, Lomanto Júnior mostrou-lhe um ardente manifesto em favor de Jango.** Ao chegar a Aracaju, Dória fez sua

---

* Pelos cálculos do presidente, Lomanto Júnior (BA), Aluísio Alves (RN), Virgílio Távora (CE), Petrônio Portela (PI) e Miguel Arraes (PE) estavam com a legalidade.

** O próprio governador Lomanto Júnior, que chegou a se reunir com sindicalistas na sede do *Jornal da Bahia* na suposta expectativa de organização de um movimento de defesa do mandato do presidente Goulart, acabaria tendo de se conformar com o novo estado de coisas nos dias que se seguiram. Como estímulo a essa decisão, foi despojado, pelo comando militar, do controle sobre a Polícia Militar baiana e visitado no Palácio da Aclamação pelo general de brigada Manoel Mendes Pereira, que muito provavelmente o confrontou com duas alternativas: a adesão ao golpe ou sua destituição. No dia 2 de abril de 1964, comunicou pessoalmente, pela televisão, ao povo baiano seu apoio à "Revolução".

parte: pronunciou-se pelo rádio a favor da defesa dos mandatos eletivos e do prosseguimento na luta pelas reformas de bases. Com o ato institucional, acabou sendo desterrado para Fernando de Noronha* – no mesmo voo de Dória, foram transportados vários deputados estaduais cassados.

A manchete da *Folha de S.Paulo* do dia 10 de abril de 1964 expressa bem o clima que se estabelecera no país – "Parlamentares fogem da Câmara às pressas". No editorial, o jornal justifica a medida, alerta para seus possíveis riscos e conclui otimista:

> Há perigos pela frente, sem dúvida. Mas a autoridade de um presidente eleito em condições especiais, com autoridade e força para governar e reformar, talvez dê, com a colaboração de todos os homens sinceros, dias melhores ao país em sua luta pelo desenvolvimento.

O *Jornal do Brasil* foi na mesma linha:

> Ontem a Revolução vitoriosa autolimitou-se através do Ato Institucional editado pelo seu Comando Supremo. Mas ao mesmo tempo assumiu com a consciência democrática do País, e com os objetivos de interesse nacional que a inspiraram, um compromisso histórico: o de repor o Brasil, no prazo previsto, sob o pleno império da ordem constitucional, através da eminência de poder que o Ato confere ao Executivo.

O *Correio da Manhã* reafirmou seu apoio com uma ressalva:

> Não somos dos que entendem que o movimento vitorioso deve deter a marcha. O esquema de poder montado pelo sr. João Goulart e seus asseclas, comunistas ou

---

* Em Fernando de Noronha, Seixas Dória foi interrogado pelo coronel Hélio Ibiapina Lima. Depois de responder a várias perguntas sobre sua vida pública, Seixas Dória convenceu-se de que seria libertado, por não haver acusações contra ele. Em agosto de 1964, no Recife, o ex-governador enfrentou novo inquérito, com apenas duas perguntas: se participara de um Congresso dos Ferroviários em Recife, no qual fora entoado o hino da III Internacional Comunista e se havia um delegado chinês no encontro (Dória admitiu ter ido ao encerramento do evento). A ordem de soltura foi burlada pelos militares com sua transferência para Salvador, onde passou pelo terceiro interrogatório, com outras perguntas irrelevantes. O caso foi parar na imprensa e, no final de 1964, ele deixou afinal a ilha rumo ao Rio de Janeiro e publicou sua história no livro *Eu, réu sem crime*. Teve seus direitos políticos cassados por dez anos e voltou à política, elegendo-se deputado federal pelo MDB.

não, deve ser destruído. Mas sem a abolição prática das garantias individuais, sem a ab-rogação do direito de defesa.

O Globo resumiu na manchete a contabilidade da degola – "Cassados os mandatos de 40 parlamentares e suspensos os direitos políticos de 58 pessoas". No editorial, o jornal procurou demonstrar que a candidatura de Amauri Kruel e do marechal Eurico Dutra não representavam um racha na área militar: "Divisão haveria se fossem buscar um oficial-general que não estivesse integrado no espírito da Revolução, representando, portanto, o surgimento de seu nome um desafio à nova ordem de coisas. Não é o caso".

A autoridade de Castelo Branco foi legitimada por uma eleição entre os congressistas – e a maioria fez de tudo para garantir o sucesso da operação que se iniciara com a destituição absolutamente ilegal de Jango.* Primeiro, aprovou uma emenda que acabava com sua condição de inelegível (por ser militar) e estabelecia o voto aberto. Em seguida, um acordo com o PSD garantiu os votos que a UDN sozinha não assegurava.

Naquela manhã de 11 abril, JK fez uma última tentativa de convencer Tancredo a votar no marechal. Esgotados os argumentos políticos, apelou para outro caminho: "Mas, Tancredo, por favor, o Castelo é um militar diferente. É um intelectual como você. Já leu centenas de livros".[7] Ao que Tancredo respondeu: "É verdade, Juscelino. Mas ele leu os livros errados...". Juscelino seguiu firme e votou no agora marechal,** enquanto o ex-primeiro ministro se absteve.

No meio do processo, Tancredo ainda comentou com o ex-presidente: "Veja o que é a política. Eu tenho tudo para votar no marechal Castelo Branco e não vou fazê-lo. O senhor, ao contrário, nada tem para sufragá-lo e vai fazê-lo". Ao que JK retrucou: "O marechal Castelo Branco é um homem de honra e me deu a sua palavra, na casa do Joaquim Ramos, de que não alteraria o processo sucessório".

Houve ausências (37) e abstenções (72), mas Castelo recebeu 361 votos – entre eles, os de Franco Montoro e Ulisses Guimarães. Em segundo lugar, ficou o ex-tenente de 1922, Juarez Távora, que recebeu três votos.

---

*   Desde 1963, observa Lucia Grinberg em *Partido político ou bode expiatório: um estudo sobre a Aliança Renovadora Nacional – Arena (1965-1979)*, Castelo Branco e outros chefes militares – Olímpio Mourão, Odílio Denys, Cordeiro de Farias e Costa e Silva – mantinham contato frequente com políticos da UDN. Tanto com os mais "duros", como Moura Andrade, quanto com liberais, como Afonso Arinos, Adauto Lúcio Cardoso, Aliomar Baleeiro e Daniel Krieger.

** Castelo Branco passara para a reserva antes da eleição, para poder ser eleito.

Logo após a proclamação do resultado, o recém-eleito presidente prometeu entregar a seu sucessor, no início de 1966, "uma nação coesa e ainda mais confiante em seu futuro".[8] Em seu discurso de posse, reiterou a tese:

> Caminharemos para a frente com a segurança de que o remédio para os malefícios da extrema esquerda não será o nascimento de uma direita reacionária, mas o das reformas que se fizerem necessárias.
>
> Nossa vocação é a da liberdade democrática – governo da maioria com a colaboração e o respeito das minorias.[9]

Os jornais que estamparam as palavras do presidente também abriram espaço para outras notícias relativas à situação política do país, como a apreensão de quinze toneladas de material subversivo na casa de suspeitos na Guanabara e de documentos "estarrecedores" em um sítio de Jango. Também mereceu registro a lista dos cassados e a prisão de nove espiões chineses, que na verdade eram funcionários de uma estatal.

22

As primeiras reações

As primeiras reações públicas de oposição vieram de dois jornalistas: Márcio Moreira Alves e Carlos Heitor Cony, ambos do *Correio da Manhã*, o mesmo diário que condenara o governo Jango na base do "basta" e "fora".

Aos 38 anos, Cony foi o primeiro a dar um passo à frente e a cara para bater. Após observar a movimentação militar diante do Forte de Copacabana, Cony escreveu sua primeira crônica política. A ironia começava no título: "Da salvação da Pátria". Depois de contar que ficara fora de combate em razão de uma cirurgia de emergência, ele descreve o passeio que dera a convite de Carlos Drummond de Andrade, no dia 12 de abril:

> Apesar da ordem médica, decido interromper o sossego e assuntar: ali no Posto Seis, segundo me afirmam, há briga e morte. Confiando estupidamente no patriotismo e nos sadios princípios que norteiam as nossas gloriosas Forças Armadas, lá vou eu, trôpego e atordoado, ver o povo e a história que ali, em minhas barbas, está sendo feita. Vejo um heroico general à paisana, comandar alguns rapazes naquilo que mais tarde o repórter da TV Rio chamou de "gloriosa barricada". Os rapazes arrancam bancos e árvores. Impedem o cruzamento da avenida Atlântica com a rua Joaquim Nabuco. Mas o general destina-se a missão mais importante e gloriosa: apanha dois paralelepípedos e concentra-se na brava façanha de colocar um em cima do outro.[1]

Alguns dias depois do relato sobre o passeio no Posto 6, Cony bateu à esquerda e à direita. O Ministério da Guerra estava no primeiro grupo; o Dops, no segundo. Na noite em que o primeiro ato institucional foi publicado, Cony aproveitou a circunstância de ser o último a deixar a redação – como editor da primeira e última páginas, tinha de aguardar a conclusão da impressão – e mudou o texto de sua coluna, intitulada "O ato e o fato". E não fazia concessões:

> Enfim, temos o Ato e o Fato. O Ato é esse monstrengo moral e jurídico que empulhou o Congresso e manietou a Nação. O Fato é que a prepotência de hoje, o arbítrio de hoje, a imbecilidade de hoje, estão preparando, desde já, um dia melhor, sem ódio, sem medo. E esse dia ainda que custe a chegar, ainda que chegue para nossos filhos ou netos, terá justificado e sublimado o nosso projeto e nossa ira [...].[2]

A crônica abusada de Cony não foi o único sinal de que o *Correio da Manhã* mudara de posição. Oito dias antes, o jornal publicara um editorial intitulado "Terrorismo não" (escrito por Edmundo Moniz). O alvo era o governador da Guanabara: "Agora o Sr. Carlos Lacerda age por meio da polícia política, prendendo e espancando, como se estivéssemos em plena ditadura. Liberdade pela metade já não é liberdade. Já é uma forma de negá-la e destruí-la. E isto não podemos aceitar".[3] O editorial referia-se à ação dos policiais do Dops contra a *Última Hora* de Samuel Wainer.

Fruto da opção liberal – e conservadora – do jornal, a inflexão do *Correio* era também resultado do desconforto de muitos jornalistas que, num primeiro momento, haviam apoiado ou pelo menos aceitado o golpe militar.

Três dias mais tarde, Cony classificou o golpe de quartelada e de revolução de caranguejos: "[...] que anda para trás. Que ignora a época, a marcha da história, e tenta regredir ao governo Dutra, ou mais longe ainda, aos tempos da Velha República [...]". A partir daí, começou a receber ameaças e intimidações. Mas não baixou o tom. A petulância colocou o nome de Cony na pilha de pedidos de cassação que Castelo Branco examinou um a um. Na capa do processo, o presidente deixou sua decisão:

> Não vejo razão para cassar-lhe o mandato [sic]. É, às vezes, insolente e quase sempre mentiroso. Tem atacado desabridamente o ministro da Guerra e enuncia ideias que desrespeitam as Forças Armadas. Contra mim, formula insultos: o presidente é um "pau-mandado" na mão de seus subordinados. Em vez de retirar-lhe os direitos políticos, o que muito o valorizaria, prefiro deixá-lo com seus artigos. A revolução sairá ganhando.[4]

Em agosto, a pedido do ministro da Guerra, Artur da Costa e Silva, o procurador-geral da República abriu processo contra o jornalista, por criar animosidade entre civis e militares. A denúncia relacionava 38 crônicas como provas de que Cony atuara em favor dos "contrarrevolucionários, corruptos e subversivos banidos do poder em boa hora".

Invocando o privilégio do cargo, Costa e Silva prestou depoimento em seu gabinete. Cony compareceu e tirou sua casquinha por escrito no dia seguinte, no *Correio da Manhã*: "o general usou todo o peso de seu atual cargo: fez a montanha ir a Maomé, em vez de Maomé ir à montanha".[5]

No julgamento, após longo debate jurídico, Cony venceu por cinco votos a três. Três dos oito ministros que lhe concederam *habeas corpus* foram mais tarde aposentados compulsoriamente – Hermes Lima (que fora primeiro-ministro de Jango) e Evandro Lins e Silva, que haviam votado a favor do pedido de Cony, e Victor Nunes Leal, que fora contra.

Ainda em 1964, a Editora Civilização Brasileira, de Ênio Silveira, reuniu as colunas de Cony em livro cuja primeira edição esgotou em uma semana. Só na noite de autógrafos, o jornalista assinou mais de 1.600 exemplares, registra Elio Gaspari.

Márcio Moreira Alves foi o primeiro jornalista a assumir uma verdadeira campanha contra a tortura aos presos políticos – um tema que a imprensa tratava como quem segura uma batata quente. A primeira referência à tortura de presos políticos foi publicada no dia 7 de abril de 1964: quando o comando do IV Exército convidou repórteres para conhecer o tratamento dado aos prisioneiros e acabar com os boatos de maus-tratos. A visita nunca aconteceu. Onze dias mais tarde, no noticiário policial, outro registro, agora sobre a morte de José de Souza, do Sindicato dos Ferroviários. Preso para averiguações no Dops da Guanabara, o sindicalista teria se atirado de uma janela no terceiro andar. Outros dois "suicídios" foram noticiados no começo de maio: um comerciante, em Divinópolis, e um funcionário dos Correios, na Bahia. Até 1975, conforme contabilidade do jornalista Elio Gaspari, outros 36 presos se "suicidariam".

O arquivo de *O Estado de S. Paulo* registra o termo *tortura* três vezes no mês de março de 1964 – as três referindo-se a Cuba. No dia 18 de abril, a palavra aparece num despacho da agência de notícias Reuters, reproduzido pelo jornal, em nota oficial da agência Nova China, que denunciava a prisão dos chineses no Rio, "submetidos a torturas brutais".

Mas, em 28 de maio de 1964, o *Correio da Manhã* publicou um relato do horror a que dois estudantes da Universidade Rural do Rio de Janeiro tinham sido submetidos. Dorremi de Oliveira e José Valentim Lorenzetti, ex-presidente do Diretório Acadêmico, foram levados do *campus* por homens armados com metralhadoras até uma casa distante e interrogados sobre os planos da revolução que teriam recebido de Moscou e sobre o paradeiro de metralhadoras que teriam escondido. Enquanto Lorenzetti levava choques elétricos, Dorremi, em outra sala, recebia socos no estômago e era submetido à roleta-russa. Pela manhã, depois de serem "convencidos" a assinar uma confissão, os rapazes foram abandonados na estrada.

O autor da reportagem tinha 27 anos de idade, onze de profissão e um Prêmio Esso na estante. Quando o golpe ocorreu, Márcio Emanuel Moreira Alves, o Marcito, era diretor de relações públicas da agência Standard de Propaganda. Achou que a intervenção militar seria tão passageira quanto a que tirara Getúlio do poder, em 1945. Poucos dias depois, ao perceber seu engano, voltou a escrever no jornal onde começara a carreira, o *Correio da Manhã*.

A história de Lorenzetti e Dorremi o transformou numa espécie de porto seguro a que passaram a recorrer outros perseguidos. Também não havia muito mais a quem recorrer, pois nem toda a imprensa participava das denúncias de tortura.

Sob títulos como "Os torturadores, os cúmplices, os desonrados", seus artigos relatavam casos concretos, como o de Milton de Carvalho e Silva, que saíra da prisão na Bahia pesando 43 quilos, ou de prisioneiros que haviam sido sequestrados em 28 de agosto de dentro do 19º Batalhão de Caçadores de Salvador, para evitar o cumprimento de um *habeas corpus*.

A partir do dia 1º de setembro, o *Correio da Manhã* iniciou uma campanha sistemática com a publicação do editorial "Tortura e insensibilidade", que relatava o crescente número de casos de atentados contra a saúde física e mental dos presos.

O governo só foi reagir às denúncias em 13 de setembro de 1964, quando o chefe da Casa Militar, Ernesto Geisel, recebeu a missão de apurar se havia torturas. O estopim fora a morte do segundo-sargento Manoel Alves de Oliveira, quatro meses antes, no Hospital do Exército de Triagem, no Rio de Janeiro.

Preso em seu regimento, logo após o golpe, Manoel foi submetido a um IPM por ter sido candidato a presidente do Clube dos Subtenentes e Sargentos do Exército. No dia 22, sua mulher foi autorizada a visitá-lo "em caráter excepcional". No dia seguinte, um médico do Hospital Central do Exército atestou que Manoel estava na enfermaria, acrescentando: "devido às suas condições atuais encontra-se impossibilitado de assinar qualquer documento".

As tais "condições atuais" seriam descritas pela viúva do militar em entrevista publicada pelo *Correio da Manhã* em 16 de setembro:

> Numa das poucas vezes em que consegui visitá-lo... verifiquei que o seu corpo estava coberto de marcas, que mais tarde soube serem de ferro quente. Estava transformado em um verdadeiro flagelado, com a barba e os cabelos crescidos [...] Chegaram a dizer que ele ficou despido na enfermaria 13 [...] Se isso ocorreu, é porque as torturas já o haviam enlouquecido.[6]

De acordo com o brasilianista Thomas Skidmore, o que incomodou mais os militares foi o fato de as torturas terem ocorrido dentro de um quartel: "preocuparam-se agora com que a tortura houvesse infectado sua instituição, o que representaria perigosa quebra da disciplina militar".[7]

Marcito foi para Recife investigar as denúncias e acompanhar a movimentação em torno do assunto. Sua primeira investida deu em nada. O enviado especial encontrou um jornalista que fora vítima do coronel Darci Villocq Viana, ainda tinha a barriga marcada e lembrava com horror dos fuzilamentos simulados, surras e da humilhação de ter de ler o noticiário e recortar o que achasse importante, produzindo um *clipping* para o coronel que o prendera. O sujeito relatou o que sofrera, mas depois recuou: "Se você publicar meu nome, desminto tudo".

O primeiro texto saiu no dia 17 de setembro de 1964. Na mesma noite, foi procurado por um estudante cujo pai estava preso. Depois de darem voltas pela cidade, chegaram a uma casa onde um grupo de pessoas aguardava por ele. Três horas depois, anotara quinze nomes. Seis dias mais tarde, sua lista de casos de tortura comprovados somava 39 pessoas. Três dessas histórias foram publicadas em 20 de setembro de 1964:

> O advogado Ubiraci Barbosa é um sujeito entroncado, de cara redonda. Na noite de 30 de maio foi retirado da cela onde se encontrava, no 1º Grupo de Artilharia de Costa Mecanizada, em Olinda. Teve os olhos vendados com adesivos e foi levado para o local das torturas, que presume ser o Quartel da Subsistência do Exército, pois foi diversas vezes enfiado em uma câmara frigorífica. [...] Foi posto no pau de arara. [...] Sofreu ainda o "tratamento" de choques elétricos [...].
>
> Ivo Valença é um engenheiro bastante conhecido no Recife. Todos são acordes em reconhecer ter sido ele um dos que mais sofreram. Foi torturado nas noites de 20 para 21 e de 21 para 22 de abril, sobretudo com choques elétricos, pancadas e pau de arara. Conserva ainda as cicatrizes das cordas do pau de arara nos tornozelos. [...]

Finalmente, Evaldo Lopes Gonçalves, ex-presidente da Loteria do Estado, também contou ao general Geisel as torturas que sofreu. Diz que foi interrogado por um capitão da 2ª Companhia de Guardas. Evaldo, também sofreu "tratamento" na geladeira, espancamento e choque elétrico, segundo afirma.⁸

Ao longo da série, Moreira Alves foi identificando, uma por uma, outras técnicas de tortura, além de pau de arara e choques elétricos.*

Apesar do barulho, a investigação determinada pelo presidente Castelo Branco deu em nada. Depois de ouvir o relato de diversos presos torturados no quartel da 2ª Companhia de Guardas, em Recife, o general Geisel disse aos jornalistas que os presos políticos estavam sendo tratados normalmente, dentro das circunstâncias excepcionais daquele momento. Para uso interno, produziu um relatório que reconhecia a ocorrência de um reduzido número de casos de torturas, as quais já estariam sendo apuradas. As ocorrências seriam pontuais, restritas ao período imediatamente após o golpe e tinham sido apuradas. Muito mais tarde, em depoimento aos historiadores Maria Celina D'Araujo e Celso Castro, o já então ex-presidente da República admitiu: "Acho que a tortura, em certos casos, torna-se necessária para obter confissões".

A série de reportagens não provocou qualquer punição aos oficiais responsáveis pelas torturas ou aos executores de suas ordens, mas passou para a história do jornalismo. Muito diferente foi o tratamento dado à missão Geisel em outros jornais. Na *Folha de S.Paulo*, por exemplo, entre 1º de abril e 14 de setembro de 1964, a palavra "tortura" apareceu onze vezes. Mas apenas uma relacionada com denúncias efetivas – e ainda assim, sob o título "Fiscal de rendas diz que IPM está usando coação".⁹ Dois dias mais tarde, uma pequena nota anunciava a visita do chefe da Casa Militar a Pernambuco.

---

* As técnicas da época eram: 1) Corcovado: inicialmente praticado no alto do morro de mesmo nome, os prisioneiros eram colocados no topo de um muro alto, de costas para o abismo e de frente para baionetas ou metralhadoras durante horas a fio. 2) Ginástica: o prisioneiro era obrigado a fazer flexões de pernas enquanto sustentava, nas mãos estendidas, duas listas telefônicas. Quando parava, apanhava. 3) Algemas: o prisioneiro era algemado a uma mesa ou cadeira por muitas horas ou até dias inteiros. 4) Banho chinês: a vítima tinha a cabeça mergulhada num balde com água suja ou em um tonel de óleo até quase o limite do afogamento. 5) Churrasquinho: pau de arara acompanhado de uma pequena fogueira debaixo do torturado, que também podia receber um papel retorcido no ânus, utilizado como uma tocha. 6) Sabão em pó jogado nos olhos da vítima, que era submetida, em seguida, a um forte jato de luz. 7) Geladeira: empregada inicialmente no quartel de subsistência do Exército em Cabanga, no Recife, consistia em deixar a vítima vestida apenas de cuecas dentro de um frigorífico, onde a temperatura era de 20 a 30 graus negativos, deixando-a trancada por dois ou três minutos.

O Estado de S. Paulo também registrou a viagem de Geisel, juntamente com o relatório da comissão de alto nível, a nota oficial em que o comandante do IV Exército, general Lira Tavares, dizia que o relatório acabava com as fantasias sobre o assunto e fartos elogios de parlamentares governistas à decisão de apurar as denúncias. Nem na Câmara as denúncias tiveram consequências: houve quinze discursos tratando do assunto entre setembro e novembro de 1964, mas a maioria amedrontada evitou que o tema seguisse em pauta.

O projeto Brasil Nunca Mais contabilizou as denúncias de torturas apresentadas perante a Justiça Militar no período: 203 em 1964, 84 em 1965 e 66 em 1966. Levantamento feito em 2013, pela equipe da historiadora Heloísa Starling, da Comissão Nacional da Verdade, aponta 148 casos de tortura tornados públicos em 1964; 35 em 1965; 66 em 1966; 50 em 1967; 85 em 1968 e 1.027 em 1969, após o AI-5.

No livro *Torturas e torturados*, que reuniu o material coletado na época – e só foi publicado após uma batalha judicial –, Marcito reconheceria que a existência de jornais de oposição de tiragens reduzidas num país com mais de 40 milhões de analfabetos eram, para o governo, "atestado de bom comportamento democrático perante o mundo".

> Mas era também entranhada a certeza de que das denúncias que fazíamos, do combate que diariamente travávamos, dependia não apenas a reconquista das instituições jurídicas e constitucionais como – o que nos pesava no sono com pungência ainda maior – as vidas de multidões de presos políticos, lançados sem defesa e, frequentemente, sem que de seu paradeiro ninguém soubesse, nos cárceres do governo.[10]

O jornalista não poupou Leonel Brizola: "O brizolismo atrasou a evolução política do Brasil em pelo menos trinta anos – fortaleceu o golpe da direita e fez com que voltássemos ao bê-á-bá da democracia e do nacionalismo".[11]

23

A via armada

No final de 1964 aconteceu a primeira tentativa de virar o jogo na marra. O episódio, de grande repercussão na época, mas hoje pouco lembrado, tinha ingredientes que se repetiriam dali por diante: voluntarismo, espionagem, ação conjunta das forças repressivas, prisões ilegais, torturas e envolvimento da mídia. O governo tentou pendurar a conta nas costas do governador Mauro Borges, de Goiás. Embora tenha apoiado o golpe, ele lutara ao lado de Brizola em favor da posse de Jango e jamais foi perdoado pelos militares golpistas, que promoveram uma série de IPMs comandados pelo tenente-coronel Danilo Darcy de Sá da Cunha e Mello para provar que o governador era subversivo. Integrante da chamada linha dura – a ala mais radical dos golpistas –, Cunha e Mello usou e abusou da tortura e foi denunciado por Marcito. Mauro Borges recorreu ao Supremo Tribunal Federal, na tentativa de evitar a intervenção federal, tendo Sobral Pinto como seu advogado. Numa sessão acompanhada por mais de mil pessoas, o STF concedeu o *habeas corpus* preventivo por unanimidade. Imediatamente, Castelo Branco determinou a intervenção no estado.

Pouco antes da intervenção, no dia 27 de novembro de 1964, o agora comandante do III Exército, Justino Alves Bastos, reunira os diretores de jornais em Porto Alegre para apresentar as providências especiais adotadas em razão da crise em Goiás e garantir que o Exército estava coeso em torno dos ideais revolucionários. Na manhã seguinte, a imprensa publicou nota oficial que informava a descoberta de "uma trama subversiva" relacionada com a intervenção em Goiás e que deveria eclodir simultaneamente no Rio Grande do Sul, Guanabara e São Paulo. O título era apropriado: "III Exército anuncia uma trama contra a revolução e prende mais de 200". A nota não mencionava o nome de um só detido.

Quatro dias mais tarde, os jornais divulgaram a prisão do ex-capitão da Aeronáutica Alfredo Ribeiro Daudt, dentro de um avião de carreira prestes a decolar do Aeroporto Salgado Filho, em Porto Alegre. O piloto recebeu ordens para abortar a decolagem, e os militares embarcaram para deter Daudt, que viajava com uma identidade falsa.

Em agosto de 1961, Daudt servia na base aérea de Canoas, em Porto Alegre, e ajudara a cercar jatos armados e prontos para decolar em direção ao Palácio Piratini para silenciar Brizola e sua Rede da Legalidade. Com o golpe, foi incluído entre os 61 oficiais cassados pelo AI-4 e estava foragido. Na clandestinidade, Daudt imaginou uma operação ambiciosa, que começaria com a ocupação da base aérea de Canoas. A história veio a calhar para o Exército: além de apresentar a prisão como resultado de uma operação conjunta dos serviços secretos – sem mencionar que o plano tinha sido denunciado pouco antes da partida de Daudt, por um sargento a quem encarregara de esconder Brizola em sua casa –, os militares aproveitaram para colocar na cadeia os suspeitos de sempre. Entre eles, Sereno Chaise, ex-colega de quarto de Brizola e ex-prefeito de Porto Alegre.

Chaise trabalhava como advogado no centro de Porto Alegre quando viu, numa banca de jornal, uma estranha manchete do jornal *Folha da Tarde* que chamou sua atenção: "Descoberta Operação Pintassilgo". "Não sabia o que era. Peguei a *Folha* e fui ler aquilo. Dois ou três dias depois, fui preso." Chaise prestou vários depoimentos ao chefe do serviço secreto do III Exército. Em suas memórias, garante que nada teve com a operação, que teria sido bolada pelo ex-capitão Daudt, numa espécie de réplica do plano que abortara em 1961: "Ele fez um plano para que pequenos aviões bombardeassem o Palácio Piratini [...] Embaixo do esquema, ele colocou assim: 'Acertar com as seguintes pessoas'. Da lista, constavam uma cinco, seis, sete, oito pessoas... incluindo o meu nome. Só que não sabia de nada; aliás ninguém sabia de nada."[1]

Numa cela da chefia de polícia, Daudt resolveu se livrar do plano. Olhou pela janela, viu que não havia ninguém, e o jogou fora. A polícia acompanhava seus movimentos, segundo Chaise: "Foram lá e pegaram esse papel. Esse papel inclusive consta do processo, todo amassadinho... Era o plano dele, e a descrição dos detalhes também está ali narrada". No plano de Daudt, os aviões teriam sido identificados como "passarinhos", daí o batismo da operação como Pintassilgo.

A seu modo, o III Exército reconheceu, em nota, que prendera mais gente do que devia, mas não admitiu o erro: "muitas pessoas detidas, o foram como medida de segurança, como suspeitos [...] Este é um procedimento corretíssimo em benefício da imensa maioria da população brasileira".[2] A nota buscava demonstrar que o plano de Daudt era uma ameaça real: "Poderá agora o público do Rio de Janeiro [...] ficar ciente de sua verdadeira versão do fato e saber que realmente estava planejada alteração da ordem e que a decisão sobre a execução do plano subversivo deveria vir do Uruguai, para onde Daudt o conduziria".

Daudt foi transferido para um quartel. O oficial do dia fez vista grossa, e ele fugiu. O oficial responsável era o primeiro-tenente Carlos Lamarca, que foi inocentado pelo inquérito interno e pediu transferência para São Paulo. Quanto a Daudt, foi parar em Montevidéu, destino de nove entre dez foragidos.*

Os primeiros exilados a chegarem a Montevidéu no dia 3 de abril foram Maria Thereza Goulart e seus filhos, Denise e João Vicente, de 6 e 7 anos, respectivamente. Jango perambulou por suas estâncias antes de se convencer de que acabaria preso e humilhado pelos golpistas e rumar para a capital uruguaia. A família hospedou-se numa casa de praia no balneário de Solymar, a quarenta quilômetros do centro.

Brizola só deixou o Rio Grande do Sul no dia 4 de maio, numa fuga cinematográfica. Manoel Soares Leães, o Maneco, piloto de Jango, recebeu de Neusa Brizola metade de uma nota de um cruzeiro, dizendo que alguém o procuraria com a outra metade. E assim Maneco encontrou o político mais procurado do país, que o aguardava numa praia deserta, envergando uma farda da Brigada Militar. Em seu primeiro contato com a imprensa, já em Montevidéu – Brizola, convencido de que o golpe militar teria vida curta, alugou um apartamento no centro da cidade por apenas seis meses –, Brizola afirmou que existiam entre 30 e 40 mil presos políticos no Brasil.

No Uruguai, os exilados brasileiros tramavam contra a ditadura 24 horas por dia, apostando firme na crescente legião de ex-sargentos e marinheiros nacionalistas punidos pelos IPMs dispostos a entrar em ação de qualquer maneira.

A oposição também dispunha da solidariedade internacional dos cubanos. Em meados de 1964, o sociólogo Herbert José de Sousa, o Betinho, um dos fundadores da Ação Popular, foi para Havana como emissário do Comando da Revolução instalado na capital uruguaia. Betinho portava uma mensagem cifrada de Brizola

---

* O IPM da Operação Pintassilgo foi concluído no dia 21 de dezembro de 1964. Doze pessoas foram denunciadas: um agrônomo, quatro vereadores de Osório, dois ex-coronéis do Exército, dois da Brigada Militar, um ex-vereador de Porto Alegre, o ex-prefeito Severo Chaise e Alfredo Ribeiro Daudt, cuja família jamais admitiu que seu plano incluísse o bombardeio do Palácio Piratini, como divulgado na época. Alfredo Daudt conquistaria um *habeas corpus* no Superior Tribunal Militar em 4 de dezembro de 1967. Até Ernesto Geisel votou a favor, embora reconhecendo que Daudt era um perigoso comunista. Em 1980, o ex-capitão foi anistiado e promovido a coronel. Mas jamais reconquistou o direito de exercer sua profissão e pilotar um avião. Morreu em 2007, aos 84 anos.

para Fidel.* Ele revelou, anos depois, detalhes curiosos da operação ao jornalista Geneton Moraes Neto:

> Era uma carta simples, dizia que eu estava indo como emissário; pedia apoio. A carta era de uma página. Dizia: "Prezado...". A palavra seguinte era recortada. Adiante, dizia: "Nós estamos enviando o emissário...". E vinha outro recorte. Todos os nomes e referências eram recortados e deixados em outro envelope. O problema é que os dois envelopes iam com a mesma pessoa! Quem por acaso interceptasse o emissário só teria o trabalho de encaixar as palavras recortadas no espaço correspondente.[4]

Betinho voltou para Montevidéu com dólares para financiar a luta armada e um acordo que garantia treinamento militar para os brasileiros na ilha. Brizola não era fã do foco guerrilheiro e preferia a insurreição.

O segundo projeto de luta armada contra a ditadura foi um pouco mais longe que a Operação Pintassilgo – pelo menos em termos de deslocamento. Quatro meses depois da prisão do capitão Alfredo Ribeiro Daudt, o coronel Jefferson Cardim de Alencar Osório e outros dezessete guerrilheiros foram presos a quinhentos quilômetros a oeste de Curitiba, entre as cidades de Capanema e Cascavel. De acordo com Elio Gaspari, Cardim e seu parceiro de aventura, o sargento Alberi Vieira dos Santos, tinham montado uma operação mal-ajambrada que não envolvia Brizola e contava apenas com 23 guerrilheiros, mil dólares (não se sabe se vindos de Cuba ou não), três fuzis tchecos semiautomáticos e alguns revólveres.

Em Três Passos, perto da fronteira argentina, o grupo dominou sem problemas um cabo e três soldados e invadiu a sede da Brigada Militar gaúcha, arrebanhando trinta mosquetões, quatro fuzis-metralhadoras e seiscentas balas. Depois de inutilizarem a central telefônica da cidadezinha, foram até a Rádio Difusora, onde tentaram gravar um manifesto, mas, como não conseguiram, acabaram lendo o pronunciamento ao vivo. Denunciaram a ditadura recém-instaurada,

---

*   Curiosamente, Brizola lembrava o dia exato em que ouvira pela primeira vez o nome do líder cubano, 1º de janeiro de 1959: "Eu tomei o navio no Rio, tinha sido eleito governador do Rio Grande do Sul e pedimos um jornalzinho de bordo que dizia que Fidel Castro tinha entrado em Havana. Eu calculei: 'é um daqueles lá da América Central que estão sempre se guerreando'. Não atribuí maior significação. 'Em todo caso vou fixar esse nome 'Fidel Castro'. Deve ser um daqueles coronéis que sempre estão tomando o governo'. Não dei maior importância. Depois fui fixando melhor. 'Esse aí parece que é diferente'. Porque ainda que pareça paradoxal, havia uma certa simpatia, produto da desinformação e da distância, pelo [Fulgêncio] Batista, porque era sargento".[3]

creditando sua gênese à Lei de Remessa de Lucros e à política de minerais* e terminaram pedindo a reforma agrária e a extinção dos latifúndios. Dali, foram para a cidade vizinha, Tenente Portela, onde repetiram a operação.

Cruzaram Santa Catarina e chegaram até o Paraná, onde o Exército conseguiu cercar o grupo. No confronto, foi morto um sargento. Em nota oficial, o Exército informou que cinco guerrilheiros tinham sido presos e que outros quinze teriam abandonado o armamento e a munição e fugido "em trajes civis roubados dos colonos". Interrogado em Foz do Iguaçu, Cardim teria dito que o mentor das Forças Armadas de Libertação Nacional era Brizola.

No Rio, o general Mourão Filho, precipitador do golpe e agora juiz no Superior Tribunal Militar, desqualificou os guerrilheiros. Cardim foi torturado em três quartéis diferentes. O sargento Alberi, capturado dois dias mais tarde, também foi agredido. Mais tarde, teria se tornado um agente da repressão.

---

* Em dezembro de 1963, o governo de Jango determinara a revisão de todas as concessões governamentais das jazidas minerais e o cancelamento das concessões não exploradas no curso dos vinte anos anteriores.

24

Sob vigilância

Antes de deflagrar a guerrilha e voltar ao poder, Brizola foi obrigado a mudar para o balneário de Atlântida, no Rio Grande do Sul, a duzentos quilômetros da fronteira brasileira. Era o resultado de um pedido de confinamento feito ao governo uruguaio pelo embaixador designado pelo governo militar, Manoel Pio Corrêa, cuja missão era evitar que os exilados exercessem atividades políticas.

Em janeiro de 1966, Pio Corrêa assumiu a secretaria geral do Itamaraty com um discurso de posse que era, segundo suas palavras, uma verdadeira declaração de guerra à "política exterior tortuosa, escusa e indecorosa praticada pelo Brasil sob os governos Jânio Quadros e João Goulart, e cujos vestígios não estavam ainda de todo apagados".[1] Admitiu também que não gostava de diplomatas pederastas, vagabundos ou bêbados. Um dos primeiros a ser alvejado por ele foi o primeiro-secretário Vinícius de Moraes, a quem induziu a pedir licença sem vencimentos, ao descobrir que vinha se apresentando numa boate do Rio de Janeiro há mais de um ano. O poeta e diplomata seria um dos um dos primeiros aposentados compulsoriamente após o AI-5, no início de 1969. Por essa época, os passaportes brasileiros passaram a ostentar um carimbo que anunciava, em letras vermelhas: NÃO É VÁLIDO PARA CUBA – outra ideia de Manoel Pio Corrêa.

O governo brasileiro vigiou os exilados brasileiros no Uruguai desde o começo; para isso, utilizava as Seções de Ordem Política e Social (Sops) e também o recém-criado Centro de Informações do Exterior (Ciex). Oficialmente batizado de Assessoria de Documentação de Política Exterior, ou simplesmente Adoc, o Ciex ocupou até 1975 o gabinete 410 do 4º andar do Anexo I do Palácio do Itamaraty. Em 2007, o jornal *Correio Braziliense* teve acesso a 8 mil informes do Ciex. Segundo o repórter Claudio Dantas Sequeira, entre os monitorados estavam nomes como: João Goulart, Leonel Brizola, Miguel Arraes, Jefferson Cardim, Neiva Moreira, Márcio Moreira Alves, Darci Ribeiro, Cândido Aragão, Antônio Calado, Florestan Fernandes, Celso Furtado, Fernando Henrique Cardoso e Juscelino Kubitschek.

No Informe 483, de 8 de dezembro de 1970, o Ciex afirma que o major reformado Joaquim Pires Cerveira teria convencido o presidente cubano, Fidel Castro, a permitir que todos os brasileiros de Cuba fossem encaminhados até o Chile, onde se reuniriam com outros, provenientes da Argélia. O plano de ataque incluiria levantamento de todos os quartéis de fronteira, do Acre até a Bolívia. "Já se encontraria em Cuba o levantamento da base da Marinha brasileira localizada em Corumbá", informa. Haveria ainda em Havana um levantamento sobre a vida privada do general Ernesto Geisel.

O exilado mais visado pelo regime militar, segundo o repórter Dantas Sequeira, era Brizola. Vários informes registram supostas transações financeiras entre o ex-governador gaúcho e os cubanos. Alguns informes relatam divergências entre ele e outros exilados, como o almirante Cândido Aragão.

A CIA também estava de olho nos exilados. Um documento encaminhado ao secretário de Estado, Dean Rusk, em novembro de 1964, informava sobre os planos de Brizola, mas acrescentava uma ressalva tranquilizadora: "os militares e a polícia parecem bem informados a respeito de seu complô e de seus seguidores".[2]

Miguel Arraes não foi para Montevidéu. Preso em Fernando de Noronha e praticamente incomunicável, só recebeu a visita da esposa, Madalena – por duas vezes. Depois de nove meses na ilha – tendo permissão para sair apenas para acompanhar o casamento da filha mais velha –, o ex-governador foi transferido para a prisão do Corpo de Bombeiros, na capital pernambucana, onde dividiu a cela com Julião.

O Superior Tribunal Militar negou o primeiro pedido de *habeas corpus* por seis votos a quatro. O advogado Heráclito Sobral Pinto, o mesmo que empolgaria os cariocas no comício das Diretas vinte anos depois, recorreu ao Supremo Tribunal Federal. O veterano advogado católico apresentou três argumentos a favor de Arraes: a prisão teria sido ilegal, a Justiça Militar era incompetente para julgar o caso e a prisão preventiva ultrapassara os prazos formais.

O pedido foi aceito em 19 de abril de 1965, a partir do voto favorável do relator Evandro Lins e Silva e sob o argumento de que o julgamento deveria acontecer no Tribunal do Estado de Pernambuco. Na mesma linha seguiram Victor Nunes Leal, Luiz Gallotti e Hahnemann Guimarães, com pequenas variações conceituais.

O Supremo Tribunal Federal enviou um telegrama aos comandantes militares determinando a libertação do prisioneiro, que a essa altura já estava na Fortaleza de Santa Cruz, no Rio de Janeiro. A resposta foi esta:

> [...] cabe me oportunidade participar v exa vg com devido respeito esse tribunal vg sr miguel arraes alencar vg depois acatada decisão ontem alta corte justiça vg permanecerá preso ultimação investigações acordo art 156 cjm face solicitação encarregado ipm existente este exército vg conforme delegação atribuída excelentíssimo presidente república ministro guerra ao comando i exército [...]³

Ou seja, era como se Supremo não tivesse poder algum: sua decisão valia menos que a do coronel encarregado do IPM. Em outro telegrama, bastante duro, o presidente do STF, Álvaro Coutinho, exigiu o cumprimento da ordem. Pouco depois, recebeu a resposta assinada pelo chefe do gabinete militar, Ernesto Geisel, comunicando a libertação do ex-governador.

Arraes deixou a cadeia, mas continuou a ser convocado para interrogatórios. Em 20 de maio, foi enquadrado na Lei de Segurança Nacional. Sobral Pinto informou-lhe que, do ponto de vista jurídico, não havia como garantir sua permanência em liberdade e, cinco dias depois, o governador cassado asilou-se na embaixada da Argélia.

25

Civilização Brasileira

As cassações, os IPMs e a repressão garantiram o controle do processo político, mas a oposição seguiu agindo na imprensa e na cultura, enquanto o regime tentava manter alguma aparência democrática.

Em maio de 1964, na fachada do número 97 da rua Sete de Setembro, no centro do Rio de Janeiro, foi estendida uma faixa com os dizeres "A poesia é a arma do povo contra a tirania". Formalmente, tratava-se de propaganda da obra que ocupava todas as estantes da livraria ali instalada. O livro que servira de pretexto para o protesto poético era *Canto para as transformações do homem*, de Moacir Félix, o ex-presidente do Comando Geral dos Trabalhadores Intelectuais, que lá pelas tantas sentenciava:

> De repartição em repartição
> a poesia fugiu, tentou fugir
> do engavetado mundo das mesas
> alinhadas
> como leitos fúnebres
> à disposição das
> necrófilas orgias de generais e beatas e banqueiros
> e exporta-dores.
> Ah, o clima de cemitério que reina nos ministérios!
> Ah, a essencial recusa da poesia,
> suas explosões de sangue naufragando
> o destino e a infinita infância da vida
> entre os ruídos do mar e a rouquidão dos homens
> agachados.[1]

A livraria adornada pela faixa provocativa era a Civilização Brasileira, de Ênio Silveira. Em março do ano seguinte, ele lançaria uma publicação que logo se transformaria em polo de atração para um grupo de jornalistas e intelectuais dispostos a resistir ao regime, a *Revista Civilização Brasileira*.

Em seu primeiro número, um texto sem assinatura resumia o sentimento de boa parte da oposição naquele momento:

> A posição generalizada de pessoas e de organizações, diante do quadro atual da política brasileira, é de perplexidade. Salvo, realmente aqueles bem-aventurados, que por o serem têm lugar reservado no reino celestial – os donos das certezas absolutas, exteriorizadas em afirmações enfáticas – os demais, e estes constituem a generalidade, estão surpresos, ou confusos, ou perplexos.[2]

A revista não foi apenas um bom produto editorial, propõe o sociólogo Rodrigo Czajka, em sua tese intitulada *Páginas de resistência: intelectuais e cultura na Revista Civilização Brasileira*, foi também um passo à frente para o surgimento de um grupo articulado em torno de objetivos comuns e que via no combate ao terrorismo cultural do novo regime a bandeira capaz de somar intelectuais de várias tendências.*

Um texto assinado por Tristão de Athayde, pseudônimo de Alceu Amoroso Lima, teve grande repercussão. O título era "Terrorismo cultural". A expressão fora cunhada por ele em sua coluna no *Jornal do Brasil* de 7 de maio de 1964.

Vindo de um respeitado católico, ex-reitor da Universidade do Distrito Federal, era um golpe duro. A repercussão foi tamanha que o presidente Castelo Branco ligou para chamar a atenção do colunista para o perigo do comunismo. Outros intelectuais também passaram a adotar a expressão "terrorismo cultural". O escritor Manuel Cavalcanti Proença deu longa entrevista ao *Correio da Manhã* e apontou a prisão de Astrogildo Pereira, comunista histórico e intelectual respeitado, membro da Comissão Machado de Assis como "o maior indício" da existência de terrorismo cultural – contra o qual a *Revista Civilização Brasileira* passava a ser um polo de aglutinação.

A revista teve um sucesso extraordinário para uma publicação do gênero. Não atingia multidões, mas tinha grande impacto nos hoje chamados "formadores de opinião". Para Ênio Silveira, por uma razão simples:

---

* Czajka, Rodrigo. *Páginas de resistência: intelectuais e cultura na Revista Civilização Brasileira*. Campinas, 2005. Dissertação (Mestrado em Sociologia) – Instituto de Filosofia e Ciências Humanas, Universidade Estadual de Campinas, sob a orientação do prof. dr. Marcelo Ridenti.

Era realmente insuportável para a *intelligentsia* brasileira, porque ela invadia sua capacidade de criação como escritor, jornalista, teatrólogo, radialista; controlava tudo isso [...] Não nos esqueçamos que os militares iam às redações e davam ordem para demitir uma lista de comunistas ou suspeitos de serem comunistas.[3]

Ao todo, foram produzidas 6.500 páginas, reunidas em 22 edições regulares e três edições especiais, num total de quase quinhentos textos de mais de 260 autores. Alguns publicavam sob pseudônimo, como o ex-deputado comunista Marco Antônio Tavares Coelho (que assinava como Assis Tavares). Apesar da ligação orgânica com o PC (motivo pelo qual foi preso pela primeira vez, em março de 1964), Ênio Silveira sempre se orgulhou da independência editorial da revista, que ele dizia ser de esquerda, sem ser sectária.

Silveira foi preso pela segunda vez sob a acusação de ter oferecido uma feijoada a Arraes poucos dias antes de o ex-governador se asilar na embaixada da Argélia. O ridículo do episódio levou o próprio presidente Castelo Branco a lamentar a prisão do editor num bilhete confidencial encaminhado ao general Ernesto Geisel:

Por que a prisão de Ênio? Só para depor? A repercussão é contrária a nós, em grande escala. O resultado está sendo absolutamente negativo. [...] Há como que uma preocupação de mostrar "que se pode prender". Isso nos rebaixa. [...] Apreensão de livros. Nunca se fez isso no Brasil. Só de alguns (alguns!) livros imorais. Os resultados são os piores possíveis contra nós. É mesmo um terror cultural.[4]

26

O primeiro desaparecido

Por volta das cinco da tarde de 24 de agosto de 1966, dois agricultores avistaram um corpo boiando com as mãos amarradas para trás, nas águas do rio Jacuí, próximo a Porto Alegre. Chamou a atenção da dupla o fato de as amarras terem sido feitas com pedaços da camisa que o cadáver vestia.

As emissoras de rádio e jornais gaúchos logo batizaram a descoberta como "o caso das mãos amarradas". Telefonemas anônimos para as redações diziam que o corpo era do ex-sargento Manoel Raimundo Soares, expulso do Exército logo após o golpe militar. Sua companheira, Elizabeth Chalupp Soares, tentara impetrar três *habeas corpus*, mas as autoridades civis e militares negavam que houvesse um preso com esse nome.

No dia 2 de setembro de 1966, uma pequena multidão acompanhou o caixão com o corpo – que era mesmo de Manoel – até o cemitério. Lojas fechavam as portas ou hasteavam bandeiras brasileiras quando o féretro passava. Na Pira da Pátria, em Porto Alegre, o esquife foi erguido e a multidão fez um minuto de silêncio. Em seguida, cantou o Hino Nacional. Agentes do Dops anotavam o nome de ex-militares presentes, quando um estudante encarou um policial e gritou: "Assassinos", provocando o início de um coro.

O militante do Movimento Revolucionário 26 de Março Manoel Soares era brizolista e vivia clandestinamente em Porto Alegre. Foi preso em 11 de março de 1966. No presídio, escreveu cinco cartas denunciando sua situação – sua companheira recebeu duas. Numa, Manoel denunciava a ilegalidade da prisão, na outra, referia-se às torturas que sofrera:

Em meu corpo ficaram gravadas algumas das medalhas com as quais me agraciaram. Aqui estou sem sapatos, sem roupas de frio, sem cobertas, usando unicamente uma camisa de nylon e uma calça de lã preta. [...] Não sei bem, mas creio que estou preso à disposição do III Exército. Por isto, só um *habeas corpus* do Superior Tribunal Militar poderá libertar-me.[1]

Numa noite qualquer de agosto de 1966, Manoel foi retirado do Dops e levado para a beira do rio Jacuí, onde dois policiais lhe aplicaram caldos. Com as mãos amarradas nas costas, morreu afogado. O corpo foi levado pelo rio. Quatro dias antes de ser encontrado pelos agricultores, os policiais tinham ido ao IML à procura dele.

Em setembro de 1966, a Assembleia gaúcha criou uma Comissão Parlamentar de Inquérito de que participou o deputado Nelson Marchezan, do PDC. Foram arroladas 21 testemunhas, entre elas carcereiros e um tenente-coronel. O primeiro relator, Lidovino Fanton,* do PTB, não conseguiu terminá-lo por perseguição política. Seu trabalho foi retomado pelo requerente da CPI, o então deputado Airton Barnasque, o qual não conseguiu apurar a causa da detenção do sargento, que havia desertado do Exército e lutava contra a ditadura. Porém, testemunhas revelaram as torturas sofridas por Soares e outros presos e presas, as quais, além de tudo, eram violentadas.

A CPI apontou como responsáveis pela morte do sargento o major Luiz Carlos Mena Barreto, em coautoria com os delegados Itamar Fernandes de Souza e José Morch, cuja vocação para a crueldade e impulsos sádicos foram denunciados não só pelas vítimas, mas também pela imprensa. Também apontou para indiciamento o secretário de Segurança Pública, Washington Bermudez, e o superintendente dos Serviços Policiais, o tenente-coronel Lauro Melchiades Rieth. O relatório final concluiu que o ex-sargento fora libertado e morto por ex-companheiros.

Em março de 1967, o promotor Álvaro Morais denunciou toda a cúpula da polícia política pelo crime. Mas, na Justiça, o caso não foi adiante. O Superior Tribunal Militar avalizou a tese de que Manoel Soares teria sido morto por companheiros de organização.

Uma reviravolta no caso aconteceu em 2000, quando Cândido Alfredo Silva Leal Júnior, do Tribunal Regional Federal, juiz da 5ª Vara Federal de Porto Alegre,

---

* Nascido em Farroupilha, Fanton tinha 26 anos. Foi deputado estadual em três legislaturas pelo PTB e MDB, sendo também deputado federal. Em 1980, foi um dos fundadores do PDT, ao lado de Leonel Brizola e o primeiro secretário-geral do partido. Faleceu pouco tempo depois.

condenou a União a indenizar por danos morais e materiais a viúva do sargento. O processo, aberto em 1973, tinha se arrastado por quase trinta anos. Em setembro de 2005, a 3ª Turma do Tribunal Federal de Recursos confirmou a sentença.

A morte de Manoel ajudou a desestruturar o projeto de implantar um foco guerrilheiro no Rio Grande do Sul. Não obstante, outros ex-militares continuavam empenhados em acabar com a ditadura na marra.

Em janeiro de 1966, Fidel Castro reuniu representantes da Ásia, África e América Latina em Havana na primeira Conferência Tricontinental e deixou claro que os cubanos não deixariam ao léu nenhum revolucionário, em qualquer parte do planeta. O discurso tinha muito de bravata, mas se apoiava no fato de que seu autor derrubara Fulgêncio Batista do poder em Cuba, três anos após ter desembarcado num pântano com um exército de apenas 81 homens mal treinados e mal armados. Para Fidel, mais importante que pensar, era agir:

> Quem hesita enquanto espera para que as ideias triunfem junto à maior parte das massas antes de iniciar a ação revolucionária nunca será um revolucionário. Pois, qual é a diferença entre tal revolucionário e um rico fazendeiro, um burguês rico? Nenhuma! [...] O que distingue o verdadeiro revolucionário do falso revolucionário é isto, precisamente: um age para mover as massas, o outro aguarda que as massas como um todo adquiram consciência antes de começar a agir.[2]

Nove meses depois, no dia 14 de outubro de 1966, enquanto o companheiro de Fidel, Ernesto Che Guevara, entrava na Bolívia para lançar uma frente de combate, catorze guerrilheiros chegaram à Serra do Caparaó, na divisa entre Minas Gerais e Espírito Santo. Eram militantes do Movimento Nacionalista Revolucionário – a organização guerrilheira organizada em Montevidéu com o dinheiro de Cuba – e estavam prontos para instalar ali um foco guerrilheiro.*

O pelotão do MNR em Caparaó era formado em sua maioria por ex-sargentos do Exército e ex-marujos. Apenas cinco eram civis. Cinco militantes tinham passado cinco meses na ilha de Fidel. Em Havana e nas montanhas, receberam noções elementares sobre armamentos, explosivos, minas, bombas e geografia. O

---

* Antes de Caparaó, o MNR cogitara outros locais, como o Rio Grande do Sul e Santa Catarina. Plínio Ferreira Guimarães, na dissertação *Caparaó, a lembrança do medo*,[3] assegura que Jelcy Rodrigues Corrêa chegara a se instalar nas terras próximas a Criciúma, acompanhado de um irmão e da cunhada. Outra tentativa fracassou quando seus responsáveis foram confundidos com ladrões de banco e presos.

comandante da guerrilha era um ex-sargento, Amadeu Felipe da Luz Ferreira. Jelcy Rodrigues Corrêa, que aparecera incendiando a plateia em maio de 1963 durante a homenagem ao general Osvino, ao dizer que o instrumento de trabalho do militar era o fuzil, também se integrara ao MNR.

Os forasteiros logo se tornaram alvo de suspeitas. A denúncia de um guarda florestal levou às primeiras prisões, efetuadas pela polícia mineira. Em seguida, realizou-se uma grande operação militar, inicialmente apresentada como uma busca por "ladrões de gado". O Exército invadiu a região com mais de 3 mil homens e bombardeou a serra à procura de remanescentes da guerrilha. Os órgãos de segurança prenderam dezenas de pessoas, principalmente em Manhumirim, sob a acusação de terem colaborado com os militantes. Resumo da ópera: foram todos presos sem terem disparado um só tiro.

O comandante nacional do MNR era o professor Bayard Demaria Boiteux, presidente do então proscrito Partido Socialista Brasileiro. Tudo indica, porém, que Brizola estava por trás do movimento – teria até encomendado um manual de guerra revolucionária adaptada às condições brasileiras.*

Denise Rollemberg, em *O apoio de Cuba à luta armada no Brasil: o treinamento guerrilheiro*, apresenta duas versões para a participação de Brizola na instalação desse primeiro foco guerrilheiro. Uma é a de Flávio Tavares, para quem Caparaó era "uma espécie de encantada menina dos olhos de Brizola, que lhe deu dadivosos fundos e armamento".[4] A outra é de Avelino Capitani, ex-dirigente da Associação dos Marinheiros e Fuzileiros Navais do Brasil e participante da rebelião dos marinheiros, para quem Brizola teria empregado o dinheiro de Cuba para sustentar as famílias de exilados em Montevidéu: "Não houve desvio do dinheiro propositadamente. O dinheiro foi mandado, Cuba diz que mandou, mas não chegava à guerrilha, chegava muito pouco".[5] Flávio Tavares diz que Brizola chegou a fazer exercícios de tiros e assalto à baioneta com o coronel Atilo Escobar, da Brigada Militar gaúcha. O ex-governador lia revistas do Vietnã do Norte regularmente e se entusiasmou ao apresentar ao jornalista gaúcho dois ex-militares que tinham acabado de chegar de Cuba – "bichos como macacos, que ficam uma semana em cima de uma árvore, escondidos".

Assim que fossem instaladas as três frentes guerrilheiras (as outras duas deveriam surgir em Mato Grosso, perto da fronteira com a Bolívia, e no sul do

---

* A conclusão é de Fábio André Gonçalves das Chagas, autor da tese de doutorado *A luta armada gaúcha contra a ditadura militar nos anos de 1960 e 1970*, apresentada ao Programa de Pós-Graduação em História da Universidade Federal Fluminense.

Maranhão, perto de Pindaré-Mirim), ele deixaria Montevidéu, entraria de surpresa no Brasil, levantaria as forças populares, dividiria as Forças Armadas e daria um contragolpe fulminante.

27

JK cassado, Castelo prorrogado

No começo da noite de 8 de junho de 1964, o embaixador Negrão de Lima bateu à porta de um elegante triplex na avenida Vieira Souto, em Ipanema. Trazia uma notícia que *A Voz do Brasil* só divulgaria quinze minutos mais tarde: o dono do apartamento perdera o mandato de senador por Goiás e os direitos políticos por dez anos.* O desfecho não surpreendeu o destinatário da mensagem. Havia semanas, Juscelino Kubitschek sabia que sua cassação era mais do que provável.

Um pequeno exército de oficiais vasculhara suas contas bancárias e até sua vida pessoal. JK sabia disso, mas dificilmente imaginaria a extensão do dossiê, com acusações de todo tipo, de enriquecimento ilícito à ocultação de um tratamento de um tiro no braço sob o manto de uma cirurgia de apendicite. Mesmo que não pudessem ser provadas, davam munição suficiente para legitimar a degola do imbatível candidato a presidente em eleições diretas, e inimigo da revolução.**

---

* Às 19h30, o secretário de Imprensa do presidente entregou aos jornalistas uma nota lacônica informando a cassação dos mandatos e dos direitos políticos de 49 pessoas – nove eram deputados estaduais.

** Ernesto Geisel diria mais tarde o seguinte sobre o caso: "Sabíamos que no governo do Juscelino tinha havido muita corrupção de auxiliares dele, mas não havia muita coisa contra ele. Como governador de Minas, loteou e vendeu lotes na área da Pampulha, e muitos desses lotes foram comprados por ele ou pela sua mulher. Recebeu de presente do Stroessner uma casa no Paraguai, vizinha a Foz do Iguaçu. O apartamento em Ipanema, em que morava, tinha sido dado a ele pelo País de Almeida, que era o homem do 'vidro plano'. Havia, assim, uma série de indícios, talvez não suficientes para uma cassação. Sua atuação em 1961, aconselhando o Jango a vir tomar posse do governo, fazia dele um adversário da revolução".[1]

Quinze dias antes de ser cassado, JK escancarara as pressões que sofria numa nota à imprensa:

> Venho suportando em silêncio, com o pensamento voltado para a consolidação das instituições democráticas, a atoarda crescente de um esquema de calúnias e difamações montado contra mim por meus adversários políticos.
> Repito o que já disse em outro momento difícil de minha vida: Deus poupou-me o sentimento do medo. [...] Pelo terror não me levarão a uma desistência, negação ou covardia. Quem exerceu a Presidência da República governando seu país com justiça exemplar, trabalho e perseverança, sabe que o dever lhe impõe continuar a conduzir a sua vida sem capitulações e hesitações vergonhosas. [...] Meu julgamento, o povo já o fez e estou certo de que está desejoso de fazê-lo novamente ao primeiro ensejo. É só por isso que se movem contra mim os meus detratores. Não procuram eles atingir apenas um candidato, mas golpear o próprio regime democrático.[2]

Um dia depois da divulgação da nota, seu destino foi selado a bordo de um Viscount da FAB, prestes a deixar o Aeroporto de Congonhas, num diálogo entre o presidente da República e seu ministro da Guerra, Costa e Silva, que pedia a cassação de Juscelino.

Pouco depois, em longa entrevista coletiva, Costa e Silva reafirmou que a revolução iria restaurar a democracia e assegurou que seu Comando Supremo continuava a existir – era agora exercido "pelo nosso camarada e grande presidente, marechal Humberto de Alencar Castelo Branco". O marechal desancou o Movimento de Cultura Popular, as Ligas Camponesas, os grupos dos onze, Brizola, Tancredo (que teria chantageado os parlamentares para aprovar a anistia aos sargentos, vinculando esse projeto ao aumento dos vencimentos de militares) e, finalmente, o ex-presidente:

> O pronunciamento do sr. Juscelino Kubitschek, pela violência de linguagem e mesmo certo sentido de desafio, para mim, parece-se muito com aquele discurso do sr. João Goulart, no dia 30, em que ele... Não direi mais nada. Já disse tudo.[3]

No dia 3 de junho, ante um plenário cheio, constrangido e mudo, Juscelino apresentou sua defesa:

> Meu voto aqui já serviu para eleger o atual presidente da República, em cujo espírito democrático confiei, mas meu sacrifício, exigido pelo ódio e pela incompreensão,

servirá para ajudar, numa nova luta em favor da paz e da dignidade do povo brasileiro. Muito mais do que a mim, cassam os direitos políticos do Brasil. Sei que nesta terra brasileira as tiranias não duram.[4]

Na tarde de um sábado, 13 de junho de 1964, 5 mil pessoas despediram-se do casal Kubitschek no Aeroporto Santos Dumont. Oficiais da Aeronáutica tentaram conter as manifestações, mas JK foi levado nos ombros do povo até a área de embarque, onde fez uma última declaração e recebeu o aperto de mão de Tancredo.

A caça às bruxas tinha data para acabar: 31 de janeiro de 1966, quando um novo presidente eleito pelo voto direto assumiria o poder no lugar de Castelo Branco.

Mas não aconteceu nem uma coisa, nem outra: no dia 17 de julho de 1964, por maioria absoluta, o Congresso prorrogou o mandato do presidente. Cem dias mais tarde, um novo ato institucional liquidou com o que ainda restava de democracia.

Tudo começou com o chamado Emendão, uma proposta de emenda constitucional idealizada pelo governo e assumida pelo senador João Agripino, fundador da UDN e um dos apoiadores do golpe. O projeto original não mexia no mandato do presidente em exercício, mas passava a exigir que seus sucessores fossem eleitos por maioria absoluta. Também garantia direito de voto aos analfabetos e permitia a eleição dos sargentos.

Uma manobra articulada por Daniel Krieger e Bilac Pinto, com a participação de Golberi do Couto e Silva e Cordeiro de Farias, incluiu na última hora a prorrogação do mandato de Castelo Branco ao texto final do Emendão. Aparentemente, foi uma decisão tomada contra a vontade do presidente, num daqueles episódios que comportam muitas versões e que correm o risco de seguir mal explicados.

O governo foi atrás do apoio entre os líderes civis da Revolução. Magalhães Pinto cooperou e três dias antes da votação deu seu aval à medida* em Belo Horizonte, dizendo que "não havia clima para o país ir às urnas".[5]

---

* O modelo proposto em 1965 foi aprovado, mas jamais seria utilizado: em caso de nenhum candidato obter a maioria absoluta do voto direto, o mais votado seria submetido ao Congresso Nacional. Se tivesse maioria, seria considerado eleito. Caso contrário, haveria um segundo turno em trinta dias, com os dois mais votados. Lacerda, que antes era a favor, agora ficou contra, desconfiado de que a proposta era para liquidar suas pretensões eleitorais.

Costa e Silva também tentou convencer Carlos Lacerda em diálogo, que o ministro da Guerra recordaria três anos mais tarde. "Governador, o senhor sabe que a Revolução está tomando medidas de caráter impopular, imagine se fizermos uma eleição e dela sair vencedor um inimigo nosso." "Bem, nesse caso, não toma posse", foi a resposta de Lacerda. "Bem, então o senhor não quer eleição. O senhor quer um novo golpe e como não é o senhor que vai evitar a posse do vencedor, naturalmente vai apelar para o Exército, na minha pessoa."[6]

Na antevéspera da votação, Lacerda mostrou que não se convencera: "Em vez das reformas de base, exige-se que o povo não vote, como condição da democracia. Uma parte do Congresso [...] agora pretende prorrogar-lhe o mandato por medo do povo".[7]

Ao defender sua proposta em plenário, Agripino fez questão de dizer que sua proposta não fora uma encomenda do presidente e que a prorrogação espantaria o que todos os deputados temiam – a ditadura.

No Senado, os governistas tinham maioria folgada (43 a 6), mas, na Câmara, a situação era mais complicada. Como aconteceria vinte anos mais tarde com a emenda das Diretas (e todas as emendas à Constituição), era preciso ter maioria absoluta, ou seja, 205 votos.

A votação foi protelada ao máximo em busca dos deputados ausentes. Faltando vinte minutos para as cinco da manhã, o último deputado votou. Com 204 votos a favor e 96 contra, a oposição já festejava a vitória. Foi quando Daniel Krieger tentou resolver a parada no tapetão, levantando a tese de que os expurgos teriam reduzido o quociente de maioria absoluta para 204 deputados. Enquanto isso, alguns funcionários buscavam na madrugada deserta de Brasília algum parlamentar desgarrado. Encontraram Luiz Bronzeado, da UDN da Paraíba, num botequim do Plano Piloto. O presidente do Congresso, Auro de Moura Andrade, garantiu que ele pudesse votar. E a emenda passou em primeira votação. A favor da prorrogação, ficaram, entre outros, José Sarney, Antônio Carlos Magalhães e Franco Montoro. Contra, Mário Covas, Plínio Salgado, Ulisses Guimarães e Tancredo Neves.

Alguns dias mais tarde, nova votação, muito mais folgada: 294 deputados a favor e 39 contra. Na segunda volta, o direito de voto aos analfabetos, que fora incluído na minirreforma política para facilitar o trânsito entre os petebistas, acabou ficando de fora.

Pela *Voz do Brasil*, Castelo Branco disse que, "pessoal e politicamente", preferia encerrar seu mandato na data prevista, mas anunciou que aceitava o fato consumado.

* * *

A linha dura, um dos mais persistentes fantasmas da ditadura, foi criação da imprensa. Houve, sim, um conjunto pouco orgânico de militares revolucionários que queriam sempre mais e mais sanções e punições. Mas os poucos acadêmicos que estudaram essa turma chegaram à conclusão de que jamais existiu um agrupamento estruturado. Formada pelos coronéis que haviam estrelado os IPMs e por militares nacionalistas, a famosa linha dura só passou a ser vista como grupo nas matérias jornalísticas e nos relatórios do SNI.

O primeiro a assinalar as dissenções internas entre os militares que tomaram o poder em 1964 foi o professor norte-americano Alfred Stepan,* diretor do Centro de Estudos da Democracia, Tolerância e Religião da Universidade Columbia. Para Stepan, o racha acabou se dando entre os chamados internacionalistas liberais (moderados) e nacionalistas autoritários (duros), sendo os primeiros mais ligados à Escola Superior de Guerra. Mais recentemente, a doutora em História Contemporânea Maud Chirio afirmou que o sentido da expressão "linha dura" sofreu alterações ao longo do tempo e nunca correspondeu a uma linha política bem definida.**

Filigranas à parte, certo é que, ao se darem conta de que suas ambições tinham ido para o espaço com a prorrogação do mandato de Castelo Branco, tanto Lacerda quanto Magalhães Pinto passaram a cortejar os representantes da ala dura. A artilharia de Lacerda também mirava o programa econômico do governo, desenhado pelo ministro do Planejamento e ex-embaixador em Washington, Roberto Campos, e pelo ministro da Fazenda, Octávio Gouveia de Bulhões.

O Programa de Ação Econômica do Governo (Paeg) pretendia conquistar a estabilidade monetária. Isso seria feito reduzindo o déficit público, limitando o crédito para o setor privado e implantando o arrocho sobre os salários. "É um plano para matar os pobres de fome e os ricos de raiva",[9] ironizou Lacerda. Em carta ao presidente, condenou o papel reservado ao Estado no novo projeto para a economia: "Quando, no planejamento global de um regime totalitário, se promete baixar o custo de vida e ele não baixa, os responsáveis são destituídos e vão para a Sibéria. Aqui, são prestigiados e vão para a televisão".[10]

---

* Alfred Stefan é autor de *Os militares na política: as mudanças de padrões na vida brasileira*, tese de doutorado publicada no Brasil em 1975, e *Os militares: da abertura à Nova República*.
** No artigo "A primeira linha dura do regime militar: trajetórias de oficiais do Exército nos anos 60 e 70".[8]

Castelo ainda tentou seduzi-lo, oferecendo o posto de representante do país na Assembleia Geral da ONU, mas Lacerda deu para trás ao descobrir que a verdadeira intenção era afastá-lo da convenção da UDN. O governo também tentou, sem sucesso, adiar a convenção do partido – Lacerda deixou o encontro na condição de candidato consagrado à Presidência, tendo recebido o voto de 309 dos 318 convencionais.

O primeiro teste da "revolução" nas urnas terminou mal. Em março de 1965, oito candidatos apresentaram-se para disputar a Prefeitura de São Paulo. Três tinham reais chances de vitória – o vice-governador Laudo Natel, o presidente do Congresso Auro de Moura Andrade e o brigadeiro José Vicente Faria Lima, ex-presidente da Vasp e ex-secretário de Viação e Obras Públicas no governo de Jânio Quadros. Os azarões eram Franco Montoro, Paulo Egídio Martins e o histriônico radialista Pedro Geraldo Costa. Faria Lima venceu fácil, com mais que o dobro da votação obtida por Natel, o segundo colocado. Montoro teve apenas 52 mil votos, metade do total alcançado por seu desconhecido candidato a vice, o vereador do PSB, Davi Lerer, de 27 anos.*

O malogro dos governistas resultou em novas regras eleitorais, concebidas para dificultar ainda mais a vida da oposição. Uma delas tornava inelegíveis candidatos que tivessem exercido cargo de ministro entre 23 de janeiro de 1963 e 31 de março de 1964 – essa medida fora feita sob encomenda para limar o nome de Hélio de Almeida, que a coligação PSD-PTB escolhera para disputar o governo da Guanabara (ele fora ministro da Viação de Jango).

Contrariando a regra de que todos são inocentes até prova em contrário, também foram proibidas as candidaturas de quem respondesse a acusações de abuso de poder econômico – o que tirou Sebastião Pais de Almeida da disputa pelo governo de Minas Gerais. O empresário, que também era da coligação PSB-PTB, fizera inúmeros atos de filantropia no período pré-eleitoral, ajudando hospitais, creches, entidades esportivas e culturais, clubes sociais, sem exigir nada em troca. O mecenato foi interpretado pelo TSE como sendo abuso de poder econômico.

---

* Médico, Davi Lerer clinicara para o Sindicato dos Metalúrgicos antes de ser eleito vereador pelo Partido Socialista Brasileiro em 1963. Chegou a ser detido após o golpe e submetido à Comissão Geral de Investigações, onde lhe disseram que não perderia o mandato porque o presidente Castelo Branco era um democrata e precisavam de um parlamentar socialista em São Paulo – os outros tinham sido cassados (depoimento ao autor).

Num terceiro lance do xadrez destinado a dar o xeque-mate na oposição, passou-se a exigir que os candidatos comprovassem pelo menos quatro anos de domicílio eleitoral nos estados em que disputassem a vaga – essa medida atingiu diretamente o marechal Lott. Mineiro, o candidato a presidente derrotado em 1960 por Jânio transferira seu título para Teresópolis, Rio de Janeiro. O marechal foi derrotado em recursos no Tribunal Regional Eleitoral e no Supremo. "Assim só votarão os que frequentam o palácio e só serão votados os que já ocupam o palácio. Querem um regime pretoriano e palaciano!"[11]

O senador Nelson Carneiro também ironizou as mudanças de última hora: "Era mais honesto se houvessem simplesmente decretado a inelegibilidade de todos os Almeidas, Hélios e Sebastiões".[12]

O PTB não apresentou um só candidato próprio em todo o país, preferindo reforçar as posições do PSD, que escalou Israel Pinheiro em Minas e Negrão de Lima na Guanabara. Mais palatáveis que Hélio de Almeida e Sebastião Pais de Almeida, tinham, para o regime, um pecado original: o primeiro dirigira a Novacap, que construíra Brasília; o segundo fora ministro das Relações Exteriores de JK.

A campanha foi acirrada, mas tranquila, dentro das circunstâncias. A UDN ganhou nos estados do Paraná, Goiás, Paraíba, Maranhão e Pará. O PSD levou em Santa Catarina, Rio Grande do Norte, Mato Grosso, Minas e Guanabara, onde os candidatos dos dois grandes líderes civis da revolução – Magalhães Pinto e Carlos Lacerda – foram derrotados.

A apuração nem terminara quando, falando aos integrantes do Regimento Sampaio, que ele tentara sublevar em 1922, o ministro da Guerra, Artur da Costa e Silva, assegurou:

> Eu lhes garanto que não retornaremos ao passado. [...] E por que não retornaremos ao passado? [...] Podemos asseverar, com esta convicção e com esta fé, que não retornaremos ao passado, porque nós estamos unidos. A farda está unida. Seja na Marinha, seja na Aeronáutica, seja no Exército. Nós fizemos a revolução. E, se nós a fizemos, nós saberemos conservá-la, preservá-la e continuá-la. Meus amigos, enquanto esta unidade, enquanto esta coesão existir, que importam esses homúnculos que existem por aí? Que importam negros ou brancos. Eles não tomarão jamais conta deste país.[13]

A farda não estava unida. Ao contrário, boa parte dela pressionava o presidente para negar a posse aos eleitos. Mas Castelo Branco acabou anunciando que respeitaria o resultado, isso depois de muita especulação sobre sua queda e substituição por um verdadeiro "revolucionário", caso cumprisse a lei.

Um grupo de oficiais resolveu retomar o assunto durante a comemoração do maior feito do Brasil na Segunda Guerra: a tomada de monte Castello, ação na qual o presidente Castelo Branco tivera papel relevante.

O principal orador do evento era Costa e Silva, que, para demonstrar que não pactuava com a rebelião, passou antes no Palácio das Laranjeiras e garantiu a Castelo que jogaria água naquela fogueira. Franco candidato à sucessão, estava interessado em garantir que o presidente completasse seu mandato sem maiores atropelos.

No Clube Militar, o ministro da Guerra cumpriu o prometido:

> Não cabe às Forças Armadas decidir se deve ou não se dar posse aos vencedores das eleições do último final de semana. Elas não têm esse poder. A decisão é exclusivamente do presidente. E as Forças Armadas o apoiam incondicionalmente. É mentira tudo que for veiculado em contrário. Estamos com a situação sob absoluto controle e o ambiente é de perfeita calma.[14]

28

Segundo ato

Depois de garantir a posse dos governadores eleitos, Castelo Branco resolveu mudar as regras do jogo mais uma vez. Encaminhou ao Congresso uma emenda constitucional que lhe dava o poder de intervir nos estados, alçava os atos do Comando Supremo da Revolução a um patamar inatingível pela Justiça e autorizava o julgamento de civis por tribunais militares. A guinada levou à demissão do ministro da Justiça, Milton Campos. Ao perceber que seria impossível convencer o presidente da República a não levar a emenda adiante, o signatário do Manifesto dos Mineiros e constituinte de 1946 saiu de cena com uma frase definitiva: "Um ministro pode se afstar quando em constrangimentos de continuar no cargo; já o presidente não pode fazê-lo".[1]

Uma comissão mista integrada por senadores e deputados aprovou a emenda por catorze votos a sete. No plenário, o cenário era outro: a base de apoio do governo esfacelava-se rapidamente; o chamado Bloco da Revolução registrava quinze defecções e, entre os udenistas, havia 27 deputados contrários à emenda, tornando remotas as chances do governo de conquistar os dois terços exigidos para mudar a Constituição.

O novo ministro da Justiça, Juraci Magalhães, usou todos os tipos de argumento para tentar convencer os parlamentares. "Não se está dizendo ao Congresso: se você não fizer isso, eu te quebro a cara. O que se está dizendo é: se você não fizer isso, eles nos quebram a cara."[2]

Mas, para boa parte dos deputados, era concessão em demasia. Na sessão de 26 de outubro, o senador Arthur Virgílio, do PTB amazonense, definiu assim o quadro:

Se querem degradar-nos perante o mundo, se querem aviltar-nos perante o povo civilizado, implantando a ditadura, que o façam, sr. Presidente, e assumam a responsabilidade perante a história. Mas que cessem com a farsa, cessem com a impostura dessas leis que são, assim, a legalização da ditadura, votadas por nós. Arranquemos, pois, a máscara. Que se implante a ditadura, mas não com leis do Congresso Nacional. Que se liquide com a liberdade, mas não com nosso apoio e nosso voto.³

Na madrugada do dia 27, com a batalha parlamentar perdida, Daniel Krieger jogou a toalha e comandou a retirada dos senadores governistas. Auro de Moura Andrade chegou a marcar nova reunião para a tarde daquela quarta-feira, mas já estava claro que o Congresso não aprovaria emenda nenhuma. Contando e recontando os votos, os jornalistas concluíram que era impossível chegar aos 205 necessários. Entre os futuros protagonistas da campanha das Diretas de 1984, Montoro foi arrolado como um provável sim, enquanto Tancredo, Ulisses e Covas disseram que votariam não. Previsões sombrias dividiram o espaço das primeiras páginas com especulações sobre novo ato institucional. A notícia confirmou-se com um pronunciamento de Castelo Branco em cadeia de rádio e televisão em que o presidente anunciou e justificou o ato. A certa altura, afirmou: "A revolução está viva e não retrocede".⁴

O novo ato vinha sendo planejado havia tempos. O primeiro rascunho do documento fora feito a pedido de Costa e Silva, pelo jurista Vicente Rao, antes mesmo do envio da emenda.* Outras propostas tinham sido formuladas pelos juristas Francisco Campos (autor da Constituição de 1937 e do AI-1) e Carlos Medeiros Silva. Quem juntou tudo num documento final foi Nehemias Gueiros,** com a colaboração ativa de Geisel e Golberi.

---

* Rao tinha experiência no assunto: elaborara a Lei de Segurança Nacional de 1935, que estabelecera sanções para jornais e emissoras de rádio subversivos, além de permitir a cassação de patentes de oficiais das Forças Armadas. Fora ainda, como ministro da Justiça de Vargas, o responsável pelo fechamento da Aliança Nacional Libertadora (ANL), alegando o caráter comunista da organização, e o criador da Comissão Nacional de Repressão ao Comunismo, que mandou para a prisão, entre outros, o prefeito do Distrito Federal, o jornalista Maurício de Lacerda (pai de Carlos Lacerda) e o educador Anísio Teixeira. Rao opusera-se ao Estado Novo e fora demitido da Faculdade de Direito. Em 1951, reconciliado com Getúlio, assumiu o Ministério das Relações Exteriores. Logo após o golpe, rascunhara um projeto de ato institucional a quatro mãos, com o jornalista Júlio de Mesquita Filho.

** Oito anos antes, em Londres, Nehemias participara de uma cena hilária protagonizada por Assis Chateaubriand, dono dos Diários Associados. Os dois disseram a Winston Churchill que ele seria condecorado. Colocaram o ex-primeiro-ministro da Inglaterra de joelhos e, com um cabo de marfim

Na última hora, Castelo acrescentou uma nova linha ao texto, vetando qualquer possibilidade de se pensar na sua reeleição: "O atual presidente da República é inelegível para o próximo pleito".[5]

Estava tudo pronto quando se deu um episódio aparentemente menor, mas que sintetiza bem o momento: ao sair da sala de Geisel, onde Golberi e Nehemias Gueiros tinham redigido o preâmbulo do ato, o tenente-coronel assistente de Geisel, Gustavo Moraes Rego Reis, parou diante de alguns oficiais e começou a ler em voz alta o documento: "A revolução foi um movimento...". O capitão Heitor de Aquino Ferreira, que trabalhara no Conselho de Segurança Nacional em 1961 e ajudara a montar o SNI, corrigiu: "A revolução é...".[6]

Percebendo o alcance do comentário, Moraes Rego deu meia-volta. Assim, o preâmbulo recebeu uma emenda de última hora que demonstrava o caráter permanente do movimento que se iniciara como uma espécie de freio de arrumação. Surgia assim "a certidão de nascimento da doutrina do poder constituinte permanente da revolução",[7] conforme definição de Leonardo Augusto de Andrade Barbosa.

Os 33 artigos do Ato Institucional nº 2 enfraqueciam o Judiciário, debilitavam o Congresso e tornavam indiretas as eleições para presidente da República e para o governo dos onze estados que ainda não tinham elegido seus governadores – naquela época, as eleições não aconteciam na mesma data em todos os estados.

O presidente passava a ter poder muito ampliado – podia decretar o estado de sítio, fazer novos expurgos nos órgãos políticos, judiciários e administrativos, suspender direitos políticos, limitar a liberdade de associação, colocar o Congresso em recesso e editar atos complementares. O ato recebeu apoio dos principais chefes militares e associações. O governador de Minas apoiou o ato. O de São Paulo, Ademar de Barros, foi dramático: "Que Deus Nosso Pai nos ajude a suportar mais este rude golpe".[8]

Os principais chefes militares telegrafaram ao ministro da Guerra dando seu apoio (menos Amauri Kruel, do II Exército). O ministro Ribeiro da Costa, presidente do STF, divulgou nota dizendo que não lhe competia dizer nenhuma palavra sobre a decisão. O Departamento de Estado norte-americano evitou

---

e ouro, nomearam-no membro da (fictícia) Ordem do Jagunço. Chatô foi quem o ordenou, dizendo: "Sir Winston, em nome de Francisco Campos, do sertão *soft* das Gerais, Grão-Mestre da Ordem do Jagunço, e de Antônio Balbino, Senhor do Rio Grande, Barreiras, sertão *hard* da Bahia, e nosso consultor jurídico (Nehemias), eu vos armo comendador da valorosa Jerarquia do Nordeste do Brasil". O trote foi fotografado e registrado por fotógrafos e jornalistas brasileiros.

comentários, dizendo que se tratava de problema de política interna brasileira. A Fiesp aprovou integralmente as novas regras.

O golpe mais radical do ato era a extinção dos treze partidos políticos existentes. Os novos partidos – inicialmente em caráter provisório – precisavam ter o apoio de 120 deputados e vinte senadores, o que já limitava a três o número máximo possível de partidos.

Os partidos foram pegos de surpresa. De tão atordoado, o PTB nem conseguiu se manifestar oficialmente. Já o PSD preparou uma nota que não chegou a ser lida em plenário. O documento buscava afastar as suspeitas de colaboracionismo e radicalização: "Em primeiro lugar, deve ficar claro e insuscetível de dúvida que o partido não teve qualquer participação na elaboração do ato, não lhe deu aquiescência, nem tampouco teve dele ciência prévia".[9]

Em nome do PDC, Franco Montoro assinalou: "ideologia não se improvisa ao sabor das circunstâncias. Por isso, a democracia cristã [...] se afirma, hoje mais do que nunca". O Partido Socialista foi mais enfático: "A nação viveu até agora sob um regime de democracia tutelada. A edição do Ato Institucional nº 2 corresponde a um passo a mais nesse retrocesso: estamos diante da ditadura sem disfarces". Ernani Sátiro, da UDN, chegou a esboçar uma nota de protesto, mas seus colegas o demoveram da ideia.

Dos grandes jornais, apenas o *Correio da Manhã* se mostrou contra o ato. Sob o título "Ditadura", o editorial estampado na primeira página mandava ver:

> Dessa vez não houve sequer a preocupação de disfarces [...] O novo ato institucional, ontem promulgado, ou simplesmente editado, é um documento de seca e arrogante implantação de ordem ditatorial. Dele emerge, sem rebuços, um único poder, o poder militar, enquanto os verdadeiros poderes, os poderes constitucionais, entram em colapso.[10]

A *Folha* escolheu uma manchete positiva: "País recebe tranquilo o Ato Institucional nº 2".[11] O *Estadão* optou por apenas informar na manchete – "Governo baixa novo ato institucional" –,[12] mas criticou a atitude do governo em editorial. Já o *Jornal do Brasil* preferiu destacar a prometida parcimônia com que o presidente se dispunha a usar a força – "Governo anuncia que usará poderes do novo ato só em casos extremos".[13]

Se a reação da imprensa foi de acolhida, a do Parlamento foi de pânico. Em dezesseis dias foram feitos 379 discursos na Câmara dos Deputados. Montoro foi um dos únicos a falar sobre a alteração na estrutura dos partidos e apontou as escolhas oferecidas pela oposição: renúncia ou luta. Tancredo, por sua vez, não foi à tribuna uma só vez. Covas foi sete vezes ao microfone, mas salvo uma questão de ordem sobre os critérios de votação pós-AI-2, só tratou de temas ligados ao porto de Santos ou ao salário do funcionalismo.

O mundo da política sabia que o AI-2 era apenas o começo. O primeiro ato complementar, baixado no mesmo dia, criminalizava as ações públicas de qualquer político que tivera os direitos cassados. Outros 104 seriam impostos até 1977. O *Correio da Manhã* definiu deste modo o que acontecia naquele momento: "O Ato Institucional é árvore frondosa que já deu muita sombra a este país [...] Mas é árvore que cria todo dia novos galhos. Nesses galhos pretende-se pendurar e enforcar as últimas liberdades".[14]

Logo após o AI-2, os parlamentares começaram a reagrupar-se. Havia quatro blocos sendo gestados: o da Revolução, com udenistas e pedessistas, em torno de Pedro Aleixo; o Bloco Parlamentar Democrático, com a maioria do PSD, em torno de Martins Rodrigues; o Bloco da Oposição Democrática Trabalhista, com elementos do PTB, liderado por Doutel de Andrade; e o Bloco da Restauração Democrática, sob o comando de Mário Covas.

No dia 17 de novembro, na entrada do Hotel Glória, no Rio, onde Castelo Branco discursaria na abertura da reunião extraordinária da Organização dos Estados Americanos, oito solitários manifestantes aproximaram-se do presidente que saía do carro e abriram uma faixa escrita em letras vermelhas: "OEA – Queremos liberdade!". O grupo, que ficou conhecido como os "Oito da Glória", era formado por Márcio Moreira Alves, Antônio Calado, Carlos Heitor Cony, o teatrólogo Flávio Rangel, o ex-embaixador Jayme Azevedo Rodrigues e os cineastas Glauber Rocha, Joaquim Pedro de Andrade e Mário Carneiro. Todos foram presos.

Na edição de 25 de fevereiro de 1965 do *Correio da Manhã*, Cony havia publicado uma espécie de versão livre do AI-2, ainda não editado. Dizia, entre outras coisas:

> Art. 1º – A partir da publicação deste ato, os Estados Unidos do Brasil passam a denominar-se Brasil dos Estados Unidos. [...] Art. 3º – O presidente da República é promovido à função de governador-geral, com vencimento em dólar [...] Art. 5º – Ficam incorporadas às Forças Armadas norte-americanas as altas patentes militares brasileiras.

No dia anterior, na página 10, o *Correio da Manhã* publicara matéria do enviado especial a Brasília, Márcio Moreira Alves, relatando a pressão do governo sobre os parlamentares, com o título "Câmara submetida ao terror e suborno". Um bom exemplo de que a imprensa ainda tinha liberdade, apesar dos pesares:

O governo do austero marechal Castelo Branco transformou a Câmara dos Deputados mais uma vez, em um mercado persa, vigiado pelas cimitarras da Guarda do palácio. Enquanto o coronel Costa Cavalcanti se encarregava de aterrorizar os mais tíbios, propalando aos quatro ventos que o Congresso seria fechado caso o sr. Bilac Pinto fosse derrotado, a máquina de amaciamento administrativo funcionava com menor alarde, porém com maior eficiência. O ministro Raimundo de Brito plantou-se toda a tarde no salão que dá para as salas dos partidos (ficou junto do PDS, mas do lado vizinho à UDN, de preferência ao do PTB), conversando com parlamentares.

Bilac Pinto derrotou Ranieri Mazzilli por 200 a 167 votos.

No mesmo dia, o jornal teve um empréstimo bancário cancelado e Cony pediu demissão pela quarta vez.

Os quatro blocos geraram apenas dois partidos. O do governo, batizado de Aliança Renovadora Nacional (Arena), nasceu com o objetivo expresso de lutar "por todas as medidas que visem à consolidação dos ideais saneadores e progressistas que inspiraram a Revolução de Março de 1964". A lista de treze objetivos gerais arrolados no documento colocava o "aperfeiçoamento da democracia representativa" em segundo lugar e ia da "democratização das oportunidades à participação do Brasil no sistema de vida ocidental", passando pela "expansão do ensino elementar e técnico e pelo combate às endemias e ao pauperismo".

Do ponto de vista de composição, a Arena ficou com 90% dos udenistas, 64% dos pedessistas e 33% dos petebistas, somando 257 deputados. Os governadores eleitos pela UDN também se filiaram à nova agremiação.

Enquanto faltavam vagas na Arena, foi muito mais complicado organizar um partido de oposição. Lacerda ficou pelo caminho. No dia 7 de outubro, em carta a Ernani Sátiro, ele renunciou à candidatura presidencial, afirmando: "A UDN não poderá continuar apoiando o governo Castello Branco e a minha candidatura, pois o sr. Castello Branco não admite a minha candidatura e tudo faz para condenar o país à escamoteação da eleição indireta".[15] Após deixar a UDN, Lacerda fez seu primeiro movimento: tentar organizar o Partido da Renovação Democrática, o Parede. A pretensão foi barrada pelo TSE.

As primeiras reuniões para organizar um partido de oposição, embrião do Movimento Democrático Brasileiro (MDB), aconteceram na Câmara e contaram com a participação de Tancredo, Ulisses, Montoro, Amaral Peixoto e de vários outros, como o baiano Oliveira Brito, o cearense Alcides Rodrigues, o pernambucano Osvaldo Lima Filho, o gaúcho Pedro Simon, o maranhense Renato Archer, o paraibano Humberto Lucena e o santista Mário Covas.

Depois de muita conversa, 23 senadores concordaram em assinar a ficha; pouco depois, quatro voltaram atrás. Durante semanas, a lista empacou em 19, até Aarão Steinbruch, um ex-petebista que presidia o Movimento Trabalhista Renovador, juntar-se ao grupo. O noticiário da época dava conta de que ele teria sido persuadido a aderir ao MDB por membros do governo, para garantir a viabilidade do partido de oposição.

Para o regime, o bipartidarismo, subjugado pelas cassações e pela hipertrofia do Executivo, permitia dizer que o Brasil não era uma ditadura. E, se compararmos ao que viria mais tarde, a partir de dezembro de 1968, até que a afirmação fazia sentido.

Quem batizou a organização, como lembrou Ulisses, foi Tancredo:

> Eu tinha proposto Ação Democrática e o Tancredo repicou, com humor: "não vamos botar nome de mulher, porque esta UDN, que tinha nome de mulher, só complicou, até se meteu neste golpe contra as instituições. Vamos arranjar um nome macho"... Eu sugeri... Movimento, palavra que corresponde a ação, só que é masculina... Isso mostra que tínhamos consciência de que, evidentemente, não podíamos chamar então de partido, mas sim de Movimento...[16]

Além de Amaral Peixoto, Montoro e Steinbruch, outros dois ex-presidentes de partidos juntaram-se ao Movimento Democrático Brasileiro: Lino de Matos, do PTN, e Lutero Vargas, do PTB. O comando da nova agremiação ficou com o ex-petebista Oscar Passos. A vice-presidência foi ocupada por Osvaldo Lima Filho, do PTB, Ulisses Guimarães, do PSD, e Franco Montoro, do PDC.

A maior parte dos fundadores era de ex-integrantes do PTB, o segundo contingente mais importante era de políticos do PSD, uma pequena fração do novo partido vinha da UDN e também havia representantes de partidos menores, como PDC e PTN. Mas os estudiosos do tema, como Maria D'Alva Ginzo, alertam para o fato de que, embora a Arena tenha herdado a massa de parlamentares da UDN, não foi uma cisão clara, do ponto de vista ideológico — até porque os partidos originais tinham escassa nitidez programática.

Na solenidade que marcou a formalização do MDB como partido, o presidente Oscar Passos afirmou que a revolução fracassara e que "o povo, desiludido e faminto, descrente de tudo, sem direitos e sem esperanças, está mais próximo que nunca da explosão social".[17] Como retórica, podia ser eficiente. Mas as urnas, em 1966, mostrariam uma realidade bem diferente.

Quando o Congresso reuniu-se em 1966, a Arena tinha 45 senadores e 254 deputados contra 21 e 150 do MDB, respectivamente. Na escolha do líder do partido na Câmara, foi preciso conciliar os interesses de petebistas e pessedistas. Osvaldo Lima Filho, do PTB, sinalizou que só retiraria sua candidatura em favor de Montoro, Tancredo ou Covas. Os dois primeiros não aceitaram, mas Covas topou o risco.

29
Costa e Silva presidente

Na tarde de 30 de dezembro de 1965, o presidente Castelo Branco descansava diante da lagoa de Messejana, no bairro onde cresceu, em Fortaleza, quando toda a oficialidade do Rio de Janeiro reuniu-se no prédio do Ministério da Guerra para homenagear Costa e Silva.

Recebido com uma salva de palmas, o ministro dirigia-se para o lugar de honra quando o orador oficial, general Nilo Guerreiro Lima, saiu do *script* burocrático normalmente empregado nessas cerimônias: "Não há ninguém melhor para dar prosseguimento ao governo austero do marechal Castelo Branco do que seu velho e companheiro amigo, o ministro da Guerra, general Artur da Costa e Silva!".[1]

Estaria tudo certo se Castelo Branco tivesse conhecimento da jogada, mas tratava-se de uma manobra cuidadosamente planejada pelo tenente-coronel Mário Davi Andreazza e pelo general Jaime Portela de Melo. No lance seguinte, logo após a cerimônia, ambos levaram o deputado Costa Cavalcanti ao gabinete do ministro da Guerra para ouvir a confirmação oficial da candidatura.

Costa e Silva confirmou, mas Cavalcanti não repassou a informação. Entretanto, havia um plano B: Costa Cavalcanti saiu por uma porta e pela outra entrou Anísio Rocha, deputado do PSD em terceiro mandato. Eleito por Goiás, já assinara a ficha do MDB. Parte dos votos que obtivera na eleição de 1957 tinham origem num telegrama recebido por vários presidentes de diretórios do PSD: "Como o meu filho Mauro já está praticamente eleito, peço descarregar votação no candidato Anísio Rocha. Assinado: Pedro Ludovico Teixeira". Pedro Ludovico era pai de Mauro Borges e a maior liderança política de Goiás. O telegrama era falso.

De acordo com Sebastião Nery, Rocha ainda tentou escapar da missão, dizendo que era apenas um deputado de província, mas não teve saída. O deputado foi ao Palácio Tiradentes, onde agora ficava a sede da Assembleia Legislativa e passou a notícia para o repórter Oiama Teles, do *Correio da Manhã*. Oiama emplacou a manchete no dia seguinte: "Costa e Silva diz ser candidato".

Havia certa ironia no texto:

> O general Costa e Silva, ministro da Guerra, anunciou ontem que, como qualquer brasileiro no gozo de seus direitos políticos, é candidato à Presidência da República nas próximas eleições indiretas, a serem marcadas pelo marechal Castello Branco, como determina o Ato Institucional nº 2. O deputado Anísio Rocha, que fez a comunicação à imprensa ontem, revelou que o ministro da Guerra lhe autorizara a divulgar a notícia.[2]

Pela lei, qualquer brasileiro no gozo de seus direitos políticos podia ser candidato. Mas, de fato, a coisa era bem diferente. O governo tinha maioria folgada no Congresso que elegeria o novo presidente, e o aval de Castelo Branco era imprescindível.

Seis meses antes, o chefe da Casa Civil, Luís Viana Filho, comentara com Castelo Branco que qualquer outro candidato que não o próprio presidente dividiria a área militar. Ao que o presidente respondeu: "Para o país seria melhor Cordeiro ou Juraci".[3]

Cordeiro de Farias era ministro extraordinário para a Coordenação dos Organismos Regionais (que se transformaria em ministro do Exterior) e Juraci Magalhães era embaixador nos Estados Unidos.

Costa e Silva colocara suas cartas na mesa. Mas muita água ia correr até a eleição, que aconteceria em 3 de outubro de 1966. No Palácio do Planalto, a candidatura do ministro da Guerra tinha opositores bem instalados: Ernesto Geisel, chefe do gabinete militar, e Golberi do Couto e Silva, criador e chefe do SNI.

Menos de uma semana depois do lançamento informal de sua candidatura, Costa e Silva partiu para uma longa viagem à Europa e ao Oriente Médio. No Aeroporto do Galeão, mais de mil oficiais foram despedir-se do ministro. Ao repórter Waldomiro Guarnieri, Costa e Silva afirmou: "Saio ministro da Guerra e volto ministro da Guerra".[4]

Estampada na primeira página dos jornais, a declaração foi imediatamente interpretada como um desafio a Castelo Branco, que, como todo presidente no gozo de seu cargo, podia demitir qualquer ministro a qualquer tempo.

A reação da Arena à candidatura de Costa e Silva não foi de entusiasmo – o partido que acabara de ser criado só se moveria em conformidade com a vontade do poder militar e não havia qualquer sinal de que Castelo Branco apoiasse seu ministro. Mas Costa e Silva não se fez de rogado: ainda em Paris, chegou a dizer que, se o partido do governo não o apoiasse, podia valer-se do respaldo do partido da oposição.

Ele continuava no exterior quando, no dia 26 de janeiro, Castelo Branco enviou uma carta a seus ministros militares. No texto, distribuído aos comandos das Forças Armadas em todo o país e vazado para os jornais, o presidente advertia para os perigos de uma ditadura militar e afirmava que o país não podia expor-se a um regime que o condenaria perante a opinião democrática do mundo e levaria à perda do crédito externo e no cancelamento de financiamentos essenciais ao desenvolvimento nacional. Castelo reiterou sua oposição a continuar no cargo, mas reconheceu a legitimidade da candidatura de seu ministro da Guerra: "Não sou eu quem vai embaraçar o surto da sua candidatura".[5]

Para que Costa e Silva tivesse o apoio do presidente e chegasse ao poder, na visão de Castelo, seria preciso que encarnasse o ideal da continuidade revolucionária, unisse as Forças Armadas, assumisse o compromisso de continuar a política externa e a política econômico-financeira do governo e submeter-se às normas, sendo respaldado pela Arena e desincompatibilizando-se do cargo no prazo da lei.

No penúltimo dia de janeiro, um domingo, Castelo reuniu seus auxiliares mais diretos e comunicou que daria uma chance para Costa e Silva se enquadrar nas regras que estabelecera. Admitiu que não era o candidato ideal, mas disse que temia pela crise, caso lançasse outro nome. Ernesto Geisel não gostou da solução:

> Vamos vender o futuro por uma solução precipitada do presidente. Pouco importava que houvesse crise agora, essa crise que estão querendo evitar. Prefiro até que haja. E, se eles ganharem, que venham e assumam a responsabilidade do governo.[6]

O principal assunto daquele domingo foi o Ato Institucional nº 3, que o presidente assinou poucos dias mais tarde. Fixava a data da eleição presidencial para 3 de outubro e a separava das outras duas. Os governadores seriam eleitos em 3 de setembro e deputados e senadores em 15 de novembro. O AI-3 também tornava indireta a eleição dos prefeitos de capitais. Outra mudança era a definição do tempo de domicílio eleitoral – de quatro para dois anos – e do prazo de desincompatibilização dos candidatos às indiretas – de seis para três meses.

A segunda mudança permitia que Costa e Silva continuasse no ministério até as vésperas do pleito. Mas a primeira liquidava com os sonhos de outros dois generais: o comandante do II Exército, Amauri Kruel, que tinha título eleitoral na Guanabara e almejava governar São Paulo, e Justino Alves Bastos, comandante do III Exército, que só transferira seu título para Porto Alegre havia seis meses. No dia 11 de fevereiro, Kruel disse aos jornalistas que não seria candidato, por causa da nova regra. Justino afirmou que desconhecia qualquer movimentação militar contra o ato e que só aceitaria sua candidatura se ela resultasse da vontade popular e de todas as correntes políticas.

Ao voltar ao Brasil, no dia 17 de fevereiro, Costa e Silva foi recebido por outra multidão no Aeroporto do Galeão, incluindo uma banda da FAB. Na interminável fila de cumprimentos, que demandou quarenta minutos para ser percorrida, não havia apenas militares – estavam presentes também políticos e populares.

Ao deixar o aeroporto, telefonou para o presidente e tentou tranquilizar Castelo Branco: "Eu não sou criança, farei tudo de acordo com você".[7] Mas, a amigos, Costa e Silva resumiu o comportamento que iria adotar: "Tem um tempo de raposa e um tempo de leão".

Ele só foi ao encontro de Castelo depois do Carnaval. Depois do encontro, Mário Andreazza, assessor do ministro, distribuiu nota pintando um quadro cor-de-rosa:

> A conversa com o Presidente foi leal, cordial e franca. Foi um encontro de dois amigos de longa data, integrantes de um mesmo governo, e, por isso mesmo, com responsabilidades idênticas e bem definidas na preservação e na continuidade da Revolução, que é sem dúvida alguma o compromisso maior assumido por todos os revolucionários perante a Nação Brasileira.[8]

Luís Viana Filho registrou em seu diário:

> 28 de fevereiro, 21 horas.
> O presidente acaba de me telefonar dizendo que a conversa com Costa e Silva foi boa. Muito disciplinado. Já tomou posse e distribuiu nota, dizendo que candidatura é com os partidos e a política. E diz o presidente: "psicologicamente, achei-o mais cauteloso do que conciliador".[9]

No dia 13 de março, outro candidato a candidato posicionou-se. Como se não tivesse participado ativamente do golpe, Ademar de Barros divulgou um manifesto em que dizia que o presidente mergulhara o país num caos jurídico.

Uma semana depois, Castelo deu uma longa entrevista. Disse que participaria da coordenação da Arena para a escolha do candidato e que considerava desaconselhável a revisão da exigência de domicílio eleitoral, por ato institucional ou emenda parlamentar.

No dia 26 de março, uma reunião no Palácio das Laranjeiras mostrou o quanto a candidatura de Costa e Silva dividia o governo. Segundo Luís Viana Filho, que assistiu ao encontro, só Juraci Magalhães foi a favor, por considerar que a situação era inevitável. Mem de Sá, Cordeiro de Farias, Geisel e Golberi eram contra e pediram para deixar o governo quando perceberam que o presidente não se arriscaria a indicar outro nome. Castelo rejeitou a demissão dos quatro.

Na oposição havia uma articulação em andamento: a indicação de outro candidato militar, o comandante do II Exército, Amauri Kruel. Quem armava o lance, até hoje obscuro, sabia que nem todos os emedebistas aceitariam a ideia. A aposta era num racha dentro da Arena.

A trama virou manchete no dia 3 de abril, quando o *Correio da Manhã* informou que Kruel confirmara sua candidatura a Ulisses, Vieira de Melo e Doutel de Andrade (que fora a fonte do jornal). Um mês mais tarde, Carlos Castelo Branco noticiou, no *Jornal do Brasil*, que a trama fora armada "por velhos políticos pessedistas, habituados ao jogo de envolvimento e de paciência" e quase posta a perder por "um árdego deputado do PTB, que herdou da sua corrente a imprevidência e o açodamento".[10] Ele se referia a Doutel de Andrade.

No dia em que Kruel ganhou a manchete, uma reunião na casa de Tancredo Neves no Rio enterrou a candidatura do ex-comandante do II Exército: as raposas do PSD concluíram que era inviável, fosse pela Arena ou pelo MDB. Naquele mesmo dia, durante um encontro com correspondentes estrangeiros, Costa e Silva declarou-se partidário da eleição direta para presidente e explicou que só aceitara disputar uma eleição indireta por ter decidido submeter-se às regras do jogo traçadas por Castelo Branco.

No afã de lustrar a biografia do candidato, os assessores do ministro da Guerra encaminharam ao colunista Carlos Castelo Branco o extrato do Boletim do Exército nº 363, de 5 de fevereiro de 1921, com a "classificação, por ordem de merecimento intelectual, dos aspirantes a oficial de Infantaria". Entre 98 aspirantes, Artur da Costa e Silva apareceria em terceiro lugar, Olímpio Mourão

Filho, em oitavo, Jair Dantas Ribeiro, em 30º, e Humberto de Alencar Castelo Branco, em 33º. A informação foi publicada na coluna de Castelinho.

No dia 2 de maio, o general Olímpio Mourão Filho convocou a imprensa ao seu apartamento da avenida Atlântica e admitiu que, mesmo sem ter sido oficialmente convidado, poderia ser candidato a presidente pelo MDB: "Não sou antigoverno porque o MDB não é partido de ninguém, da mesma forma que a Arena não é partido do presidente e nem de um grupo de políticos caracterizado como algo definitivo".[11]

O MDB não embarcou na canoa de Mourão. Em 17 de maio, durante uma festa promovida por Assis Chateaubriand em Porto Alegre, um repórter da Rádio Farroupilha registrou as declarações do comandante do III Exército, general Justino Alves Bastos:

> Revolução por revolução, a revolução acabou. Precisamos defender a democracia pela qual a Revolução foi feita, contra o poder pessoal. Não podemos submetermo-nos aos poderes individuais e digo como Floriano Peixoto: não é possível que, por falta de ordem e democracia, se passe um laço no pescoço e se enforque a ordem e a democracia. Entendam-me como quiserem.[12]

Justino foi adiante e criticou a política econômica do governo. No dia seguinte, Castelo destituiu-o do comando do III Exército, colocando Orlando Geisel em seu lugar. Kruel ficou na marca do pênalti – salvou-se porque desmentiu ter dado seu apoio às declarações de Justino. Mas não duraria muito.

No dia 26 de maio, Costa e Silva apresentou-se à convenção da Arena como único candidato. Prometeu continuar a Revolução e disse que seria um defensor da democracia. Também garantiu que iria empreender "a obra de restauração e consolidação das instituições democráticas, adotando soluções adequadas à nossa realidade". O povo veria restituído "o direito de escolher livremente os seus representantes, que temporariamente lhe foi retirado por necessidade inarredável da ordem revolucionária".[13]

Costa e Silva recebeu o voto de 321 dos 369 convencionais. Houve três votos para o ministro da Educação, Pedro Aleixo, um para Lacerda e outro para Adauto Lúcio Cardoso. Até Golberi recebeu um voto para vice-presidente.

Pedro Aleixo acabou sendo indicado como vice de Costa e Silva. Mineiro de Mariana, 65 anos, era advogado, mas estava na política desde 1927, quando se elegera conselheiro municipal de Belo Horizonte, cargo correspondente ao de vereador. Em 1930, participara da Aliança Liberal e do movimento que levara

Getúlio Vargas ao poder. Três anos mais tarde, fora eleito deputado federal constituinte por Minas Gerais na legenda do governista Partido Progressista. Foi contra o Estado Novo e negou-se a aceitar cargos públicos durante a vigência do regime ditatorial – incluindo a Prefeitura de Belo Horizonte. Signatário do Manifesto dos Mineiros, fora um dos fundadores da UDN e ajudara a articular a candidatura presidencial do brigadeiro Eduardo Gomes. Voltou à Câmara dos Deputados em 1958 e foi reeleito em 1962, tornando-se um dos mais aguerridos opositores do governo Jango.

30

A primeira campanha das Diretas

No MDB, havia um movimento em favor das eleições diretas, mas poucos acreditavam que elas realmente viessem. Chegaram a anunciar um comício para o dia 1º de maio, que simplesmente não aconteceu. O gabinete nacional do partido teve de se espremer na sala do líder Vieira de Melo (os arenistas ocupavam quase todo o Congresso com sua convenção) para combinar que Osvaldo Lima Filho apresentaria uma emenda com esse objetivo no dia seguinte.

A notícia da emenda do MDB foi manchete da *Folha de S.Paulo* no dia 15 de maio, mas não virou realidade. Dez dias mais tarde, o jornal tomou a iniciativa. No pé da primeira página, reproduziu uma cédula com o nome dos principais candidatos ao governo de São Paulo, acompanhada das seguintes explicações:

> Você também votará – O povo de São Paulo tem dado exemplares manifestações de civismo em todos os prélios eleitorais de que tem participado, todos eles transcorridos em magnífica ordem, sob a orientação da Justiça Eleitoral. Pelos motivos de todos conhecidos, não lhe caberá eleger diretamente o seu próximo governador, que será escolhido por processo indireto dentre os nomes indicados pelos dois partidos a que se reduziu a estrutura eleitoral do país. Mas esse povo certamente deseja ter, pelo menos, a oportunidade de manifestar-se, talvez contribuindo com isso até para ajudar a escolha indireta. Não podendo eleger diretamente, como fizeram outros estados, poderá auxiliar os que devem realizar a eleição indireta.[1]

A mesma cédula foi exibida nos outros jornais do grupo – a *Última Hora*, que Samuel Wainer vendera depois do golpe, e o policialesco *Notícias Populares*.

Poucos dias após a emenda das Diretas ter sido encaminhada, o deputado Rui Santos, um craque em antecipar o resultado de qualquer votação, de acordo com o veterano repórter Villas-Bôas Correa, descartou qualquer chance de sucesso para a iniciativa: "No Brasil, os comícios se organizam sempre em torno de pessoas, de candidatos e de líderes. É tolice pensar-se em fazer comício em torno de ideias".

Rui Santos estava na Câmara desde a Constituinte, sempre pela UDN. Morreu em 1985, a tempo, portanto, de testemunhar comícios enormes mobilizados em torno de ideias.

No dia 5 de junho de 1966, o governo suspendeu os direitos políticos de Ademar de Barros por dez anos. Corria o boato de que ele resistiria à cassação, mas o governador limitou-se a apresentar a seus secretários uma nota lida pelo secretário Ataliba Nogueira, em que lamentava a decisão, mas a acatava, afirmando apenas: "Jamais poderia imaginar que a mesma Revolução, para cuja vitória tão decisivamente contribuí, viesse um dia a arrebatar meus direitos políticos [...]".[2]

Ademar entrara em rota de colisão com o governo federal por conta de seu projeto eleitoral: candidatar-se à sucessão de Castelo Branco. Recusara-se a entrar para a Arena e, no dia 11 de março, havia divulgado um manifesto criticando a situação econômica e denunciando uma conspiração em andamento. Chegou a propor que Castelo Branco renunciasse em favor do marechal Dutra, que convocaria eleições em trinta dias. O governo reagiu e garantiu que a Arena restringisse a escolha do candidato à sucessão estadual paulista a uma lista tríplice, na qual o ex-udenista Roberto de Abreu Sodré, o preferido pelo regime, levou a melhor.

Para dar respaldo a seu projeto, multiplicara as nomeações e chegou a lançar títulos estaduais. Em 25 de maio, *O Estado de S. Paulo*, que tinha velha rixa com o governador, publicou uma notícia sobre o assunto, quase clamando por sua cassação:

> Festival de nomeações – [...] Estabelece-se relação entre esse festival de nomeações e a aproximação do dia 2 de junho, início do período de 90 dias que antecede pleito estadual e durante o qual não poderá o governo admitir novos funcionários.

Sodré levou ao presidente da República exemplares do *Diário Oficial* paulista com as nomeações e provas de que o governador estava mesmo emitindo bônus rotativos estaduais. E o destino de Ademar foi selado.

Numa demonstração de força, Castelo ordenou a Amauri Kruel, o comandante do II Exército, supostamente alinhado com o governador rebelde, que o informasse de sua iminente cassação. O ministro da Justiça, Mem de Sá, perguntou ao presidente se não havia algum risco no gesto e Castelo disse que não – Kruel era um bom soldado e obedeceria à determinação do comandante-chefe das Forças Armadas.

Como o AI-2 não previa cassação de mandatos executivos, Leitão de Abreu, o chefe de gabinete de Mem de Sá, trabalhou o domingo todo na redação do Ato Complementar nº 10, publicado no dia 7. Ademar não esperou. Saiu do palácio no domingo à noite.

A cassação de Ademar levou o MDB a postergar sua decisão sobre o processo sucessório. Até o último momento, Ulisses insistiu na tese de que seus companheiros iriam se arrepender de optar pela abstenção. Para o deputado, ter um candidato a posto majoritário, mesmo que para perder, funcionaria como um polarizador, exercendo influência na mobilização eleitoral para a disputa dos cargos proporcionais (deputados e senadores).

Também deu em nada a sugestão de Osvaldo Lima Filho de lançarem um candidato civil – os nomes cogitados foram o do presidente do Supremo Tribunal Federal, ministro Ribeiro da Costa, do escritor Tristão de Athaíde, do jornalista Barbosa Lima Sobrinho, do advogado Sobral Pinto, do senador Josafá Marinho e do ex-governador Carvalho Pinto.

No dia 9 de junho, a cúpula emedebista decidiu pela abstenção nas eleições indiretas. Havia ainda uma questão a resolver – a situação do Rio Grande do Sul, onde o partido tinha apenas um voto menos que a Arena e, portanto, chances de eleger o governador, desde que houvesse a mínima dissidência do outro lado.

A Arena fizera uma convenção disputada. O vencedor, Peracchi Barcelos, teve 252 votos, contra 236 votos conferidos para Tarso Dutra e 15 para o professor Ruy Cirne Lima. O colunista Carlos Castelo Branco anotou que abstenção foi a proposta mais moderada entre as discutidas na reunião. O presidente do partido, Oscar Passos, chegou a sugerir que o partido se autodissolvesse, enquanto Vieira de Melo propôs que não apresentassem mais nenhum candidato às eleições enquanto houvesse um ato institucional em vigor.

Para evitar qualquer possibilidade de perder a eleição indireta no Rio Grande do Sul, o governo simplesmente cassou sete deputados estaduais do MDB. Houve também cassações na Guanabara, no Acre e em São Paulo.* No esforço de garantir

---

* Vale registrar que doze dos 27 deputados federais de São Paulo eleitos em 1966 teriam seus mandatos cassados e direitos políticos suspensos na onda repressiva de 1968/69. Entre eles estariam David Lerer (30.344 votos), o candidato a vice quando Montoro lançou-se à Prefeitura em 1965, e Hélio Navarro (18.330 votos), que tinha sido presidente do Centro Acadêmico Onze de Agosto

resultados, um ato complementar invalidou eventuais votos de representantes de um partido em candidato de outro.

Depois de considerar – e deixar de lado – a ideia de renúncia coletiva em solidariedade aos parlamentares gaúchos, o MDB conseguiu juntar 141 assinaturas para uma convocação extraordinária do Congresso. A mesa da Câmara vetou cinco assinaturas, o que não impediu que o mínimo exigido fosse alcançado.

As primeiras sessões da convocação extraordinária não foram instaladas, por falta de quórum. Quando afinal o Congresso iniciou seus trabalhos, uma manobra da Arena aprovou requerimento anterior do deputado Adolfo Oliveira, do MDB do Estado do Rio, que, dois meses antes, tentara convocar o ministro da Justiça para dar esclarecimento sobre vários temas. Com isso, evitava-se que Carlos Medeiros da Silva comparecesse ao plenário no meio da crise – o ministro tinha trinta dias para comparecer.

No dia 6 de agosto, ao formalizar sua decisão de se abster nas eleições indiretas, o MDB divulgou um manifesto em que se apresentava como "o único instrumento válido, em condições de captar e de dar ressonância à voz do povo". Depois de condenar a política econômico-financeira e a política externa, o documento lamentava a situação a que chegara: "Não deixa de ser melancólico termos ainda de lutar, em 1966, pelos princípios pelos quais a nação se levantou em 1922 e 1924 – e que se consagraram após as revoluções de 1930 e 1932".[3]

Quatro dias mais tarde, o novo integrante do MDB, Amauri Kruel, lançou um manifesto falando em poderes discricionários do governo federal: "Desgraçadamente elas [as fontes da revolução] já não estão presentes na memória daqueles que, donos de poder de hoje, se julgam os únicos revolucionários autênticos". E Kruel deixava uma nuvem no ar: "diante do confuso panorama da atualidade, ninguém, a rigor, pode saber que rumos tomará o Brasil no dia de amanhã".[4]

O general não foi demitido. Em setembro, Kruel elegeu-se suplente de deputado federal pela Guanabara.

A vida da oposição não era fácil: em 19 de agosto de 1966, o Dops reduziu o primeiro comício do MDB a uma reunião fechada dentro da antiga sede do PTB, na Cinelândia. Os policiais não permitiram nem mesmo que os discursos

---

em 1965, e o advogado e jornalista santista Gastone Righi, apoiado por Jânio Quadros (16.447 votos). Lerer, Navarro, Righi, Hermano Alves, Marcito e outros foram logo carimbados como "os imaturos" por Ivete Vargas, a sobrinha-neta de Getúlio, que estava em sua sexta legislatura. O líder do grupo que chegou a ter trinta parlamentares e pode ser considerado o antecessor dos autênticos, era Mário Covas, que logo no início da legislatura foi eleito líder do partido para contornar o racha entre ex-pessedistas e ex-trabalhistas.

fossem retransmitidos para a praça por alto-falantes. Ainda assim, quinhentas pessoas participaram do primeiro encontro aberto da oposição desde o golpe.

No dia 3 de setembro, novos governadores foram eleitos indiretamente em doze assembleias legislativas. Todos aprovados previamente por Castelo Branco.*

---

* Foram eleitos Jorge Kalume no Acre, João Batista Tubino em Alagoas, Danilo Aerosa no Amazonas, Luís Viana Filho na Bahia, Plácido de Castro no Ceará, Cristiano Dias Lopes no Espírito Santo, Nilo Coelho em Pernambuco, Helvídio Nunes no Piauí, Geremias Fontes no Rio de Janeiro, Abreu Sodré em São Paulo, e Lourival Batista em Sergipe. Todos da Arena.

31

A Frente Ampla

Antes mesmo que Castelo baixasse o AI-2 surgiu um esboço de uma ampla coalizão contra a ditadura cada vez mais escancarada. A ideia circulava em vários setores e há várias versões sobre sua gênese. O jornalista Hélio Fernandes* garante que tudo começou nas conversas entre ele e o vice-governador da Guanabara, Rafael de Almeida Magalhães:

> Fizemos os primeiros contatos, conversamos com alguns líderes, a ideia era estruturar um movimento englobando todas as lideranças civis para um diálogo válido com grupos militares mais abertos e predispostos ao diálogo. E, como era óbvio, a ideia desse diálogo não tinha nenhuma intenção nem qualquer sentido de revanchismo ou de provocação [...][1]

Márcio Moreira Alves, no livro *68 mudou o mundo*, conta a história assim:

> A Frente Ampla começara como uma conversa entre a deputada Sandra Cavalcanti, de passagem por Lisboa, e Juscelino Kubitschek, impaciente com o exílio. Aliás, começou antes, na boate nova-iorquina El Marrocco, onde Sandra fora com dois casais amigos. Em uma mesa próxima estava Juscelino, em companhia do ex-rei

---

* Irmão mais velho do cartunista e escritor Millôr Fernandes, Hélio é o único jornalista ainda vivo que participou da cobertura da Assembleia Constituinte de 1946. Foi assessor de imprensa de Juscelino Kubitschek durante a campanha deste à Presidência da República em 1955, quando viajou por todo o país acompanhando o candidato. Após a campanha, polêmico como sempre, voltou ao jornalismo. Trabalhou ainda na televisão, num programa em que comentava a situação política.

da Romênia, Miguel, conhecido como rei dos chatos no mundo inteiro. Sandra e Juscelino nunca se tinham encontrado, fizeram excelente camaradagem e acabaram dançando um memorável tango. Comentaram a desilusão de ambos com os rumos da política brasileira. Ao voltar para o Rio, Sandra relatou a conversa a Carlos Lacerda, que começava a pensar em um encontro com o ex-presidente. Lacerda a preveniu: "Sandra: Juscelino é como eu. Se você quiser continuar inimiga dele, é melhor não chegar perto, senão ele te seduz". Àquela altura Carlos Lacerda já rompera com o regime que ajudara a criar. Uma vez no poder, os militares barraram-lhe o sonho de vida inteira, que era chegar à Presidência da República. Em consequência, autorizou Sandra a estabelecer a ponte entre ambos, o que foi feito em Portugal. Juscelino deu a Sandra uma carta nomeando Renato Archer seu representante nas conversações que se seguiram.[2]

A primeira reunião da Frente aconteceu na casa do jornalista Hélio Fernandes, que comprara a *Tribuna da Imprensa* de Lacerda no início dos anos 1960. O ex-ministro da Saúde, Wilson Fadul, representava Jango. O PC tinha três representantes: Ênio Silveira, o ex-senador Valério Konder e o dirigente Luís Maranhão. Participaram ainda, a título pessoal, o brigadeiro cassado Francisco Teixeira, o teatrólogo Flávio Rangel, o ex-deputado José Gomes Talarico e Edmundo Muniz, diretor do *Correio da Manhã*.

Não deve ter sido fácil colocar todos de acordo. Um pequeno exemplo: para Lacerda, a Frente Ampla lutava pela democratização do país. Ele diria mais tarde, em suas memórias, que pretendia criar "uma coisa que não fosse hostil à Revolução, que tomasse a Revolução como um fato consumado, mas que fizesse a partir daí alguma coisa". Os que defendiam o uso do termo "redemocratização", argumentavam que o governo Jango fora democrático até ser alijado do poder pelo golpe.

Em agosto, Lacerda deu uma entrevista explosiva para a revista *Visão*, dirigida pelo jornalista Washington Novaes e que tinha Ziraldo e Zuenir Ventura na equipe. Quando a edição circulou, nos últimos dias do mês, o resto da imprensa repercutiu as declarações do governador da Guanabara.

Em 3 de setembro, dia da eleição indireta para os governos estaduais, o colunista Carlos Castelo Branco sapecou:

> O ex-governador da Guanabara aparentemente não conta com aliados no sistema político oposicionista, mas ninguém em oposição ao atual governo já ousou tanto quanto ele no combate e na convocação ao combate ao presidente da República e ao seu dispositivo civil, de tal maneira que, às restrições dominantes na cúpula do

MDB, já não corresponde mais um estado de espírito negativo na ampla camada de opinião pública hostil ao Poder.³

Para a cúpula do MDB, a Frente trazia um problema: que tipo de relação o partido deveria ter com ela? Alguns dirigentes logo reconheceram que era preciso estabelecer algum acordo, até porque Lacerda era o único político ainda em atividade com o que Castelinho chamou de "liderança vertical" – com base popular, base militar e base política –, já que os demais tinham sido cassados ou haviam desistido de atuar. Outros consideravam que a verdadeira Frente Ampla era o próprio MDB, que precisava apenas ser fortalecido. De Montevidéu, Brizola mandou seu recado: era a favor da Frente, mas não sob a liderança de Lacerda, embora achasse válida a sua colaboração.

No dia 20 de setembro, um jornalista perguntou a Castelo Branco sobre a Frente Ampla. O presidente não aliviou: "é o congraçamento espúrio das ambições frustradas, privilégios desaparecidos, vantagens extintas ou concepções políticas ameaçadas pela própria recuperação nacional".⁴ Dois dias mais tarde, o ministro da Justiça, Juraci Magalhães, viu o dedo da Frente Ampla numa manifestação estudantil contra o governo, ocorrida em Recife. Era delírio, mas, cautelosos, os organizadores da Frente acharam melhor adiar o lançamento do manifesto.

Três dias depois, o udenista e intelectual católico Gustavo Corção detonou a iniciativa em sua coluna em *O Estado de S. Paulo*:

> Para mim, considero o espetáculo pura e simplesmente obsceno, mas vejo nele a possibilidade de um benefício de ordem pedagógica. Espero que esse fenômeno elucide definitivamente os brasileiros sobre a maneira peculiar com que o sr. Carlos Lacerda encara o mundo e a vida. Fica transparente, depois dessa frente ampla, que a luta do sr. Carlos Lacerda em 1964 não foi contra os terríveis desmandos de Goulart, depois dos terríveis desmandos de Juscelino. Não. Naquela época o paladino da alta burguesia lutava por um único ideal supremo que norteia todos os seus atos de homem público: lutava por seu Ego.⁵

Na Câmara dos Deputados, o primeiro a pronunciar-se sobre o tema, em 28 de setembro de 1966, foi o deputado alagoano Ari Pitombo, um ex-petebista de Alagoas que definiu a Frente como a negação de tudo o que fora feito por Getúlio: "Entre nós, trabalhistas e o sr. Carlos Lacerda está o cadáver de Getúlio Vargas, o que significa uma barreira intransponível para qualquer acordo dessa espécie. Somos contra tudo o que aí está. Estamos em oposição a este governo".

Pitombo e Lacerda haviam trombado várias vezes no Parlamento. No mesmo dia em que Pitombo foi à tribuna, autoridades do Exército prenderam na cidade de Santana do Livramento, na fronteira com o Uruguai, um elemento que fazia a ligação de políticos brasileiros com os asilados em território uruguaio e apresentaram-no como o "pombo-correio" encarregado de negociar o apoio de Jango à Frente Ampla.

No dia seguinte, Costa e Silva afirmou que não via frente alguma – nem ampla, nem grande, nem fria, mas que qualquer oposição tinha direito de se organizar. E concluiu: do lado do governo, sim, é que a frente era amplíssima.

32

Novas cassações

No dia 3 de outubro de 1966, sem qualquer sobressalto, Artur da Costa e Silva tornou-se o segundo presidente da República do regime militar. Na história republicana, a partir de 1931, todos os ministros da Guerra tinham sido candidatos virtuais à Presidência, mas apenas dois deles – Dutra e Lott – efetivaram suas candidaturas e somente o primeiro chegou ao poder.

Durante a posse de Costa e Silva, houve apenas dois incidentes: no primeiro, o senador João Abraão, suplente de Juscelino, ocupou o microfone e disse que a nação e o mundo deveriam estar "estarrecidos diante da subserviência, do medo e da covardia de muitos parlamentares". Embora tenha dito que não se opunha a Costa e Silva, ressaltou que era contra os processos de eleição e que, se pudesse, votaria no "maior líder do povo brasileiro", JK. Abraão foi cassado em 1969, com base no AI-5 e nunca mais voltou à vida pública.

Quem causou a segunda confusão, foi João Herculino, que subiu à tribuna, como anunciara previamente, vestindo luto e, no pequeno expediente, fez um discurso de quatro minutos questionando a legalidade do sistema. Ao ser questionado por um repórter se havia morrido alguém de sua família, Herculino disse ter perdido sua amada: a democracia.

A passagem do poder de Castelo para Costa e Silva significou bem mais que uma simples mudança de comando, foi descrita pelos piadistas como "troca de um presidente sem pescoço por outro sem cabeça". No discurso de posse, a palavra "povo" apareceu uma única vez, acompanhada dos adjetivos "simples", "bom", "sofredor" e "paciente". "Decisão", "coragem", "firmeza", "ordem" e "autoridade" permeiam as 52 linhas. Há apenas uma menção "aos anseios de liberdade" que surgem misturados com "as incompreensões, a má-fé e a cobiça do poder". A palavra "democracia" não constava no pronunciamento.

Castelo encontrou uma maneira de expressar seu descontentamento em relação ao desfecho daquele processo: embora o protocolo determinasse que o presidente passasse a faixa a seu sucessor, o marechal a deixou sobre a almofada de cetim sustentada por um auxiliar.

Ao fim de seu governo, Castelo Branco editara três atos institucionais, 37 atos complementares e encaminhara ao Congresso, para mera ratificação, trezentos decretos-lei.

No dia 12 de outubro, ainda de posse da caneta presidencial, Castelo Branco cassou mais seis deputados federais da oposição: o líder do MDB, Doutel de Andrade, o ex-ministro da Fazenda de JK e quase candidato ao governo de Minas, Sebastião Pais de Almeida, o industrial paulista Antônio Adib Chammas, dono do Moinho São Jorge, o alagoano Abraão Moura, o gaúcho César Prieto e Humberto El Jaik, do Rio de Janeiro.*

A lista ocupava a primeira página de todos os jornais quando o presidente da Câmara, Adauto Lúcio Cardoso, recebeu o ofício comunicando as cassações. O documento terminava com a protocolar despedida: "Aproveito para renovar a V. Exa. os protestos da minha elevada estima e consideração. General de Divisão Ernesto Geisel, secretário-geral do Conselho de Segurança Nacional".[1]

Adauto agarrou-se às formalidades: mandou um bilhete a Castelo dizendo que o assunto seria examinado pela Câmara e distribuiu uma nota à imprensa reafirmando que apoiava o movimento de 1964, mas não abria mão das prerrogativas do Congresso:

> Fiz a Revolução, primeiro em defesa do Congresso. Conspirei para depor um presidente que ameaçava, não só a independência e dignidade, mas até mesmo a segurança da instituição a que jurei servir. Corruptos e subversivos são detestáveis. O Congresso livre é, porém, mais importante do que eles.[2]

Embora o AI-2 permitisse ao governo cassar quem bem entendesse, sem consultar o Judiciário e o Legislativo, a atitude do Adauto Cardoso sensibilizou outros parlamentares. Setenta e oito congressistas, incluindo os cinco cassados, encastelaram-se no prédio do Congresso.

---

* O mesmo ato cassou outros dois deputados estaduais emedebistas.

Castelo ainda tentou demover o presidente da Câmara. Aliomar Baleeiro foi o intermediário, mas não obteve nenhum resultado. Durante cinco dias, Adauto Cardoso abriu a sessão da Câmara e deu a palavra aos cassados.

A resistência de Cardoso atraiu deputados do MDB para Brasília. Alguns, como Mário Covas, passaram a noite de quinta para sexta-feira na sala do presidente da Câmara. Por volta das cinco da manhã de 20 de outubro, viram soldados com uniformes de guerra, camuflados, cercarem o Parlamento. O presidente havia decretado o recesso do Congresso até 22 de novembro e passara a bola para o Ministério do Exército.

Às cinco e meia da manhã, Nilo Coelho, primeiro-secretário da Câmara entrou no gabinete de Lúcio Cardoso, iluminado com a luz de velas e com todos os telefones cortados. Trazia o ultimato do general Meira Mattos, que comandava as tropas: caso os parlamentares não deixassem o Congresso imediatamente, o prédio seria invadido. Parlamentares, jornalistas e funcionários começaram a sair. O repórter Almyr Gajardoni Filho, da *Folha de S.Paulo*, estava lá e viu o encontro entre o general e o deputado. O parlamentar tomou a iniciativa:

– Eu nunca esperei, general, encontrá-lo comandando uma operação de fechamento do Congresso Nacional.

Meira Mattos: E eu nunca esperei encontrá-lo, deputado, comandando uma ação tão antirrevolucionária.

Adauto: É que eu, general, sou um servidor do poder civil.*

Meira Mattos: E eu, deputado, sou um servidor do poder militar.

Quando o manifesto da Frente Ampla foi divulgado, em 28 de outubro de 1966, o Congresso continuava em recesso. Carlos Lacerda leu o documento na redação da *Tribuna da Imprensa*.

---

* Depois de deixar o Congresso, Adauto tornou-se ministro do STF até 1971. Renunciou em 1971, quando apoiou a pretensão do MDB, que tentou obter a inconstitucionalidade do Decreto-Lei nº 1.077, que instituíra a censura prévia a livros e periódicos. A representação foi barrada pelo procurador-geral da República e o partido de oposição entrou com uma reclamação contra o despacho. No julgamento, Adauto Lúcio Cardoso sustentou a tese da procedência da reclamação para que o STF pudesse apreciar e julgar a arguição de inconstitucionalidade do decreto. Diante dos votos contrários dos demais ministros, renunciou, despindo ali mesmo a toga por cima da cabeça. Em 1973, Adauto voltou a advogar justamente contra a censura prévia. Ele teve então o atrevimento de defender a Editora Inúbia, responsável pela publicação do jornal *Opinião*, arguindo a inconstitucionalidade da censura prévia. Adauto Lúcio Cardoso faleceu pouco depois, em 20 de julho de 1974, no Rio de Janeiro.

O nome do grupo teria vindo de um relatório do SNI intitulado *Documentário sobre a Frente Ampla*. O documento identifica na gênese do movimento declarações elogiosas de Juscelino a Lacerda (e vice-versa), menciona especificamente uma declaração de Lacerda feita no início de agosto de 1966: "o importante é darmos uma lição de grandeza e de desprendimento, uma demonstração de que podemos colocarmo-nos acima dos nossos olhos e das nossas divergências, para corresponder às exigências, às necessidades, à generosidade do povo brasileiro", e arremata: "Estava lançada a semente da Frente Ampla". A Informação nº 1.262 também menciona um documento do PCB que preconizava o apoio à frente. De acordo com o informe, o fato de o manifesto ter sido assinado apenas por Lacerda teria a ver com a ausência de qualquer menção à anistia no documento.

Após ler o manifesto, Lacerda exibiu seus dotes oratórios aos repórteres que lotavam a redação da *Tribuna da Imprensa*; classificou o governo Castelo Branco de "neofascismo latino-americano" e de "fiel representante da CIA".

No dia 15 de novembro, com o Congresso fechado, a Arena venceu as eleições. Vitória facilitada pelo restabelecimento do voto individual, salvo nas capitais e nas cidades com mais de 100 mil habitantes.

Na Guanabara, com um leque de apoios que ia de janguistas a lacerdistas,* Mário Martins, um veterano jornalista,** venceu tanto seus companheiros nas sublegendas do MDB – Benjamin Farah e Danton Jobim – quanto o arenista Venâncio Igrejas. Mário teve mais dificuldade em sua própria casa, onde seu filho Franklin, de 18 anos, recusava-se a votar no pai e queria anular o voto, para não validar o que seus companheiros de movimento estudantil classificavam de "farsa eleitoral". Na biografia de Mário, com texto original de Franklin, que viria a ser ministro do governo Lula (em 2003), o momento é descrito deste modo:

> Às vezes, de madrugada, saíamos, Nilo, ele e eu para panfletar na porta das escolas. Despedíamos no meio do caminho. Nilo e eu íamos para um lado, pedir votos. Franklin e seus companheiros iam para outro, convocar os trabalhadores a anular seus votos em protesto contra a ditadura. Éramos uma família muito democrática...[3]

---

*   O grupo de apoiadores tinha Marcello Alencar, Hélio Fernandes, Márcio Moreira Alves, Hermano Alves, Mário Pedrosa, Alberto Rajão e Fabiano Vilanova (do PCB) e Lisânias Maciel.
** Aos 20 anos, criara seu primeiro jornal, *A Esquerda*. Depois, trabalhara em *O Radical*, fazendo oposição ao Estado Novo e fundara *Resistência*, que apoiou o brigadeiro Eduardo Gomes. Candidato a constituinte em 1946, teve 3 mil votos.

O desempenho da Arena e do MDB para a Câmara, o Senado e assembleias foi o seguinte:

	Arena	*MDB*	*Nulos*
Senado	44,7%	34,2%	21,2%
Câmara	50,5%	28,4%	21%
Assembleias	52,2%	29,2%	18,6%

Na Câmara Federal, a Arena conquistou mais 23 cadeiras, chegando a 277 parlamentares, enquanto a bancada do MDB se reduziu de 149 para 132, com um alto índice de renovação: quase metade dos oposicionistas – 61 – cumpririam seu primeiro mandato como deputados.

Na Guanabara, a força política de um cacique do extinto PSD garantiu o controle da bancada federal – dezesseis parlamentares do MDB contra sete da Arena. Antônio de Pádua Chagas Freitas era contemporâneo de Carlos Lacerda e alinhara-se com a turma marxista na Faculdade de Direito, mas deixou a esquerda para trás após abandonar o curso.

33

Os estudantes

Na versão construída após o fim da ditadura, o movimento estudantil que ressurgiu em 1967 e chegou ao auge no ano seguinte costuma ser apontado como uma onda cujo objetivo era restabelecer as liberdades democráticas perdidas com o golpe de 1964.

Não é totalmente verdade. Para melhor compreender o processo todo, vale relembrar o que se passou com os estudantes nesse período.

Em 1964, quando os militares deram o golpe, as principais entidades estudantis eram controladas pela esquerda, embora muitos estudantes tenham participado da Marcha da Família com Deus pela Liberdade. Quando Jango caiu, alunos de Direito da Universidade do Recife enviaram um manifesto às Forças Armadas de "integral e irrestrita" solidariedade ao movimento de 1º de abril. O mesmo fizeram 120 estudantes da Faculdade de Direito de Santa Catarina. Em Porto Alegre, a capital da resistência, também circulou um manifesto, assinado por uma tal Mocidade Livre e Democrática do Rio Grande do Sul.

Após o golpe e a destruição da sede da UNE, o primeiro alvo passou a ser a Universidade de Brasília, cujo projeto fora feito por Darci Ribeiro, com a colaboração de Anísio Teixeira. Primeira universidade brasileira a ser dividida em institutos centrais e faculdades, a UnB oferecia a seus alunos dois anos de formação básica, antes de seguirem para os institutos e faculdades. O objetivo era que eles pudessem ter base para escolher entre diferentes caminhos após terminar o currículo básico: tornar-se pesquisador, professor ou profissional. Darci também pretendia que a UnB fosse uma fonte de produção científica e um ponto de encontro artístico e cultural.

Nove dias após o golpe, os militares chegaram em catorze ônibus, com três ambulâncias já preparadas para possíveis confrontos. No *campus*, invadiam salas de aula, revistavam estudantes, procuravam armas e material de propaganda subversiva. Tinham a missão de prender doze professores considerados subversivos – e cumpriram a ordem.

O Ministério da Educação, entregue a Flávio Suplicy de Lacerda, passou a comandar contratações e demissões de professores a partir de um crivo ideológico. O novo ministro decidiu proibir as atividades políticas, vinculando a representação estudantil ao governo, como no Estado Novo. Seu objetivo era acabar com o que chamou de "colônias de vírus", entidades que teimavam em permitir a ação política dos estudantes.

Após o golpe, foi instaurado um IPM para investigar a atuação subversiva de uma dessas colônias, o Centro Acadêmico Cândido de Oliveira (Caco), na Faculdade Nacional de Direito da UFRJ, que foi fechado. Mas os estudantes logo encontraram um sucedâneo capaz de mobilizar a massa: o Movimento dos Calouros, que, entre a organização do trote e a distribuição de apostilas, começou a assumir as tarefas de representação dos futuros advogados.

Em agosto, o diretor da faculdade convocou eleições para o Centro Acadêmico (talvez confiante na vitória dos governistas da Aliança Libertadora Acadêmica, ALA). Os calouros e um punhado de veteranos arregaçaram as mangas e, juntos, montaram uma chapa de oposição em torno de Fernando Barros, ligado ao PTB.

No dia 10 de setembro de 1964, a chapa Pelas Liberdades Democráticas, do Movimento pela Reforma, derrotou a ALA por 886 votos a 714. A posse da diretoria teve como convidado de honra o pensador católico Alceu de Amoroso Lima – ou Tristão de Athaíde, o crítico do "terrorismo cultural".

O decreto-lei que estabelecia a nova estrutura de representação estudantil foi intensamente debatido no Congresso, que não conseguiu mudar uma só vírgula da proposta. Em 9 de novembro de 1964, a lei foi aprovada por 126 votos a 117. João Herculino, em nome do PTB, registrou a derrota de seu partido e classificou o projeto de nazifascista.

A partir de então, a representação estudantil ganhou uma nova estrutura, vinculada à direção das universidades e dela dependente em termos financeiros. O voto nas eleições para os diretórios acadêmicos (nas faculdades), diretórios centrais de estudantes (nas universidades) e para o Diretório Nacional de Estudantes que deveria ter sede em Brasília e que jamais foi criado, passava a ser obrigatório e exclusivo dos alunos matriculados. Repetentes não podiam ser candidatos. UNE, UEEs e centros acadêmicos com longa tradição de representatividade – e de agitação política – deixavam de existir. Logo, a luta contra a nova legislação transformou-se na principal bandeira do movimento estudantil.

Para dirigir a UNE, agora ilegal e clandestina, os estudantes montaram uma diretoria provisória a partir de uma frente de diferentes tendências. Mas não conseguiram unanimidade: o acordo foi rejeitado pelos representantes da União Estadual de Estudantes de São Paulo, que queriam apoiar o golpe militar. O primeiro alvo da nova diretoria era justamente Suplicy de Lacerda, e o dia 16 de agosto foi batizado como Dia Nacional de Repúdio à Política do Ministro da Educação (que não deu em nada).

Em 9 de março de 1965, o presidente Castelo Branco foi ministrar a aula inaugural da Escola Nacional de Arquitetura no *campus* da ilha do Fundão, no Rio de Janeiro. Num longo discurso, defendeu a liberdade de cátedra como "pedra angular" da Universidade, descartou os totalitarismos e a imposição cultural e apontou o "clima de mútua compreensão entre professores e alunos" como mais importante do que aparelhos e laboratórios.

O presidente estava deixando o local depois de conversar com alguns dirigentes estudantis que lhe apresentaram uma lista de reivindicações e acenou para um grupo mais afastado de estudantes. Antonio Serra, aluno da Faculdade Nacional de Direito, militante da AP e dirigente do DCE, resolveu agir: "Puxei uma vaia, que tinha sido combinada: 'Uh! É ditador!'. Foi um rebolíço e o episódio teve uma repercussão enorme, o primeiro ato público de repúdio à ditadura".[1]

Cinco estudantes foram presos e liberados mais tarde, no mesmo dia, sob responsabilidade do reitor Pedro Calmon.

No curso de Direito da PUC de São Paulo, o calouro José Dirceu de Oliveira e Silva, 19 anos recém-completados, arranjava sua primeira confusão ao se recusar a declarar sua religião no formulário de matrícula. Em 1961, Dirceu deixara para trás sua cidade natal, Passa Quatro, em Minas Gerais, de carona num caminhão.

Em 1958, o pai do capeta perdera as eleições para vice-prefeito pela UDN. Dirceu, pré-adolescente, tinha participado da campanha e ficou indignado. Saiu pelas ruas e tomou seu primeiro porre, convencido de que o povo não sabia votar. De volta para casa, consolou o pai com um discurso em que prometeu tornar-se presidente da República.

Em São Paulo, matriculou-se no Colégio Paulistano, onde os alunos usavam gravata na sala de aula e instalou-se primeiro numa espécie de república, armada numa quitinete no parque Dom Pedro. Um tio lhe conseguiu um emprego numa imobiliária, onde ele fez de tudo um pouco até pedir para ser registrado como auxiliar de escritório.

No início de 1964, foi contratado pela Distribuidora Nacional de Materiais Básicos, que vendia material de construção. Do escritório, onde era *office boy* (ou contínuo, como se dizia na época), acompanhou a movimentação dos alunos do Mackenzie, que festejavam a vitória da revolução naquele 1º de abril de 1964. José Dirceu garantiu, 47 anos depois, que a movimentação dos mackenzistas o fez escolher o outro lado: "Eu tinha que estar do outro lado [...] Eu era de outra classe e queria outro Brasil. Meu pai apoiou o golpe, mas rompeu quando cortaram figuras como o Lacerda e o Magalhães Pinto".[2]

Em seus primeiros dias como aluno da PUC, Dirceu conseguiu fazer valer seu argumento – de que sua fé ou seu agnosticismo era uma questão pessoal, irrelevante para a inscrição na faculdade. Sem militância política, juntou-se aos colegas que queriam acabar com a separação de lugares entre rapazes e moças nas salas de aula e a obrigação de receber os professores perfilados, em pé.

As primeiras manifestações estudantis após o golpe tinham como foco o terrorismo cultural. Foi contra isso que os alunos da Faculdade Nacional de Direito cruzaram os braços, em abril de 1965. A direção da faculdade chamou agentes do Dops e da Polícia do Exército para reprimir a greve, e o Conselho Universitário dissolveu o Caco.

Em maio, uma paralisação eclodiu na Universidade de Brasília em protesto contra a interferência do SNI na contratação de professores. Na mesma época, em uma contundente entrevista para o jornal *A Gazeta* – que lhe custaria mais tarde a expulsão da universidade –, o diretor do Instituto de Pré-História, Paulo Duarte,* retomou as críticas ao tão falado terrorismo cultural. Mirando a cúpula da USP, que instaurara um clima de terror e suspeição, ele voltou a falar do terrorismo cultural:

> [...] os mais elevados expoentes do terrorismo cultural foram aqueles professores que temiam pelas suas cátedras e pelas suas posições. Eles foram constituir as

---

* Aos 65 anos, Duarte tinha larga experiência política e uma respeitada carreira como jornalista e intelectual. Um dos incentivadores da Semana de 1922, aderira à Revolução de 1930, desencantara-se com o adiamento da volta à legalidade e participara das articulações que levaram ao movimento constitucionalista de 1932. O Estado Novo custou-lhe um segundo exílio, de nove anos, nos Estados Unidos e na França, onde se especializou em pré-história. Voltou ao país com a redemocratização, fundou o Instituto de Pré-História e criou a revista *Anhembi*, marco da imprensa cultural brasileira, que circulou de 1950 até 1962. Participou da conspiração contra o governo de Jango.

comissões de inquérito que apontaram mais de cinquenta universitários, professores e alunos, que deviam ser expulsos e terem seus direitos políticos cassados. Isso, pelo crime de serem lúcidos e de quererem pensar sem dar satisfação à política.[3]

Duarte referia-se à comissão secreta instalada pelo reitor Luís Antônio da Gama e Silva para identificar alunos, funcionários e professores subversivos. O relatório final, parcialmente divulgado pelo *Correio da Manhã*, denunciava a infiltração de ideias marxistas nos vários setores universitários e recomendava a suspensão dos direitos políticos de 52 pessoas, sendo 44 professores, alguns deles internacionalmente reconhecidos.*

Em junho de 1965, os estudantes invadiram o Conjunto Residencial da USP (Crusp)** em protesto contra o aumento do preço do restaurante e dos alojamentos. O IPM apontou ainda parlamentares de oposição que teriam criado um clima de agitação e provocado o pedido de intervenção da polícia por parte da direção do Crusp: os deputados Esmeraldo Tarquínio, Chopin Tavares de Lima, Raul Schwinden e o vereador David Lerer.

Além de protestos específicos, o alvo prioritário do movimento estudantil era a Lei Suplicy de Lacerda. Num plebiscito meio capcioso, em que a pergunta induzia a resposta – "Você concorda com a Lei nº 4.464, Lei Suplicy, que restringe a autonomia das entidades estudantis?" –,[4] 92,5% dos alunos escolheram "não" como resposta, levando o Congresso da UNE a transformar a derrubada da lei no objetivo prioritário do movimento.

Em julho, na Escola Politécnica da USP, quatrocentos delegados de todo o país realizaram o 27º Congresso Nacional dos Estudantes. A direção eleita, vinculada à Ação Popular, conseguiu aprovar o boicote às eleições convocadas pelo MEC para os diretórios acadêmicos. Diretórios livres começaram a ser organizados à margem da estrutura oficial.

No início de setembro, os professores da UnB entraram em greve por 24 horas, em protesto contra a demissão de três colegas. O reitor, Laerte Ramos de Carvalho, solicitou o envio de tropas militares. Na madrugada de 11 de outubro,

---

* Entre eles, Mário Schenberg, Luiz Hildebrando Pereira da Silva, José Cruz Costa, Fernando Henrique Cardoso, Caio Prado Júnior, Florestan Fernandes e Villanova Artigas. Entre os estudantes estavam Flávio Flores da Cunha Bierrenbach, Marco Antonio Mastrobuono, Silvio Sawaya, Paulo Afonso Sampaio Amaral, Sergio Rezende de Barros e José Serra.

** Os doze blocos do Crusp foram construídos no *campus* em 1963, para abrigar os atletas dos Jogos Panamericanos. Após os jogos, um grupo de universitários invadiu e passou a residir nesses prédios. Depois da batalha da Maria Antônia, passou a abrigar o centro do movimento estudantil. Disponível em <http://usplivre.org.br/2012/03/06/breve-historia-do-crusp/>.

as entradas do *campus* foram cercadas. Uma semana depois, o reitor demitiu quinze professores, entre os quais estava Sepúlveda Pertence, que mais tarde seria presidente do Supremo Tribunal Federal. Na sequência, 223 dos 305 professores da UnB se demitiram.

O anúncio de que o Ministério da Educação tinha um acordo com a Agência Americana para o Desenvolvimento Internacional (Usaid) para implantar o modelo norte-americano nas universidades brasileiras, por meio de uma grande reforma, em março de 1966, provocou outra onda de protestos. O acordo se inspirava nos conceitos desenvolvidos em 1958 pelo professor norte-americano Rudolph Atcon. O relatório que levava o nome de seu autor propunha que as universidades públicas fossem transformadas em fundações sustentadas pelo pagamento dos alunos e por acordos com empresas, sob o comando de um conselho de curadores formado por megaempresários. O ensino deveria prover hábitos e habilidades técnicas para o trabalho na indústria. O estudante era visto como um recurso a ser explorado em favor da máquina produtiva e de sua formação social, como o desenvolvimento do espírito cívico e de respeito à ordem estabelecida.

A resposta dos principais interessados veio sob a forma de uma passeata em Belo Horizonte, pontilhada de cartazes contra o acordo MEC-Usaid, o imperialismo e a ditadura. Cercados pela polícia, os manifestantes abrigaram-se numa igreja, que foi invadida pela polícia. Era o começo de uma escalada.

O que realmente mobilizou a sociedade foi a repressão violenta aos protestos. Nos dias seguintes, houve passeatas de solidariedade em São Paulo e no Rio, com 2 e 3 mil manifestantes respectivamente. Do alto dos prédios, chovia papel picado sobre a caminhada dos estudantes, que entoavam o Hino Nacional. Entre os *slogans* mais óbvios – "Abaixo a ditadura", "Viva a soberania nacional", "Abaixo o imperialismo" – ainda havia lugar para alguma sutileza: "Se são fortes, abram as urnas".

No mesmo dia em que Arena e MDB obtiveram seus registros no TSE, 24 de março de 1966, a imprensa divulgou a primeira notícia de confrontos entre estudantes e polícia, no Rio de Janeiro. Era o início das manifestações de rua que atingiriam o ápice em 1968.

Em julho de 1966, no porão de um convento de Belo Horizonte cercado por policiais, trezentos delegados realizaram o 28º Congresso da UNE. Outros duzentos foram barrados pela polícia nas entradas da cidade. A repressão foi tamanha que nem houve plenária. A distribuição dos cargos da diretoria foi feita, de acordo com Eduardo Saphira, a partir de um acordo entre as organizações de esquerda.

A AP ficou com a maioria dos cargos da diretoria da UNE, incluindo a presidência, que foi entregue a José Luís Moreira Guedes. Na sequência do congresso, a AP lançou o Movimento Contra a Ditadura, o MCD, ao qual as entidades estudantis deveriam estar subordinadas. Os comunistas denunciaram o MCD como uma tentativa de aparelhar o movimento estudantil, mas o maior desafio era tentar conter a dissidência interna. Seus dois representantes acabaram sendo substituídos por nomes indicados pela Dissidência no conselho realizado em abril ou maio de 1967, em Petrópolis.*

A nova direção não via nas eleições o caminho para derrotar a ditadura, que pretendia derrubar pela força. E, desse modo, passou a pregar o voto nulo nas eleições legislativas de novembro de 1966 – os estudantes deveriam escrever a sigla da entidade nas cédulas. E, de fato, nas eleições para a Câmara Federal e o Senado, naquele ano, os votos brancos e nulos ultrapassaram os 50%.

No papel, a derrota do regime militar era questão de dias. A resolução afirmava, com indisfarçável orgulho, que a entidade mais uma vez assumia a vanguarda da luta do povo contra a opressão e estabelecia uma ligação direta entre os golpistas brasileiros e assemelhados pelo mundo afora. A saída estava na união do povo em torno de um programa radical:

> não lutamos pela simples substituição de governantes e nem propugnamos por pífias concessões de caráter liberal, assim como não nos empenhamos na luta por reformas parciais. Temos como objetivo a transformação revolucionária da estrutura socioeconômica do país.[5]

O movimento estudantil crescia rapidamente. Entre as novas lideranças estava Vladimir Palmeira, de 20 anos, filho do senador udenista Rui Palmeira. Nas eleições para a União Metropolitana dos Estudantes Secundaristas de 1961, Vladimir votou na chapa de direita. No ano seguinte, mudou de lado. Chegou a participar de uma reunião de um grupo dos onze, mas achou aquilo uma bobagem. Seu modelo de governo era o de Arraes, e, para chegar ao socialismo, só via um caminho:

> Concluí que aquele movimento no Brasil não ia dar em nada se não houvesse uma preparação para a luta armada, para defender o governo legal. Eu era da ala

---

* O projeto do MCD foi abandonado em meados de 1967, embora tenha resistido por mais um ano nas áreas onde a AP tinha mais contato com as bases operárias e camponesas, como no interior de São Paulo.

mais radical, mas era um radical independente. Flertara com a AP, mas continuava independente.⁶

Vladimir tinha ar de bonachão, mas, apesar da aparência, já militava no Partido Comunista Brasileiro. Ele pregava a luta armada e desprezava a ideia de derrotar a ditadura construindo uma frente ampla. Uma de suas primeiras contribuições para a organização foi recrutar o amigo Daniel Aarão Reis Filho.* Juntos, os dois organizaram grupos de estudo e passaram a lutar por questões mais próximas da vida dos estudantes. A mudança de estratégia teve em Palmeira um dos seus maiores entusiastas e levou-o à presidência da União Metropolitana dos Estudantes.

Em setembro, os protestos alastraram-se pelo país afora, no que ficou conhecido como setembrada. Em São Bernardo do Campo, 178 estudantes foram presos durante um congresso da União Estadual de Estudantes.

A repressão ao Congresso da UEE jogou mais lenha na fogueira: a UNE decretou greve geral em todas as escolas e faculdades do país contra o projeto de cobrança de anuidade nas universidades públicas, contra a repressão policial ao movimento estudantil e pela libertação dos estudantes detidos nas manifestações. Em 22 de outubro, batizado de "Dia Nacional de Luta contra a Ditadura", os estudantes ocuparam o imponente prédio da Faculdade Nacional de Medicina na praia Vermelha, bairro da Urca, Rio de Janeiro, que logo depois foi cercado pela polícia.**

Mário Martins, ainda candidato ao Senado, foi até lá. Diante do prédio, encontrou uma cena de guerra: "Tentamos parlamentar com o comandante da tropa, mas ele não estava para muita conversa. Queria porque queria invadir a escola e encher os estudantes de porrada".⁷

Dois de seus nove filhos estavam dentro da escola: Nilo e Franklin, que se ofereceu para integrar a comissão de segurança. Em depoimento para o *site* Memória do Movimento Estudantil, relembrou sua participação: "Isso aqui não é para valer. É igual ao que o Partidão sempre faz. Na hora H, quer ver como

---

* Carioca, 19 anos, Daniel tinha mudado para Brasília com os pais em 1961, onde fez o curso secundário no Centro de Ensino Médio Elefante Branco, também conhecido por alguns como "Elefante Vermelho", onde começou a atuar no centro estudantil do colégio, entre 1963 e 1964, como parte da diretoria. Voltou ao Rio para prestar vestibular e entrou na Universidade do Brasil. No primeiro ano de estudos, participara das eleições do Caco-Livre, em repúdio às eleições legais para diretoria de entidade, e foi eleito secretário-geral, na chapa presidida por Antônio Serra.

** Inaugurado em 1918, o prédio foi demolido na década de 1970. Ocupava um terreno com cem metros de frente e oitenta de fundo.

concilia. Quer saber de uma coisa? A hora em que vier a porrada, eu entro na porrada".[8]

Houve porrada, sim, mas de um lado só: enquanto os estudantes não decidiam se saíam ou ficavam ali, o prédio foi invadido e sobrou para todo mundo. Palmeira conseguiu escapar, mas quase seiscentos estudantes foram espancados e presos.

Para Vladimir Palmeira, aquele foi um divisor de águas no movimento estudantil:

> Essa história foi tão traumática, bateram tanto nos estudantes – chegaram a enfiar cassetete na vagina das meninas –, foi tanta violência nessa noite que aquele pessoal de 66 nunca mais fez movimento estudantil. Alguns – muito poucos – se tornaram lideranças, viraram socialistas, mas a grande maioria se afastou e foi cuidar da própria vida. Muitos deles só voltaram a aparecer em uma manifestação em 68, na passeata dos Cem Mil.[9]

34

Constituinte a jato

Em dezembro de 1966, por mais um ato institucional – o quarto – o governo transformou o Congresso em Constituinte. O prazo para que a lei máxima fosse discutida e aprovada era a maior prova de que debate e mudança não estavam em questão: 42 dias.

O projeto da nova Constituição tinha sido preparado por um grupo de juristas escolhidos a dedo pelo governo. Mas nem esse texto foi aceito. Considerado brando demais, foi reescrito pelo próprio ministro da Justiça, Carlos Medeiros Silva, que datilografara a Constituição de 1937. A nova proposta substituía os pilares da Constituição de 1946 por uma estrutura jurídica autocrática e centralizada:

- O Poder Executivo passava a concentrar a maior parte do poder de decisão. Só ele podia legislar em matéria de segurança e orçamento.
- As eleições para presidente tornavam-se indiretas, e o mandato, de cinco anos.
- O federalismo perdia substância.
- A pena de morte passava a ser admitida para crimes de segurança nacional.
- Livros e periódicos não seriam mais livremente publicados. Os que fossem considerados propaganda de subversão da ordem seriam censurados.
- A polícia poderia designar locais para reuniões. Quando não designasse, as reuniões eram consideradas proibidas e passíveis de repressão.
- Os civis passavam a submeter-se ao foro militar, em caso de crimes contra a segurança nacional ou as instituições militares.

- Quem abusasse dos direitos políticos ou dos direitos de manifestação do pensamento, exercício de trabalho ou profissão, reunião e associação, atentasse contra a ordem democrática ou praticasse a corrupção poderia ter seus direitos políticos suspensos pelo Supremo Tribunal Federal.
- Punições, exclusões e marginalizações políticas decretadas com base nos atos institucionais eram mantidas.
- A idade mínima de permissão do trabalho caía para 12 anos.
- Acabava a estabilidade no emprego, substituída pelo Fundo de Garantia por Tempo de Serviço.
- O direito de greve era fortemente restringido.

Em sua coluna no *Jornal do Brasil*, Carlos Castelo Branco comparou a Constituinte a uma operação militar: "Trata-se, sem sombra de dúvida, de um documento tutelar, malgrado a decisão de submetê-lo ao Congresso para um exame de três ou quatro semanas, depois que o Executivo nele se debruçou por oito longos meses".[1]

Mesmo sabendo que não seria mudada uma vírgula sequer, o MDB resolveu participar das discussões. O partido, que escolhera Mário Covas como seu líder na Câmara, também tentou, sem resultado, obstruir a tramitação.

Alguns arenistas, como Daniel Krieger e Adauto Lúcio Cardoso, ainda buscaram convencer os emedebistas a apresentarem uma proposta alternativa que eles, como governistas, não podiam patrocinar, na esperança de assim rejeitar o projeto do governo e manter a Constituição de 1946, acrescida dos penduricalhos do AI-2. Houve muita conversa, mas o tal projeto não saiu. O máximo que Krieger conseguiu foi convencer o presidente Castelo Branco a incluir um capítulo sobre direitos e garantias individuais – a primeira versão simplesmente ignorara o tema.

Embora o prazo fosse muito exíguo, foram apresentadas mais de 1.600 emendas. Depois de mais de cinquenta horas de debate, governistas e oposicionistas encerraram as discussões. Como não havia tempo para cumprir as formalidades estabelecidas pelo regimento do Congresso, Auro de Moura Andrade não teve dúvidas: mandou parar todos os relógios do plenário às 23h56 e garantiu que a votação simbólica ocorresse.

Em 13 de março de 1967, dois dias antes da posse de seu sucessor, Castelo Branco baixou mais um decreto-lei – o ducentésimo. Vale lembrar que esse recurso é típico dos regimes de força, já que é prerrogativa do Executivo, que, assim, passa por cima do Legislativo. O novo decreto-lei definia os crimes contra a segurança nacional e a ordem política e social e previa, entre outras coisas, pena de reclusão de quatro a doze anos para quem tentasse "subverter a ordem ou estrutura político-social vigente no Brasil, com o fim de estabelecer ditadura de classe, de partido político, de grupo ou de indivíduo", promovesse insurreição armada ou praticasse atos destinados a provocar guerra revolucionária ou subversiva. Ofender a honra ou a dignidade do presidente ou do vice-presidente da República, dos presidentes da Câmara dos Deputados, do Senado ou do Superior Tribunal Federal resultava em pena de um a quatro anos de detenção. E por aí seguia.

Ficou a cargo do Conselho de Segurança Nacional, até então secretariado por Ernesto Geisel, garantir que a nação seguisse a doutrina de segurança nacional. *O Estado de S. Paulo* criticou:

> Dizer que o decreto-lei que reestrutura o Conselho de Segurança Nacional cria um superministério é dizer muito e pouco, ao mesmo tempo. Muito, porque disso não se trata, na forma fria da lei. E pouco, porque mais que um superministério, o novo CSN poderia ser na prática comparado à Comissão Central do Partido Comunista da União Soviética, na qual o secretário-geral elabora as decisões, que são ratificadas e submetidas ao Partido e aos órgãos da administração. Se a comparação é verdadeira, o chefe do gabinete militar da Presidência da República passa a ser o cargo de maior importância na vida política do país, já que coordena a secretaria-geral e tem o poder legal de nomear todos os integrantes do aparelho de informações do Estado, podendo assim fazer o seu aparelho e fornecer aos ministros e aos órgãos que dependem dessas informações a sua especial visão do estado da segurança nacional.[2]

O CSN passava a ter o poder de considerar de interesse da segurança nacional áreas e municípios – nos quais, nesse caso, a regra constitucional da eleição direta não se aplicaria.

A primeira intervenção do conselho em questões políticas aconteceu no início de 1968: uma consulta por escrito sobre a transformação de 263 municípios em áreas de segurança nacional. A proposta era do ministro da Justiça, Gama e Silva, e na troca de correspondência entre os conselheiros (que só pôde ser acessada a partir de 2008, na base de dados do Arquivo Nacional) fica claro o quanto as decisões políticas ou administrativas da época estavam subordinadas aos interesses da segurança nacional e contaminadas pelo temor da subversão.

O debate entre os conselheiros e o bom senso de Costa e Silva reduziram os 263 municípios para 68. O projeto foi aprovado na Câmara, apesar dos protestos do MDB e de alguns deputados da Arena. A bancada governista ameaçou rebelar-se, e o líder Ernâni Sátiro optou pela estratégia segura, ainda que desmoralizante, de não dar quórum para a votação, valendo-se do decurso de prazo, que garantia a aprovação automática de projetos encaminhados pelo governo que não fossem examinados no prazo estabelecido para sua discussão.

Ao MDB restou reclamar contra o uso de um recurso normalmente reservado às minorias oposicionistas e registrar o nome dos arenistas que tinham fugido do plenário para garantir a vitória numa causa tão antidemocrática. "Os nomes relacionados ao pé desta denúncia", cutucava o documento, "documentam uma vergonhosa história. A história de uma fuga".[3]

Em maio de 1968, o governo encaminhou um projeto destinado a acomodar melhor udenistas e pessedistas dentro da Arena: o das sublegendas. O sistema, inspirado na *ley de lemas*, que regia as eleições no Uruguai,* permitia que os dois partidos apresentassem mais de um candidato às eleições majoritárias – Senado e prefeituras. Os votos dados às sublegendas eram somados e elegiam o mais votado do partido que tivesse recebido mais votos, ainda que outro candidato, individualmente, tivesse sido mais votado. Para o MDB, era um petardo.

O tiro era tão certeiro que tirou da muda Ulisses e Tancredo.** O presidente do MDB criticou o fato de a reforma ter sido iniciativa do governo e não do Congresso, reclamou da antecipação do processo sucessório e condenou a exigência de dois anos de filiação para que alguém fosse candidato e as sublegendas:

> A sublegenda destrói o princípio de hierarquia e disciplina, arrasa com as direções partidárias e dos governadores [...] rebaixa a lei à condição de cabo eleitoral de políticos espertos que querem reeleição compulsória e liquida com a Oposição no Brasil.[4]

Ulisses finaliza sugerindo que Costa e Silva retirasse o projeto. Tancredo redigiu pessoalmente o manifesto oficial do MDB sobre o assunto. O empenho da dupla tinha explicação: mesmo antes de ser aprovado, o projeto fizera estragos

---

*   A sublegenda foi inspirada na *ley de lemas*, modelo criado no Uruguai e que permite que um partido (*lema*) apresente mais de um candidato (*sublema*). Os votos dos concorrentes do mesmo partido são somados e a agremiação que conquistar a maior fatia é a vitoriosa. O mesmo sistema foi utilizado, apenas para o Executivo, na Argentina e em Honduras.
** Entre 1966 e 1969, o nome de Ulisses Guimarães aparece apenas seis vezes no noticiário de *O Estado de S. Paulo* e em três ocasiões na *Folha de S.Paulo*. Tancredo, por sua vez, foi mencionado 46 vezes no *Estadão* e doze vezes na *Folha*, no mesmo período. Na Coluna do Castelo, Ulisses tem 23 menções e Tancredo, 31 no mesmo período.

no MDB. Em São Paulo, o partido da oposição perdeu sete vereadores e dez deputados estaduais para a Arena.

A votação deixou claro que havia arenistas insubmissos – e já não eram poucos. Deputados e senadores governistas não deram quórum para a votação, fazendo com que o presidente do partido, Daniel Krieger, renunciasse ao posto – voltando atrás logo depois. No fim das contas, o projeto foi aprovado, mas o crescente desajuste entre o governo e sua base parlamentar teria consequências mais adiante.

O decreto da segurança nacional fazia par com a nova Lei de Imprensa, que ampliou as restrições e acabou com o que o governo chamava de "privilégios dos jornalistas" – entre outros pontos, todos os programas a serem exibidos na TV passavam a ter de exibir na tela, antes do início, uma autorização rubricada pelos censores de plantão. Em caso de vigência do estado de sítio, o governo enviaria agentes a todas as redações de periódicos e emissoras de rádio e TV para fazer a censura prévia.

A Lei de Imprensa foi sancionada em 9 de fevereiro de 1967. Na mesma data, o *Diário Oficial* informava que o SNI tinha um novo regulamento, cujo texto não foi divulgado por ser considerado sigiloso.

35

A UNE e o Cenimar

O número de estudantes no ensino médio havia aumentado muito entre 1947 e 1964 – basta dizer que o total de estabelecimentos de ensino médio no país saltara de 3.415 para 8.592 e havia, portanto, muito mais gente batendo às portas da universidade. Na época, salvo exceções, os exames vestibulares eram individualizados por faculdade. Fazia-se prova apenas para a instituição desejada; não havia a possibilidade de se indicar segunda e terceira opções.

Onde havia mais candidatos do que vagas, estas ficavam para os que tinham tirado as melhores notas. Como as listas de aprovados traziam as notas de cada um, surgiam grupos unidos em torno de uma causa que acabou reduzida a uma palavra de ordem de fácil entendimento: "Fomos aprovados; queremos estudar!".

No Rio e em São Paulo, houve diversas passeatas de excedentes, até que, no final de março, o MEC firmou um convênio com as universidades para aproveitar todos os aprovados e, no dia 28 de março de 1967, Costa e Silva baixou o Decreto nº 60.516/67, determinando que as universidades matriculassem os excedentes. As universidades públicas recusaram-se a cumprir o decreto e várias particulares entraram com mandado de segurança.

A seleção por nota máxima só passaria a ser regra a partir de novembro do ano seguinte, com a aprovação da Lei nº 5.540.

A luta dos excedentes conquistou um grande espaço na imprensa, mas dentro do movimento havia uma batalha igualmente intensa, porém muito menos visível: o comando da UNE. Vários grupos gastavam mais energia combatendo seus rivais do que na busca de uma plataforma comum capaz de superar as diferenças.

O grande confronto aconteceu numa casa de retiro pertencente aos monges beneditinos em Vinhedo, entre 27 e 29 de julho de 1967. Na história do movimento estudantil, esse congresso mereceu poucas linhas até agora, ao contrário do seguinte, realizado em Ibiúna. Mas foi ali que se consolidou a ideia de que a luta dos estudantes era, quando muito, uma linha auxiliar no projeto da revolução socialista que estaria prestes a se processar.

Quatrocentos delegados vindos de todo o país instalaram-se na casa. Divididos em três comissões, analisaram a situação nacional, a internacional e o movimento estudantil antes de se reunirem na plenária que aprovou a carta de princípios e a carta política da entidade e elegeu sua nova direção.

A polícia só chegou ao retiro dois dias depois do fim do congresso e não encontrou nenhum estudante por lá. A maior parte dos documentos tinha sido queimada. Nove beneditinos e o prior dos dominicanos, Francisco de Araújo, conhecido como Frei Chico, foram presos. No primeiro depoimento, o padre Terrence Hill disse que tinha sido procurado por um estudante chamado José Luís e que havia alugado o retiro a 2,50 cruzeiros novos por pessoa/dia. Segundo ele, só teriam estado ali uns cem estudantes. Na versão do padre, só soubera que a UNE era uma entidade extinta cinco dias antes. Seus contatos com os estudantes, esporádicos, resumiam-se a questões práticas, como a falta d'água ou de papel higiênico. Assegurou não ter vinculação política e fez questão de dizer que, nos Estados Unidos, votava no Partido Republicano.

Frei Chico, o prior, admitiu ter alugado a casa para uns cinquenta estudantes que pretendiam discutir temas estudantis, como as anuidades, o acordo MEC--Usaid e os excedentes. Só ao voltar de uma viagem a Santos é que ele teria se dado conta de que havia muito mais hóspedes que a lotação da casa. Também disse que jamais ouvira falar em AP e explicou que tinha dificuldade de compreender siglas como UNE e UEE, pois chegara ao Brasil depois da revolução. O delegado responsável pelo inquérito mostrou-lhe uma foto publicada pelo *Jornal da Tarde* em que se via um cartaz anunciando que aquele era o 28º Congresso da UNE. O prior reconheceu o salão da casa de retiro e ficou indignado. Outro padre interrogado ainda chamou a atenção para um detalhe: a foto mostrava que o crucifixo que ficava no salão fora retirado da parede durante a reunião.

O inquérito policial assinalou que a comida era escassa e as acomodações para rapazes "bastante promíscuas". Não teriam sido raros os casos flagrantes da prática de atos sexuais. Os estudantes também deixaram o local na mais completa desordem e destruição.

* * *

Muito mais tarde, graças à Lei de Acesso à Informação, foi possível saber o que na época só se suspeitava: o Centro de Informações da Marinha, o Cenimar,* tinha um ou mais agentes infiltrados no congresso. A prova está no mais extenso relatório que trata do encontro, hoje disponível a pesquisadores no Arquivo Nacional: dois volumes datilografados, somando 329 páginas.

A leitura desse relatório mostra como foi intensa a luta política pelo controle da UNE e o pouco apreço que os grupos majoritários entre os delegados tinham para com o que chamavam de "democracia burguesa".

Três teses foram as mais debatidas pelos delegados. A primeira era da Frente Universitária Progressista, que reunia a União Estadual de Estudantes da Bahia, com quatro diretórios centrais de estudantes (da Bahia, do Paraná, da Guanabara, das Escolas Independentes da Guanabara e das universidades Federal e Rural de Pernambuco) e quatro diretórios acadêmicos isolados.

A FUP não falava em luta de classes, Guerra do Vietnã, aliança operário-estudantil-camponesa, frente de massas, vanguarda revolucionária, burguesia ou proletariado. Seu documento classificava o governo como "um inimigo disposto a destruir a UNE para sempre" e denunciava as ações do regime militar contra a entidade e as tentativas de cooptação que iam da concessão de bolsas ao Projeto Rondon.

A FUP propunha uma guinada no posicionamento da UNE, que deveria deixar a camisa de força ideológica de esquerda, passando a tratar de questões estudantis e democráticas que iam da reconquista dos direitos da UNE e restituição de sua sede à reconquista das liberdades democráticas, passando pelo fim do acordo MEC-Usaid, pela solução do problema dos excedentes e pela anistia.

O braço do Partidão no Congresso da UNE era comandado por Eduardo Saphira, estudante de Economia e membro do comitê estadual do PCB na Bahia. Também era vinculado ao PC o presidente da União Estadual de Estudantes da Bahia e futuro deputado federal do MDB, Marcelo Cordeiro.

A segunda tese, apresentada pelas UEEs de São Paulo, Minas, Pará, Paraíba e Paraná, refletia o posicionamento da Ação Popular, que tinha o comando da entidade – o mandato do mineiro José Luís Moreira Guedes terminava com a eleição de novo presidente – e maioria entre os diretores.

---

* Criado em 21 de novembro de 1957, o Centro de Informações da Marinha, chamado apenas de Cenimar, era subordinado ao Estado-Maior da Armada. Em depoimento ao livro *Os anos de chumbo*, o coronel Adyr Fiuza de Castro, primeiro chefe do Centro de Informações do Exército, definiu o Cenimar como "a coisa mais fechada do Brasil".

A AP celebrava a luta contra a Lei Suplicy como o início "da verdadeira unidade no ME, unidade dos que, ao lado dos operários e dos camponeses, lutam pela construção do Estado dos trabalhadores, contra a ditadura e contra o imperialismo".

A ação mais importante da UNE, segundo o documento, tinha sido a campanha pelo voto nulo nas eleições parlamentares, por sintetizar a perspectiva de luta contra a ditadura e o imperialismo. Para além das questões específicas – luta por verbas, vagas, direito de representação, ensino gratuito –, havia outro combate, mais importante: contra a burguesia, a maior aliada do imperialismo: "A luta fundamental é pela tomada do poder e estabelecimento do estado dos trabalhadores. A força fundamental desta luta é a aliança entre operários e camponeses. O papel do movimento estudantil é aliar-se a estas forças".

A terceira proposta para debate tinha a chancela da União Metropolitana dos Estudantes do Rio de Janeiro e da Guanabara. O documento condenava o atrelamento das esquerdas às instituições do governo Jango. O alvo era claro e precisava ser atacado permanentemente:

> O reformismo é uma perspectiva de classe burguesa e por isto não será destruído em pouco tempo de combate. O combate mais eficiente é a prática política revolucionária. O desenvolvimento do processo revolucionário será a principal arma de liquidação do reformismo. Neste processo as classes oprimidas tomarão a consciência de que só a destruição das classes dominantes e a instituição do poder das classes dominadas é que atende a seus interesses.

Na visão da UME, não seria o movimento estudantil que iria impulsionar o movimento operário, e sim o contrário. Os trabalhadores é que diriam como seria a revolução, na qual os estudantes podiam almejar, quando muito, o papel de força auxiliar. As reivindicações estudantis eram divididas em três categorias: as que tinham prioridade máxima, porque contradiziam a política do sistema de maneira clara; as que permitiam denunciar a omissão do governo e as que podiam ser assimiladas pela estrutura educacional e por isso não importavam muito. Os estudantes podiam lutar por todas elas, sob uma condição: "denunciar sempre que a superação dos problemas não se dará pelo atendimento delas. [...] estas reivindicações devem ser levadas até o fim".

Na visão da UME, era preciso denunciar a reforma universitária proposta pelo governo e apresentar alternativas para cada ponto em debate. Mas, ao fazê-lo, era necessário deixar claro que todas as reivindicações só seriam atendidas quando o país fosse governado pelos trabalhadores.

Quem dava as cartas na UME – e elaborara a tese – era a Dissidência Comunista da Guanabara, que elegera Vladimir Palmeira para presidente do Caco, tendo Daniel Aarão Reis como vice. Embora fosse mais conhecido, Vladimir recusou-se a ser candidato a presidente da UNE e indicou Daniel. Para convencer seus companheiros, propôs um acordo: deixaria o movimento estudantil se elegesse Daniel. Caso contrário, assumiria o comando da UME.

O Cenimar incluiu no relatório ainda a carta de princípios e a carta política, que tinham sido longamente negociadas entre a AP e a Dissidência da Guanabara. A primeira afirmava que a missão dos estudantes era "despertar as demais camadas da população para a luta e contribuir para a unificação do povo, através das mais variadas formas de atuação". Já a carta política começava com um balanço do que a entidade tinha feito desde o golpe e creditava aos reformistas a totalidade dos erros, a começar pela crença cega nas reformas de base e na possibilidade de uma frente com a burguesia brasileira, inimiga da verdadeira transformação e comprometida com o imperialismo.

> Aprendemos que só nos aliando de fato e cada vez mais com as classes trabalhadoras estaremos fazendo a história caminhar para a frente. Aprendemos finalmente que o desenvolvimento da sociedade só é possível através de duras lutas. Para elas começamos a nos preparar.

O grande avanço fora a campanha nacional pela anulação do voto nas eleições: "Os resultados das urnas mostraram como era grande a receptividade de uma posição clara e radical contra o poder dominante".

Pelas contas do Cenimar, a AP tinha 171 votos, a aliança entre os dissidentes do PCB e a Polop, 168 votos, a FUP e mais alguns militantes da AP não marxista, 48 votos, e o PCdoB tinha 13 votos. Nesse equilíbrio precário, Luís Gonzaga Travassos da Rosa, o candidato da AP, ganhou de Daniel Aarão Reis, da Dissidência Comunista, por apenas três votos. Houve 61 votos em branco. A diretoria, de composição, ficou com quatro nomes da AP, três da ala dissidente do PCB e três da Polop (beneficiada pelo acordo, já que tinha apenas seis votos no plenário).

Em outro documento transcrito pelos agentes do Cenimar,* a AP apresentava o plano que deveria lhe garantir a liderança da revolução brasileira, seguindo os

---

* Houve também a transcrição de um artigo publicado na *Voz Operária*, o jornal clandestino do PCdoB, sob pseudônimo de Armando Cesar, e de um longo artigo publicado na 37ª edição da *Monthly Review*, publicação socialista independente editada em Nova York desde 1949. Assinado por Leo Huberman e Paul Sweezy, cofundadores da revista e renomados intelectuais marxistas, o texto

preceitos de Marx, Engels, Lênin e Mao Tse-Tung e deixando de lado as ideias de Teilhard de Chardin e Emmanuel Mounier, pensadores católicos que tinham influenciado a organização antes de sua guinada rumo ao marxismo.

Conclusões do Cenimar: estavam surgindo novas lideranças e os órgãos de informação desconheciam muitas delas. O movimento estudantil brasileiro, alinhado com a linha cubana, já não tinha qualquer compromisso com a orientação soviética. Ação Popular, ala dissidente do PCB, Polop, Port e PCdoB estavam de acordo sobre os propósitos revolucionários.

A primeira aparição pública de Luís Travassos como novo presidente aconteceu alguns dias mais tarde, num comício no centro de São Paulo, que mobilizou 4 mil homens da polícia. Eles invadiram o centro acadêmico da Faculdade de Medicina e prenderam seis estudantes, mas na praça da Sé, junto à estátua de Anchieta, duzentos estudantes conseguiram se juntar rapidamente para ouvir os rápidos discursos de Travassos e outros dois dirigentes. O público não parecia muito interessado e a polícia chegou tarde demais, de acordo com a *Folha de S.Paulo*.

A luta pelo controle do movimento estudantil teve nova batalha em torno da UEE paulista. Che Guevara enfrentava sua última batalha nos confins da Bolívia quando Catarina Meloni, da AP, e José Dirceu, agora militante da Dissidência Comunista, foram para a disputa no congresso realizado no Conjunto Residencial da USP. Segundo Dirceu, ali estavam 5 mil pessoas e ele foi o vencedor. Mas sua eleição foi tão tumultuada que, passados meses e meses, os dois concorrentes continuavam se autoproclamando presidentes da UEE.

---

aplaudia a guinada à esquerda que ocorria em Cuba e prenunciava a substituição dos partidos comunistas por novas organizações, estimando que 1967 traria novos avanços para os vietnamitas e latino-americanos e novas derrotas para o imperialismo.

36

Jango e Lacerda

Nos primeiros meses de 1967, enquanto o movimento estudantil ressurgia, representantes das três maiores lideranças políticas pré-64 negociavam os termos da Frente Ampla, que não conseguira atrair nem Brizola, nem Arraes.

Em agosto, ainda relutante em assinar um pacto que não tinha um programa concreto de ação, Jango aconselhou seus companheiros a integrarem a frente: "Uma união popular contra a ditadura já se exprime na condenação de todos os brasileiros à subversão da ordem legal, à política econômica antipopular e entreguista".

No mês seguinte, acompanhado por Renato Archer, Lacerda foi a Montevidéu.

No apartamento de Jango, Lacerda acendeu seu cachimbo, enquanto o ex-presidente começava a conversa, perguntando se tinham feito boa viagem. Archer fez uma detalhada exposição sobre a situação política brasileira e sobre os movimentos da frente. Jango e Lacerda ouviram calados.

Quando afinal entraram no tema, o passado foi posto de lado. O papo teve três turnos: das cinco da tarde às oito da noite, das dez às quatro da manhã, e, no dia seguinte, das nove às três da tarde, quando se dedicaram a redigir uma nota conjunta, agora com a participação de Darci Ribeiro, Amauri Silva (ex-ministro do Trabalho no gabinete de Brochado da Rocha) e Cláudio Braga (ex-dirigente sindical dos ferroviários e ex-deputado estadual pelo PST de Pernambuco, que havia se aproximado de Jango no exílio).

A declaração conjunta mencionava "as privações e frustrações do povo, especialmente dos trabalhadores", esboçava uma plataforma nacionalista ("É preciso assegurar aos brasileiros o aproveitamento das riquezas nacionais, em favor do seu povo e não de grupos externos e internos, que sangram e exploram o seu trabalho"), falava em usurpação total do poder civil, mas descartava a volta ao passado.

O instrumento para reconquistar a democracia era a Frente Ampla, a ser integrada "por patriotas de todas as camadas sociais, organizações e correntes políticas". Nada de novos partidos, pactos ou candidaturas:

> Não temos ambições pessoais, nem o nosso espírito abriga ódios; anima-nos tão somente o ideal, que jamais desfalecerá, de lutar pela libertação e grandeza do Brasil. Assim, só assim, evitaremos a terrível necessidade de escolher entre a submissão e a rebelião, entre a paz da escravidão e a guerra civil.

No fim do encontro, Lacerda disse lamentar ter conhecido Goulart tão tarde e em condições tão adversas e acrescentou que nenhum deles – JK, Jango e ele – poderiam se beneficiar de uma eventual candidatura pela frente. Ao que Jango corrigiu: "Governador, pelo amor de Deus, não sustente essa tese, porque estando Juscelino e eu cassados, o senhor bem pode ser a nossa única via e o nosso único caminho".

Aos jornalistas que o entrevistaram em Montevidéu, o ex-governador da Guanabara justificou a aliança a seu modo: "Hoje está comprovado que Jango não é um homem do Partido Comunista, nem eu, dos Estados Unidos".

O SNI acompanhava cada passo da frente. Entre 9 de janeiro e 21 de outubro de 1967, os arapongas produziram 22 "apreciações" confidenciais. Numa delas, registraram o nome de todos os participantes da reunião realizada na casa de Renato Archer, no dia 4 de setembro.*

Segundo o informe do SNI, a frente estaria dividida em dois grupos: o de Lacerda, que não aceitava a anistia, e a do grupo radical do MDB. Até ser posta na ilegalidade, a Frente Ampla produziu 51 discursos na Câmara: 38 do MDB e 13 da Arena. No partido do governo, apenas Feu Rosa, do Espírito Santo, declarou seu apoio ao movimento.

No campo da oposição, o gabinete executivo do MDB autorizou seus filiados a participarem da Frente Ampla, mas deixou claro que nenhuma adesão a uma organização dependia de resolução da convenção nacional. Os parlamentares emedebistas fizeram 29 discursos a favor, dois em cima do muro e sete contrários.

---

* Participaram: Juscelino, Lacerda, Barbosa Lima Sobrinho, o escritor e ex-deputado constituinte Nestor Duarte, o senador Josafá Marinho, seis deputados federais do MDB – Mário Covas, Osvaldo Lima Filho, Martins Rodrigues, Wilson Martins, Renato Azeredo e Hermano Alves – e três parlamentares da Arena – os federais Veiga Brito (que era presidente do Flamengo), José Carlos Guerra e o deputado estadual Salvador Mandim. Cinco deles seriam cassados – Osvaldo Lima Filho, Martins Rodrigues, Mário Covas, Wilson Martins e Hermano Alves.

O pronunciamento mais consistente entre estes últimos foi feito em 10 de outubro de 1967, por João Herculino. Deixando claro que não falava em nome do partido, mas dele próprio e de um grupo de emedebistas, o mineiro começou chamando a atenção para a falta de debate sobre o assunto na Câmara. Para ele, a iniciativa carecia de um alicerce indispensável: homogeneidade de pensamentos e de conduta.

> Que vimos? Vimos o sr. Carlos Lacerda, principal articulador da Frente, buscar o apoio do sr. Juscelino Kubitschek, o maior negocista, o maior ladrão que este país já teve, na expressão do sr. Carlos Lacerda. Vimos o sr. Carlos Lacerda buscar, numa atitude surpreendente, o apoio do sr. João Goulart, o comunista, o ladrão, o maior malfeitor deste país, também na opinião daquele político. Vimos essa união que, em absoluto, não pode encontrar respaldo dentro da moral da vida pública. [...] A troca de rótulo não modifica o conteúdo. O conteúdo de um litro de uísque será sempre o mesmo ainda que se modifique o rótulo para cachaça ou cerveja.

Um mês depois, no conceituado programa de entrevistas norte-americano *Firing Line*, apresentado pelo conservador William F. Buckley Jr., Lacerda admitiu ter ajudado a derrubar Jango e, em seguida, tentou se explicar, dizendo que os militares tinham agido para restabelecer a lei e a ordem e que ele e outros tinham suposto que eles convocariam eleições. "Mas parece que eles estavam um pouco cansados de intervir e entregar a lei aos políticos e então os substituíram. E agora tem um tipo de regime híbrido que certamente não pode ser classificado como democrático".[1]

Nessa entrevista, Buckley mostrou mais uma vez por que era um dos mais renomados entrevistadores da TV americana.

> *Buckley*: Bem, o senhor veja, a minha confusão e penso que a de muitos americanos é a seguinte: aqueles entre nós que têm alguma familiaridade com a sua carreira sabem que o senhor tem consistentemente apoiado a liberdade. Mas, nesse curso, o senhor tem sido algumas vezes a favor e outras vezes contra pessoas que foram eleitas democraticamente. Então a questão que se impõe é saber as circunstâncias teóricas sob as quais o senhor abandona a democracia, porque acha que a liberdade é mais importante.
>
> *Lacerda*: É verdade. Mas a questão é que, nesses países, não se pode falar de liberdade em um sentido abstrato. A liberdade está ligada a muitas coisas, tais como alimentos, educação. Esta é a verdadeira liberdade para todos – não só para aqueles que estão no poder. Em outras palavras, estamos um pouco cansados deste aspecto formal – apenas a aspectos jurídicos de democracia. Muitas vezes as

pessoas até desprezam muito este aspecto, que eu respeito muito, mas, ainda assim eu acho que essa formalidade não é uma boa maneira de julgar os valores de um regime democrático. [...]

Buckley: Agora, o sr. Goulart e o sr. Kubitschek perderam sua liberdade política...

Lacerda: Por dez anos, sim, e sem o direito de se defenderem, o que eu acho um erro, basicamente...

Buckley: O senhor não condenou, nunca, o senhor nunca condenou a perda da liberdade política...

Lacerda: Não, não, não é esse o ponto. Se tivessem tido direito à defesa...

Buckley: Que tipo de coalizão o senhor pode estabelecer com quem não tem direitos políticos?

Lacerda não teve tempo de responder. O locutor anunciou o final da entrevista, agradecendo a Buckley, a seu convidado e à plateia, composta por alunos de Ciência Política da Universidade Rutger.

Em 5 de janeiro de 1968, os jornais divulgaram trechos de uma carta enviada por Brizola "a amigos", prometendo um manifesto contra a Frente Ampla. Na carta, ele teria assinalado que as tentativas de ação armada estavam destinadas "a um fracasso retumbante".[2]

Em março, a frente deu início a uma escalada de manifestações públicas. A caravana estrelada por Lacerda deveria passar por Governador Valadares, Santos, São Paulo, São Caetano, Campinas, Piracicaba, Londrina, Apucarana e Maringá. E ainda estava prevista a participação do ex-governador em um ciclo de debates no início de abril, em Recife.

O primeiro grande comício aconteceu em São Caetano do Sul, no dia 23 de março. Convocado por 2 milhões de boletins distribuídos nas portas das fábricas, reuniu 3 mil pessoas que vaiaram as menções ao governador Abreu Sodré e ao ministro do Planejamento, Roberto Campos, e aplaudiram Mário Covas, Ligia Doutel de Andrade, Julia Steinbruch, Osvaldo Lima Filho, Renato Archer, Hermano Alves, Martins Rodrigues, Raul Brunini, Gastone Righi, Jorge Cury,* Josafá Marinho e Lacerda.

---

* "No dia 30 de março de 1968, esteve com a equipe da Frente Ampla na cidade de Apucarana, onde o Senhor Carlos Lacerda realizou uma conferência na Rádio Difusora local. Durante a mesma, o Deputado Jorge Cury que fazia parte da mesa, instruiu os jornalistas Rafael de Sala e Tome, ambos da comitiva, para que procurassem identificar e denunciar os elementos do SNI presentes" (Informação nº 35/Dops-DR-PR, de 30 Mar 68-DPF).

No dia seguinte, Márcio Moreira Alves publicou no *Correio da Manhã* a primeira entrevista de Arraes desde o golpe. O ex-governador de Pernambuco respondeu a um questionário e conversou longamente com Marcito. Arraes admitiu a existência de divergências no campo militar, mas via a independência nacional como objetivo maior da luta política. Recusou a revisão de sua cassação, sob o argumento de que anistia se conquista com luta e que o único juiz que ele reconhecia era o povo brasileiro. E descartou a possibilidade de redemocratização a curto prazo, porque as condições internacionais eram muito diferentes das de 1945. Definiu ainda o MDB como oposição consentida que só servia para disfarçar a ditadura. A Frente Ampla não o entusiasmava, por ter objetivos insuficientes para a libertação do povo brasileiro.

O furo jornalístico não causou grande efeito. Lacerda seguiu viagem.

Em Apucarana, criticou Brizola, que, segundo ele, gostava de falar em guerrilha, desde que não fosse o guerrilheiro. Ao microfone, diante de uma multidão de 10 mil pessoas, Lacerda criticou os militares com uma frase bombástica: "Os ladrões do passado foram substituídos no presente por ladrões fardados!".[3]

Os órgãos de informação continuavam acompanhando a Frente Ampla de perto. Nem sempre com o pé na realidade.

O Informe nº 266/68 da 2ª Seção do Estado-Maior do Exército, datado de 26 de junho de 1968, gira em torno de uma história aparentemente delirante: a nova estrutura revolucionária da ex-Frente Ampla, sob a orientação de Juscelino Kubitschek, seria um movimento comandado com ação interna e propósitos imediatos na América Latina. A cúpula dessa organização subversiva seria composta por Juscelino, Lacerda, Goulart e dom Hélder Câmara, e teria a possível adesão de Jânio Quadros. Brizola estava dentro. O movimento pretendia intensificar a luta contrarrevolucionária por meio de guerrilhas e adotaria o nome de Frente de Libertação Nacional.

A tal Frente de Libertação Nacional nunca existiu. Brizola jamais aderiu à Frente Ampla. O movimento estudantil torceu o nariz para o projeto. O mesmo fizeram todas as organizações que apostavam na luta armada. Mas a Portaria nº 177, assinada em 5 de abril de 1968 pelo ministro da Justiça, Gama e Silva, proibiu todas as atividades da Frente Ampla (manifestações, reuniões, comícios, passeatas) e ordenou à Polícia Federal que detivesse aqueles que violassem a proibição.

37

A morte de Edson Luís

No início dos anos 1960, os estudantes sem recursos do Rio de Janeiro costumavam fazer as refeições no restaurante do Calabouço. O bandejão universitário instalado quase em frente ao Aeroporto Santos Dumont tinha esse nome porque diziam que ali funcionara uma prisão de escravos.

Em seu interior, oficinas de diferentes tipos ofereciam cursos de artesanato, de produção rústica de livros de poesia, aulas de matérias curriculares e esotéricas, cursinhos pré-vestibulares, projeção rudimentar de filmes, grupos de teatro popular, de dança, muito namoro e amor livre e, principalmente, comida barata.

No final da tarde de 28 de março de 1968, os estudantes se preparavam para sair em passeata, num protesto contra o aumento no preço das refeições e a demora em se construir um prédio adequado, quando a Polícia Militar começou a dispersar o pessoal. Os estudantes reagiram de dentro do restaurante com paus e pedras.

A polícia recuou, mas voltou atirando. Muitos jovens saíram correndo. Quando o galpão foi invadido, Edson Luís de Lima Souto, de 18 anos, levou um tiro no peito e morreu na hora. Benedito Frazão Dutra, outro estudante, foi baleado e socorrido no Hospital Souza Aguiar, onde também morreu. O boletim de ocorrência registrou outros seis feridos.*

Edson Luís não tinha qualquer militância política. Filho de uma lavadeira, viera do Pará para estudar no Rio e se matriculara na Cooperativa de Ensino, que ficava ao lado do Calabouço para assistir às aulas do artigo 99 – o curso supletivo

---

* Mais tarde, durante o velório de Edson Luís, mais três pessoas seriam feridas na praça Floriano, em decorrência da violência de policiais civis e militares.

da época. Frequentava o local para comer e ali fazia bicos que lhe rendiam uns trocados.

A PM tentou levar o corpo para o IML, mas os estudantes não permitiram: improvisaram um cortejo até a Assembleia Legislativa, na Cinelândia, onde o corpo do rapaz foi velado sobre uma mesa, coberto com a bandeira do Brasil e outra do Calabouço, cercado por militantes que temiam pelo sequestro do corpo. No caminho, apedrejaram a embaixada norte-americana, que ficava nas cercanias.

Após muita negociação, a necropsia foi realizada na própria Assembleia. Durante toda a noite e a madrugada, uma frente ampla desfilou pelo saguão onde Edson Luís era velado: estudantes, intelectuais e artistas foram prestar sua homenagem e registrar a revolta. Os discursos mais moderados exigiam justiça. Os mais enfáticos exibiam a camisa ensanguentada da vítima.

O caso do restaurante Calabouço resultou em 35 discursos no Congresso – 28 de emedebistas e sete de parlamentares da Arena. Entre estes, cinco protestando contra a violência da polícia.* Embora estivessem presentes, Tancredo e Ulisses Guimarães não se manifestaram. Márcio Moreira Alves, um dos mais constantes defensores do movimento estudantil na tribuna, estava no Rio de Janeiro. Ao receber a notícia da morte do estudante, correu para o Calabouço.

Covas propôs que a sessão fosse suspensa para que os deputados pudessem cuidar exclusivamente do caso. Ao ver que a maioria estava disposta a seguir o líder da oposição, Último de Carvalho antecipou-se e informou que a maioria aprovava o requerimento, não pelas razões apresentadas por Covas e outros oposicionistas, mas "por estarmos todos nós contristados pelos acontecimentos do Rio de Janeiro".

Na manhã de 29 de março, todos os jornais tinham manchetes sobre o assunto. O *Correio da Manhã* e o *Jornal do Brasil* definiram o que se passara no Calabouço com a mesma palavra – assassinato. Mais de 50 mil pessoas acompanharam o corpo do estudante da Cinelândia ao cemitério São João Batista, onde foi enterrado ao som do Hino Nacional, cantado pela multidão.

Entre o enterro e a missa de sétimo dia, as manifestações de repúdio à morte do estudante se alastraram para São Paulo. No dia 4 de abril, os estudantes transformaram uma missa na Candelária, no Rio de Janeiro, em memória do estudante morto, em novo ato contra o governo.

---

* Falaram em favor dos estudantes Rosendo de Sousa, Nunes Leal, Pedro Gondim e Feu Rosa. Os dois últimos seriam cassados adiante.

Parte da imprensa ia muito além de noticiar, a julgar pela versão policial: em 4 de abril de 1968, policiais civis comandados pelo II Exército prenderam um motorista, quatro jornalistas e cinco estudantes na porta da sede da *Folha de S.Paulo*. O grupo estava numa perua Kombi do jornal *Última Hora* e voltava de Santo André. Os repórteres Claudinei Petroli, Edson Gonçalves Machado, Gilnei Rampazzo e Celso Kinjô foram acusados de entregar cassetetes, pedras e panfletos aos estudantes que participavam de uma passeata em Santo André.

Os oficiais do II Exército só confirmaram as prisões às três da manhã. De acordo com os militares, no veículo apreendido havia ainda cinco cassetetes, dezenove sacos de pano contendo pedras britadas, três vidros de amoníaco (para embeber em lenços, colocar sobre o nariz dos manifestantes e, com isso, driblar os efeitos do gás lacrimogêneo), uma lata de tinta *spray*, bolas de gude (para desestabilizar os cavalos da polícia) e um exemplar do livro *Esta nação corrompida*, de Fred J. Cook,* além de quatro filmes fotográficos usados e três filmes virgens.

---

*   Editado pela Civilização Brasileira em 1967, o livro mostra a corrupção e a ganância nos Estados Unidos pela ótica de um jornalista investigativo de esquerda.

38

Os trabalhadores

Depois dos jornalistas, dos militares e dos estudantes, quem entrou em cena em abril de 1968 foram os trabalhadores. Mas o governo militar pegou pesado contra os trabalhadores desde o primeiro instante. Os dados coletados por Kenneth Erickson, em *Sindicalismo no processo político no Brasil*, deixam isso muito claro: "O governo interveio em 67% das confederações, em 42% das federações e em apenas 19% dos sindicatos".[1]

Aprovada em junho de 1964, a Lei de Greve proibia os funcionários públicos de deixarem o trabalho. Também facultava ao governo estabelecer quais greves eram políticas – o que, na prática, inviabilizava quase todas. O resultado pode ser medido: em 1962, houve 154 greves, em 1963, 302, em 1965, 24 e, em 1966, 15. Não há registro das ocorridas em 1964. Nas vésperas do golpe, houve alguns ensaios. Depois dele, nada.

As novas regras passaram a sujeitar os candidatos a cargos eletivos das entidades à avaliação pelo Ministério do Trabalho e pela polícia política. Os recursos dos antigos institutos de previdência, em cuja direção os trabalhadores tinham representantes foram centralizados no Instituto Nacional de Previdência Social, dirigido por burocratas designados pelo governo. Com o fim da estabilidade no emprego, substituído pelo Fundo de Garantia por Tempo de Serviço, aumentava a rotatividade da mão de obra, mais um empecilho à ação sindical a partir das empresas.

O controle dos sindicatos não tinha só motivos ideológicos. Havia uma razão concreta: implantar um torniquete sobre os reajustes salariais, um dos pilares da política econômica de Roberto Campos. O represamento dos reajustes começou pelo funcionalismo público, mas foi estendido a todos os assalariados. A perda pode ser estimada em 43%, apenas em 1968.

Em agosto de 1967, mais de trinta sindicatos paulistas criaram o Movimento Intersindical Antiarrocho (MIA). O manifesto inicial do movimento registrou que, entre 1965 e 1966, o déficit familiar dos trabalhadores (isto é, a defasagem entre o salário médio e as necessidades familiares definidas pela lei de Getúlio Vargas, aumentara em mais de 100% em média.

> No intuito de mudar esse estado de coisas, estamos nos unindo e nos organizando. Na realidade, não podemos mais assistir inativos à fome, à doença e ao desespero que se apossaram progressivamente de nossos lares. Por outro lado, já sabemos que, para nossa desgraça, ninguém olha por nós e todos se fazem surdos aos nossos apelos e à voz do bom senso. Daí se conclui que só nós mesmos podemos mudar nossa sorte.[2]

Além do fim do arrocho, o MIA queria o restabelecimento das liberdades democráticas, a retomada do desenvolvimento econômico independente, eleições livres e diretas em todos os níveis, anistia ampla para todos os presos e perseguidos políticos, defesa das riquezas e soberania nacional, apoio às reinvindicações de estudantes e camponeses, reforma do ensino, reforma agrária e defesa da paz mundial.

Os líderes do movimento eram Frederico Brandão,* presidente do Sindicato dos Bancários, e o médico Fausto Figueira de Mello,** presidente do Senalba (Sindicato dos Empregados em Entidades Culturais, Recreativas, de Assistência Social, de Orientação Profissional). Ambos ligados ao PCB.

Três meses mais tarde, também por iniciativa de sindicalistas ligados ao Partido Comunista, e com a chancela de seis das oito confederações de trabalhadores

---

* Maranhense de Caxias, completaria 32 anos um dia após o ato. Iniciara a militância política em Caxias. Em São Luís, fora eleito presidente da União Maranhense dos Estudantes e, em 1961, secretário-geral da UNE, na chapa presidida por Aldo Arantes, da AP. Terminou o curso de Direito na Faculdade Nacional do Rio de Janeiro em 1964, mudou-se para São Paulo e entrou para o Banco do Estado de São Paulo por concurso em 1965.

** Militante católico, fora candidato a deputado estadual pelo PDC. Entre 1963 e 1964, havia dirigido o jornal *Brasil Urgente*, iniciativa de frades dominicanos que se apresentava como "um jornal do povo a serviço da Justiça Social" e ostentava manchetes em letras garrafais, do tipo "É preciso desatrelar a Igreja do equívoco capitalista" e "Fascistas preparam golpe contra Jango!" (de 28 de março de 1964, a última edição). O primeiro editor do semanário foi o psicanalista, jornalista e escritor Roberto Freire.

(a Confederação Nacional dos Trabalhadores na Indústria (NTI) e a Confederação Nacional dos Trabalhadores no Comércio (CNTC) ficaram de fora), 212 dirigentes sindicais representando 169 organizações reuniram-se no Sindicato dos Bancários de São Paulo. Era a II Conferência Nacional de Dirigentes Sindicais, cujo documento final do encontro tinha apenas quatro pontos: "1 – Revogação das leis do arrocho salarial; 2 – Liberdade de firmar acordo com os empregadores; 3 – Reajuste de salários igual ao aumento do custo de vida; 4 – Reforma agrária capaz de atender aos problemas do homem do campo".

A primeira greve importante pós-golpe começou no dia 16 de abril de 1968, quando 1.200 funcionários da Belgo Mineira ocuparam as instalações da empresa em Contagem, Minas Gerais. A reivindicação era de aumento imediato de 25%. Os patrões ofereciam 10%, a serem descontados mais adiante. Três dias depois, os metalúrgicos da Sociedade Brasileira de Eletrificação aderiram ao movimento. No dia seguinte, pararam os 4.500 empregados da Mannesman e, com eles, os trabalhadores da RCA, da Pohlig Haeckel, da Industram e da Cimec, entre outras empresas.

A greve tinha muito a ver com a diretoria eleita pelos metalúrgicos em 1967. O presidente era Ênio Seabra, ligado à AP. Também integravam a diretoria Joaquim José de Oliveira, militante da Corrente Revolucionária, que deixara o PCB; Imaculada Conceição de Oliveira, primeira mulher a ocupar um cargo na direção da entidade; e Antônio Santana, do Partidão. Ênio e outros três membros da chapa foram destituídos pelo Ministério do Trabalho antes da posse. Em entrevista para a dissertação *Conflito social, memórias e experiências: as greves dos metalúrgicos de Contagem (1968)*, de Edgard Leite de Oliveira, o presidente do Sindicato dos Metalúrgicos, Antônio Santana, que assumira a presidência, garantiu que a paralisação fora resultado de uma ação planejada e que as declarações dele à época, falando em surpresa, tinham razão de ser:

> Não, não foi surpresa. Nós fomos pegos de surpresa porque não podia falar que tava participando de um movimento, se não eles cassavam a gente imediatamente [...] só que a gente já tava por dentro do movimento, né? Tomamos a frente e dirigimos o movimento, e, a partir daí, o sindicato tomou a frente, mas que a gente sabia, né? Que era o pessoal da AP e da Polop que tava organizando esse movimento.[3]

O movimento se espraiou para outras empresas, atingindo 16 mil dos 21 mil trabalhadores da Cidade Industrial. O ministro do Trabalho, Jarbas Passarinho, foi para a televisão e anunciou que a greve seria reprimida. Cerca de 1.500 policiais militares ocuparam o parque industrial e as empresas anunciaram o desconto dos dias parados, atendendo a uma pressão do governo.

Os últimos operários voltaram ao trabalho em 26 de abril, após a proibição de assembleias e distribuição de jornaizinhos e panfletos. Passarinho anunciou "a pré-estreia do afrouxo salarial": um abono de 10% para todos os trabalhadores.

O empresariado não gostou. Na visão da diretoria da Federação das Indústrias da Guanabara, além de demagógica, a atitude poderia aumentar a inflação. A exceção à regra foi Fernando Gasparian, diretor do Sindicato das Indústrias Têxteis da Guanabara, que apoiou o abono. Gasparian ressurgirá mais tarde no comando de um jornal de oposição chamado *Opinião*.

Confluências e divergências políticas da oposição ficariam ainda mais evidentes na comemoração do Primeiro de Maio de 1968. Duas concepções opostas se confrontariam de modo dramático no cenário mais tradicional da luta política paulistana: a praça da Sé.

O evento nascera nos contornos do Movimento Intersindical Antiarrocho. Para organizá-lo foi montada uma comissão composta pela Federação dos Gráficos e por 23 sindicatos operários – entre os quais estavam os dos metalúrgicos, leiteiros, pedreiros, tecelões, químicos, alfaiates, arrumadores e bancários, entre outros. A frente ampla ia de Joaquim dos Santos Andrade, o Joaquinzão, presidente do Sindicato dos Metalúrgicos de São Paulo, a mais rica entidade do gênero na América Latina, a José Ibrahim, funcionário da Companhia Brasileira de Materiais Ferroviários, a Cobrasma.

Até na aparência, Joaquinzão e Ibrahim estavam em polos opostos. O presidente dos metalúrgicos de São Paulo tinha 42 anos. Cristão e conservador, seu primeiro emprego foi nas Indústrias Matarazzo, mas tinha feito carreira na fábrica de eletrodomésticos Arno. O golpe militar o levara ao comando do sindicato de Guarulhos, como interventor. Um ano mais tarde, com muitos sindicalistas de oposição na cadeia, elegeu-se presidente dos metalúrgicos de São Paulo. Em 1967, sua chapa vencera a da oposição, composta por militantes da Juventude Operária Católica (JOC), dissidentes do PC e integrantes de grupos de esquerda por 10.355 a 6.649 votos. Ali ficaria 22 anos – durante boa parte, aliado ao Partidão. Grandalhão, cultivava um vasto bigode. Durante o dia, andava com roupas discretas, mas, à noite, frequentava as gafieiras da cidade com sapatos brancos, brilhantina nos cabelos e um anel de topázio.* O mesmo relatório do SNI de

---

* Joaquinzão jamais perdeu o carimbo de pelego, muito embora seu sindicato tenha sido o único a protestar contra o assassinato do metalúrgico Manoel Fiel Filho em 1976, durante uma sessão de

1970, sobre a entrevista do presidente com os sindicalistas, assinala que Joaquinzão "gozava de prestígio" com o ministro Passarinho.

Aos 21 anos, Ibrahim tinha outras ideias e outro estilo. Baixo e franzino, cabelos negros, podia ser confundido com um estudante pobre. Funcionário da Cobrasma desde os 14 anos, era um misto de operário e estudante, como ele próprio se descreveria mais tarde:

> Eu ajudei a eleger várias chapas dos grêmios e me articulava com o pessoal que fazia política estudantil. Então, eu lia muito, coisa que não é normal num trabalhador. Eu ia trabalhar e na minha maletinha tinha livro de literatura, tinha Jorge Amado, tinha Marx. Lia no banheiro, dava uma escapadinha, lia de noite, participava de palestras, de conferências.[4]

Em 1966, graças a militantes católicos da Frente Nacional do Trabalho, surgiu na Cobrasma a primeira comissão de fábrica pós-regime militar (esse tipo de organização já fora empregada antes em vários momentos da luta sindical). Atraiu imediatamente a atenção tanto do PCB quanto de Ibrahim e seus companheiros, que formavam o Grupo de Osasco. A organização tinha entrado em cena na setembrada de 1966 e, em seu apogeu, reuniu cerca de sessenta pessoas, estudantes e operários interessados no marxismo e contrários ao regime militar.

Em 1967, na onda das oposições sindicais que se multiplicavam pelo país afora, o grupo resolveu participar das eleições para o Sindicato dos Metalúrgicos da cidade e ganhou a eleição.*

No dia a dia da fábrica, a ação direta dos estudantes-operários compensava o fato de só terem Ibrahim na diretoria. E, enquanto aperfeiçoavam o conhecimento teórico em cursos de marxismo, botavam para quebrar nas assembleias, garantindo a vitória das propostas do presidente. Tudo sem perder algum pragmatismo: na campanha eleitoral de 1967, adotaram a recomendação da UNE em

---

tortura no DOI-Codi. Fiel era militante de base do PCB e sua morte selou o destino do comandante do II Exército e do ministro do Exército, como se verá adiante. O "superpelego", como era visto Joaquinzão, passou seus últimos tempos num asilo e morreu num quarto coletivo de um hospital da rede pública. Os 4 mil reais da aposentadoria como juiz classista aposentado tinham sido apropriados pela família, antes da internação.

* De acordo com Sérgio Luiz Santos de Oliveira, autor da pesquisa "*A esquerda radical de Osasco: movimento estudantil, sindicato e guerrilha (1966-1971)*, controlar o sindicato foi uma deliberação amplamente debatida entre os membros do grupo, "que viam sérias limitações no trabalho sindical, mas encaravam esse meio como propício para se ampliar as proposições do grupo, e expandir a organização dos operários em comissões de fábrica".[5]

favor do voto nulo, mas lançaram um candidato a vereador e apoiaram outros dois, mais o candidato a prefeito do MDB, Guaçu Piteri. Todos foram eleitos.

Ibrahim e parte dos militantes do Grupo de Osasco já estavam com os pés em outra canoa: a autodenominada Organização, criada em 7 de dezembro de 1967* e que mais adiante seria batizada de Vanguarda Popular Revolucionária ou VPR.**

Em dezembro de 1967, numa reunião do MIA, em Osasco, Ibrahim e alguns outros sindicalistas apresentaram um conjunto de propostas radicais: criar a Central Única de Trabalhadores, firmar uma aliança estratégica com o movimento estudantil e boicotar a festa do Primeiro de Maio. Perderam: a maioria queria cobrar do governo mudanças na lei e reajustes salariais compatíveis com a inflação, mas sem esticar demais a corda – e para isso estavam dispostos a compartilhar os palanques até com integrantes do governo, mantendo suas reivindicações. Ibrahim não abandonou a comissão organizadora do Primeiro de Maio. Mas seu grupo armou outra estratégia.

A comissão chegou a convidar o ministro do Trabalho para participar. Jarbas Passarinho recusou, com o argumento de que não podia participar de um ato organizado por uma instituição ilegal. Mais tarde, diria que fora informado pelo SNI de que haveria distúrbios durante o evento e que alertou Sodré, mas o governador considerou-se obrigado a comparecer. Ter o governador no Primeiro de Maio podia ser uma garantia, naqueles tempos em que manifestações de caráter político corriam forte risco de serem proibidas.

Sodré autorizou a manifestação dos trabalhadores, mas determinou que o Dops montasse um dispositivo para eventual ação repressiva. Prédios que poderiam ser alvo de ataques, como a sede da Prefeitura, Fórum, Correios, Telefônica, alfândega, rádios, jornais, repartições e consulados receberiam policiamento ostensivo. Cinquenta homens foram destacados para vigiar a praça da Sé. O grosso da tropa ficaria nos quartéis da PM e do Exército.

Mas a oposição sindical e o movimento estudantil já tinham resolvido: não haveria comício, muito menos confraternização com "agentes da ditadura", como Sodré. A tese que vencera a disputa política na UNE alguns meses antes chegava afinal ao movimento sindical.

---

* A versão mais difundida aponta a criação da VPR num congresso realizado em março de 1968.
** Em depoimento ao livro *A esquerda armada no Brasil*, de Antônio Caso, Ibrahim disse que era o único militante da VPR na direção do sindicato de Osasco: integrava uma célula de cinco operários que arrecadava fundos e realizava outras tarefas clandestinas na montagem da infraestrutura da organização guerrilheira.

A proposta de bagunçar o coreto – palanque, no caso – da praça da Sé foi submetida ao conselho de centros acadêmicos, composto por representantes de 28 entidades e a aliança entre os estudantes e a classe operária, cantada em prosa e verso em todos os documentos, ganhou contornos mais reais. O objetivo era pôr em prática o projeto que Ibrahim apresentara em dezembro na plenária do MIA: melar os festejos e transformar o ato numa denúncia da ditadura militar e do imperialismo ianque que culminaria com a queima do palanque.

Na *Folha de S.Paulo* do dia seguinte, o repórter Mario Ciuchini faz um impressionante relato sobre a manhã de 1º de maio de 1968:

> Às 9h15 termina a música e ouve-se uma voz que convida os oradores oficiais da festa. Estudantes e operários erguem alto suas faixas. Vão puxando dezenas de cartazes, presos por sarrafos. A tática é cobrir a visão do palanque. A voz do alto-falante é abafada pelo coro ensurdecedor de "Operário sim, pelego não", "Pelego não", "Sodré não". O governador já está no palanque, rodeado de secretários de Estado. Vão sendo levantados mais cartazes e faixas. A vaia não cessa. Novo coro "Sodré é também ditador". O homem do microfone fala o mais forte que pode e se ouve: "Brasileiros...". A vaia cobre. Prorrompe o *slogan*: "Operário sim, pelego não". "O abono é tapeação." A massa está excitada. Esbraveja, agita os braços e grita: "O palanque é ditadura". "Fora!" Os manifestantes estão praticamente junto ao palanque, onde as autoridades estão. O governador chega às 9h23. O ambiente é de grande hostilidade. Os gritos de "Fora", "Abaixo Abreu Sodré" não cessam. E as vaias também. Os estudantes já dominam a manifestação. Os operários, alguns mais violentos, seguem os estudantes. Há muitas moças. O coro: "Sodré interventor". O governador está de microfone na mão. Quem está no meio da multidão não consegue ver o palanque. As faixas e cartazes impedem de propósito. Não se ouve nada que o governador fala. Ele gesticula com decisão. Recebe um objeto no rosto. Não se abala. Vão sendo arrancados os paus dos cartazes. A explosão é iminente. Jogam o primeiro pau contra o palanque. Em segundos, é uma chuva. O governador e os secretários se protegem com os braços. As pedras caem em quantidade. Várias autoridades são atingidas na testa e cabeça. Uma delas já está com o lenço ensopado de sangue. O rosto é de terror. Há um estouro no meio da massa. Bem ao lado do repórter cai uma moça. Há gritos, pânico, corre-corre. Ninguém para socorrê-la. Outros tropeçam nela e quase caem. No palanque há a debandada. Na praça também. Os manifestantes avançam contra o palanque. São 9h25.[6]

Enquanto Sodré conversava com os repórteres dentro da catedral, com a voz embargada, lágrimas nos olhos trêmulos, Luís Travassos, José Dirceu e outras lideranças estudantis tomavam o palanque, expulsando os sindicalistas alinhados com o MIA, entre os quais estava José Ferreira de Melo, o Frei Chico. Militante do PCB, José tinha 26 anos de idade e sete irmãos. O mais chegado era Luiz Inácio, Lula, três anos mais novo, que não ligava a mínima para a política e jogava futebol num campo de várzea na divisa entre São Paulo e o ABC.

Quando acabaram de derrubar o palanque, saíram todos em passeata rumo à praça da República, destruindo a pedradas a fachada do prédio do Citibank, na avenida São João. Na praça, José Campos Barreto, o Zequinha Barreto, propôs – pela primeira vez em público, de acordo com o *site* que resgata sua história – que trabalhadores e estudantes recorressem à luta armada para derrubar a ditadura. Baiano de Brotas de Macaúba, 21 anos, Zequinha estudara num seminário em Garanhuns antes de ir morar em Osasco, onde fez o serviço militar obrigatório no quartel de Quitaúna, no qual também servia o capitão Carlos Lamarca. Depois, entrou para o Grupo de Osasco, foi eleito presidente do Círculo Estudantil Osasquense e foi trabalhar como operário na Cobrasma.

Os sindicalistas do MIA foram ao palácio prestar solidariedade ao governador e reafirmar o caráter pacífico do movimento. Jarbas Passarinho afirmou que ninguém – nem o governador – poderia garantir a realização de manifestações de rua, já que evidentemente havia uma minoria radical em ação: "Eu não iria às ruas discutir política salarial com quem não quer discutir, certo de que isso conduziria ao tumulto".*[7]

O que os jornais da época não reportaram – e pouquíssimas pessoas sabiam na época – é que os grupos de esquerda haviam desenhado dois níveis de ação para acabar com a manifestação. Espalhado pela praça da Sé estava um grupo de autodefesa armado com sessenta barras de ferro embrulhadas em jornal que se encarregaria da segurança dos manifestantes. No alto de alguns prédios vizinhos,

---

* O Primeiro de Maio carioca não teve grandes incidentes. Três mil pessoas – entre operários e estudantes – reuniram-se no campo de São Cristóvão, vigiadas por quinhentos soldados da PM e viaturas do Dops. A manifestação foi organizada pela União Nacional dos Servidores Públicos Civis do Brasil (UNSP), juntamente com a UNE, UME e outros diretórios acadêmicos das faculdades e universidades da cidade do Rio de Janeiro. Vladimir Palmeira esteve entre os oradores no comício. Logo após o início do ato, a polícia cercou o campo de São Cristóvão impedindo que muitos estudantes e trabalhadores se aproximassem do palanque. O governo também promoveu uma partida de futebol, no estádio do Maracanã, entre Vasco e Flamengo e passou a distribuir ingressos gratuitos em São Cristóvão e em vários bairros do Rio.

estavam militantes da Organização armados com metralhadoras, prontos a disparar contra a polícia, caso necessário.

Tampouco se soube que o comandante da tropa de prontidão no quartel de Quitaúna estava pronto a juntar-se aos estudantes e operários para enfrentar a polícia, em vez de reprimir a manifestação. Tratava-se do capitão Carlos Lamarca, de 30 anos – o mesmo que, em 1964, facilitara a fuga de Alfredo Daudt, da Operação Pintassilgo descrita no capítulo "A via armada".

A confusão em Porto Alegre não manchara a ficha de Lamarca, que o Exército considerava um oficial exemplar. Ex-aluno da Academia Militar de Agulhas Negras, Lamarca participara da campanha "O petróleo é nosso" e aproximara-se do PC, mas sem se filiar. Passara ao largo da agitação pré-golpe, na condição de integrante de uma Missão de Paz das Nações Unidas, na Faixa de Gaza.

Em Quitaúna, reencontrou o sargento Darcy Rodrigues.* Um dos fundadores da Associação dos Subtenentes e Sargentos da Guarnição de Quitaúna, Darcy se engajara em defesa da posse de Jango na crise de 1961 e buscava organizar um "clube de amigos" para discutir política dentro do quartel. Lamarca, Darcy, mais o cabo José Mariane** e o soldado Carlos Roberto Zaniroto,*** começaram a buscar uma organização para se filiar.

Há várias versões sobre quando exatamente Lamarca juntou-se à Organização. Renata Ferraz Guerra de Andrade, que teria dado "assistência teórica" ao capitão e seus companheiros ainda no quartel afirmou que, desde o primeiro momento, o capitão acenava com uma ação espetacular:

> No primeiro encontro que tivemos já falou na possibilidade de desertar, saindo com um enorme arsenal. Eu achei que era cutucar a onça com vara curta. Achei que podíamos esperar o momento mais adequado. Mas a ideia foi crescendo. [...] Eu defendia a ideia que Lamarca deveria sair quando tivéssemos pelo menos gente para empunhar tantas armas. Nem isso havia. Éramos um grupo de gatos-pingados.****[8]

---

* Darcy foi preso no final de abril de 1970, e trocado (junto com outros presos políticos) pelo embaixador da então Alemanha Ocidental, Ehrenfried von Holleben, no dia 15 de junho.
** Preso em 1970, foi libertado em 1972, exilando-se primeiro no Chile e depois na Bélgica. Mariane morreu em 10 de maio de 1989, aos 41 anos, vítima de um acidente automobilístico em Cuiabá.
*** Integra a lista dos mortos e desaparecidos. Foi preso em 23 de junho de 1969. Sob tortura, teria informado que tinha um "ponto" com Darcy Rodrigues. A versão oficial é de que ele teria cometido suicídio, jogando-se sob as rodas de um ônibus no cruzamento da rua Bresser com a avenida Celso Garcia. O corpo foi enterrado quase clandestinamente no cemitério de Vila Formosa.
**** De acordo com Judith Patarra na biografia de Iara Iavelberg, amante de Lamarca.[9]

39

A sexta-feira sangrenta

Após a morte de Edson Luís no Calabouço, o padre Vicente Ádamo saiu em busca de uma porta para estabelecer o diálogo entre os estudantes e o governo. Antigo resistente antifascista na Itália, Ádamo era presidente da Associação Católica da Guanabara e reitor do Colégio Santo Antonio Maria Zaccaria, no Catete, onde haviam estudado Vladimir Palmeira e Daniel Aarão Reis Filho. Fora ele que encomendara o corpo de Edson na noite de 28 de março.

Até o general Carlos da Meira Mattos reconheceu que havia uma enorme distância entre professores e alunos, num relatório sobre a situação da universidade: "Oitenta por cento do corpo docente vive completamente alheio aos problemas do ensino. [...] os professores, por motivos diversos, não se atualizam e ministram um ensino deficiente, que não vem ao encontro das aspirações dos universitários".[1]

A proposta do padre Ádamo rachou o movimento estudantil: a AP foi totalmente contra, mas a Dissidência concluiu que era melhor aceitar, certa de que nada se concretizaria.

No dia 10 de junho, Jean Marc Fréderic Charles von der Weid, de 22 anos, presidente do Diretório Acadêmico da Escola de Química da Universidade do Brasil (atual UFRJ) e militante da AP, lançou um desafio público ao ministro da Educação, Tarso Dutra: já que o governo se dizia aberto ao diálogo, bem que o ministro poderia receber os estudantes durante sua estada no Rio de Janeiro, no dia seguinte.

Para reforçar o argumento, os estudantes marcaram uma concentração no térreo do prédio do MEC, devidamente autorizada pelo governador Negrão de Lima.

Tarso Dutra garantiu que estava pronto para conversar, mas, da noite para o dia, alguma coisa mudou, pois o centro da cidade amanheceu ocupado por 4 mil soldados da PM.

A tropa de choque, sob as ordens do mesmo policial que comandara o ataque ao Calabouço, no final de março, postou-se diante do Edifício Gustavo Capanema. Fechado em seu gabinete, o ministro chegou a pedir que o efetivo policial fosse reduzido e reiterou que estava aberto para o diálogo. Nas ruas próximas, porém, o pau comeu.

A imprensa brasileira dividiu-se. *O Jornal do Brasil*, *O Globo* e *O Estado de S. Paulo* condenaram o que encaravam como uma cópia da bagunça libertária francesa em território nacional, enquanto o *Correio da Manhã* condenou a ação policial:

> Bastou que os estudantes anunciassem uma concentração pacífica no pátio do MEC, para que o governo se tomasse de pânico. Não deixou passar a oportunidade de demonstrar, mais uma vez, que está mordido pela neurose do medo. Medo de quem? Medo do quê? Dos jovens. Medo dos meninos desarmados, aos quais contrapõe seu equipamento de guerra interna.[2]

A crise estudantil não se limitava ao Rio: em São Paulo, as principais faculdades estavam em greve por mudanças na estrutura universitária. A Faculdade de Filosofia, na rua Maria Antônia, e a de Direito, no largo São Francisco, tinham sido ocupadas pelos estudantes.

Muitos professores concordavam com as reivindicações de seus alunos. Numa dessas palestras organizadas para manter a turma ocupada e discutir a reforma, o economista e professor Paul Singer engrossou o coro em favor de mudanças.

Enquanto, no Rio, a repressão agia com violência, em São Paulo as coisas avançavam com mais tranquilidade, graças a Sodré e seu passado de militante estudantil. Em 12 de junho, os estudantes paulistas ocuparam a reitoria da USP. O pretexto era a anunciada visita de Rudolf Atcon, "pai" do relatório que inspirara o acordo MEC-Usaid. Não só foram recebidos, como conseguiram levar o reitor para o térreo e discutir os problemas da universidade diante de uma assembleia.* Os alunos tinham seu bordão: "Repressão disfarçada/ É a arma de Sodré".

---

* O reitor, Mário Guimarães Ferri, negou que faltassem verbas e que a reforma universitária estivesse sendo feita sem a participação dos estudantes. Estes condenaram a presença de Atcon na USP, que Ferri negou conhecer.

Não duraria muito. No dia 5 de julho, as passeatas seriam proibidas no país inteiro e os militantes estudantis passaram a gritar "Abaixo a repressão". Antes disso, muita coisa aconteceu.

Uma semana depois da correria no Palácio Capanema, os estudantes cariocas programaram nova manifestação junto ao prédio do MEC. Oficialmente, queriam o diálogo, mas os preparativos já incluíam coquetéis molotov, como admitiria Palmeira mais tarde:

> Foi a primeira vez que a gente decidiu usar de violência, cacete, pedra. Levamos pau e fomos para o cacete. [...] Quando a polícia veio, naquele passo terrível, aquele passo de ganso, disseram: "Que a gente faz?". Eu disse: "Vamos resistir". Quando chegou, sei lá, a uns cinquenta metros, a gente disse: "Vamos para cima deles!". E fomos e batemos na polícia pela primeira vez. A polícia saiu correndo e nós atrás por aquelas ruelas do centro, invertendo as coisas. Nós passamos quatro anos correndo deles. Dessa vez, eles estavam correndo da gente. Aí, pronto, virou uma batalha campal, porque mandaram a cavalaria e a gente jogou bola de gude, rolhas. Cavalo caiu, menino andou em cavalo. Eu me lembro que teve um menino que botou um capacete da PE e montou no cavalo e saiu montado no cavalo. Houve de tudo. A massa é criativa. Até que tocaram fogo num caminhão do Exército. Nesse momento, a barra pesou, chegou a PE e eu me mandei. O Jean Marc foi preso. Essa foi a Quarta-feira Sangrenta.[3]

Na assembleia seguinte, o clima era de confronto entre os estudantes e a tropa de choque da PM, que cercou o prédio da Faculdade de Economia, por causa da prisão de Jean Marc. A certa altura, os estudantes arrombaram as portas da reitoria, interromperam a reunião do Conselho Universitário e obrigaram seus participantes a descer até o teatro, em meio a um corredor humano. Não houve agressões, mas, para evitar fugas, os estudantes passaram a acompanhar os professores até quando iam ao banheiro.

Nesse clima, decidiu-se que seriam realizadas reuniões mensais entre a reitoria e os estudantes, e que representantes dos alunos seriam incluídos na comissão encarregada de fazer a reforma da universidade. Na opinião de Palmeira, foi um momento único em um ano excepcional:

> Queríamos democratizar a universidade. Discutimos questões universitárias ou a proposta do governo para a reforma da universidade. É verdade que alguns professores deveriam estar um pouco estimulados pela presença agressiva dos estudantes, mas se não tivessem sido as coisas como foram, eu acho que esse tipo de

manifestação tinha permitido uma mudança das relações sociais da universidade. Na verdade, houve uma quebra da hierarquia. Os professores eram muito autoritários. O Conselho era uma coisa do século anterior ou de trinta anos antes. Então, ali houve um rompimento. Foi a única manifestação ideológica de 1968 e a mais importante do ano, em minha opinião.[4]

O reitor Clementino Fraga Filho negociou a retirada do efetivo que cercava o local, mas, quando os estudantes começaram a deixar o prédio, divididos em dois grupos – um, menor, pela porta da frente, fazendo barulho e chamando a atenção, enquanto a maioria tentava escapar discretamente pelos fundos –, policiais disfarçados em mecânicos, com macacões sujos de graxa, de garis e até de entregadores, prenderam cerca de quatrocentos universitários e os levaram até o gramado do campo de futebol do Botafogo, onde foram submetidos a todo tipo de violência e humilhação. Alguns policiais urinaram sobre corpos estendidos de bruços; outros passaram o cassetete entre as pernas das moças.

A cena foi noticiada pelos jornais e condenada por cronistas, como Carlinhos de Oliveira, do *Jornal do Brasil*. Zuenir Ventura, então repórter da revista *Visão*, descreveu assim o que se passou:

> Nos seis governos militares pós-64, incluindo a Junta, foi o que mais se pareceu com uma insurreição popular. Durante quase dez horas, o povo lutou contra a polícia nas ruas, com paus e pedras, e do alto dos edifícios, jogando garrafas, cinzeiros, cadeiras, vasos de flores e até uma máquina de escrever. O balanço de alguns hospitais – nem todos divulgaram os totais – registrou: 23 pessoas baleadas, quatro mortas, inclusive o soldado da PM Nélson de Barros, atingido por um tijolo jogado de um edifício, 35 soldados feridos a pau e pedra, seis intoxicados e 15 espancados pela polícia. No Dops à noite amontoavam-se cerca de mil presos.[5]

Dois dias mais tarde, às oito e meia da manhã, encarapitado num poste da praça Tiradentes, Vladimir Palmeira discursou para algumas dezenas de pessoas. Com as lojas baixando as portas, ele e seus companheiros encheram os bolsos com pedras numa construção e marcharam rumo ao MEC. No meio do caminho, outros grupos foram se incorporando. Após derrubarem as vidraças da embaixada norte-americana, foram, enfim, alcançados pela polícia. No confronto, três moças foram feridas.

Do alto dos prédios de escritórios, o pessoal que inicialmente saudou os manifestantes com chuvas de papel picado passou a alvejar os policiais com o que estivesse à mão. Até uma tampa de privada foi empregada. Os soldados reagiram atirando na direção das janelas. Surgiram as primeiras barricadas na avenida Rio Branco e, contra elas, cargas de cavalaria. A essa altura, os líderes estavam num bar da zona Sul. O confronto não tinha comando nem de um lado, nem de outro.

Artistas, intelectuais e jornalistas perguntavam-se como reagir diante da escalada repressiva. O jovem cineasta Arnaldo Jabor, que um ano antes realizara *Opinião pública*, um documentário-verdade de crítica à classe média e seu apoio ao golpe, propôs que se fizesse mais uma passeata. O poeta Ferreira Gullar, os cineastas Cacá Diegues, Glauber Rocha, Joaquim Pedro de Andrade e o jornalista Janio de Freitas sugeriram que se tentasse uma reunião com o governador Negrão de Lima.

Os ânimos estavam exaltados.* Na própria sexta-feira, 21 de junho, o diretor de teatro Flávio Rangel e o arquiteto Bernardo Figueiredo tinham sido presos ao deixarem o escritório do empresário Fernando Gasparian. Levados para o Centro de Armamento da Marinha, ficaram incomunicáveis até a segunda-feira. Antes de serem libertados, tiveram as cabeças raspadas.

A audiência com o governador foi informal e confusa. Eram quase trezentos intelectuais e artistas, entre os quais Oscar Niemeyer, Carlos Scliar, Clarice Lispector, Milton Nascimento, Gilberto Gil, Nara Leão, Paulo Autran, Tônia Carrero e Odete Lara. Quem expôs a situação foi o psicanalista Hélio Pelegrino:

> Senhor governador Negrão de Lima, eu fui um eleitor seu e posso lhe garantir que a esmagadora maioria dos intelectuais aqui presentes também o foram. O senhor ocupa o seu lugar por delegação nossa. O poder que o senhor exerce é também, fundamentalmente, assunto nosso. Por isso aqui estamos para interpelá-lo com respeito, mas com austeridade. Temos a dizer-lhe, nós que somos responsáveis, que os estudantes não são badernerios. Os estudantes representam hoje a vanguarda mais lúcida, mais limpa e mais corajosa da luta do povo brasileiro contra a opressão do Estado.[6]

Visivelmente constrangido, Negrão de Lima tentou contra-argumentar, dizendo que os soldados eram pessoas modestas, que estavam cumprindo sua missão quando foram atacados. Foi interrompido por uma voz potente: "Com isso, o senhor está dando autorização à Polícia Militar para continuar a metralhar o povo".

---

* O episódio foi detalhadamente reconstituído por Zuenir Ventura em *1968: o ano que não terminou*.

A contestação era do deputado pelo MDB Márcio Moreira Alves e permitiu que o governador colocasse um fim naquela conversa incômoda:

> Protesto, seu aparte é insólito. É insólita a sua interpretação. Não dei autoridade nenhuma e não dou. Não estou justificando e sim explicando. Eu desafio na hora em que estiver ferido na cabeça a reagir de maneira cristã e oferecer a outra parte da cabeça.

Na assembleia realizada logo depois, "reformistas" e "revolucionários" não chegaram a um acordo. Enquanto um grupo de intelectuais, padres, professores e mães retomava as conversas com o governo, onze governadores e o prefeito de São Paulo levaram suas queixas a Costa e Silva e explicaram que a repressão violenta ao movimento estudantil só estava trazendo prejuízos ao governo.

O secretário da Segurança do Rio era um general do Exército nomeado por Brasília, e não tinha nenhuma ligação com Negrão de Lima. Na véspera da manifestação, o secretário convocou entrevista coletiva e "denunciou" que haviam chegado à cidade mil agentes cubanos equipados com garrafas de ácido que seriam usadas contra as forças policiais.

Depois de se reunir com os ministros militares, Costa e Silva mandou a PM ficar nos quartéis e Negrão de Lima autorizou a passeata, desde que cumprisse um itinerário preestabelecido.

Um dia antes da nova passeata na Guanabara, a revolta dos estudantes foi o principal tema na Câmara dos Deputados. Quem puxou o assunto foi Mário Covas, com um longo discurso, que tentava situar o que se passava no Brasil num contexto internacional. Para o líder do MDB, havia "na própria estrutura social, na própria estrutura de toda a sociedade mundial, seja ela capitalista ou comunista, um processo que só se mantém através da violência".

Para Covas, a violência se expressava na condição dos dois ou três homens, que, no mundo inteiro, tinham "o privilégio, a prerrogativa e a responsabilidade de, pelo aperto de um simples botão, conduzir a humanidade ao holocausto". E era contra essa condição, seguiu raciocinando o líder da oposição, que a juventude se propunha a construir uma nova sociedade: "Esta sociedade, sr. presidente, tem que ter estruturas que se contraponham às anteriores [...] será a sociedade da negação da violência, [...] a sociedade da fraternidade".

Nesse momento, o pernambucano Maurílio Ferreira Lima pediu um aparte. Em seu aparte – e sem demonstrar qualquer reverência para o colega dez anos mais velho –, Maurílio pôs o dedo na ferida:

> Sr. deputado Mário Covas, estou achando bonito, realmente muito bonito, o discurso de V. Exa. Não tenho como deixar de solidarizar-me com as palavras autênticas, agressivas e contundentes do líder da oposição nesta Casa. Entretanto, sr. deputado, peço que V. Exa. olhe para as galerias desta Casa. Estão vazias – vazias – enquanto o povo brasileiro está nas ruas. E por que cá não vem? Não vem, sr. deputado, porque nós somos mortos insepultos: este Congresso faleceu no dia 1º de abril de 1964 – não pelas investidas dos tanques e das baionetas, mas pela subserviência de seus membros!

Vários deputados protestaram, mas Maurílio prosseguiu:

> Sr. deputado, as palavras de V. Exa. não encontram o menor eco neste país de extensão continental. Enquanto V. Exa. aqui fala, enquanto V. Exa. fala dessa tribuna, o povo brasileiro se prepara para amanhã, nas ruas da Guanabara, desfilar. E desfilar com quem? Com os padres da Igreja Católica, os operários, os estudantes, o povo em geral. E quando a passeata sair às ruas, amanhã, eles haverão de olhar ao redor e não encontrarão a nós, porque nós estamos aqui confinados na grandiosidade arquitetônica deste palácio, feito gado para engorda. E aqui vai meu conselho, sr. deputado Mário Covas, e minha sugestão, para que V. Exa. desça dessa tribuna, convoque imediatamente uma reunião da bancada do MDB e que ainda agora de noite, e que ainda na madrugada, até as oito horas da manhã, fretemos um avião e nos desloquemos todos à Guanabara, para voltarmos às nossas origens e nos irmanarmos com o povo da Guanabara.

Covas não aceitou a provocação e seguiu seu raciocínio. Para o líder do partido de oposição, a violência se materializava na falta de diálogo entre o ministro da Educação e os estudantes, na violência policial, na morte de Edson Luís, mas também do policial, de uma comerciária e uma estudante, ocorridas durante a Sexta-Feira Sangrenta. Para Covas, o que havia era um estado policial no Brasil, fruto da ilegitimidade do regime:

> Ora, sr. presidente, este estado policial transformou o governo numa imensa delegacia de polícia. Dir-se-ia, volto a dizer, que a personalidade do presidente da República é democratizante, é uma personalidade que tem resistido ao apelo que os seus acólitos mais próximos lhe fazem. Não, sr. presidente, não existe mérito nessa resistência. Existe demérito no fato de um homem que é presidente da República não saber reagir a um sistema que permite que seus acólitos venham propor-lhe tais soluções; precisamente aí, sr. presidente, é que reside a deformação.

Na visão do líder do MDB, o governo optara pela violência, não os estudantes:

> Quando se diz que a violência é daqueles que fazem demonstrações há um erro extraordinário. Violência, sr. presidente, subversão, é a repressão. Porque as manifestações estão rigorosamente enquadradas nos preceitos constitucionais que, se supõe, deveria o governo defender.

Covas contestou também a ideia de que havia algum tipo de saudosismo ou revanchismo nos protestos estudantis – já que, em 1964, eles tinham 12 anos em média. Admitiu que parte do povo podia mesmo ter perdido a confiança nos parlamentares, mas não nas instituições:

> E isto é tão verdadeiro que, quando jovens universitários e secundaristas de Brasília viram a sua casa invadida pela polícia, foi a este Poder, foi a esta Casa, dentro destas paredes que vieram buscar o último bastião de liberdade. [...] Não sei se há tempo, mas creio ser chegado o momento da grande opção, da grande definição. O que nos propomos, sr. presidente, é doar nossa parcela nesta obra [o debate sobre a reforma universitária, a proletarização da classe média e outras reformas estruturais] dentro do Legislativo. Mas, neste instante, no momento, nós que fizemos nossa opção, não queremos deixar de repeti-la – nós não temos, sr. presidente, nenhuma cumplicidade, nenhum compromisso com este estado policial que aí está.

Coube a Cantídio Sampaio, ex-secretário de Segurança de São Paulo, responder ao discurso em nome do governo. Interrompido a todo momento por pedidos de aparte de outros emedebistas e apoiado por Geraldo Freire, Sampaio criticou a Rússia, lembrou que a passeata da Sexta-Feira Sangrenta era ilegal e atribuiu os protestos à ingenuidade dos "estudantes laboriosos" que abandonavam o estudo para fazer coro com "falsos líderes" que queriam derrubar o governo e o regime.

Cantídio encerrou dizendo que era preciso haver liberdade, mas não a liberdade que conduzia à licença. O governo tinha mesmo de tomar as atitudes repressivas diante dos atos de subversão que pretendiam paralisar a nação.

> O governo é democrático. Estamos numa democracia. A prova são os discursos pronunciados nesta Casa. Estamos numa democracia, mas, para estarmos numa democracia, reconheçamos todos que esta democracia ou se defende, ou morre!

40

A passeata e a bomba no QG

A passeata finalmente autorizada pelo governo criou um clima de festa no Rio. Zuenir Ventura resume assim o ambiente daquele inesquecível 26 de junho de 1968:

> As pessoas iam chegando como nos últimos tempos só chegavam ao Maracanã ou aos desfiles de escolas de samba: em grupos alegres, aos poucos, carregando cartazes com palavras de ordem que identificavam os setores – professores, bancários, estudantes secundários e universitários, mães, garis, engenheiros, arquitetos, médicos, padres.[1]

Vladimir Palmeira vestia um terno em vez do casaco amarfanhado e da sandália nordestina por medida de segurança, pois sua prisão preventiva já fora decretada havia tempos. Talvez por isso, demorou para chegar ao centro da manifestação – só lhe abriram alas quando foi reconhecido. O líder estudantil mais influente do Rio subiu as escadas da Assembleia Legislativa, freou as palmas com um gesto e pediu a todos que se sentassem. Determinação cumprida, para alegria do cronista Nélson Rodrigues, que no dia seguinte sapecou em sua coluna de *O Globo*:

> Ali, estavam médicos, romancistas, poetas, atores, atrizes, arquitetos, professores, sacerdotes, estudantes, engenheiros (só não víamos um único preto ou um único operário). Como reagiu a elite espiritual do país? Sentando-se no asfalto e no meio-fio. A única que permaneceu de pé e assim ficou foi uma grã-fina,

justamente a que lera as orelhas de Marcuse. Estava com um vestido chegado de Paris. E não quis amarrotar a saia. Todos sentados e ela, alta, ereta, numa solidão de Joana D'Arc.[2]

Para Vladimir, ainda não era a hora de responder à violência policial:

> Todos somos a favor da violência quando ela é aplicada para fins maiores. No momento, ninguém deve usar a força contra a polícia, pois a violência é própria das autoridades, que tentam por todos os meios calar a voz do povo. Somos a favor da violência quando, através de um processo longo, chegar a hora de pegar nas armas. Aí, nem a polícia, nem qualquer outra força repressiva da ditadura poderá deter o avanço do povo.[3]

Na esquina da rua Araújo Porto Alegre com a avenida Rio Branco, Luís Travassos subiu ao para-choque de uma Kombi pertencente a um jornal, e fez um rápido discurso, reproduzido em relatório do Dops:

> Apesar da repressão, de todas as proibições, nós estamos aqui. O importante é ressaltar que a nossa luta não é contra a ditadura que comanda a repressão. Nossa luta é também a luta do trabalhador contra a política salarial, é a luta do intelectual e do artista contra a censura. É, em última análise, a luta contra essa ditadura que nós, com o comando do povo e do trabalhador, vamos derrubar num combate sem tréguas...[4]

O presidente da UNE estava prestes a ser guindado à condição de *pop star* do movimento estudantil. Naquele momento, o repórter Luis Carlos Marão já redigia o perfil que a revista *Realidade* publicaria na edição de julho. O texto apresentava desse modo o líder estudantil:

> Luís Travassos, 22 anos, é um moço magrelo, meio alto, de voz e sorriso muito calmos, mas que numa assembleia ou concentração de estudantes se transforma. "Falando, é um leão", dizem dele. Nasceu para as políticas de estudantes na Faculdade de Direito da Universidade Católica de São Paulo. De lá, foi eleito presidente da UEE-SP. E, depois desse dia, trocou uma casa confortável no bairro de Santo Amaro, na capital paulista, por uma vida corrida, de reuniões, prisões, discursos, discussões e fuga da polícia.
>
> Seu pai, pequeno industrial, não o viu mais. Luís mora em qualquer casa, veste qualquer roupa. Está sempre meio sujo, meio barbudo, só troca de camisa quando

a noiva consegue achar alguém que vai encontrá-lo e manda uma. Dinheiro, está sempre sem nenhum. Não procura a família, para não "complicar o pessoal", mas não consegue esconder um pouquinho de emoção, um certo olhar para cima, quando fala deles: "Eu tenho esperança de que logo haja liberdade para vê-los, sem deixar de fazer o que faço atualmente".[5]

No começo da tarde, a concentração virou passeata, saudada por chuvas de papel picado que caíam do alto dos prédios. Os estudantes conclamavam os espectadores a descer e engrossar a manifestação: "Você que é explorado, não fique aí parado!".

Num dos vários momentos em que o pessoal parou, estabelecendo uma verdadeira assembleia em plena rua, Palmeira deu até um prazo – uma semana – para que todos os detidos fossem libertados e anunciou a formação de uma comissão integrada por dirigentes estudantis, representantes do clero, intelectuais e mães de estudantes,* para tratar da libertação dos estudantes presos.

Apesar do clima de união, havia um racha no movimento, claramente exposto em duas palavras de ordem opostas, mas que soavam parecidas. Uma parte da multidão gritava: "O povo/ organizado/ derruba a ditadura...".

Outra preferia: "O povo/ armado/ derruba a ditadura...".

O refrão e o discurso de Palmeira verbalizavam a tese que um panfleto apócrifo distribuído na mesma época apresentava assim:

> A ditadura repele a luta do povo com tiros. O que o povo deve fazer? Responder à ditadura com balas. Sim somente balas vingarão as balas. Somente o sangue pagará o sangue. O que resta, então? Vamos às armas! Só o povo armado derruba a ditadura assassina! Só o povo armado vingará a morte do companheiro Edson Luís Souto. Só o povo armado alcançará o poder! Só o povo armado fará chegar à nossa pátria a verdadeira democracia do povo no poder! Pátria ou Morte![6]

O texto seria mais tarde reproduzido na primeira edição do jornal da ALN, *O Guerrilheiro*. "Pátria ou morte" era o fecho de um discurso proferido por Fidel Castro em 5 de março de 1960. O líder cubano, por sua vez, reproduzia o dito inspirado em Vicente Guerrero, um dos líderes da Guerra de Independência do

---

* Hélio Pelegrino foi indicado para representar os intelectuais, o filósofo José Américo Peçanha, os professores, Irene Papi, as mães, enquanto o clero seria personalizado pelo padre João Batista Ferreira, do Colégio São Vicente de Paulo.

México (e futuro presidente). Guerrero cunhou "La patria primero". Seus seguidores teriam distorcido para "Patria o muerte".

Às 4h30 da manhã daquela mesma quarta-feira, 26 de junho, quando os manifestantes do Rio ainda dormiam, uma caminhonete Chevrolet aproximou-se velozmente do portão do recém-inaugurado quartel-general do II Exército, no Ibirapuera, em São Paulo.* O soldado Edson Rufino, que guardava a entrada, disparou seis vezes na direção do carro, mas não evitou que ele se chocasse contra a parede externa da fortaleza de concreto. Mário Kozel Filho, o Kuka, 20 anos incompletos, cumpria o serviço militar obrigatório e também estava de guarda naquele turno. O recruta saiu de sua guarita e correu em direção ao veículo, quando a carga de quinze quilos de dinamite explodiu. Kozel morreu na hora. Outros seis militares ficaram feridos.**

A caminhonete-bomba era obra da Vanguarda Popular Revolucionária (VPR), novo nome da antiga Organização, que ajudara a destruir o palanque dos pelegos, no Primeiro de Maio, na praça da Sé.

A VPR nascera da fusão entre uma dissidência da Organização Revolucionária Marxista – Política Operária (Polop) no Estado de São Paulo com grupos de militares originários do Movimento Nacionalista Revolucionário (MNR), responsável pela tentativa de guerrilha de Caparaó. Pedro Lobo de Oliveira,*** 37 anos incompletos, entrou na dupla condição de ex-sargento (da Força Pública de São Paulo) que se aproximara do MNR e de militante insatisfeito.

Em suas memórias, ele descreve os primeiros momentos da VPR e afirma que o primeiro atentado foi uma bomba colocada diante da casa em que vivia a filha

---

* Em 31 de março daquele ano, o comando do II Exército e o da 2ª Região Militar fora transferido para um prédio moderno de concreto, ao lado da nova Assembleia Legislativa. Por uma ironia do destino, o projeto era dos arquitetos Léo Bonfim e Paulo Bastos, este, um militante do clandestino PCB. A dupla vencera um concurso nacional organizado pelo Instituto de Arquitetos do Brasil realizado antes do golpe. Paulo Bastos, militante do Partido Comunista, seria "hóspede" do II Exército – ou, mais exatamente, do DOI-Codi, a divisão clandestina dedicada à perseguição, prisão, interrogatório e tortura de presos políticos nos anos 1970. Três décadas depois, em julho de 2011, ele e Léo Bonfim seriam homenageados pelo comando na celebração do 65º aniversário do II Exército.

** Além de Edson Rufino, feriram-se João Fernandes de Souza, Luiz Roberto Juliano, Henrique Chaicowski e Ricardo Charbeau e o coronel Eldes de Souza Guedes.

*** Filho de camponeses, deixou Natividade da Serra aos 20 anos. No final dos anos 1950, o sargento Pedro começou a se interessar por política. Em 1961, participou de uma rebelião no 12º Batalhão, tornou-se representante do Clube dos Sargentos na unidade em que servia. No final de 1961, entrou para o PCB e adotou o codinome Paulo. Passou incólume pelo racha de 1962, que resultou na criação do PCdoB. Filiou-se a um grupo dos onze de Brizola e acompanhou de perto a movimentação dos sargentos.

do governador, Maria do Carmo Sodré. O aparato – um pedaço de cano cheio de clorato de potássio, alumínio em pó e açúcar – funcionou, mas não causou o efeito que ele imaginara: chegar às manchetes dos jornais – nem sequer foi registrado pela imprensa.

Os paulistanos já preparavam a ceia do Ano-Novo quando a Organização roubou 25 quilos de dinamite de uma pedreira. Em março de 1968, no bairro da Lapa, em São Paulo, realizou o primeiro de uma série de assaltos a agências bancárias. O butim foi magro: 2 mil cruzeiros novos, o equivalente a menos de 15 mil reais em abril de 2012. A polícia atribuiu o crime ao bando do Quincão, um velho conhecido dos delegados paulistas.

Dez dias mais tarde, outro petardo explodiu na biblioteca do consulado dos Estados Unidos, instalada no andar térreo do Conjunto Nacional, na avenida Paulista, ferindo três estudantes que passavam pelo local – entre eles, Orlando Lavecchio Filho, que teve de amputar parte da perna esquerda. O então delegado regional da Polícia Federal descartou a hipótese de ato político. Mas era – embora a autoria viesse a dar muito assunto ainda.* No dia 20 de abril, o ataque foi contra a sede do jornal *O Estado de S. Paulo*. Um porteiro saiu ferido.

O atentado ao quartel foi a segunda ação espetacular do grupo. Na primeira, quatro dias antes, o alvo fora o Hospital Geral do II Exército. O que mobilizou os guerrilheiros foi justamente o reforço na segurança do prédio – onze soldados armados com modernos fuzis belgas FAL. Quem ajudou a planejar a ação foi Eduardo Collen Leite, o Bacuri. Mineiro de Campo Belo, tinha 23 anos e uma longa militância iniciada na Polop. Bacuri servira no hospital, durante o tempo em que passou no Exército, e conhecia detalhes do prédio e de seu funcionamento.

O sucesso da ação foi garantido pela inexperiência de um jovem soldado. Em plena madrugada, um militante vestido com uma farda de tenente chamou sua atenção, perguntou se ele havia disparado sua arma naquela noite e pediu para ver o fuzil. O rapaz entregou a arma e foi rendido. Pouco depois, o grupo deixou o Hospital Geral com seis fuzis expropriados. Num comunicado aos jornais, a ação foi apresentada como obra da "vanguarda político-militar do proletariado brasileiro".

---

* Um ano mais tarde, Pedro Lobo e Diógenes Oliveira admitiram ter participado da ação. Em 1971, o arquiteto Sérgio Ferro disse que a ação fora obra de Diógenes e de Dulce Maia, da VPR. Os três estavam presos e seus depoimentos foram certamente obtidos sob tortura. Quarenta anos mais tarde, em 2008, apresentando-se como único sobrevivente do grupo que produziu e detonou a bomba, Sérgio Ferro assegurou que Diógenes e Dulce não tiveram nada a ver com o atentado e que ele fora obra da ALN.

O panfleto levou o comandante do II Exército, general Manoel Rodrigues Carvalho Lisboa, possesso, a dizer, numa entrevista coletiva especialmente convocada para reagir ao ataque:

> Esta foi uma iniciativa subversiva. Desafio os subversivos a roubar armas dos meus quartéis e não de hospitais. Desafio as vanguardas comunistas infiltradas nas universidades, nos teatros, nas fábricas e nas igrejas. Somos profissionais da luta e estamos prontos para combater. Mas atuaremos no estilo caboclo para vencer as linhas, russa, chinesa e cubana. Defenderemos com alma e mesmo fanatismo o estilo de vida cristão e democrático.[7]

Pedro Lobo acompanhara a entrevista do general pela TV junto com José Nóbrega, outro dirigente da VPR. Ambos resolveram responder ao desafio atacando o quartel-general.* Na manhã seguinte ao ataque, dirigindo o táxi que usava como cobertura legal para sua vida clandestina, Lobo passou perto do quartel. Numa construção, perguntou aos operários o que tinha acontecido. Ficou feliz ao saber que a notícia da explosão se espalhara. Mais tarde, ao ouvir o *Repórter Esso*, abriu uma cerveja para festejar a ação.

Ao biógrafo João Roberto Laque, Lobo tentou justificar o atentado:

> Nosso objetivo ali era pura afronta ao general e à moral do Exército, o grande guardião da ditadura. A gente não pretendia matar ninguém, porque havia a consciência de que o recruta é um homem que foi obrigado a servir as Forças Armadas. Ele não deixa de ser um inimigo, claro, porque está ao lado de uma instituição da ditadura, mas não um inimigo direto. Por isso a gente tinha até colocado um papel de alerta em uma das janelas da perua – "Não se aproxime, explosivos".[8]

Dois dias após o ataque ao quartel-general, no pequeno expediente da Câmara, o deputado Clóvis Stenzel sugeriu uma mudança de rumo para o governo. Stenzel era o líder de um grupo de arenistas que se autointitulara os Guarda-Costa. A aparente falta de concordância gramatical era intencional – o grupo defendia tanto o regime como o presidente. Seus integrantes** tinham firmado

---

*   Participaram do atentado, segundo as memórias de Pedro Lobo, o mesmo grupo que havia assaltado o hospital, mais Onofre Pinto e Dulce Maia, entre outros.
** Os outros participantes eram, segundo Stenzel relatou ao repórter Chico Mário em 2008: Aderbal Jurema, Albino Zen, Ari Alcântara, Dario de Almeida, Demar Pizzi, Janari Nunes, Josias Ferreira Gomes e Parente Frota.

uma carta-compromisso em que prometiam "lutar contra revogação dos dispositivos fundamentais da administração revolucionária" e denunciar na tribuna "todas as táticas empregadas pelos agitadores".[9] Em seu pronunciamento, Stenzel verbalizou a tese que circulava no núcleo duro do poder militar: o que estava nas ruas era a contrarrevolução e contra ela era preciso ser muito firme:

> Não pense o nosso governo, governo da Revolução, que a vontade popular, que a opinião pública, existem independentemente dele próprio, dos partidos políticos, e, principalmente da imprensa falada e escrita. Há quase toda uma estrutura que informa e forma a opinião pública mobilizada para incompatibilizar o governo atual com a nação brasileira, como aliás, mobilizada esteve, com esses mesmos propósitos, em relação ao governo anterior. O presidente da República é mostrado, retratado, como um ditador. Seu governo é exibido como militarista. Hoje até companheiros nossos, impregnados psicologicamente por essa propaganda, chegam a duvidar que vivamos num estado democrático. E chegam ao absurdo de querer "democratizar" o Brasil através de ampla liberdade a reconhecidos subversivos. E o pior é que o presidente, sob o ônus, a acusação de estar exercendo um governo forte, sem ter as vantagens, os instrumentos que os governos fortes conferem ao poder. O governo não desconhece; a nação deverá saber que a contrarrevolução está nas ruas.

No raciocínio do chefe dos Guarda-Costa, era tudo a mesma coisa: estudantes, trabalhadores, políticos do MDB, cassados, guerrilheiros. Na realidade, havia diferenças significativas.

41

Carlos Marighella

O campo da ultraesquerda tinha mais de um protagonista. Além da VPR, o Agrupamento Comunista de São Paulo estava na ativa desde setembro de 1967. Tinha nove militantes em Cuba* e computava a morte de um fazendeiro em Presidente Epitácio, no interior de São Paulo, e assaltos a um carro pagador e um banco em São Paulo, antes de a VPR lançar a caminhonete contra o QG do II Exército.

A principal liderança da organização, que não pretendia ser um partido político e acreditava na ação como motor da revolução, era Carlos Marighella. Ele escapara de ser preso por pouco no dia do golpe: abandonou o apartamento de quarto e sala no bairro do Catete onde vivia clandestino, no Rio de Janeiro, minutos antes da chegada dos policiais. Mas o diretor do Dops, o legendário delegado Cecil Borer, não desistiu da caçada: colocou um espião vigiando o prédio 24 horas. Trinta e oito dias mais tarde, a campana deu resultado, quando a zeladora foi levar a correspondência para Marighella. Este notou que a mulher estava sendo seguida e entrou num cinema da Tijuca. A polícia chegou em seguida, mandou acender as luzes e agarrou o dirigente comunista.

Certo de que ia morrer, Marighella gritou: "Matem, bandidos! Abaixo a ditadura militar fascista! Viva a democracia! Viva o Partido Comunista!".[1]

Levou um tiro no peito, chutou a arma de um policial para longe, foi esmurrado, mas seguiu lutando. Um fotógrafo do *Correio da Manhã* que estava no

---

* Mário Magalhães, em *Marighella, o guerrilheiro que incendiou o mundo*, identifica sete deles: Virgílio Gomes da Silva, Aton Fon Filho, Otávio Ângelo, José Nonato Mendes e Adílson Ferreira da Silva, além de dois não nominados, de origem camponesa, "filiados ao PCB no bairro da Penha".

cinema com a filha registrou o entrevero. Marighella foi levado para um hospital, e dali para a prisão. Oitenta dias mais tarde, um *habeas corpus* impetrado por Sobral Pinto o libertou.

Marighella publicou sua versão dos fatos no livrinho *Por que resisti à prisão*. Dedicou menos da metade do texto ao episódio, descrito com inegável talento:

> A minha prisão, no dia 9 de maio, no cinema Eskye-Tijuca, revestiu-se de sensacionalismo e suspense. A polícia fez constar que eu fora preso com uma caderneta de endereços, com telefones de Brizola e outros. A verdade é que não fui preso trazendo comigo quaisquer documentos ou anotação, a não ser – como é lógico – a minha carteira de identidade. As chaves encontradas em meu bolso eram do apartamento onde eu moro e das portas de entrada do edifício. O dinheiro? Somente 253 cruzeiros. Os agentes do Dops dispararam um tiro contra o meu peito para me matar. A arma é da polícia, e isto é testemunhado pela bala que foi extraída do meu corpo pelo dr. Acioly Maia, médico-cirurgião do Hospital da Penitenciária Professor Lemos Brito. O tiro foi desfechado à queima-roupa, dentro do cinema. O pormenor é importante: foi dentro do cinema. A casa de espetáculos estava cheia de gente. Era uma tarde de sábado, e grande a afluência de crianças. O filme era significativamente o *Rififi no safári*.[2]

Logo adiante, Marighella começou a tratar do que realmente lhe interessava: o cenário político brasileiro e os caminhos para intervir sobre ele. Denunciou os crimes da ditadura – inclusive o terrorismo cultural – e acusou os militares de fascismo. Sobrou até para a "democracia racionada" anterior ao golpe, que, na visão dele, era o entrave maior às reformas de base. Resistir à prisão na ditadura que tinha acabado até mesmo com aquela democracia meia-boca era

> um modo de exprimir confiança na capacidade e receptividade do povo para a compreensão de um ato de protesto (mesmo individual), a prova de fidelidade aos compromissos com a luta pela liberdade. Uma atitude de resistência e de não conformismo ajuda a desmascarar a farsa e é o prenúncio da vitória. De mim, que não pretendo ser mais que um lutador pela pátria e pela liberdade, dentro de minha condição de comunista, não se pode esperar senão a coerência de prosseguir lutando ao lado de todos quantos resistem.[3]

Mais adiante, festejou o surgimento de "frente de resistência" à ditadura. Donas de casa, operários, camponeses, sindicatos, artistas, exilados, parte da imprensa, católicos, socialistas, comunistas... E indivíduos:

> Há os que acreditam no heroísmo pessoal e se louvam na eficácia da ação de pequenos grupos de homens. A ditadura é a única responsável pela irrupção de tais métodos de luta [...] Em consequência, a realidade socioeconômica brasileira poderá levar ao aparecimento de guerrilhas e outras formas de luta surgidas da experiência das massas.[4]

Embora o texto admitisse o uso de todas as formas de luta, inclusive "os entendimentos pela cúpula", já manifestava sua descrença nas soluções legais:

> As eleições são apenas um termômetro para as classes dominantes aquilatarem o grau de consciência do povo. E, a fim de impedir uma solução definitiva a favor das massas, por meios legais e constitucionais, as elites não vacilam: empregam a violência e vão ao estado de sítio, quando não ao golpe.[5]

Sua rebeldia repercutiu profundamente dentro do Partidão, abalado pela absoluta incapacidade de reação ao golpe e pela cisão ocorrida dois anos antes, quando uma parcela de seus quadros rompera com Luís Carlos Prestes e a maioria da direção, criando o Partido Comunista do Brasil.

O pretexto utilizado pelos dissidentes foi a decisão de mudar o nome do PC, numa tentativa de driblar o veto da Justiça Eleitoral à legalização – a lei proibia a oficialização de uma organização política vinculada ao estrangeiro e o nome Partido Comunista do Brasil reforçava essa ideia.*

O racha de Marighella veio à tona na Conferência Estadual realizada em maio de 1967, em Campinas, onde 33 dos 37 delegados escolhidos como representantes das bases do PCB em São Paulo apoiaram suas teses. A dissidência logo se multiplicou em outros estados. Por algum tempo, sem se juntar na mesma organização (a da Guanabara daria origem ao MR-8).

No dia 1º de dezembro de 1966, ele demitiu-se do Comitê Central, criticando abertamente a participação do partido na Frente Ampla e o entusiasmo dos comunistas com o MDB:

---

* Entre 1956 e 1962, na esteira da denúncia dos crimes de Stálin, feita pelos próprios soviéticos, eles haviam enfrentado uma cisão. O grupo majoritário adotou a política de frente única e trocou o nome do partido de "do Brasil" para "Brasileiro", na tentativa de contornar o pretexto utilizado pelo Supremo Tribunal Federal para jogar o PC na ilegalidade em 1947. Mas uma centena de dissidentes formalizou sua discordância às novas ideias numa carta. Expulsos em fevereiro de 1962, criaram o Partido Comunista do Brasil, que passou a reclamar o direito a ser considerado como o legítimo PC. Diferentemente do original, tinham críticas ao governo da União Soviética e simpatizavam com a posição de chineses e cubanos.

Não é isto querer desfazer-se da ditadura suavemente, sem ofender os golpistas, unindo gregos e troianos? Em vez de uma tática e estratégia revolucionárias, tudo é reduzido aberta ou veladamente – a uma impossível e inaceitável saída pacífica, a uma ilusória redemocratização (imprópria até no termo). [...] Depois de tanto se ter falado que à violência das classes dominantes se responderia com a violência das massas, nada foi feito para que as palavras coincidissem com os atos. Esquece-se o prometido e continua-se a pregar o pacifismo. Falta o impulso revolucionário, a consciência revolucionária, que é gerada pela luta. A saída do Brasil – a experiência atual está mostrando – só pode ser a luta armada, o caminho revolucionário, a preparação da insurreição armada do povo, com todas as consequências e implicações que daí resultarem.*⁶

A derrota da ditadura a partir de um processo político, com eleições, greves, manifestações e protestos pacíficos era ilusão boa para o reinado do dr. Pangloss,** afirmou na sua despedida.

À revelia da direção do partido, Marighella foi à 1ª Conferência da Organização Latino-Americana de Solidariedade (Olas), um esforço dos cubanos para unificar as atividades guerrilheiras na América Latina.*** O objetivo dele era combinar a ida de militantes do Agrupamento Comunista para treinar em Cuba, mas aproveitou para dar várias entrevistas. Ao microfone da Rádio Havana, defendeu a tese de que não era hora de organizar novos partidos, mas sim de arregaçar as mangas e empunhar os fuzis:

[...] seria perder tempo participar de frações, tentar organizar novos partidos e tentar percorrer o caminho tradicional que não nos ajudará em coisa nenhuma e só nos levará a passar ainda mais anos na pasmaceira em que nos encontramos atualmente. Minha posição e a dos camaradas que estão com a mesma disposição e que têm a mesma convicção é exatamente a da preparação da luta armada, do

---

* Outros militantes, como Joaquim Câmara Ferreira, Mário Alves, Jacob Gorender e Apolônio de Carvalho também condenavam o que definiam como capitulação. A disputa se dava durante a preparação do VI Congresso, que seria realizado em 1967, na clandestinidade.

** O dr. Pangloss é um personagem criado por Voltaire no conto filosófico *Cândido*, que retrata a evolução de um rapaz ingênuo e inocente que tem como mentor o dr. Pangloss, para quem o mundo é sempre bom.

*** Não era um delegado, mas um convidado especial. A delegação brasileira tinha dois integrantes da AP – Paulo Stuart Wright e Vinícius Caldeira Brandt – e dois representantes do Movimento Nacionalista Revolucionário – Aluísio Palhano, ex-presidente da Confederação dos Trabalhadores dos Estabelecimentos de Crédito (Contec) e vice-presidente do CGT, e o cabo Anselmo. O PCB não mandou ninguém.

desencadeamento da luta de guerrilhas e da concentração de todos os esforços nessa atividade.[7]

Quatro meses mais tarde, foi expulso durante o VI Congresso do PCB junto com Joaquim Câmara Ferreira e outros cinco dissidentes: os criadores do Partido Comunista Brasileiro Revolucionário – Mário Alves, Apolônio de Carvalho, Jacob Gorender e Miguel Batista – e de Jover Teles, que migrara para o PCdoB.

Em fevereiro de 1968, o Pronunciamento do Agrupamento Comunista de São Paulo formalizou os motivos do rompimento e anunciou o surgimento de uma organização disposta a dar início imediatamente às ações políticas armadas. Três meses depois, a primeira edição de um jornalzinho clandestino com o sugestivo título de *O Guerrilheiro* colocava o grupo em cena. Não faltava mais nada para a Ação Libertadora Nacional entrar em ação.

O primeiro assalto, em 15 de abril de 1968, rendeu 35 mil cruzeiros novos, correspondentes a 202 mil reais no final de 2012, e não foi atribuído à esquerda armada* – a polícia nem mostrou às vítimas as fotos de comunistas procurados.

---

* Uma semana antes, a VPR cometera o primeiro assalto a banco – contra uma agência do Banco Comércio e Indústria, na rua Guaicurus, na Lapa, em que arrebanhara 2.150 cruzeiros novos. A ação também não foi identificada como tendo partido de um grupo de esquerda.

42

Audiência com o presidente

A missa de sétimo dia do soldado morto no QG do II Exército no dia 2 de julho de 1968 teve a presença do governador Abreu Sodré, dos comandantes locais do Exército, Marinha e Aeronáutica e do ministro da Justiça, Gama e Silva. O bispo de São Paulo, dom Lafaiete Ferreira Alves, repudiou a violência e criticou aqueles que pregavam o uso da força:

> Pouco importa que da imprensa, das cátedras ou do próprio púlpito surjam agitadores a pregar ideais suspeitos e sinistros. Eles não representam o Brasil democrático e cristão. Não falam em nome do Brasil. Nós sim, o representamos porque queremos a ordem e a paz.[1]

Algumas horas mais tarde, a comissão eleita na passeata dos Cem Mil chegou ao Palácio do Planalto, em Brasília, para o encontro com o presidente Costa e Silva. Entre os integrantes, representando o clero, estava o padre João Batista Ferreira, do Colégio São Vicente de Paulo.*

Na sala de espera do gabinete presidencial, um ajudante de ordens informou: quem estivesse sem paletó e gravata não seria admitido. Franklin Martins recusou a oferta feita pelos contínuos do palácio, que queriam lhe emprestar as peças de

---

* Escola religiosa católica situada no Cosme Velho e mantida pelos vicentinos ou lazaristas, inspirava-se na linha progressista da Igreja. Os outros integrantes da comissão eram o psicanalista Hélio Pelegrino, o professor José Américo Peçanha, o senador Marcello Alencar e os estudantes Marcos Medeiros, presidente do DCE da UFRJ (ligado ao PCBR), e Franklin Martins, vice-presidente da UME (ligado à Dissidência da Guanabara).

roupa e retrucou: "Se o embaixador de Gana vem aqui, ele bota gravata? Não, ele entra no traje que ele usa no país dele, não é? O meu traje é esse, de estudante!".

O grupo acabou entrando do jeito que estava na sala onde acontecem as reuniões ministeriais. Sorridente, o presidente cumprimentou a todos e pediu que informassem o nome e a representatividade de cada um. Em seguida, perguntou que tempo a comissão precisava para tratar do assunto e disse que estava às ordens. O psicanalista Hélio Pelegrino explicou que tinham de voltar naquela mesma noite e prestar contas à assembleia. Depois, abriu uma folha de papel e leu o primeiro ponto das reivindicações – a imediata libertação dos estudantes presos na Guanabara.

Costa e Silva disse que tinha informações de que eram "uns quatro ou cinco". Alguém corrigiu, dizendo que eram nove e o presidente explicou que os outros estavam *sub judice*, na alçada do STM. Pelegrino passou para o ponto seguinte e trouxe para a mesa a reabertura do Calabouço. O presidente rejeitou a ideia, mostrando uma ficha de inscrição que era apresentada aos alunos. Leu em voz alta as seguintes perguntas:

– Se o governo fechar o Calabouço, você estaria disposto a reagir?
– O que você acha da situação política: é horrível, ruim, boa ou má?
– Como você acha que devem ser mudadas as estruturas da sociedade brasileira: por evolução pacífica ou pela revolução?

O Calabouço, prosseguiu Costa e Silva, era "um centro de arregimentação política com o pior dos sentidos". Em vez de reabri-lo, o governo distribuiria bolsas de alimentação a quem necessitasse.

Quando um dos estudantes* reclamou novamente a libertação dos presos, o presidente perguntou: "Se os presos forem libertados, o que acontecerá em contrapartida?".

Não haverá mais passeata na quinta-feira, responderam todos. Costa e Silva cedeu: disse que ia correr um risco e libertar os cinco presos e pediria que a situação dos outros fosse examinada. A conversa se encaminhava para uma solução, quando os estudantes retomaram o assunto da reabertura do Calabouço. O presidente refugou. Os dirigentes estudantis teimaram. Num dado momento, lembraria Franklin para o autor mais tarde, Marcos Medeiros, presidente do

---

* O noticiário da época não identifica quem falou o quê. E a comissão fez questão de manter-se como um coletivo.

DCE da Universidade Federal do Rio de Janeiro, bateu forte na mesa e declarou: "Então quinta-feira a população do Rio de Janeiro volta para as ruas!".

Costa e Silva ergueu-se. Visivelmente irritado, encerrou o encontro:

> Realizem a passeata, mas em consequência de imposições desarrazoadas eu não tomo decisões. Os senhores vieram com pontos pré-fixados em torno dos quais não querem dialogar. De minha parte, tenho dado todas as demonstrações de que o governo não tem qualquer tipo de preconceito contra os jovens e os estudantes e que está disposto a dialogar.

Ainda fez um breve aceno de mãos, antes de voltar a seu gabinete. Um coronel, muito nervoso, gritou: "Vocês estão cutucando a onça com vara curta!".[2]

O que se dizia no mundo político era que a "onça" reagiria decretando o estado de sítio, na melhor das hipóteses. Na Câmara dos Deputados, em 29 de junho, Covas apresentara um requerimento de convocação do Congresso durante o recesso de julho assinado por todos os deputados da oposição. O MDB tinha número suficiente de deputados para obter a convocação. O presidente, José Bonifácio, encaminhou o pedido ao Senado enquanto Ernani Sátiro, líder da Arena, tentava uma questão de ordem, dizendo que não havia motivo para a convocação, mas concordando com ela.

Poucos deputados e senadores ficaram em Brasília. No Congresso esvaziado, a convocação extraordinária foi tema de 45 discursos. No dia 8 de julho, o arenista Jonas Carlos apontou o dedo para a bancada da oposição e cobrou a presença dos que se diziam preocupados com a crise. No dia seguinte, o debate resvalou para o custo daquela convocação extraordinária.

O arenista Cantídio Sampaio calculou o custo da convocação – 80 milhões de cruzeiros velhos a cada sessão – e menosprezou sua eficácia: "Tanto faz estar ou não reunido o Congresso. De acordo com a Constituição de 1967, a medida pertence exclusivamente ao presidente da República".

Raul Brunini, do MDB, replicou dizendo que nenhum parlamentar receberia ajuda de custo e que os gastos materiais eram insignificantes. O presidente da Câmara, José Bonifácio de Andrada, pediu um relatório sobre os gastos. A sessão propriamente dita foi ocupada por uma homenagem ao ex-deputado Francisco Saturnino Braga, que falecera pouco antes.

Mário Piva aproveitou o embalo para criticar Clóvis Stenzel, que seguia cobrando medidas extraordinárias:

Sr. Presidente, que tais pensamentos partam daqueles que integram exclusivamente a linha dura, daqueles que vivem fora desta Casa, no anseio de vê-la fechada, daqueles que desejam o endurecimento deste governo por si tão duro e tão incapaz, é justo que se compreenda, mas que tais medidas partam de um parlamentar, de um homem que está exercendo o mandato recebido pelo povo, de um homem que se encontra num dos Poderes cuja existência só a democracia justifica, isto que é lamentável. Esse fato, embora S. Exa. diga que fala isoladamente, servirá para o dossiê daqueles que preparam para amanhã a implantação de um regime ditatorial definitivo e não esta "democratura" que aí está.

43

Greve na Cobrasma

Em 11 de julho de 1968, na biblioteca do Palácio das Laranjeiras, no Rio de Janeiro, o Conselho de Segurança Nacional reuniu-se pela segunda vez durante o governo Costa e Silva.

Os brasileiros só puderam saber o que ocorreu nesse encontro muito mais tarde. A imprensa ainda tentou furar o bloqueio de informação, mas pouco conseguiu, a não ser o dado de que a conversa teria uma segunda rodada, dali a cinco dias.

No dia do segundo encontro do CSN, 16 de julho de 1968, às nove da manhã, um toque extra da sirene anunciou para os trabalhadores da Cobrasma, em Osasco, que chegara o momento de entrar em greve.

Numa publicação da Fundação Perseu Abramo, Marco Aurélio Weissheimer descreve os primeiros momentos da greve:

> O primeiro setor a parar foi o de limpeza e acabamento (uma parte da fundição), considerado o mais combativo da fábrica. Grupos organizados ocuparam os postos-chave da empresa. Em vinte minutos, já estava instalada a primeira assembleia geral, que decidiu pela ocupação da fábrica por tempo indeterminado. Os telefones da empresa ficaram sob controle dos grevistas, a guarda de um portão externo foi dominada, chefes e engenheiros foram presos, e foi montada com vagões uma linha de proteção na periferia da fábrica. De cem em cem metros, operários, armados com barras de ferro, faziam a vigilância. Só ficaram trabalhando os responsáveis pelo refeitório que, com a ajuda de voluntários, preparavam a comida que, naquele dia, foi gratuita. Às 11h15, chegou a notícia de que os trabalhadores

da Barreto Keller também estavam paralisados. Os operários saíram, então, em passeata pelas ruas do centro de Osasco.[1]

Em entrevista à edição nº 248 do *site* Visão Oeste, o empresário Luis Eulálio Bueno Vidigal, que era diretor-financeiro da Cobrasma na época (e viria a ser presidente da Fiesp), disse que os trabalhadores não tinham uma reivindicação clara:

> A greve começou 8h30, 9h da manhã e a reivindicação só apareceu no fim do dia, lá pelas 15h30, 16h. Durante seis, sete horas, não havia reivindicação nenhuma e a gente perguntava qual era a reivindicação e não tinha.[2]

Desde junho de 1964, quando o Congresso sancionara o projeto do regime para restringir as paralisações, eram consideradas ilegais as greves que não atendessem prazos e condições rigorosos, tivessem por objeto reivindicações julgadas improcedentes pela Justiça do Trabalho ou fossem deflagradas por motivos políticos, partidários, religiosos, morais ou de solidariedade.

A paralisação da Cobrasma infringia claramente a lei, mas fora cuidadosamente preparada por quase duzentos trabalhadores, diria o então presidente do Sindicato dos Metalúrgicos de Osasco, José Ibrahim, ao jornal *Em Tempo*, dez anos mais tarde. O planejamento ocorrera parte nas comissões de fábrica e parte nos núcleos clandestinos que atuavam nas fábricas. A reivindicação específica era um aumento salarial de 35%, mais reajustes trimestrais de acordo com a elevação do custo de vida e contrato coletivo de trabalho. Mas o objetivo final era acabar com a ditadura.

Quando Ibrahim chegou à Cobrasma, os guardas de segurança disseram que ele precisaria de autorização do diretor da empresa para entrar na fábrica. Da janela de seu escritório, o sujeito fez sinal para que o sindicalista fosse até lá. Ibrahim recusou-se, dizendo que já tinham o controle da fábrica e que, se os operários ordenassem, pularia o muro. Dito e feito.

No momento em que era carregado rumo à assembleia, a greve já fora declarada ilegal, o sindicato estava sob intervenção e um representante da Justiça do Trabalho seguia rumo a Osasco.

O representante da DRT propôs uma reunião de negociação, que Ibrahim rejeitou, sob o argumento de que a greve acontecia à revelia do sindicato e que ele não podia falar pelos trabalhadores. Um engenheiro foi encarregado pela direção da empresa para falar ante a assembleia. Suas propostas foram recusadas. Era a greve pela greve, na definição de João Batista Cândido, secretário-geral do sindicato e ex-militante da Juventude Operária Católica. Cândido viu um estudante passar carregando um revólver e uma caixa de balas. Espantado, perguntou: "Pelo amor de Deus, para que você quer isso?".

O rapaz respondeu: "Isso é para a nossa segurança".

Ao saber da greve, Sodré ligou para o prefeito Guaçu Piteri (o que fora eleito com o apoio do Grupo de Osasco) e questionou: "O que acontece nesse município? Eu vou à festa do Primeiro de Maio e você sabe o que aconteceu. Eu sei que foi gente de Osasco. Agora esta greve! Não é possível!".[3]

Em *Greve na Cobrasma: uma história de luta e resistência*, Ari Marcelo Macedo Couto informa que seguiram para Osasco três brucutus, um carro-choque, dois caminhões da Força Pública, oito viaturas e 150 agentes do Dops e do Deic.

Com a fábrica cercada, Zequinha Barreto (o mesmo que no Primeiro de Maio fizera um pronunciamento inflamado na praça da República) subiu em um vagão e tentou convencer os soldados a não entrarem em ação. Em seguida, ameaçou explodir o tanque de combustível da fábrica, imaginando que, na confusão subsequente, os operários poderiam deixar a empresa sem ser presos.

A cavalaria entrou na Cobrasma em fila indiana. Quem tinha boletins de greve ou armas nos bolsos, ou fosse estrangeiro, foi preso – trezentos no total. Ibrahim deixou a fábrica com a ajuda de um jornalista. A decisão da Organização era de preservar as lideranças.

Naquela noite, quinhentos estudantes reuniram-se no salão nobre da Faculdade de Economia da USP. As lideranças deixaram momentaneamente suas diferenças de lado para dar solidariedade aos grevistas. Mas não foram além da redação de uma nota de apoio – a greve acabou antes que eles pusessem em prática a tão incensada aliança entre operários e estudantes.

No dia seguinte, o escritório do SNI em São Paulo encaminhou a Informação nº 113 para Brasília. Numa mistura de informações precisas e especulações, o documento reproduz declarações do diretor da Cobrasma, Fleury da Silveira, que atribuiu a greve à influência dos estudantes sobre os operários da fábrica.

O informe menciona, além das lideranças da Cobrasma, José Dirceu, Catarina Meloni, o presidente dos bancários, Frederico Brandão, o deputado federal David Lerer, do MDB, e vários padres. O documento do SNI incluía ainda uma relação dos agitadores por fábrica e o relatório de um informante não identificado, que atribuiu a organização da greve aos padres da Ação Católica.

Depois de analisar as fotos feitas pelos agentes, o autor do informe conclui que não havia só trabalhadores e aponta dois intrusos que tinham sido presos: o advogado Nelson Manso Sayão Filho, "pessoa sobejamente conhecida como elemento da esquerda festiva, e Raul da Cruz Lima Netto, filho do general R/1 Raul da Cruz Lima Junior",⁴ que teria sido preso anteriormente durante uma visita do presidente a um conjunto residencial.

Ao autor, o publicitário Raul Cruz Lima (abandonou o Netto), na época presidente do Centro Acadêmico Humanidades e Comunicações (Comhum) da Faculdade de Comunicação da FAAP e estagiário na revista *Veja*, disse que tinha ido até lá com a namorada, Nelson e a mulher por curiosidade. Abordados pelos policiais, os dois rapazes foram enfiados num camburão. No Dops, alguém soprou que ele era filho de um general e eles foram soltos. O resto do relato do SNI é falso, garante:

> Não é verdade que tinha sido preso antes, tirando fotos como diz abaixo. Também acho gozado dizer que o Nelson era sobejamente conhecido como esquerda festiva. Que eu saiba, nunca tinha participado de nada. Foi ali para acompanhar a mulher que queria ir comigo.⁵

Zequinha Barreto foi preso dentro da Cobrasma. Permaneceu 98 dias entre o Deic e o Dops, até ser libertado por força de um *habeas corpus*. Os patrões atenderam às reivindicações específicas e assumiram o compromisso de pagar indenização para os demitidos. Zequinha voltou à lida.

Depois de ter sido destituído da presidência do sindicato, José Ibrahim caiu na clandestinidade. Foi preso no dia 2 de fevereiro de 1969 e levado para a delegacia que se transformaria na Operação Bandeirantes. Torturado, passou meses na solitária do Dops e dali foi para o Presídio Tiradentes, de onde sairia com outros presos, trocado pelo embaixador americano.

Em 1978, numa entrevista, assumiu o erro:

> Nós fizemos a greve num mau momento, inclusive, porque se tínhamos condições para mobilizar a massa e levá-la à greve, nossa organização era insuficiente para sustentar o movimento. Por outro lado, embora lutássemos sempre para criar uma organização independente nas fábricas, os comitês que surgiam continuaram na dependência do sindicato [...] Fora isso, existe o problema de nossa visão política (nessa época, bem militarista), que influiu na decisão de antecipar a greve, bem como na forma de encaminhá-la.⁶

Ibrahim, que morreu em 2 de maio de 2013, deu outras explicações sobre o mesmo episódio. Para o *site* Causa Operária em 18 de setembro de 2011, ele diria que, embora tenha sido preso, a greve valeu a pena:

Estava começando a ter muito desemprego e muita perseguição a quem fazia o trabalho sindical. Com a máquina do sindicato na mão e com uma diretoria combativa, nós organizamos uma greve. Na nossa cabeça, era assim: "só a greve derruba o arrocho". E fazer greve naquele momento contra a política salarial e econômica era confronto com o governo. Não tinha outro jeito, não tinha diálogo com a ditadura. Nós sabíamos disso, por isso nos organizamos bem. E em 1968 deflagramos o movimento em Osasco, ocupando fábricas e paralisando a maioria delas.[7]

44

A segurança nacional

Embora os jornalistas tivessem acesso a diversos participantes da reunião do Conselho de Segurança Nacional, realizada em dois encontros, nos dias 11 e 16 de julho de 1968, nenhum deles conseguiu apurar com exatidão o que ali se debatera, até pelo fato de 14 dos 25 participantes serem militares ou o que a imprensa da época chamava de "anfíbios"* – caso dos tenentes-coronéis Jarbas Passarinho, senador pela Arena e ministro do Trabalho; José Costa Cavalcanti, deputado e ministro do Interior; e Mário David Andreazza, ministro dos Transportes.

As atas da reunião – 74 páginas datilografadas – só vieram a público em março de 2009, mas, na opinião do autor, ainda não foram devidamente analisadas por acadêmicos e pesquisadores. Algumas matérias jornalísticas destacaram apenas detalhes folclóricos desses registros. Vale, portanto, citar aqui mais longamente o que ali foi debatido, as posições de cada um e os rumos decisórios sugeridos, que praticamente antecipam o que seria concretizado dali a cinco meses, com o AI-5. Nelas já se desenha o projeto que estava pronto para ser posto em prática e que só foi postergado por decisão do presidente Costa e Silva.

As atas registram tudo o que foi dito nos dois dias. Costa e Silva começou relembrando que o conselho tinha a missão de assessorar o presidente e passou a palavra para o general Jaime Portela, que leu um documento por cerca de vinte minutos.

O secretário-geral do CSN iniciou sua apreciação da situação nacional com uma frase que resumia a encrenca toda a partir do ponto de vista da ala mais dura do governo:

---

* Militares da reserva exercendo funções civis graças a sua patente.

A situação nacional vem sendo tumultuada por fatos de importância crescente que representam desrespeito à autoridade constituída e aos postulados da vida democrática. A associação das manifestações de massa com os recentes atos de terrorismo e sabotagem, repetidos em escala e vulto cada vez maiores, particularmente no Rio e em São Paulo, caracterizam atentados flagrantes e violentos à ordem pública e ao regime. Tal estado de coisas vem produzindo gradativa sensação de insegurança à população e está gerando um sentimento de apreensão no seio das Forças Armadas, que veem, claramente, em tudo isso, o início da contrarrevolução.

A contrarrevolução estava nas ruas, como dissera Clóvis Stenzel dias antes, sob liderança dos estudantes, mas tendo como coadjuvantes outros atores experientes e temidos, descritos como "os extremistas de esquerda de todos os matizes, os descontentes, os 'inocentes úteis', os expurgados pela Revolução e, possivelmente, os grupos econômicos nacionais ou estrangeiros prejudicados pela política do governo".

Passeatas e protestos seriam o resultado de "um plano de luta perfeitamente estabelecido", inspirado por "uma filosofia revolucionária marxista bem definida". Para complicar ainda mais o cenário, havia grande risco de o movimento sindical engrossar as fileiras oposicionistas. O general lembrou que três grupos disputavam o controle das entidades de trabalhadores: a AP, o Partido Operário Revolucionário e o velho PCB. Este último tentava impedir a adesão dos trabalhadores à luta armada, mas com evidentes segundas intenções: "organizar uma Frente Única, sob sua hegemonia, para tentar a tomada do poder".

Na análise do general Portella, os extremistas desenvolviam uma intensa guerra psicológica e propagandística, com o apoio de parte da imprensa, suporte financeiro externo e a simpatia dos cada vez mais ousados artistas e intelectuais de oposição. Tudo muito bem articulado:

> É nítida a existência de uma campanha dirigida, para fazer crer que o povo está sendo oprimido por um regime ditatorial, entreguista, ultrapassado, que nada faz em favor dos brasileiros. A opinião do meio estudantil em particular e do povo em geral vem sendo sensibilizada por esse trabalho eficiente. O sucesso alcançado tem sido facilitado ao extremo pela liberdade e impunidade encontradas.

Portela também chamou a atenção para a movimentação de cassados ou subversivos, como Jânio, Juscelino, Jango e Lacerda que, após a proibição da Frente

Ampla, estariam tentando organizar a Liga Nacionalista e atrair a adesão do general Peri Bevilacqua e do senador Carvalho Pinto.

No Uruguai, alertava Portela, surgira o Movimento de Unidade Popular, que pretendia tomar quartéis. Em São Paulo, o grande problema era Marighella, atuando "com o apoio de Cuba". O general mencionava ainda "a atuação subversiva e radical de parlamentares". Nesse ponto, o dossiê citava Mário Covas, Gastone Righi, Márcio Moreira Alves, Hélio Navarro, David Lerer e Mário Rodrigues, "que secundam e dão cobertura a cassados e a ações de subversão da ordem pública". Segundo o relatório, isso se evidenciara em Brasília, "quando parlamentares escoltaram os líderes da agitação estudantil em seus automóveis, homiziando-os em suas residências para furtá-los à ação policial [...]".

Portela se referia ao que ocorrera em 23 de junho, quando a polícia ocupara a UnB, sob alegação de que os estudantes planejavam ocupar e depredar a reitoria. Às cinco da manhã, a polícia invadiu os alojamentos onde os estudantes dormiam, pôs todos sob a mira de metralhadoras e ordenou que seguissem em fila indiana, com as mãos na cabeça, para a quadra de basquete – onde os jovens permaneceram por cerca de cinco horas, enquanto o local era revistado de cabo a rabo.

Quinze estudantes foram presos. Outros trezentos rumaram para o Congresso e lá fizeram uma assembleia. A polícia cercou o prédio. Os deputados formaram uma comissão integrada por Covas e Haroldo Leon Peres, vice-líder da Arena, que negociou o fim do cerco ao Parlamento e a saída dos estudantes.

O documento lido por Portela mencionava ao todo doze deputados do MDB – aqui citados em ordem alfabética: Bernardo Cabral, Doin Vieira, Hermano Alves, Ivete Vargas, Júlia Steinbruch, Mata Machado, Matheus Schmidt, Osvaldo Lima Filho, Mariano Beck, Mário Piva, Otávio Caruso da Rocha, Paulo Campos e Paulo Macarini –, todos acusados de subversão.

Após detalhar as ações de cada um, o general concluiu que os fatos apresentados caracterizavam "um processo contrarrevolucionário em franco desenvolvimento". Seis meses mais tarde, todos os parlamentares citados teriam seus mandatos cassados.

O informe do secretário-geral do Conselho de Segurança Nacional lamentava ainda a apatia da Arena e a insubordinação de alguns de seus integrantes, que chegaram a endossar críticas da oposição a certas medidas do governo. Também reclamava da falta de cooperação da Justiça Militar, que vinha, "sistematicamente, neutralizando ou dificultando a ação repressiva revolucionária".

Outra queixa contundente era quanto à falta de coordenação e de ações preventivas de segurança interna em níveis federal e estaduais. O governo tinha uma atitude meramente defensiva e as tropas, mal remuneradas, estavam cada vez mais tensas diante dos ataques a quartéis e da guerra psicológica concretizada "por meio de telefonemas, ameaças anônimas etc.".

O quadro geral era de uma "Guerra Revolucionária, com ações de terrorismo em escala crescente, caminhando, particularmente, para guerrilha urbana". Alertava para o risco de comprometimento da ordem pública, da política econômico-financeira do governo e do próprio regime.

Assim que Portela terminou de falar, Costa e Silva relembrou a todos os ministros que o informe seria recolhido, mas explicou que eles poderiam examiná-lo mais demoradamente, se assim quisessem, respeitando sua condição de documento ultrassecreto. Em seguida, tentou minimizar seus efeitos:

> Este documento é uma análise feita à luz de informações positivas, muito bem estudadas e triadas, que levam conclusões, embora não devamos entender que haja algo alarmante.

O seguinte a falar foi o chefe do SNI, Emílio Garrastazzu Médici, também por mais vinte e poucos minutos. O general leu a Síntese da Conjuntura Nacional, uma análise abrangente e detalhada que incluía um pouco de tudo: parlamentares do MDB, movimento estudantil, Frente Ampla, parlamentares cassados, padres subversivos, grupos econômicos estrangeiros, imprensa e descontentes em geral.*

Segundo o SNI, enquanto a Frente Ampla lutava pela anistia dos cassados e reunia quem estava fora do jogo político (como Lacerda e Juscelino), o MDB exercia o papel de "elemento aglutinador da maioria dos políticos subversivos não atingidos pelos atos institucionais" e seus elementos radicais apoiavam as ações da frente.

Cassados e reformados trabalhavam para distorcer a realidade brasileira no exterior e apoiavam todos os atos de oposição. No âmbito da Igreja, a grande preocupação era com os 25 bispos progressistas – entre eles, os de Barra Mansa, Santo André, Santos e Friburgo, nominalmente referidos. No campo sindical, o órgão reconhecia que havia um certo distanciamento entre trabalhadores e estudantes, mas lembrava que havia gente tentando mudar essa situação.

---

* Os dez pontos da Síntese da Conjuntura Nacional eram: Frente Ampla, Oposição, Atividades dos elementos cassados e reformados pelos atos institucionais, Atividades dos eclesiásticos, Área trabalhista, Grupos econômicos estrangeiros, Imprensa, Atividades subversivas, Movimento estudantil e Conclusões.

De acordo com o documento, também havia grupos econômicos internacionais interferindo na conjuntura política. Isso se dava de várias maneiras: cobrando *royalties*, dando ou negando assistência técnica, autorizando ou rejeitando o uso de patentes e agindo por meio de suas empresas de crédito, financiamento e investimento, que bloqueavam o acesso das empresas nacionais ao capital de giro.

Segundo o SNI, o dedo desses misteriosos "grupos econômicos internacionais" estaria por trás da Frente Ampla, das agitações estudantis e do oposicionismo de parte da imprensa, que, além de vendida ao capital internacional, era também dominada pela infiltração comunista. O texto ressaltava o fato de que até mesmo jornais conservadores davam pouca cobertura a obras importantes do governo, mas destacavam os protestos da oposição. O SNI apresentava apenas uma exceção a essa regra: *O Globo*.

No campo da subversão, alertava a Síntese da Conjuntura Nacional, Moscou continuava dando as cartas, apesar da divisão no campo da esquerda. O movimento estudantil estava sob controle da AP, que tinha muitos adeptos também entre sociólogos, professores, sacerdotes, políticos e até nos altos escalões da administração pública e privada. Na visão dos arapongas, estava a poucos passos da tomada do poder: "Vários objetivos intermediários já foram atingidos e faltam mais alguns, como o engajamento dos operários e dos camponeses para a conflagração final".

Depois de listar atentados e protestos produzidos pelos comunistas afinados com Moscou, Pequim ou Havana, o documento ressaltava a substituição de palavra nos *slogans* das passeatas – "morte", "ditadura" e "armas" no lugar de "verbas", "excedentes" e "vagas" – e concluía:

> Já não resta a menor dúvida de que os movimentos de falsos estudantes, de políticos, de eclesiásticos, de cassados ou de grupos econômicos oportunistas, nos moldes em que se desencadeiam, têm objetivos subversivos e representam a contrarrevolução.

Para o SNI, a soma de passeatas, ocupações de faculdades e atos terroristas eram a primeira fase da guerrilha urbana, que tinha quatro objetivos principais: afirmação das lideranças, desmoralização do poder constituído, obtenção do apoio popular e insegurança generalizada. O passo seguinte seria a luta armada. Não era uma situação brasileira apenas e tinha a ver com a conjuntura internacional, em que as grandes potências não podiam conquistar ou manter a hegemonia pelas armas. A síntese apresentada por Médici propunha dois tipos de iniciativa para reagir à situação: impulso ao desenvolvimento nacional, "com medidas audaciosas e ousadas" que o texto não definia, e a conquista da opinião pública, com mais publicidade em torno das boas obras do governo, "atualmente obscurecidas e negadas pela imprensa 'engajada' e com maior diálogo com o povo, pela televisão, pelo rádio, pelos jornais e revistas". Mas tudo isso tinha uma premissa: "medidas concretas de segurança, agindo energicamente contra os elementos que ameaçam a integridade do Governo e causam desassossego popular".

Jaime Portela e Emílio Médici não ousaram apresentar formalmente a proposta de adoção do estado de sítio, mas tanto a apreciação lida pelo secretário-geral do CSN quanto a Síntese da Conjuntura reproduzida pelo chefe do SNI traçavam um quadro sombrio e preocupante, a exigir imediata reação do governo.

Em seguida, Costa e Silva passou a palavra para seus ministros, começando pelos militares. Augusto Rademaker Grünewald, da Marinha, argumentou que a falha talvez fosse do próprio governo, que não impedia as passeatas, nem prendia quem queimava bandeira de país amigo e ainda submetia os interesses da segurança nacional às prerrogativas parlamentares. Segundo Rademaker, leis para punir a subversão havia de sobra, o que faltavam eram providências concretas. Era perfeitamente possível combater tudo, dentro da lei, sem necessidade de medidas excepcionais. Estudantes tinham de estudar, enfatizou o ministro. Se tivessem tempo livre, acabavam presas fáceis da subversão.

Em sua resposta, o presidente indicou que não estava convencido de que a solução era simples:

> Muito bem, falou o velho companheiro, o artilheiro dos primeiros dias da Revolução de 1964, oportunidade em que agimos discricionariamente, capacitamos o Brasil a tomar outro rumo e acabar com aquela subversão que já estava na rua. Mas temos hoje o que o presidente Dutra chamaria de "o livrinho". O "livrinho" é a Constituição Brasileira. Creio que dentro dela temos todos os meios necessários para resolver esta falada crise, pois tenho a impressão que ela é falsa, como o que acaba de mostrar o chefe do Serviço Nacional de Informações, premeditadamente explorada ou para, talvez, uma repressão mais ampla.

Costa e Silva ponderou que não adiantava recorrer à Lei de Imprensa ou à Lei de Segurança Nacional, porque os opositores iriam usar "chicanas judiciais". Com essa observação, o presidente passou a palavra para o ministro do Exército, Aurélio de Lira Tavares, que se limitou a ler o relatório que entregara ao presidente nove dias antes. Era mais que suficiente. No essencial, validava a análise do SNI, mas era mais adjetivado. O trabalho "sério e fecundo" do governo era ignorado e as manchetes dos jornais davam espaço para a "mentira manipulada" e a "pregação subversiva". O movimento estudantil estava sendo fabricado sob encomenda da Olas, a organização criada em Cuba um ano antes. E, para manter o movimento em ação, valia todo tipo de reivindicação – as legítimas e possíveis e as ilegítimas e inexequíveis.

O objetivo do movimento estudantil era unicamente derrubar a revolução. A inação do governo estava sendo muito malvista nos quartéis:

> O espírito do Exército se exacerba e se une cada vez mais, à medida que se observa a inaplicação da lei e a inoperância da justiça para evitar que o país retroceda ao período anterior à Revolução.

Para o Exército, em suma, não havia crise estudantil, mas uma situação de guerra revolucionária que incluía infiltração nos quartéis e na Academia Militar. Diante disso, era preciso tomar rapidamente medidas jurídicas, cabendo ao governo apenas definir sua forma.

Depois de classificar as exposições anteriores de "elucidativas e completas", o ministro da Aeronáutica, Márcio de Sousa e Melo, eximiu-se de repetir a ladainha. Destacou apenas que o movimento estudantil estava empurrando as Forças Armadas para uma atitude defensiva. Quando os estudantes anunciavam uma passeata, sua única atitude, para evitar atritos, era trajar-se como civil e recomendar ao cabo, seu motorista, que fizesse o mesmo, "para sua viatura não ser virada e incendiada".

O grande temor do ministro da Aeronáutica era que os estudantes arrastassem suas mães para as passeatas. Concretamente, ele propôs três medidas: 1) convocar os três poderes para reagir à crise; 2) tomar alguma medida mais radical – da decretação do estado de sítio a uma "declaração formal para ser cumprida com toda energia"; 3) algum tipo de norma legal que permitisse transferir o ônus da prova para o infrator, evitando "toda aquela série de recursos protelatórios que prejudicam os resultados".

O último ministro militar a falar foi o chefe do Estado-Maior das Forças Armadas, Orlando Geisel. Após observar que o assunto estava praticamente esgotado, o general arriscou seu palpite: a melhor defesa era o ataque ou a ofensiva. Reconheceu que havia certa inquietude entre os militares, principalmente os de menor patente, mas creditou o sentimento à sensação de que o governo estava inoperante – o que facilitaria a retomada da iniciativa. Orlando Geisel sugeriu ainda que tomassem cuidado ao levar os assuntos discutidos aos políticos da Arena.

Após um intervalo de dez minutos, a reunião recomeçou. Gama e Silva concordou com tudo o que fora dito antes e acrescentou mais um item à lista de ameaças ao governo: a guerra psicológica travada pelos combatentes infiltrados nos órgãos de imprensa:

> Elementos comunistas esses que assumem até a direção de jornais, de jornais que conhecemos como órgãos conservadores, como, por exemplo, *O Estado de S. Paulo*, no meu estado que teve, na sua secretaria-geral, um professor comunista da Universidade de São Paulo. A *Folha de S.Paulo* tem a dirigi-la um elemento comunista que, como tal, fora eliminado do próprio *Estado de S. Paulo*.*

O ministro da Justiça via comunistas no rádio e na TV também, mas desses cuidava a censura do Conselho Nacional de Telecomunicações. O problema estava na mídia impressa, entre elas, as revistas *Política Internacional, Paz e Terra* e *Civilização Brasileira*, do comunista Ênio Silveira.

A contrarrevolução estava por todo lado: na imprensa, na Igreja, no movimento estudantil, nos meios políticos e até entre membros do partido do governo. Nesse cenário, só havia duas alternativas, arredondou Gama e Silva: partir para o ataque ou "restaurar o princípio revolucionário". Para atacar, não se podia contar com as leis existentes. Citou um exemplo: há um ano o governo aguardava o prosseguimento do processo instaurado contra o jornalista Hélio Fernandes.

O dono da *Tribuna da Imprensa* já tinha sido cassado quando era candidato a deputado pelo MDB. Proibido de escrever, criara um heterônimo escancaradamente provocativo – João da Silva – que ocupou o espaço de sua coluna, sem a foto usual, por ser tímido demais. Voltara a assinar um artigo com seu nome três dias antes de Castelo Branco deixar o poder. No artigo, definiu-o como "o pior presidente da história do país" e foi adiante, com frases do tipo "os incapazes e incompetentes congênitos como Castelo Branco, só se aguentam ditatorialmente. Esse desenvolvimento do país não foi alcançado por causa do mais feroz e entreguista grupo que já se apossou do país". O artigo custou-lhe sessenta dias de confinamento em Fernando de Noronha e o processo que o governo não conseguia concluir.

---

*   Gama e Silva referia-se a Oliveiros S. Ferreira, que acabou sendo carimbado como um direitista ilustrado, e a Cláudio Abramo, este sim um ex-trotskista.

Por tudo isso, Gama e Silva discordou, "com a máxima vênia", do ministro da Aeronáutica. O ministro da Justiça achava inútil convocar os outros poderes, quando havia no Legislativo e no Judiciário "inimigos figadais" da revolução. A solução? Os que haviam assinado o AI-2 e o AI-4 deveriam ter "coragem cívica" e adotar o estado de sítio. Se isso não fosse suficiente, já que a história ensina que "nenhuma revolução se faz em dois, três ou quatro anos", seria a hora de baixar um ato adicional que desse ao Executivo "os meios necessários para salvar a Revolução brasileira e com ela a felicidade, o bem-estar do nosso povo e a democracia pela qual nos batemos".

Falou em seguida o ministro do Exterior, Magalhães Pinto. Reconheceu que o governo estava perdendo a batalha na imprensa, entre os empresários, na Igreja, na classe média e até nas elites. Mesmo entre as Forças Armadas havia descontentamento. Mas, antes de tomar qualquer medida, deveriam avaliar a situação do próprio governo e se seus integrantes estavam trabalhando para garantir o desenvolvimento do país.

Após cutucar os ministros da área econômica, o ex-governador de Minas apontou "certa confusão" no campo político:

> Inicialmente, restauramos a Constituição, depois fizemos outra Constituição e falamos ora em legalidade, ora em revolução. [...] No meu entender, senhor presidente, temos o dever de ir buscar o apoio do povo, sem prejuízo das medidas que devem ser tomadas para evitar que o país se conflagre com passeatas e outros movimentos que realmente exigem medidas que preservem ao povo a tranquilidade para trabalhar.

Inquietação estudantil havia pelo mundo afora, lembrou Magalhães Pinto, mas ele duvidava que houvesse estrangeiros fazendo subversão dentro do Brasil. A questão era como colocar a mocidade ao lado do governo. Dizendo-se favorável às "medidas mais graves no momento oportuno", Magalhães Pinto propôs nova reunião antes de agirem. Elogiou a prudência do presidente e agradeceu sua confiança no ministério e tentou colocar o presidente à vontade para reformar o ministério. Sugeria ainda a adoção de outras medidas "para conquistar de novo, aquilo que a Revolução, aos poucos, está perdendo, o apoio popular, o apoio de todas as forças".

Magalhães Pinto não duvidava apenas da presença de estrangeiros no Brasil, estimulando a subversão. Achava exagerada também a preocupação do governo com o comunismo. E citou um exemplo prático:

todos os donos de jornais são capitalistas, podemos verificar que são capitalistas. Há sim, funcionários e repórteres com tendência esquerdistas e mesmo comunistas. Então seria um passo fácil se conversar com eles, um a um para que eles façam um exame de seu pessoal. Muitas coisas são publicadas talvez para conquistar a opinião pública, se ela já tem pensamento contra o governo. Mas isso é oposição, e se ela fosse mais intensa e não subversiva, seria útil para nós, porque faria com que a Arena passasse a defender o governo com entusiasmo, o que é importante.

Conquistar uma posição melhor perante o povo não seria difícil, segundo Magalhães. Bastava "uma orientação firme para fazer com que o povo saiba do governo, onde o governo serve e tem por objetivo servir. O povo está colocado acima de tudo. Estou certo que, se fizermos isso, nós conseguiremos o apoio do povo".

Se Magalhães Pinto queria irritar o presidente, conseguira. Era óbvio ululante que Costa e Silva não iria deixar passar as alfinetadas em branco. E, para deixar isso claro, usou justamente a expressão popularizada por Nelson Rodrigues em sua resposta:

> O ministro do Exterior abordou um ponto que eu chamo de o óbvio ululante. Pôr as pastas à disposição do governo é medida desnecessária, pois a Constituição dá ao presidente a prerrogativa de nomear e demitir os seus ministros.

Ainda mais irritado com o noticiário da semana, que falava em reforma ministerial, o presidente prosseguiu com o pito:

> eu acho que a conjuntura é de tal ordem que não será a troca de um homem, dois ou três, não será a mudança de um ministério que resolverá esse problema, o que resolverá essa situação é a união de todos os ministros em torno do chefe de governo, todos deixando ao presidente da República a oportunidade ou não dessas declarações. Do contrário, nós seremos derrotados pela divisão de nossas forças.

Foi então a vez do ministro da Fazenda manifestar-se. Para Delfim Netto, a crise era resultado de um processo "puramente ideológico e pragmático" que tinha pouco a ver com o povo. Delfim apresentou números sobre a estabilidade da moeda, o acréscimo de receita, a redução das despesas, a taxa de inflação, o nível de emprego, antes de concluir:

Em nenhum regime político, ainda que estivéssemos num regime do tipo soviético, se obteriam taxas de crescimento muito maiores das que obteremos este ano. Esta não é a imagem de um governo parado, como a imprensa procura retratar todos os dias, nem de um governo imóvel, é uma outra imagem, e por isso, acho que as observações do chefe do Serviço Nacional de Informações e do secretário-geral do Conselho de Segurança Nacional indicam claramente que há uma disposição daqueles que dispõem do monopólio da informação, de impedir que a coletividade brasileira tome conhecimento desses fatos.

Nos jornais da época (como acontece desde que haja um mínimo de liberdade de imprensa), é possível enxergar notícias boas e ruins para o governo. Em 6 de junho, o assunto fora o espetacular crescimento das exportações de café (20% a mais que no mesmo período do ano anterior). Um mês antes, o próprio Delfim ganhará uma página na *Folha* para o encontro com industriais paulistas. Ele resumiu a situação com uma frase: "É tempo de colheita".[1] E festejou o 13º mês de resultado positivo consecutivo, com inflação sob controle. Três dias antes da segunda reunião do CSN, os jornais tinham registrado o índice de inflação nos preços do atacado no mês anterior: apenas 1,1%. No dia 14 de julho, o destaque foi para o déficit nas contas do Tesouro, menor que o previsto.

Quando os empresários faziam críticas, cercavam-se de cautelas. Em junho, a Federação das Associações Comerciais do Rio Grande do Sul mandou um telegrama ao presidente "manifestando sua preocupação ante as notícias que estão sendo veiculadas sobre a importação de gêneros alimentícios",[2] como o óleo vegetal. "Se concretizada, tal medida redundará em crise e, consequentemente, em desestímulo às atividades dos produtores correspondentes aos gêneros importados. Manifestamos, ainda, incompreensão quanto à intenção de importar, quando é notório que dentro do quadro da evolução do preço, os alimentos apresentam o menor índice de elevação". Ou seja: podia reclamar, mas deixando a porta aberta para que a culpa recaísse sobre a imprensa.

O debate sobre a economia não esquentava nem no Congresso. Chamado a falar perante a Comissão de Economia da Câmara, o general Alfredo Américo da Silva, presidente da Companhia Siderúrgica Nacional, admitiu que os balancetes da empresa registraram déficit entre janeiro e julho de 1967, mas chamou a atenção para o superávit obtido a partir de agosto, que garantira um saldo final positivo de 428 mil cruzeiros novos. Em 1968, a CSN tivera um déficit de 533 mil em janeiro e superávits em fevereiro e março de um milhão e 3,5 milhões, respectivamente.

Na visão de Delfim, o mal causado pela imprensa ia além da omissão de boas notícias:

> Mais grave que isso, é que, promovendo o boato como os que circulam, eles realmente causam perturbações graves na vida econômica do país. Temos um fato, na semana passada fomos obrigados a emitir 150 milhões de cruzeiros novos, porque as agitações levam o povo aos bancos, cada um retirando suas economias, porque espera que na sexta-feira vai acontecer isso, na quinta-feira que vem vai acontecer aquilo. Essas agitações destruirão todo o trabalho que está sendo realizado.

A equipe do ministro contabilizara os prejuízos causados no mês de junho – o das grandes passeatas. Na Guanabara, a arrecadação prevista – numa "estimativa rigorosa", salientou – de 168 milhões de cruzeiros caíra para 125 milhões. A diferença correspondia a todo o programa de irrigação do Ministério do Interior, dois terços do programa de telecomunicações. "Isto dá uma ideia física da destruição que se pode permitir àqueles que dispõem do monopólio da informação falsificada", concluiu Delfim.

Ao passar a bola para Jarbas Passarinho, Costa e Silva inseriu um preâmbulo elogioso. A inteligência e a grande sensibilidade social do ministro do Trabalho seriam responsáveis pela surpreendente tranquilidade na área sindical. No entanto, temia o presidente, poderia ser "aquela calma que precede os grandes temporais".

Passarinho agradeceu os elogios e creditou os resultados positivos a uma política global de entendimento da questão trabalhista. Ao contrário do que dizia a imprensa, garantiu, ele tinha perfeita afinidade com os ministros da Fazenda e do Planejamento, e estava pouco se lixando para sua imagem no noticiário, que segundo disse, o pintava como demagogo e o ministro da carestia.

Em seguida, Passarinho, que sempre valorizou os dezessete títulos de doutor *honoris causa* e a autoria de seis livros, fez um pequeno reparo linguístico ao texto apresentado pelo general Portela. O ministro do Trabalho achava melhor usar o substantivo "possibilidade" do que "probabilidade" ao avaliar a possível (ou provável) adesão dos trabalhadores ao movimento estudantil. Admitiu que alguns sindicatos poderiam até se empolgar, mas confiava na ação do governo quanto ao plano salarial.

Encerrada a análise de sua área, Jarbas Passarinho pediu licença para entrar em outro território no qual não vislumbrava simpatizantes da revolução: a imprensa.

Raros são os abnegados que ainda aparecem escrevendo, não livros, mas apenas artigos em defesa do processo da Revolução de março de 1964. Dentre eles se encontra essa figura atacada hoje, como sendo um dos maiores reacionários deste país e que na verdade jamais o foi, que é o senhor Gilberto Freire, basta que defenda para ser pichado, na boa linguagem da chamada vanguarda...

Costa e Silva atalhou: "Já foi da juventude comunista...".

Passarinho prosseguiu, valendo-se mais uma vez dos seus conhecimentos da língua pátria:

Já foi acusado, na juventude, de comunista. Não é só a imprensa que deturpa todos os fatos. Há meses, a despeito das demonstrações eloquentes de defesa dos princípios democráticos que todos os ministros têm tido de Vossa Excelência, os muros de Ouro Preto eram pichados com a frase "Castello e Costa e Silva – macacos da ditadura". Vemos a palavra ditadura escrita todos os dias e com todas as letras, como se vivêssemos realmente uma ditadura, dando até vontade de fazê-la. Há esse ônus que todos nós sofremos.

Sobre a ofensiva proposta pelo chefe do Estado-Maior das Forças Armadas, concordava com os demais que deveria ocorrer o quanto antes. Mas ressalvou que não se deveria desperdiçar bala de canhão "num alvo que merece apenas um tiro de fuzil". Para ele, a ação a ser adotada deveria remover as causas dos problemas e não apenas "conter ou neutralizar os efeitos, deixando que esses efeitos se agravem, cresçam para que depois novas providências, cada vez mais fortes, precisem ser tomadas".

O alvo de Passarinho era Gama e Silva. O ministro do Trabalho achava a bancada da Arena numerosa demais e pouco confiável. Quem sabe uma boa redução não permitiria um maior controle por parte do Executivo?

Dei-me ao luxo de comparar, outro dia, as cadeiras que Vossa Excelência detém no Congresso, para a Arena, com o êxito retumbante do general De Gaulle na França e verifiquei que Vossa Excelência tem mais do que ele. Talvez esse gigantismo nos atrapalhe, talvez fosse chegada a hora de se fazer, não um bom expurgo, que é uma palavra muito antipática, mas uma boa seleção, para saber-se aqueles que deveriam ficar conosco.

O ministro do Trabalho resolveu então meter sua colher na questão da troca de ministros, insinuando que mudar um ou mais ministros poderia ter o efeito psicológico de abrandar a crise. E voltou rapidamente suas baterias para a bola da vez: a imprensa.

O ministro do Exterior falou que os jornais são propriedades de capitalistas e o são de fato, até de condessas.* Mas acontece que as redações, as oficinas e sobretudo as redações, estão preparadas, bloqueadas e ocupadas por pessoas que estão interessadas em destruir o processo da Revolução de 31 de março.

Passarinho recorreu a um exemplo daqueles que "sibilinamente alteram as informações". Havia sido publicado que ele acusara o presidente de "tratar com paternalismo" os estudantes, o que era total mentira. "Nada foi dito", reforçou o ministro, "no entanto saiu num dos jornais mais responsáveis, que é o *Jornal do Brasil*".

O presidente pegou a deixa e rebateu com o caso de uma suposta pane em seu avião, formalmente desmentida, mas que fora parar no *Repórter Esso*:

> É um exemplo insignificante, mas é a comprovação física da mentira, mentira que os jornais mantêm. Eu não sei qual o interesse, será que é para mostrar que os meus aviões estão em mau estado?

Jarbas Passarinho concluiu defendendo a adoção de medidas legais e a censura ao rádio e à televisão para acabar com a ridicularização das Forças Armadas – coisa que não acontecia desde a campanha civilista de Rui Barbosa, em 1908.

O presidente acrescentou que chegava o "ponto culminante" da reunião – a manifestação do ministro da Educação. Mas, como havia um grupo de trabalho tratando do assunto, deixaria o relato das providências para uma reunião ministerial ordinária. Reiterou que o conselho não era um órgão deliberativo, mas gostaria que os integrantes apresentassem uma síntese do que poderia ser feito. Ele, como presidente, tiraria a média entre as propostas mais tolerantes e as mais extremadas, antes de tomar sua decisão. E relembrou que essa era sua tarefa:

---

* Referência à condessa Pereira Carneiro, como era conhecida Maurina Dunshee de Abranches Pereira Carneiro (1899-1983), dona do *Jornal do Brasil*. Carioca, era filha do escritor João Dunshee de Abranches de Moura, também jornalista e político. Assumiu o *JB* em 1953, após a morte de seu segundo marido, conde Ernesto Pereira Carneiro. A reformulação do *JB* começou pelo Suplemento Literário, dirigido por Reinaldo Jardim, seguiu com Odilo Costa, Filho e foi adiante com Janio de Freitas e Amilcar de Castro e consolidou-se com Alberto Dines a partir de 1961. O presidente do jornal era o genro da condessa, Nascimento Brito. A condessa morreu em 1983. O *Jornal do Brasil* na versão impressa, em 2010, já sob o comando do empresário Nelson Tanure.

Temos de encarar a situação em busca das soluções. De qualquer forma o que eu quero, mais uma vez e insistentemente, proclamar é que o sucesso depende da união dos homens do governo. Não entremos em pânico e nem pensemos que a substituição de A, B, C ou de qualquer um resolverá o problema, porque estamos vendo que as causas são muito mais profundas. Não é o caso do sacrifício de alguém, seria a mesma coisa que, num campo de batalha, substituir um pobre coronel, ou talvez um general, para justificar a melhoria da situação. [...] Aceitamos essas sugestões todas e vamos estabelecer um justo plano de contraofensiva. Um plano que terá de ser desenvolvido muito mais na área das Comunicações. Se precisar, o governo pode exigir meia hora, dez minutos, quinze minutos, para explicações. Já estou mandando elaborar um plano, a base do "Governo explica", ou "Governo informa", ou do "Governo esclarece". Isto obrigatoriamente na televisão, seja por intermédio de ministros, seja através de agentes do governo, para que o povo fique ciente da realidade nacional.

Nesse momento, a reunião do dia 11 foi dada como terminada. Acertou-se que o conselho voltaria a se encontrar cinco dias depois, na terça-feira, 16 de julho de 1968. A notícia de que haveria uma segunda rodada de conversa preocupou o meio político, embora os relatos parciais publicados pela imprensa insinuassem que a tendência era de que a moderação poderia prevalecer na segunda etapa do encontro.

A segunda parte da reunião do Conselho de Segurança Nacional – aquela na qual os "civis" poderiam falar – aconteceu na data e hora marcadas, coincidentemente a mesma em que os operários ocupavam a Cobrasma em Osasco. Ao reiniciar os trabalhos, o presidente relembrou que estavam reunidos para decidir se haveria ou não medidas de exceção e passou a palavra para o ministro da Educação.

Gaúcho de Porto Alegre, 54 anos, Tarso Dutra deixara o sexto mandato consecutivo* para assumir o ministério. Conservador ilustrado, procurou demonstrar que as revoltas estudantis estavam ocorrendo em vários países, não só no Brasil, e em cada país por um motivo diferente. No Brasil, o que havia era o assédio de grupos revolucionários, que seduziam os jovens com teses atraentes, como gratuidade de ensino, defesa da soberania nacional, alimentação para alunos pobres, mais verbas para o ensino, etc., etc. Dutra alongou-se na descrição da reforma universitária, elogiou a proibição das passeatas e defendeu uma modificação na Lei de Imprensa, que lhes permitisse reprimir notícias falsas, obrigar os

---

* Em 1946, fora eleito deputado estadual pelo PSD para a 38ª Legislatura da Assembleia Legislativa do Rio Grande do Sul. Depois, cumpriria cinco mandatos na Câmara Federal.

jornalistas a revelar suas fontes e responsabilizá-los pessoalmente pela produção de matérias jornalísticas, a exemplo, segundo ele, do que acontecia na França. Se nada disso fosse suficiente, seria preciso outorgar poderes que permitissem ao presidente cortar o mal pela raiz.

Mário Andreazza, dos Transportes, Ivo Arzua, da Agricultura, Leonel Tavares Miranda, da Saúde, Costa Cavalcanti, das Minas e Energia, Macedo Soares, da Indústria e Comércio, Hélio Beltrão, do Planejamento, Costa Cavalcanti, do Interior, Carlos Furtado de Simas, ministro das Comunicações, e Huet Sampaio, chefe do Estado-Maior da Aeronáutica, descartaram o estado de sítio – pelo menos naquele momento.

O chefe do Estado-Maior da Armada, Adalberto de Barros Nunes, tratou da Igreja, que se intrometia em assuntos que não lhe diziam respeito. Reclamou especificamente da ação de estrangeiros e citou o padre Joseph Comblin, assessor de dom Hélder Câmara, cujos pronunciamentos podiam ser enquadrados em vários artigos da Lei de Segurança Nacional, resultando até mesmo em sua expulsão do país (o que afinal ocorreria em 1971). O general também propôs que o governo tivesse órgãos de imprensa de sua propriedade para divulgar seus atos. O encontro entre Costa e Silva e lideranças estudantis, por exemplo, teria sido relatado de forma incompleta por uma imprensa insatisfeita com o resultado do encontro. Já se houvesse um jornal do governo...

Adalberto Pereira dos Santos, chefe do Estado-Maior do Exército, também estava incomodado com os meios de comunicação, mas seu foco era outro – a velocidade com que as notícias circulavam:

> Há cem anos, por ocasião da Guerra do Paraguai, nosso país foi invadido no Estado de Mato Grosso. Este fato só chegou ao conhecimento das cortes depois de um mês de ocorrido. Hoje, acredito que a nação inteira já tenha tomado conhecimento, e talvez visto, mesmo os analfabetos, da reunião deste Conselho de Segurança Nacional. São os meios de comunicação que usufruímos na atualidade.

Sua proposta: criar um órgão de propaganda para atacar os adversários e difundir a imagem correta do governo, investir na Agência Nacional e pressionar os donos de jornais, rádios e emissoras de TV, por meio do sistema bancário oficial. Quem publicasse notícias favoráveis, sem caracterizá-las como oficiais, seriam financeiramente recompensados. O general também apresentou medidas no campo da educação com a mesma lógica pavloviana de premiação e punição. Melhores salários para os professores e expulsão de alunos que participassem de greves políticas. No campo político, pregou o uso mais constante da Lei de Segurança

Nacional. No militar, mais recursos e treinamento para as polícias militares lidarem com os tumultos e a guerrilha urbana.

Rondon Pacheco, chefe do gabinete civil, louvou a serenidade e paciência demonstradas pelo governo e opinou pela adoção de "medida consignada na Constituição". Ou, traduzindo para o vulgo, estado de sítio.

Na opinião de Pedro Aleixo, o movimento de 1964 fora uma contrarrevolução e quem tentava retomar a iniciativa eram revolucionários derrotados, que queriam implantar o comunismo no país. Nesse cenário, um novo ato institucional era um retrocesso a ser evitado e a convocação de uma nova Constituinte, uma atitude antidemocrática. Sua proposta era que Costa e Silva fizesse um pronunciamento detalhado, apresentasse a situação e reiterasse que o governo não pretendia fazer uso de medidas de exceção para defender a democracia.

Havia corruptos fingindo-se de subversivos e outros que tinham apoiado a revolução nos primeiros tempos. Muita gente esquecia que as Forças Armadas diziam presente nas horas de crise, "mas nunca para que, por intermédio delas, se fizesse um exercício de Governo no sentido antidemocrático".

O vice-presidente propôs ainda que o Ministério da Justiça fizesse a exegese da Constituição de 1967 para mostrar que muitos direitos ali assegurados não eram garantidos pela carta de 1946, como passeatas:

> As passeatas podem ser toleradas, mas não são um direito. Já na Constituição de 1934 e, posteriormente, na de 1946 e na Constituição atual, o que verificamos é que o direito de reunião, sem armas, somente pode ser exercido em locais previamente estabelecidos, determinados e não, em processos ambulantes, com prejuízos de outros direitos, dos direitos dos moradores dos locais que são atravessados, dos direitos do tráfego, etc., etc.

O vice-presidente também rejeitava a ideia de que a Constituição impedia o surgimento de novos partidos – a lei permitia outras agremiações e quem não se sentisse à vontade na Arena era livre para procurar outro rumo. Para Aleixo, o apoio dos arenistas ao governo era uma obrigação, mas não devia ser extorquido. Quem não estivesse de acordo que fosse se manifestar fora do partido oficial. Agora, se o MDB insistisse em ser oposição ao regime, deveria ser excluído da mesa da Câmara e da presidência de comissões.

Aleixo seria mais tarde apontado como único entre seus pares a manifestar-se contra o AI-5. Cinco meses antes, não descartou a adoção do estado de sítio. Achava apenas que a medida devia ser devidamente preparada, para que não se repetisse no Brasil o ocorrido no Uruguai, onde tal providência não havia barrado o crescimento da subversão. Sugeriu então algumas medidas preventivas, buscando como inspiração a ditadura getulista:

> A ocupação de todos os jornais por um corpo de censores, as providências contra o rádio, contra a televisão e assim por diante, dando uma demonstração de força do governo, que por serem feitas com a devida eficiência, pudessem durar pouco, mas tivessem o sentido de não permitir que essa intenção fosse fraudada, caso a medida fosse tomada.

Por último, o vice-presidente sugeriu a criação de uma espécie de Comissão Geral de Investigação para acompanhar os movimentos subversivos e investigar as denúncias de corrupção, punindo os responsáveis.

Depois de ouvir todos os conselheiros, Costa e Silva apresentou suas conclusões. Não tinha dúvida de que o governo estava sob o ataque de profissionais e que os atentados eram cada vez mais bem preparados e violentos. Os estudantes estavam sendo explorados pelos subversivos:

> Exploração até mesmo do secundarista, que ainda praticamente é um irresponsável nesse assunto, fato que as fotografias demonstram. Meninas e mocinhas envolvidas nas agitações no Congresso Nacional, houve uma concentração de meninos praticamente que lá passaram uma noite, de uma forma um tanto irreverente, dando demonstração da falta de educação no lar e de controle por parte daqueles de mais responsabilidade, dos responsáveis até pela honra de suas filhas, porquanto passaram uma noite em comum, promiscuamente, dentro de um ambiente definido, pelo testemunho do diretor do Senado, dr. Evandro, que disse: "transformaram isso aqui num lupanar"– são suas expressões textuais. [...]

O presidente reconhecia que era preciso se antepor a isso, mas descartou o uso da violência e da simples propaganda. A situação política conturbada talvez obrigasse o governo a tomar medidas "ainda mais impopulares". Mas Costa e Silva estava disposto a manter a tranquilidade:

> Falou-se aqui em revolução e contrarrevolução, eu quero dizer-lhes que mantenho sempre o meu espírito alerta e os meus princípios muito firmes na defesa da Revolução. No entanto, devo dizer-lhes, fruto de uma convicção sincera, decorrente ela de alguns dias de ditador neste país, que a ditadura jamais será uma solução para o Brasil, não há homem, não há sistema, não há organização que possa administrar, comandar e governar este país, este continente, na base da unidade

do comando. Foram nove dias do mês de abril de 1964, dias torturantes para um homem que tinha sobre seus ombros a responsabilidade absoluta do governo [...]. Foram dias de angústia [...].

E deu mais uma vez sua versão da história: Jango fora derrubado para que se restabelecesse a ordem e a Constituição e não se faria isso mudando apenas os homens – era preciso um ato que gerasse seus próprios direitos. O AI-1 criara "novas condições de execução da democracia", eliminando os elementos que causavam preocupação. Com a instituição do primeiro governo revolucionário, institucional e não constitucional, começou-se a deixar de lado a ideia de revolução e foi preciso baixar o AI-2, que tinha como alvo não os cassados, mas alguns revolucionários que haviam se excedido "por interesses próprios ou por interesses ideológicos".

O objetivo da revolução, insistiu, sempre fora o retorno da democracia. E até o fato de a Constituição de 1967 ser atacada pelos contrarrevolucionários era motivo de orgulho para Costa e Silva e prova de que estavam no caminho certo:

> esses ataques têm sido feitos dentro das normas constitucionais, seja no Congresso, seja em reuniões de recinto fechado e até mesmo em praça pública. O que é verdade é que, se esta Constituição foi votada por uma maioria esmagadora de um partido que representa a Revolução, nós a aceitamos como a Constituição da Revolução e devemos cumpri-la, porque nós nos comprometemos a cumpri-la, mantê-la e defendê-la. Quero situar que hoje, dentro dessa Constituição, o governo tem poderes para coibir abusos, para reprimir agitações e enquanto puder dispor desses meios constitucionais, eu o entendo, como revolucionário, que qualquer ato fora da Constituição, no momento, será uma precipitação. Será, como se diz, um avanço no escuro sem necessidade.

Por enquanto, ele não adotaria medidas excepcionais:

> o governo resolve não adotar, de momento, qualquer medida excepcional para contenção de uma subversão que nós sentimos em marcha, mas que não poderá jamais atingir os seus objetivos, porque o governo, conscientemente, honestamente, sente que ainda tem a seu lado o povo do Brasil. Esse povo ainda não se manifestou. Há falsos intérpretes desse povo querendo dizer que a opinião pública é esta, aquela ou aquela outra.

Os falsos intérpretes eram empresários de comunicação loucos para serem subvencionados e aos quais o governo estava cobrando dívidas e impostos, segundo o presidente.

Costa e Silva estava convencido de que "o bom industrial, o bom empresário, o bom estudante, o bom militar, o bom doutor" estavam com o governo e queriam ordem, paz e tranquilidade para produzir mais. Mas não cederia à tentação de afrouxar os controles sobre a economia só para conquistar popularidade.

O presidente descartou a ideia de reformar a Constituição, por considerar isso o primeiro passo para o fim da revolução. E anteviu o resultado de sua decisão: "Eu sei que a imprensa cairá sobre mim com uma força extraordinária, mais uma vez serei acusado de imobilismo, mas a situação continuará como está".

Depois de garantir que o governo acompanharia, passo a passo, todas as manifestações, adotando as medidas excepcionais previstas pela Constituição, se necessário, Costa e Silva orientou os termos da nota para a imprensa, a ser redigida por uma comissão:

> Primeiro – o governo, com os meios normais que a Constituição lhe dá, vai agir imediatamente; segundo – se necessário, ainda dentro da Constituição, com os meios excepcionais. Não desejo qualquer referência a atos fora da Constituição, porque, se a tanto for levado, será com grande sacrifício e grande pesar de um velho revolucionário, pois será um retrocesso no processo que se vem desenrolando.

O presidente descartou a censura, mas demonstrou pouca esperança na possibilidade de ter apoio dos editores:

> Como poderemos fazer ver a um diretor de jornal, que se sente magoado por questões pessoais, de que o seu jornal não deve manifestar o seu ponto de vista pessoal? A sua mágoa pessoal? É difícil. O governo não pode transacionar nesse sentido.

Costa e Silva queria que membros do governo procurassem esses empresários e tentassem convencê-los, sem usar a força. O presidente concluiu sua fala com um elogio coletivo. Reconheceu que seus ministros não eram recompensados adequadamente pelos serviços prestados e liberou a saída de quem achasse prejudicial à própria carreira continuar convivendo com um presidente "que algumas vezes é considerado intransigente, teimoso e obstinado". Encerrou afirmando que as decisões tomadas eram "de alta significação nacional" e lembrou que os registros seriam mais cedo ou mais tarde publicados, "por serem preciosos, relatórios muito expressivos, no sentido de explicar a verdadeira situação e muitos dos fatos que vêm se desenrolando".

Realmente, as atas dessas reuniões são preciosas. Como apontado no início do capítulo anterior, mostram que o núcleo mais duro do governo já escolhera os alvos a serem atacados.

No dia 16 de julho, após uma canseira de nove horas, os jornalistas receberam a nota oficial. Era pouco esclarecedora: mencionava os relatórios da secretaria-geral do conselho e do SNI, sem dar qualquer detalhe e dizia que ficara caracterizado

> um quadro, no qual a consolidação dos princípios revolucionários de 31 de março de 1964 tem sido sistematicamente tumultuada pela ação de elementos subversivos e contrarrevolucionários, cujo objetivo imediato é promover a inquietação social e a perturbação da ordem pública para alcançar a derrubada do regime e a substituição do governo que tem a missão constitucional de defendê-lo.[3]

Na sequência, o texto elogiava o apoio das Forças Armadas ao governo, celebrava seus feitos econômicos e apresentava as quatro decisões tomadas ao final da reunião: 1) ratificar a decisão de não permitir passeatas, ordenando que se tomassem as medidas para garantir a ordem; 2) adotar medidas excepcionais (não especificadas) caso houvesse "qualquer tentativa de retorno à atmosfera de agitação"; 3) apelar aos órgãos de comunicação social para que, "patrioticamente, cumpram o seu dever de informar corretamente, a fim de que não se convertam em instrumento da desordem"; e 4) "reafirmar a sua disposição de atingir os fins e os propósitos revolucionários, através da atuação decisiva das Forças Armadas".

Na Câmara dos Deputados, a divulgação provocou um embate entre os líderes do MDB e da Arena. Na opinião de Covas, a nota deixava claro que não era a Arena que representava o governo e sim as Forças Armadas. O líder do MDB viu uma ameaça no "apelo" aos órgãos de imprensa. Ernani Sátiro rebateu e afirmou que o maior problema eram as passeatas, "um desafio à tranquilidade pública". Covas satirizou: "A declaração de V. Exa. confirma meu ponto de vista, exarado há pouco. Vejo que V. Exa. continua tendo todas as condições para representar o governo e a revolução".

Aos repórteres políticos de Brasília, Tancredo declarou-se pessimista. Ao ignorar os partidos políticos e valorizar o apoio das Forças Armadas, a nota derrubara a máscara do governo Costa e Silva. Escalado para responder, Geraldo Freire, vice-líder do governo, disse que não era possível negar a existência de ameaças contrarrevolucionárias: "As máscaras, no final do primeiro semestre, caíram irremediavelmente e as verdadeiras intenções dos agitadores foram proclamadas de público, alto e bom som".

Em editorial, o *Estadão* festejou o fato de nenhuma medida de exceção ter sido tomada, mas criticou o tom do documento:

> A verdade é que, longe de pretender dificultar a ação do Executivo, os grandes jornais do país, aqueles que formam realmente a opinião pública, nada mais têm feito do que apoiar o que há de bom na administração do sr. marechal Costa e Silva.[4]

Mesmo aplaudindo o desempenho do governo no campo da economia, o jornal dizia não abrir mão do seu direito de analisar as outras ações do governo e o desprezo do presidente para com os direitos políticos dos brasileiros. E garantiu que o país estava tão apreensivo quanto o Palácio do Planalto diante da "maré montante de agitação e da desordem". O editorial advertia: se os extremistas de esquerda continuassem a agir daquele jeito, os de direita é que ganhariam a parada.

O *Correio da Manhã* bateu pesado, como sempre:

> O comunicado, emitido em papel com o timbre do Gabinete Militar, soma desinformação com má-fé, acusações improcedentes com ameaças veladas. [...] O presidente da República escolheu seu caminho: oscilar entre a inércia, a incompetência e as ameaças liberticidas. Para o país, essa escolha tem um preço: a persistência na apatia administrativa e o sacrifício, que pode surgir a qualquer momento, das liberdades que nos restam. A Nação recusa-se a pagá-lo. Não tente o governo cobrá-lo, se nos últimos escaninhos de seu patriotismo restar o desejo de evitar que dias tormentosos envolvam os destinos do Brasil.[5]

O *Jornal do Brasil* demorou 24 horas para repercutir o assunto em seu editorial. Mas não poupou ironia:

> Ao cabo de duas demoradas sessões, o Conselho de Segurança Nacional produziu uma nota cujo resumo é o seguinte: o Brasil nunca esteve em situação melhor do que a atual ao longo da sua História, mas o povo não foi informado disto. Ou pior ainda, o povo é ludibriado "pelo insidioso trabalho de desinformação realizado por elementos infiltrados nos setores formadores dessa mesma opinião". [...] Conheça-se o Governo a si mesmo, antes de fazer sermões aos outros. Como modelo

de desinformação, a nota do Conselho é modelar. Tanto assim que a publicamos, cuidadosamente, entre aspas.[6]

A *Folha de S.Paulo* festejou o resultado da reunião já na manchete – "Costa vence as pressões" – e, no editorial, sugeriu que o governo mudasse de atitude:

> Um esforço de aproximação entre as autoridades e o povo seria, sem dúvida, eficiente maneira de desfazer equívocos e incompreensões, causadores por sua vez de ressentimentos, que podem explodir de maneira dramática, como vimos recentemente. [...] Os alarmistas e os pessimistas foram derrotados, ao menos por enquanto. Agora, é esperar que não voltem a ter motivos para intranquilizar a nação.[7]

Como se verá, a esperança não seria recompensada. Costa e Silva podia ter até vencido as pressões naquele momento. Seis meses depois, a conversa seria outra.

45

Diálogo de surdos

Um desavisado que lesse a primeira página da edição de 3 de agosto da *Folha de S.Paulo* concluiria que o governo e os estudantes tinham feito as pazes. Sob a manchete "Costa e Silva abre o diálogo", vinha um texto em oito colunas:

> Falando a um grupo de estudantes que representavam diretórios acadêmicos de todo o Brasil, o presidente Costa e Silva, ontem, no Palácio das Laranjeiras, disse que as agitações de rua que vêm sendo feitas pelos jovens "não resolvem o problema". Salientou que o governo tem as melhores disposições para o diálogo, e apresentou como o melhor exemplo o fato de estar, naquele momento, ouvindo as reivindicações dos universitários. Disse mais, o presidente: "Realmente, erros acumulados em quarenta anos estão sob os ombros do atual governo. Há naturalmente uma ansiedade para que estes problemas sejam resolvidos imediatamente, mas a solução destes problemas traz implicações muito sérias. Implicações de ordem material, espiritual, até moral e política".[1]

A matéria prosseguia na última página da edição, com a íntegra do longo discurso do presidente, que começava assim:

> Realmente, o intérprete dos senhores foi de uma franqueza própria da juventude. Deu conselhos ao governo, deu conselhos à comissão encarregada de reformular a educação e o sistema educacional do país. Essa comissão naturalmente tomará a bom termo para se orientar de acordo com as aspirações dos senhores.

Mais adiante, o presidente procurava distinguir as reivindicações justas, das inaceitáveis:

> não é a agitação de rua, com cartazes pedindo mais aulas, mais professores, mais verbas, mais interesse pelo ensino. São reivindicações justas, mas aquelas que levam à repressão não são essas. São aquelas que se estendem pelas ruas pregando "Abaixo a ditadura" num país em que há liberdade a ponto do presidente da República estar dialogando com os senhores que são jovens estudantes. Abaixo a ditadura que não existe nesse país. Então, aí é que há a repressão, porque todo agredido tem o direito de se defender.

Mas, no que parece ter sido uma reverência ao apelo inscrito na nota do Conselho de Segurança Nacional, a *Folha* não deu nenhuma linha sobre os conselhos dados pelo tal "intérprete" dos estudantes ao presidente – na verdade, nem o nome do sujeito registrou.

O *Correio da Manhã* também cobriu o encontro do presidente com os estudantes do Projeto Rondon e deu chamada na primeira página sob o título "Costa volta a negar ditadura". Nas páginas internas, o jornal publicou a íntegra do pronunciamento do presidente e do estudante (igualmente não identificado). O rapaz não fizera rodeios:

> A presença do Rio Grande do Sul neste encontro há de ser gaúcha na lealdade e na franqueza, que Vossa Excelência, tanto quanto nós, cultua e aprecia. Aqui não estamos para aplaudi-lo, para louvar o que ainda não foi feito, para emprestar uma solidariedade vazia e sem perspectiva. Ao contrário.[2]

O rapaz seguiu dizendo que o protesto das ruas, "o ímpeto moço de quem não se conforma e assume a consequência pública de sua inconformidade, não é mera questão de polícia, matéria de segurança política, assunto que se resolve em ativando a eficiência da repressão".

Adalberto Pasqualotto, o representante dos estudantes, era presidente do Diretório Estadual dos Estudantes do Rio Grande do Sul. Não pertencia à AP, à Dissidência ou qualquer outra organização clandestina, mas ao Movimento Decisão* e fora até o presidente chefiando a comitiva de 160 estudantes gaúchos,

---

* Para o Movimento Decisão, a ação "subversiva" tumultuava tanto a universidade quanto a consolidação do regime democrático. Foi responsável pelas candidaturas de Rubem Süffert e Adalberto Pasqualotto para o comando do Diretório Estadual dos Estudantes do Rio Grande do Sul.

que tinham realizado o III Seminário Gaúcho de Reforma Universitária. Ao contrário de outras organizações que atuavam entre os estudantes, a turma aceitara o fechamento da UNE e dos centros acadêmicos e operava dentro das instituições criadas pelo MEC.

Após a morte de Edson Luís no Calabouço, um representante do MEC procurou o pessoal do Decisão. A proposta era clara: os estudantes poderiam apresentar suas reivindicações diretamente ao presidente. Implícita na oferta estava a ideia de que o encontro deveria resultar em salamaleques estudantis a Costa e Silva e que o discurso deveria ser antecipadamente submetido ao Ministério da Educação.

Os rapazes aceitaram o convite, mas não mostraram o texto a ninguém. O discurso foi redigido por Clóvis Paternoster, um estudante de Direito e Psicologia considerado um gênio por seus colegas. A Pasqualotto coube ler o documento, por ser o presidente da entidade. Já nas primeiras linhas, ficou claro que era outro o tom.

Pasqualotto dava a boa intenção do governo como pressuposto, mas descartava a ideia de que as passeatas, definidas como "o ímpeto moço de quem não se conforma e assume a consequência pública de sua inconformidade", fossem caso de polícia. E ia adiante:

> Se a Revolução hoje, pouco ou quase nada oferece de apelo aos jovens, não se comunica ou entusiasma, como todos sonhávamos e acreditamos que viesse e devesse fazê-lo, talvez não seja porque a juventude esteja desencontrada e equivocada, talvez não se deva à existência dos inimigos da liberdade [...] O Brasil não tem feito pela educação o mínimo compatível com que a educação poderia fazer pelo Brasil.[3]

O presidente ficou irritadíssimo e tentou mostrar que seu governo realmente tinha recebido uma herança maldita, uma educação insuficiente – enquanto a Argentina tinha 155 mil alunos, o Brasil registrava 220 mil, para uma população quatro vezes maior – e um ambiente hostil:

> O problema da agitação estudantil não é exclusivo do Brasil, mas está se verificando em diversos países, o que prova que existe um plano internacional de subversão envolvendo a mocidade brilhante e idealista que são os estudantes.

A atitude independente custou caro ao Decisão: fechou as portas do MEC, no qual o grupo buscava respaldo para iniciativas assistencialistas, como recursos para a Casa do Estudante e o restaurante universitário.*

No pé da última página da *Folha*, depois do discurso de Costa e Silva, o jornal registrou o discurso de um deputado do MDB, Mário Piva, sobre a prisão do presidente do Diretório de Arquitetura da UnB, José Antonio Prates, no saguão de um hotel.

Prates estava na lista de vinte estudantes da UnB convocados a depor num IPM por meio de um edital publicado no *Correio Braziliense*. O inquérito investigava os danos causados pela passeata realizada após a morte de Edson Luís. O prazo para que se apresentasse ainda não terminara e ele não era o principal alvo. Os órgãos de segurança queriam mesmo era pôr as mãos num goiano de Itaberaí, que a família chamava de Gui e estava prestes a se casar: Honestino Monteiro Guimarães, de 21 anos, que se mudara para Brasília com os pais e três irmãos pouco depois da fundação da cidade. A militância como secundarista não o impediu de passar em primeiro lugar no vestibular para Geologia, com 257 pontos num exame cujo máximo eram 260. Ligado à AP, presidia a Federação dos Estudantes Universitários de Brasília, já fora preso quatro vezes e tinha um esquema de segurança. Seu pai representou-o por procuração no cartório que formalizou sua relação com Isaura Botelho, outra militante estudantil.

Às sete da noite de 28 de agosto, o presidente estava concluindo um despacho com o general Emílio Médici, chefe do SNI, e com o chefe da Casa Civil, Rondon Pacheco. Presente, o secretário de Imprensa, Heráclio Salles, que descreveu assim a cena:

> Ele estava com o rosto sombrio e o sobrecenho caído, sintoma inconfundível de preocupação. Antes de se retirar, Costa e Silva resolveu mandar chamar o chefe do Gabinete Militar: "Portella, diga a essa gente que contra a universidade, nada. Eu quero ir para casa tranquilo". "Pois fique tranquilo, presidente, que eu tomo conta disso" – respondeu Portella, enquanto pegava o telefone para transmitir a recomendação presidencial àquela "gente", que eles sabiam de quem se tratava. Só então Costa e Silva se dirigiu para o Alvorada.[4]

---

* Depois de Pasqualotto, mais dois presidentes do Diretório Estadual foram eleitos, mas, no início dos anos 1970, o Decisão desapareceu. Pasqualotto fez carreira como procurador de Justiça no Ministério Público e professor da PUC, especializando-se em direito do consumidor.

46

A invasão da UnB

A determinação de Costa e Silva foi ignorada: na manhã de 29 de agosto de 1968, protegidos por duzentos soldados da PM, Dops, Polícia Federal e Polícia Militar, armados com metralhadoras, mosquetões, pistolas, cassetetes e vários tipos de bombas, invadiram o *campus* da Universidade de Brasília. O ataque não podia ser mais certeiro. Na UnB estudavam filhos, netos e sobrinhos de deputados, senadores e da elite brasiliense.

Os estudantes reagiram ao ataque com paus e pedras. A batalha durou menos de meia hora e resultou num policial ferido no rosto por uma pedrada e um estudante alvejado na cabeça.* Diante da visível disparidade de forças, os alunos refugiaram-se no prédio do Instituto Central de Ciências (ICC).

No laboratório da Faculdade de Medicina, um soldado encontrou 93 estudantes fazendo prova. O *Jornal do Brasil* relatou o que aconteceu então:

> O combatente, com a energia dos que lidam nos campos de batalha, olhou o inimigo e começou o ataque, atirando uma bomba de gás lacrimogêneo que passou girando sobre os estudantes, bateu na parede oposta, onde deixou sua marca e já no chão, começou a soltar sua nuvem venenosa. Cessaram então as atividades

---

* O estudante de Engenharia Waldemar Alves da Silva Filho estava no andar superior do ICC. Waldemar trabalhava como fiscal do aeroporto e nem gostava do movimento estudantil. Uma bala calibre 38 vinda de baixo parou em seu crânio, perto do olho esquerdo e ele foi levado para o hospital. Ficou nove dias em coma e meses internado em dois hospitais do Rio de Janeiro. Sobreviveu, mas perdeu 60% da visão do olho esquerdo e começou a ter dificuldades de raciocínio. O presidente Costa e Silva visitou o rapaz no hospital e prometeu que ele voltaria à universidade. Waldemar acabou jubilado da UnB em 1971, conseguiu formar-se em Matemática no Centro Universitário de Brasília e aposentou-se como professor. Em 2012 ainda lutava por uma reparação.

do inimigo: uma prova de Embriologia e Histologia e uma aula prática de isolamento de ácido desoxirribonucleico.[1]

Foram retirados todos os alunos das salas de aula, sob a justificativa de cumprir os mandados de prisão dos cinco estudantes que não tinham se apresentado ao IPM. Mais de sessenta foram presos – entre eles, Honestino Guimarães, que, ao ser arrastado, pediu socorro, dizendo que estavam quebrando seu braço. O major José Leopoldino Silva, do Serviço Secreto da XI Região Militar rebateu: "Hoje é o nosso dia!".[2]

Às nove e meia da manhã, o deputado Bivar Olinto, do MDB da Paraíba, telefonou para a reitoria da UnB em busca de uma pessoa. Estava começando a conversa, quando quem o atendeu interrompeu, abruptamente: "Está começando um tiroteio, de forma que eu vou desligar".[3]

Vários deputados, a começar por Olinto, foram para a UnB: Covas, Chagas Rodrigues, Santilli Sobrinho, Martins Rodrigues, Djalma Falcão, David Lerer e os arenistas Brito Velho, Elias Carmo e Ney Maranhão. Encontraram trezentos alunos com as mãos na cabeça, sendo tangidos pela PM para a quadra de basquete.

Santilli Sobrinho,* do MDB de São Paulo, estava acompanhado pelo filho Marcos e buscava a filha, também estudante da UnB. Os soldados que o cercavam começaram a agredir o rapaz. Experiente, o deputado pegou o filho pelo pescoço, tentando evitar que fosse atingido. A situação parecia serenar, quando Santilli tirou a carteirinha de deputado do bolso e levou um golpe de cassetete nas mãos. Dirigindo-se ao oficial que comandava a operação, comentou, indignado:

– Major, essa tropa está embriagada!
– E o senhor queria que eles viessem fazer uma operação dessas sem beber?[4]

Nesse momento, já havia 25 parlamentares no *campus* conflagrado.** Mais três eram da Arena: Osmar Cunha, Osvaldo Zanello e Clóvis Stenzel, que ficou

---

*   Paulista de Mineiros do Tietê, 46 anos, José Santilli Sobrinho passara a infância em Assis e se formara em Educação Física e Economia em Curitiba. Em 1954, elegera-se deputado estadual pelo Partido Democrata Cristão. Depois de três mandatos, chegou em 1966 à Câmara Federal, já pelo MDB.

** Além dos primeiros oito, já mencionados, também tinham chegado os emedebistas Amaral Peixoto, Celestino Filho, Floriceno Paixão, Mata Machado, Hermano Alves, José Freire, Maurílio Ferreira Lima, Paulo Campos e o senador Aurélio Viana.

indignado: "Eu, que sou identificado como homem da linha dura, acho tudo isso uma barbaridade".

David Lerer sentiu um frio no umbigo – era o cano de uma metralhadora. Recebeu ordem de prisão de um oficial e começou a ser empurrado, aos trancos, para o camburão. Escapou de ser detido porque seus colegas cercaram a polícia. Chagas Rodrigues procurou o comandante da Polícia Militar e mostrou que não havia motivo para violências. O major Alberto Caetano respondeu: "É. Mas conseguimos um bom prato, prendemos o estudante Honestino".[5]

Luiz Carlos Galvão Lobo, coordenador da Faculdade de Ciências Médicas, contou que a polícia estava a duzentos metros da sala de aula e reagiu com tiros às pedras atiradas por alguns estudantes. Lançaram bombas de gás lacrimogêneo e espancaram todo mundo. Uma comissão de deputados percorreu as delegacias da cidade e depois se reuniu com o secretário de Segurança do Distrito Federal, Jurandir Palma Cabral, que negou qualquer responsabilidade pela prisão de catorze pessoas.*

A nota da Polícia Federal sobre a invasão simplesmente transferiu para os estudantes a responsabilidade pelo confronto: as equipes encarregadas de prender Honestino Guimarães teriam sido agredidas e alvejadas por tiros disparados pelos estudantes. Um oficial teria sido ferido.

No plenário da Câmara, o deputado Haroldo Leon Péres, vice-líder da Arena, foi incumbido de apresentar a versão do governo. Depois de ler a ordem de prisão emitida contra Honestino Guimarães, Péres afirmou que a invasão era legal e pôs a culpa pelo conflito nos estudantes. Foi aparteado por vários deputados.

O discurso de Péres provocou uma discussão exaltada em torno de um suposto ferimento a bala de um militar. Mário Covas entrou no embate exigindo que o arenista apresentasse o laudo médico do ferimento ao militar, já que havia um estudante sendo operado naquele momento em razão de um tiro. Unírio Machado também foi incisivo:

> V. Exa. fala por ouvir dizer, apressa-se a trazer, em nome do governo, uma versão de fatos a que não assistiu, de fatos a que não conhece. Mas V. Exa. revela com isso uma preocupação exagerada de cobertura ao Governo. Sem saber o que se passou, está dando, como se disse, uma versão policial, ou oficial, dos fatos a que

---

* A lista era encabeçada por Honestino Guimarães e seguia com Graziela Barroso, Jeblin Antônio Abrahão, Claudio Almeida, Miguel El Alfloni, Tercio Pina de Barros, João Ozana da Silva, Henrique Matos, Paulo Ricardo Balduíno, Ubirajara Rios e Everaldo Antônio Pastore. Os estudantes estavam no Dops.

não assistiu; por conseguinte, V. Exa. teve a contestação de diversos Deputados que a eles assistiram. Isso é que precisa ficar registrado. Toda essa imensa frieza de V. Exa. representa a preocupação e a pressa de vir defender o Governo na prática de violências que representam sangue derramado da juventude brasileira.

Márcio Moreira Alves exigiu que as autoridades apresentassem o laudo pericial do oficial ferido e garantiu que os estudantes só tinham reagido aos tiros e agressões:

> Na verdade, o que existe além da impunidade que é estendida a criminosos policiais é um plano, um projeto de bestialização do Brasil. Este plano, que vem sendo executado por elementos militaristas e terroristas de direita, visa a implantar o fascismo no Brasil, a reprimir todo pensamento livre e cercear os mais elementares direitos humanos, a destruir os centros do pensamento nacional, ou seja, as universidades.

Moreira Alves duvidou que Costa e Silva fosse punir alguém pelas arbitrariedades e concluiu que só restava a estudantes, professores e os próprios parlamentares "o direito de autodefesa".

O longo discurso de Covas foi entremeado por apartes de deputados do MDB e da Arena. O líder do MDB recusou-se a culpar os policiais pelo que ocorrera e disse que, ao não punir ninguém, o governo criava uma situação perigosa:

> Edson Luís está enterrado, e até hoje não se apurou e puniu quem o matou. Invade-se a Universidade e omite-se aquele espetáculo deprimente de jovens, moças e rapazes, com as mãos na cabeça e lágrimas nos olhos. E eu insisto: não via naquelas lágrimas temor; via, sim a frustração pela humilhação, lágrimas que eu próprio não cheguei a verter de vergonha pela minha impotência para reagir contra uma violência daquelas. E aqui vimos o quê? A generalização do conceito de subversivo – esta palavra mágica, que serve como desculpa para todas essas violências da ditadura. [...] Ninguém de nós quer pôr fogo neste país, mas temos o direito de acusar este governo e este regime, que quer pôr fogo no país.

Num dos muitos apartes a Covas, Hermano Alves denunciou:

> Não é o Honestino. Este é um pretexto. Não é a pessoa de um ou outro estudante, ou dos professores. Não, isto é um plano que visa à criação de condições necessárias para o fechamento desta Casa, até mesmo para a derrubada deste governo,

para o cerceamento dos movimentos de reivindicação, não só dos estudantes, como também dos operários que se estão desencadeando por força da questão social, sr. líder Mário Covas, bravo e digno líder Mário Covas, isto, em bom português, chama-se golpe.

A contundência dos oposicionistas acabou destravando o verbo do líder da Arena. Ernani Sátiro assegurou que o governo tinha o propósito de apurar os acontecimentos, mas não de um só lado, e sim dos dois. Tese rebatida por Paulo Brossard em novo aparte. O deputado gaúcho lembrou que tudo começara com mandados de prisão para estudantes que tinham endereços certos e que a determinação de cumprir tais ordens no momento em que a universidade estava a pleno vapor era parte do plano de criar confusão.

Uma hora e meia depois de subir à tribuna, o líder do MDB chegou aos finalmente. E lembrou que, alguns dias antes, seu partido apresentara um projeto de anistia para os estudantes, derrubado pela maioria governista:

> Naquele instante, dizia-se que não era oportuna a medida, dizia-se que os estudantes ainda estavam nas ruas, que eles resistiam e que, por isso, não se podia conceder anistia. Não se concedeu. E a polícia foi à casa do estudante, foi para dentro da Universidade, já que ele não veio à rua, para agredi-lo. Nós é que erramos, porque sustentamos a anistia para estudantes. Tínhamos de sustentar anistia, isto sim, para esses policiais.

A invasão da UnB uniu parlamentares dos dois partidos. O deputado arenista Aniz Badra, de São Paulo, responsabilizou o ministro Gama e Silva. O senador Milton Campos, da Arena também, ficou revoltado: "Tudo é premeditado para conduzir o país a um impasse definitivo".

Chagas Rodrigues, do MDB, comentando o manifesto de professores e estudantes da UnB, destacou a necessidade de união: "Os democratas devem estar coesos, pois se não lutarmos pela imediata redemocratização do país, ele mergulhará nas trevas da guerra".

O arenista gaúcho Brito Velho foi mais emotivo: "Ai dos mandantes, se algo tivesse acontecido ao meu filho e à minha esposa!".

Ulisses e Tancredo estiveram na sessão. Entraram mudos, saíram calados. Montoro não compareceu.

A repercussão continuou na sessão noturna, em que Márcio Moreira Alves começou seu curto discurso apresentando suas credenciais:

Sr. presidente, fui criado nas tradições do parlamento. No princípio da minha vida fui repórter parlamentar. Sou membro da oligarquia brasileira dominante há mais de cem anos. Neto, bisneto, tetraneto, quinquaneto de parlamentares. Tenho, portanto, além das razões do meu convencimento democrático, formação familiar para prezar esta Casa. E hoje tenho motivos para me entristecer. Vi o líder da maioria na Câmara dos Deputados fugir de sua responsabilidade de assomar à tribuna e transferi-la para um deputado em primeiro mandato, vice-líder. Vi este vice-líder apresentar à nação, estarrecida pelos crimes cometidos nesta cidade, a justificativa da polícia, como sendo do governo. E na voz da maioria só pude perceber os surrados, os esfarrapados, os enlameados chavões de que o governo procuraria apurar as responsabilidades.

O *Correio Braziliense*, principal jornal da capital, resumiu o que se passara numa frase: "Deputados e estudantes apanham na Universidade".[6]

Mas, de modo geral, a invasão da UnB disputou – e perdeu – espaço nos jornais para o confinamento de Jânio Quadros por 120 dias em Corumbá, Mato Grosso. O ex-presidente voltara da Europa no final de junho e na primeira escala do navio, em Recife, dissera a Osvaldo Lima Filho que pretendia engajar-se na luta pelas reformas e correr o país. Também se disse entusiasmado com o movimento dos estudantes. O governo reagiu cancelando a escala do navio em Santos. Jânio chegou a redigir um manifesto, jamais publicado.

A invasão do *campus* da UnB era obra do ministro da Justiça, Gama e Silva, anunciou Castelinho na abertura de sua coluna de 30 de agosto no *Jornal do Brasil*. O objetivo era criar uma crise e assim obter as medidas de exceção que Costa e Silva rejeitara na reunião do Conselho de Segurança Nacional:

> A ordem, executada com requinte, elimina as veleidades do governo de criar um clima de otimismo e repõe no ambiente aquela ansiedade pânica, que é a matéria-prima dos radicais. [...] A polícia aí está a serviço da prepotência e do ódio dos que não querem que o país encontre um clima de ordem. Ela sabia que, em Brasília, numa invasão da Universidade, aparecem fatalmente deputados cujo protesto ampliará a repercussão do episódio na medida em que eles próprios se tornam alvos dos cassetetes, das bombas e dos socos dos brutamontes. É evidente que, na operação, estava prevista a violência não só contra os estudantes como também contra os parlamentares. No Senado e na Câmara, ninguém ignorava isso.[7]

Gama e Silva mandou uma carta ao jornal, negando taxativamente a informação publicada na "Coluna do Castello". O *JB* publicou a carta, mas Castelinho repicou:

> Não me compete revelar nome de informantes, nem permito que eles tomem a iniciativa de o fazer. Mas em trinta anos de profissão, ganhei o direito de ser reconhecido pelos políticos com os quais convivo, do governo ou da oposição, como um jornalista equilibrado e honrado. Espero que o professor Gama e Silva tenha obtido nesses dezoito meses de presença no ministério o direito de ser julgado da mesma forma quando nada por seus colegas de governo.[8]

Castelinho pagaria caro por esse parágrafo.

No dia 30, um grupo de deputados foi ver os feridos no Hospital Distrital. Além de um estudante em coma, encontraram Alduísio Moreira de Souza, que tinha se machucado ao dar fuga a Honestino, dentro da UnB, e chegara ao hospital em estado de choque.

Alduísio fora preso quando estava em busca de provisões para uma reunião clandestina, nas proximidades de Brasília. Depois de submetido à surra usual, ele e um companheiro foram retirados da cela e colocados num camburão para apontar o local do encontro. Conseguiram despistar os policiais, indicando um endereço errado. Alduísio foi submetido a um fuzilamento simulado e torturado, mas conseguiu denunciar sua situação aos jornalistas que cobriam a comemoração do Dia do Soldado.

Foi solto e reencontrou Honestino na UnB. Na hora da invasão, conseguiu fazer com que o dirigente escapasse, mas machucou-se numa queda e acabou no hospital, em estado de choque. Os médicos temiam que ele pudesse enlouquecer. Não aconteceu. Alduísio virou psicanalista e em 2001 publicou o primeiro volume de suas lembranças – *Memórias quase esquecidas: aqueles olhos*,[9] um belo registro de sua aventura.

No dia 2 de setembro, Márcio Moreira Alves voltou à carga com uma lista de nove perguntas incômodas. As primeiras buscavam apurar a responsabilidade do ministro Gama e Silva na invasão. A última desdobrava-se em oito pauladas:

> Uma vez que no Brasil de hoje torturar presos inermes parece ser motivo de promoção na outrora honrada e gloriosa carreira militar, pergunto: quando pararão as tropas de metralhar na rua o povo? Quando uma bota, arrebentando uma porta de laboratório, deixará de ser a proposta de reforma universitária do governo?

Quando teremos, como pais, ao ver os nossos filhos saírem para a escola, a certeza de que eles não voltarão em uma padiola, esbordoados ou metralhados? Quando poderemos ter confiança naqueles que devem executar e cumprir as leis? Quando não será a polícia um bando de facínoras? Quando não será o Exército um valhacouto de torturadores?

No dia 4 de setembro, foi entregue à mesa da Câmara o pedido de uma CPI sobre a invasão da UnB com 160 assinaturas. E o manifesto à nação proposto pelo deputado Aureliano Chaves, repudiando a brutalidade policial na UnB e exigindo a punição dos culpados já contabilizava a assinatura de cinquenta arenistas.

Num primeiro momento, parecia que a CPI seria para valer. O secretário de Segurança, coronel Jurandir Palma Cabral, e o diretor da Polícia Federal, general Dionísio Nascimento, compareceram e recusaram-se a classificar o que ocorrera como uma invasão planejada. Teria sido apenas uma diligência de rotina, durante a qual aconteceram incidentes provocados pela reação agressiva dos estudantes e pela interferência indevida de parlamentares na ação da polícia.

Hermano Alves perguntou ao general Dionísio quem determinara o emprego de armas de fogo contra os estudantes. Resposta do diretor da Polícia Federal: "Ignoro".

O comandante da PM, coronel Alzir Nunes Gay, também disse desconhecer qualquer plano prévio de invasão do *campus*.

A CPI perdeu substância em menos de uma semana, quando a Arena substituiu três de seus sete representantes. Assim, caiu por terra a convocação de figuras que poderiam gerar notícia e problema, como o reitor da UnB, o diretor da Faculdade de Medicina, testemunha ocular da invasão, um coronel do Estado--Maior da 11ª Região Militar, o diretor do Dops e o ministro Gama e Silva.

As sessões prosseguiram, com um elenco de segundo escalão – e também os entreveros entre deputados e depoentes. No dia 12 de setembro, o coronel Raul Munhoz, diretor-substituto da Polícia Federal em Brasília e que comandava a instituição no dia da invasão, compareceu à CPI, acompanhada por estudantes, oficiais à paisana e alguns militares fardados. Ao receber a palavra, fez uma saudação provocativa: "Companheiros das Forças Armadas aqui presentes, deputados e sr. presidente da CPI...".[10]

Durante quase quatro horas, depois de ler a longa ficha de Honestino, o coronel bateu boca com deputados da oposição. Admitiu que estivera com o ministro da Justiça no dia anterior aos fatos, mas afirmou que não tinham trocado "uma palavra" sobre a UnB. Munhoz reconheceu que toda a comunidade de informação fora acionada para prender os líderes estudantis. Segundo ele, ninguém determinara a prisão de parlamentares – as instruções eram apenas para deter todos os elementos alheios à classe estudantil que perturbassem a ação policial. Nunca passara por sua cabeça que deputados pudessem impedir o cumprimento da lei.

Na metade de setembro, a CPI já não tinha mais importância. Nenhum comandante admitiu que seus homens tivessem empregado armas de fogo. O major Alberto Caetano, que comandara as tropas da Polícia Militar, garantiu que, na volta ao quartel, toda a munição fora devolvida intacta ao almoxarifado. Segundo ele, o exame pericial dos revólveres mostrara que uma arma fora disparada recentemente, mas isso não provava que tivesse sido na UnB.

Os arenistas impediram que o relatório final fosse votado. No dia 6 de outubro, o deputado Osvaldo Zanello, da Arena do Espírito Santo e que fora um dos fundadores do Partido de Representação Popular, junto com Plínio Salgado, divulgou seu documento. Batia no cravo e na ferradura.

Zanello reconheceu a existência de infiltração comunista nas universidades, mas condenou a violência da invasão, responsabilizando o coronel Raul Lopes Munhoz e o general Dionísio Nascimento, da Polícia Federal.

> A operação de invasão da Universidade de Brasília foi, toda ela, premeditada e planejada. Previram as autoridades as consequências sangrentas que se iniciaram com a prisão dos estudantes. Tanto que solicitaram apoio à PM e, inclusive, à 11ª RM. E previram muita violência, pois o Exército Nacional foi alertado; e ele o é, somente quando se torna impossível o restabelecimento da ordem pelas outras forças. A invasão da UnB não foi uma operação de rotina, mas sim uma premeditada e desnecessária demonstração de força, com tropas bem aparelhadas contra estudantes indefesos. Insistimos em declarar que houve premeditação e planejamento da operação.

O relatório não se definiu em relação aos disparos, afirmando apenas que tinham sido efetuados, mas que, enquanto os estudantes acusavam a polícia, esta responsabilizava os universitários. O relator registrou que não se comprovara o suposto ferimento sofrido por um tenente da PM, que declarou ter sido atingido por um disparo de calibre 22 na mão. Os depoimentos sobre o incidente eram contraditórios e o laudo do IML não confirmou a hipótese.

Zanello recomendou que fossem evitadas ao máximo violências contra os estudantes, "pois elas representam, sem dúvida alguma, fator decisivo para o fortalecimento da infiltração comunista nos meios estudantis brasileiros". E completou:

> Não se pode condenar a prisão de estudantes que tinham mandado de prisão preventiva. A ação era legítima e legal. Condena-se, com a maior veemência, as violências, os ultrajes e os espancamentos havidos dentro da UnB, invadida por elementos totalmente despreparados para tal missão. Denuncia-se a total inoportunidade da operação levada a efeito dentro do *campus* universitário, devido à falta de critério da hora e local com que foi realizada.

No início da crise, Costa e Silva entregou a apuração do caso ao chefe do SNI. O noticiário da época informa que o general Médici entregou seu relatório ao presidente no início de outubro. Evidentemente, nenhuma linha foi publicada sobre os termos de tal documento.

No Arquivo Nacional, 45 anos mais tarde, foi possível localizar a cópia de uma pasta com 466 páginas, identificada a lápis como IPM 130 e que parece uma compilação posterior de vários documentos. Ali há um resumo do IPM instaurado em 9 de abril de 1968 para investigar a agitação na UnB, sob o comando do coronel Rodrigo Murilo de Souza. Nos documentos, menciona-se uma sindicância sigilosa do SNI, mas suas conclusões não foram localizadas no Arquivo Nacional.*

O IPM vincula a origem dos problemas na UnB à seleção de professores "de ideologia marcadamente esquerdista" feita por Darci Ribeiro quando da criação da universidade. A morte de Edson Luís no restaurante Calabouço teria sido utilizada por Honestino Guimarães como estopim da crise. Deputados do MDB são acusados de terem aderido a "uma verdadeira desordem comandada", ou seja,

---

* O material contém o ofício assinado em 14 de abril de 1969 pelo comandante do I Exército, general Siseno Sarmento, encaminhando uma cópia do tal relatório ao presidente da Comissão Geral de Inquérito com a recomendação de que fosse repassada para a Marinha, um excerto do mesmo relatório sobre os supostos crimes praticados pelos deputados Mário Covas e Martins Rodrigues, datilografado em papel timbrado do Ministério da Fazenda e encaminhado pelo almirante Júlio de Sá Bierrenbach ao coronel Mozart de Souza Oliveira. Várias anotações a lápis e caneta sobre os relatórios, que demonstram erros ou lapsos nos documentos, além de fichas individuais de vários deputados e líderes estudantis. Há ainda o que parece ser uma tentativa de estruturar um arquivo de recortes de jornais por assunto e áreas geográficas, "elementos que não devem exercer o magistério face ao risco de os seus educandos serem expostos à sua influência ideologicamente perniciosa e antirrevolucionária" – um deles era Honestino Guimarães, outra relação com nomes de professores que não tinham sido indiciados, mas "deveriam ser".

uma assembleia feita no auditório do *campus*, onde a mesa estava adornada pela bandeira do Vietnã.

De acordo com o relatório, Honestino e seus seguranças só não esmagaram os agentes encarregados de prendê-los graças à intervenção da PM. Sobrou ainda para os deputados revanchistas, que teriam dificultado a ação das autoridades e divulgado "notícias tendenciosas, deturpando os fatos, provocando estado emocional e conduzindo a opinião pública contra o governo". O documento menciona os nomes de Hélio Navarro, Mário Covas, Hermano Alves e Júlia Steinbruch.* Anexo aos autos, foi a carta programa aprovada no Congresso da UNE de Valinhos.

Honestino é acusado de ter infringido sete artigos da Lei de Segurança Nacional, mas o relatório deixa ao Ministério Público a tarefa de classificar definitivamente os crimes do dirigente.

O relatório do IPM da UnB nem menciona justamente o parlamentar que viria a ser apontado como o responsável pela crise que levaria ao AI-5: Márcio Moreira Alves.

No dia 3 de setembro, com o plenário quase vazio e durante o chamado pinga-fogo, a deputada Júlia Steinbruch, 35 anos, mulher do senador Aarão Steinbruch, leu o veemente manifesto das mães de Brasília, denunciando a violência contra os estudantes por todo o país e conclamando a parte consciente das Forças Armadas a impedir "que um bando de ressuscitados SS reviva no Brasil o clima da Alemanha às vésperas do nazismo".

Márcio Moreira Alves resolveu engrossar o coro. Não sabia bem o que dizer. A caminho do microfone, lembrou de uma peça teatral que assistira dias antes em São Paulo, numa montagem de Ruth Escobar. O texto, atribuído a Aristófanes, fala de Lisístrata, uma ateniense que lidera uma greve de sexo barrando o acesso dos soldados às carícias femininas, até que pegassem em armas retomando a Guerra do Peloponeso. Depois de criticar a "cúpula militarista" com a qual, dizia o parlamentar, não concordava a maioria das Forças Armadas, Marcito propôs o boicote:

---

* O coronel Raul Lopes Munhoz, responsável pela sindicância sigilosa do SNI, indiciou mais 38 pessoas em seu relatório. Dessas, catorze eram deputados da oposição: cinco paulistas – David Lerer, Evaldo de Almeida Pinto, Hélio Navarro, Mário Covas e Santilli Sobrinho –, três gaúchos – José Mariano de Freitas Beck, Matheus Schmidt e Otávio Francisco Caruso da Rocha –, o mineiro Mata Machado, o goiano Paulo Campos, o catarinense Paulo Macarini, a fluminense Júlia Steinbruch, o carioca Hermano Alves e o cearense Martins Rodrigues. Desses, só não seriam cassados Santilli Sobrinho e Caruso da Rocha.

> É preciso que se estabeleça, por parte das mulheres, como já começou a acontecer nesta Casa, por parte das mulheres de parlamentares da Arena, o boicote ao militarismo. Vem aí o Sete de Setembro. As cúpulas militares procuram explorar o sentimento de patriotismo do povo e pedirão aos colegas que desfilem junto com os algozes dos estudantes. Seria necessário que cada pai, cada mãe, se compenetrasse que a presença de seus filhos nesse desfile é um auxílio aos carrascos que os espancam e os metralham nas ruas. Portanto, que cada um boicote esse desfile. Esse boicote pode passar também, sempre falando de mulheres, pelas moças, aquelas que dançam com cadetes e namoram jovens oficiais. Seria preciso fazer hoje no Brasil com que as mulheres de 1968 repetissem as paulistas da guerra dos emboabas e recusassem a entrada à porta de suas casas daqueles que vilipendiam a nação.

Marcito definiu mais tarde seu discurso como "uma provocação sem importância"[11] e garantiu que jamais imaginou que teria consequências. O repórter Rubem de Azevedo Lima, da *Folha*, que ia passando pelo plenário em direção ao comitê de imprensa, achou curioso o pronunciamento de Marcito e o registrou no meio de uma notícia maior que falava na união de arenistas e emedebistas, repudiando a violência. Nem Covas, líder do MDB, viu a nota. Só saberia do assunto vinte dias mais tarde.

Mas a bravata de Marcito serviu perfeitamente aos planos do SNI, que, disposto a ver o circo pegar fogo, distribuiu a íntegra do discurso, mimeografada, em todos os quartéis do país. A reação foi imediata: uma chuva de telegramas ao Palácio do Planalto. Quarenta e oito horas mais tarde, Lira Tavares, o ministro do Exército, e o ministro da Aeronáutica, Márcio de Souza Melo, procuraram Costa e Silva, cobrando providências.

O ministro do Exército deixou registrada sua indignação por escrito:

> A coibição de tais violências e agressões verbais injustificáveis contra a Instituição Militar constitui medida de defesa do próprio regime, sobretudo quando parecem obedecer ao propósito de uma provocação que só poderia concorrer para comprometê-lo.[12]

Havia, contudo, um empecilho: o "livrinho", mencionado por Costa e Silva na reunião do Conselho de Segurança Nacional. A Constituição era uma das cartas mais autoritárias da história do país, mas dizia, no artigo 34, que deputados e senadores eram "invioláveis no exercício de mandato, por suas opiniões, palavras e votos". E mais: o parágrafo 1º dizia que os membros do Congresso

Nacional não poderiam ser presos, "salvo flagrante de crime inafiançável, nem processados criminalmente, sem prévia licença de sua Câmara".

Enquanto nuvens negras se formavam no céu de Brasília, em São Paulo, o clima político era cada vez mais quente.

47

A batalha da Maria Antônia

Em 1968, o comércio e os serviços da cidade de São Paulo estavam fortemente concentrados num quadrilátero de cinco quilômetros quadrados delimitado pelas avenidas São João ao norte, Paulista ao sul, Angélica a oeste e Brigadeiro Luís Antônio a leste.

Nele viviam 5,6 milhões de habitantes e ali estavam também os principais equipamentos culturais da metrópole de 414 anos: universidades, bibliotecas, teatros, cinemas, livrarias, redações de jornais, agências de propaganda, etc. Dentro desse território, a poucas quadras do chamado Centro Novo – entre as avenidas São João e São Luís –, a rua Maria Antônia funcionava como a artéria central do que poderia ser o Quartier Latin paulistano. Além da Faculdade de Filosofia da USP e da Universidade Mackenzie, havia nas redondezas mais quatro escolas importantes: a Escola de Sociologia e Política de São Paulo, o curso de Medicina da Santa Casa de Misericórdia e as faculdades de Economia e Administração e a de Arquitetura e Urbanismo da USP.

Desde o início do ano, a Maria Antônia vivia uma situação incomum, causada, num primeiro momento, pela crise dos excedentes. No início de março, as aulas foram suspensas por uma semana – ali e em outras unidades da USP – em protesto contra a falta de verbas. A Filosofia não voltou à rotina: no dia 21, os estudantes entraram em greve por causa dos excedentes e uma turma invadiu a sala onde acontecia a reunião da Congregação Universitária (o órgão máximo deliberativo da universidade), pichou as janelas com a frase "Queremos estudar" e queimou uma lista de excedentes do curso de Ciências Sociais.

No final do mês, nova reunião da Congregação resolveu que cem excedentes seriam aceitos. Os felizardos foram acomodados em salas de aula emprestadas pela

FAU, mas a agitação continuou, agora escorada na proposta de reforma universitária, para a qual professores, alunos e funcionários queriam dar seus pitacos. Em 2 de julho, numa conturbada reunião da Congregação, foi aprovada, por 22 votos a 4, a criação de uma comissão paritária em que professores, alunos e funcionários discutiriam a reestruturação da Faculdade de Filosofia, Ciências e Letras.*

Mas não eram só os debates sobre as relações entre alunos e professores que agitavam a Maria Antônia naqueles dias. Do outro lado da rua, o Mackenzie servia de base de apoio para o Comando de Caça aos Comunistas – uma organização surgida antes do golpe, no largo São Francisco, e que reunia estudantes e policiais sob a bandeira do combate ao que lhes parecia a mais pura subversão.

A vinculação entre o CCC e o Mackenzie devia-se muito mais ao conservadorismo da direção e do estrato social de parte de seus alunos do que de outra coisa. Três diretórios acadêmicos do Mackenzie tinham vínculos com a União Estadual de Estudantes.

A sigla CCC foi associada a uma série de atos de vandalismo, agressão e terror em vários estados brasileiros naquele ano. O mais espetaculoso foi o ataque à primeira incursão de Chico Buarque de Hollanda no campo do teatro. *Roda viva* era uma comédia musical dividida em dois atos, narrando a ascensão e queda de um cantor popular que ingressa no mundo da fama.

Dirigido por José Celso Martinez Corrêa, do Teatro Oficina, o espetáculo vinha sendo apresentado com enorme sucesso havia quase dois meses no Teatro Ruth Escobar. A plateia da noite de quinta-feira, 18 de julho, pareceu diferente para alguns atores. O protagonista Rodrigo Santiago estranhou a seriedade dos espectadores e vislumbrou um certo "ar de suspense". Antônio Pedro, com apenas 28 anos, ouviu um sujeito gritar: "Desce daí que eu vou te dar uma porrada!".[1]

Na plateia, João Marcos Flaquer, estudante de Direito, conteve o sujeito que ameaçou agredir os atores. Mas não porque discordasse de sua intenção: Flaquer e seus companheiros haviam estudado o local e o espetáculo semanas a fio. Havia

---

* A pauta de discussões era vasta: paridade entre professores, alunos e funcionários nos principais órgãos deliberativos, ciclo básico comum a todos os cursos, currículos mais flexíveis, fim da cátedra vitalícia, obrigatoriedade de defesa pública das teses de doutorado e autonomia administrativa e financeira da Universidade com destinação de um percentual fixo do orçamento, evitando assim injunções políticas sobre a instituição. Essa última tese se materializaria 21 anos mais tarde, por um decreto-lei idealizado pelo secretário Luiz Gonzaga Belluzzo, durante o governo de Orestes Quércia. O relatório final da comissão foi apresentado à Congregação da FFCL em setembro de 1968, que encaminhou o documento sem qualquer discussão ao Conselho Universitário, o órgão legislador de maior poder dentro da USP.

110 homens – setenta civis e quarenta militares, armados com cassetetes, revólveres e metralhadoras – prontos para entrar em ação. Mas só depois que a peça acabasse.

Na última cena, os atores vestidos como *hippies* atiravam flores ao público, enquanto Marília Pêra, paramentada como uma Nossa Senhora Aparecida futurista, era alegoricamente violentada por uma fálica lente de câmera de TV.

Vinte e cinco anos mais tarde, o repórter Luís Antonio Giron entrevistou Flaquer e reconstituiu desse modo o que se passou então:

> Cada membro pôs uma luva na mão esquerda, para identificação. O comandante deu ordem para iniciar o quebra-quebra. Cinco atiradores ficaram ao fundo. Cinco destruíram o equipamento do auditório. Outros foram para os camarins agredir o elenco. Cadeiras, extintores, os cenários de Flávio Império, nada resistiu. Flaquer subiu aos camarins, para, segundo ele, evitar abusos. "Um companheiro quis estuprar uma atriz, mas eu impedi." Foi o último a sair. Consultou o relógio: a ação havia durado três minutos. Naquela madrugada, os participantes da operação se reuniram num terreno perto da Paulista para fazerem a avaliação. "Atingimos nossa meta", comemorou o comandante. "Não houve feridos graves e fizemos barulho." O orgulho continua hoje: "Foi a ação maior do CCC".[2]

A "ação maior do CCC" aconteceu num teatro às escuras, sob a forma de um corredor polonês a que foram submetidos dezenove atores e um contrarregra.

Pega no ato de trocar de roupa, a maioria estava seminua. Os agressores escaparam. Ruth Escobar, a produtora da peça, denunciou que a polícia acobertou os três membros do Comando que o elenco ainda conseguiu capturar.

A Giron, Flaquer disse que seu objetivo era "chamar a atenção das autoridades sobre a iminência da luta armada, que visava a instauração de uma ditadura marxista no Brasil".

A turma da Maria Antônia também caçava membros do CCC e policiais infiltrados. Onze dias antes da agressão aos atores de *Roda viva*, a direção da UEE apresentou à imprensa uma bela moça que trabalhava para a polícia e que teria a alcunha de Maçã Dourada. Parecia enredo de filme.

A história começa na sala de imprensa improvisada na Faculdade de Filosofia da USP, onde alguém escrevera no quadro-negro uma frase que demonstrava o que o movimento estudantil achava da mídia: "Imprensa burguesa: fique sentadinha nas cadeiras, sem tirá-las do lugar!".[3]

José Dirceu notou uma moça bonita sentada na última fila. Trocaram olhares e logo passaram a sair. Certa noite, no "antro do Dirceu", apelido dado à sala do curso de Grego, onde o presidente da UEE costumava dormir, o galante líder tirou a roupa e colocou o revólver calibre 32, que levava regularmente consigo, na mesa ao lado. Heloísa Helena Magalhães pegou a arma e a destravou com a maior naturalidade, levando seu parceiro a concluir que ela era mais que uma simples estudante.

Dirceu mandou investigar o apartamento da moça e seus seguranças encontraram um organograma do movimento estudantil e vários relatórios com o nome e endereços dos principais dirigentes.

Heloísa era escriturária no Instituto Médico Legal e sua ficha registrava o apelido de Maçã Dourada. Mantida presa e interrogada dentro da Faculdade de Filosofia, teria fornecido uma lista de informantes policiais. Havia agentes infiltrados inclusive na segurança de Dirceu. Os estudantes convocaram o pai e a mãe de Heloísa, que moravam no interior, e a devolveram para a família diante da imprensa, acusando o Dops de transformar garotas inocentes em espiãs do movimento estudantil.

O caso virou piada. Ali Khan, colunista da *Folha de S.Paulo*, responsável pela seção "Cabresto", não perdeu a chance: "A espionagem nativa anda muito pretensiosa: 'Maçã Dourada'. A alcunha tinha de ser 'Guariroba' ou 'Pitanga', ou 'Cabeça de Negra', ou 'Banana Nanica' (se baixinha) ou 'Goiaba' (se doida, como parece)".*

No dia 19 de junho, os estudantes ocuparam a Escola de Belas Artes. Dois dias mais tarde, na esteira da Sexta-Feira Sangrenta, foi a vez da Economia e da Filosofia. Em seguida, veio a Faculdade de Direito do largo São Francisco e a PUC. Os protestos transbordaram para as ruas na forma de passeatas cada vez maiores que passaram a ser reprimidas após a proibição de Costa e Silva.

As assembleias para discutir o fim das ocupações evidenciaram que o racha entre as lideranças se aprofundara. No primeiro dia de agosto, as aulas recomeçaram apenas no Mackenzie. As outras faculdades da região da Maria Antônia continuaram ocupadas pelos alunos.

---

* Em 2013, o repórter Tom Cardoso, da revista *Alfa*, encontrou Heloísa em Casa Branca, interior de São Paulo. Ela admitiu ter trabalhado na polícia, mas negou a condição de informante e o codinome. "Você sabe quem inventou esse nome, Maçã Dourada? O próprio José Dirceu. Ele inventou toda essa história de espiã porque era conveniente para a militância naquele momento. Eu, por exemplo, nunca peguei numa arma – como ia conseguir desarmar uma?" Cardoso quis saber qual seria o interesse de Dirceu em inventar a história. Resposta de Heloísa: "As informações que vazaram e que caíram nas mãos do Dops não foram passadas por espiãs, e sim pela própria militância, que estava dividida em vários grupos, que nem sempre se entendiam".[4]

Até a publicidade tentou surfar na onda. Nos jornais, ao lado das notícias sobre a crise estudantil, apareciam anúncios com textos como este: "Revolucionários! Os novos caminhões Ford 1969 lideram o mercado e deixam os obsoletos para trás". O texto ressaltava as qualidades dos caminhões: "revolucionários nas vendas, lucros, conforto, desempenho e engenharia". Era obra da agência publicitária de Mauro Salles.

Na parada militar de 7 de setembro, foram presos dezenove estudantes que distribuíam panfletos entre a plateia. Entre eles, Antonio Ribas, presidente da União Paulista de Estudantes Secundários, e Catarina Meloni, ligados à Ação Popular.*

Na manhã de quarta-feira, 2 de outubro de 1968, um grupo de secundaristas fechou a Maria Antônia com barricadas e começou a pedir dinheiro para motoristas e transeuntes para financiar o Congresso da UNE. Por volta das dez e meia da manhã, foram atacados com ovos. O *Jornal da Tarde* do dia seguinte descreveu o que se passou:

> Um ovo foi jogado do Mackenzie contra um grupo de secundaristas que cobrava pedágio, na rua Maria Antônia, na manhã de ontem. Uma pedra atirada em resposta, pelos secundaristas. Mais ovos. Outras pedras. Vários tijolos, em contrarresposta. Mais pedras do outro lado, agora apoiado pelos estudantes da USP. Aparecem franco-atiradores, no Mackenzie. Bombas molotov começam a ser fabricadas, na USP. Explodem rojões na rua. Cai ácido sulfúrico, janelas são quebradas, pedras, tijolos, barricadas, canos de ferro, fotógrafos agredidos, violência – um pelotão de choque da Guarda Civil, ambulâncias para oito feridos, a rua dividida, os dois lados se preparando para novos ataques. No começo da briga, 11h30, a USP levava vantagem sobre o Mackenzie. Luís Travassos, presidente da ex-UNE, gritava no meio da rua: "Vamos invadir. O prédio já é nosso". José Dirceu, blusão preto, dava ordens: "Dinheiro para comprar gasolina, rápido". Edson Soares, vice-presidente da ex-UNE, ultrapassava a fronteira da rua Maria Antônia: uma pedra raspava a sua cabeça. O Mackenzie, em posição mais alta, contra-atacou violentamente. O pessoal da USP começou a recuar. Na confusão, dois gritos distintos. O de José Dirceu, presidente da ex-UEE: "Não recuem – ataquem". O de uma menina, em pânico: "Alguém entende de química?". Dentro da USP: no saguão, muitas moças com medo de sair; no banheiro, uma enfermaria improvisada, já com seis feridos, todos queimados com ácido sulfúrico; pelas salas, estudantes

---

* Três operários também foram detidos e levados ao Dops porque, ao verem um general passando de carro, perguntaram, em voz alta, se ele não queria vender as medalhas.

suados, descansando. Dentro do Mackenzie: dois feridos; muitos vidros quebrados; a reitora Maria Ester de Figueiredo Ferraz decretando a suspensão das aulas do turno noturno, para evitar novas confusões. Na rua, a briga diminuía.[5]

Instalados nos prédios mais altos e cercados por grandes muros, os mackenzistas levavam vantagem. Às duas da tarde, a reitora do Mackenzie, Ester de Figueiredo Ferraz, pediu uma tropa – trinta guardas-civis – para proteger o patrimônio da escola. A chegada da polícia estabeleceu uma trégua. À noite, em assembleias realizadas na Filosofia e no Mackenzie, os estudantes chegaram às mesmas decisões: reforçar as medidas de defesa e só atacar se fossem atacados.

Perto das nove da manhã do dia seguinte, um grupo de rapazes saiu do Mackenzie, foi até a entrada da Faculdade de Filosofia e arrancou a faixa suspensa entre duas colunas, com os dizeres "CCC, FAC e MAC = Repressão", e mais abaixo, "Filosofia e Mackenzie contra a Ditadura". Foi o fim da trégua.

Se guardas-civis protegiam o Mackenzie, a Filosofia não era um território indefeso. Meses antes, diria Dirceu em depoimento ao livro *Abaixo a ditadura*,[6] quando começaram a disparar contra o prédio da Filosofia, ele autorizara a entrada na faculdade de um grupo tático armado pertencente a uma organização de esquerda. Os tiros da direita acabariam sendo respondidos por tiros da esquerda.

Perto do meio-dia, a confusão atraía centenas de curiosos e colegiais, entre os quais os universitários da USP buscavam dinheiro "para comprar material de guerra". Um repórter da revista *Veja* registrou a presença de uma menina de 15 anos, "com uniforme da quarta série ginasial do colégio 'Des Oiseaux' e óculos escuros. Ficou ali quase uma hora, até o instante em que três policiais avançaram sobre um grupo de estudantes que havia lançado pedras contra eles".[7] Era a filha do governador, Carmo Sodré, que estudava no tradicional colégio feminino das cônegas de Santo Agostinho ali perto.*

Na confusão, um estudante levou um tiro na perna. Um capacete abandonado pelo policial foi levado para o interior do prédio como troféu de guerra. Outro estudante do Mackenzie teve o rosto ferido por um rojão. Os repetidos ataques com coquetéis molotov acabaram atingindo o alvo e deram início a um incêndio no prédio da Filosofia, logo controlado pelos bombeiros.

Por volta da uma e meia da tarde, João Parisi Filho, que estudava Direito no Mackenzie, tentou cruzar a rua Maria Antônia para juntar-se a seus colegas em pé de guerra. De acordo com sua versão dos fatos, registrada no livro *Rua Maria*

---

*   O Des Oiseaux funcionava num belo prédio *art nouveau* cercado de jardins, dentro de um terreno de 24 mil m², na esquina das ruas Caio Prado e Augusta, e que foi demolido em 1971.

Antônia – começa o inferno: Parisi e a ultradireita,[8] um agente infiltrado do SNI começou a gritar o nome dele em meio aos secundaristas alinhados com a turma de Dirceu que logo descobriram sob sua axila um coldre com um Taurus 38, cano curto, de cinco tiros.

Arrastado até uma sala onde fabricavam coquetéis molotov, Parisi diz que escapou por pouco de ter o crânio esmigalhado por um mackenzista de esquerda – o golpe com um cano de ferro foi interceptado no instante derradeiro por outro estudante.

Levado para o Crusp, foi interrogado horas a fio. Os estudantes queriam o endereço dos líderes do CCC. A certa altura, um rapaz alto e magro, cabelo curto e revólver na cinta, levantou a venda colocada sobre os olhos do prisioneiro, fez sinal de psiu e murmurou: "Aguenta firme, tão gravando tudo".

De acordo com Parisi, tratava-se de um cabo do Exército, infiltrado na cúpula do movimento estudantil e que mais tarde seria condecorado por bravura pela ação contra a guerrilha do PCdoB no Pará.

Após cinco dias preso, João Parisi Filho foi finalmente colocado num táxi. De acordo com sua história, graças à intervenção do físico Mário Schenberg. É que, além de estudante, Parisi era artista plástico e compartilhava um ateliê com o pintor José Roberto Aguilar, ligado ao grupo de Jorge Mautner. Schenberg, que além de físico e militante do PCB era um respeitado crítico de arte, escrevera a apresentação para a primeira exposição de Parisi. O sequestro quase garantiu quinze minutos de fama ao jovem artista promissor: foi entrevistado por Blota Júnior para o *Pinga-Fogo*, da TV Record, mas o programa não foi ao ar.

Mas voltemos ao dia 3 de outubro, na rua Maria Antônia. Às 14h15, Dirceu ordenou a invasão do Mackenzie, mas o avanço de suas tropas foi barrado por uma chuva de pedras e rojões. Sob o comando de Fábio Tortucci, presidente do diretório acadêmico da Faculdade de Direito do Mackenzie, o contingente rival se espalhou: um grupo instalou-se na esquina da Maria Antônia com a rua Itambé e reforçou o portão do *campus* com fios de alta tensão. Quem se arriscasse a pôr a mão ali podia morrer eletrocutado. Outro grupo seguiu para a Consolação.

Um time selecionado, composto exclusivamente por quem portava armas de fogo, instalou-se nos telhados dos prédios da Economia e da Engenharia. Outra parte posicionou-se estrategicamente em um prédio em construção ao lado do Mackenzie.*

---

* Dali teria sido disparado o tiro que matou José Guimarães, de 20 anos, aluno secundarista do Colégio Marina Cintra, na rua da Consolação. A versão mais difundida é de que a bala partiu do estudante de Direito do Mackenzie e membro do CCC Osni Ricardo. Mas as investigações foram

Naquele momento, no Palácio dos Bandeirantes, o governador Sodré recebia um grupo de mulheres que se apresentava como a União de Mães contra a Violência, que fora criada por Therezinha de Godoy Zerbini, a mulher do general que tentara barrar o golpe no vale do Paraíba, em 1964, e que se frustrara com Ademar em 1966.

Aos 40 anos, era mãe e contra a violência. Seus dois filhos com o general reformado pelo golpe militar, Euriale de Jesus Zerbini, tinham 14 e 13 anos e, portanto, nenhuma ligação com o movimento estudantil.*

Therezinha abandonara o curso pré-vestibular para Medicina ao descobrir que tinha tuberculose em estágio avançado. Passou um ano e meio internada num sanatório em São José dos Campos. Ao voltar a São Paulo, foi trabalhar como assistente social no Hospital do Mandaqui, onde organizou um teatro e um parque para as crianças, que uma chuva mais forte derrubou. Em busca de ajuda para reerguer o parque, soube que a Força Pública tinha um setor de engenharia, dirigido por um coronel solteirão e boa gente.

Acabou conseguindo não só a ajuda, mas um primeiro encontro com Zerbini, regado a chocolate quente, depois de uma sessão de cinema e o casamento no Uruguai (o coronel era desquitado). Em 1962, quando completaria 54 anos, o coronel foi promovido na undécima hora, graças a um empurrão dado pelo cardeal Carlos Motta, arcebispo de São Paulo, a quem Therezinha recorreu.

No início de 1966, os Zerbini acolheram em sua casa no Pacaembu um fugitivo – o cabo Anselmo, que acabara de escapar de uma delegacia de polícia e precisava de um pouso seguro, antes de deixar o país. Therezinha levou-o para a casa da mãe, Arminda, e colocou-o no quarto de costura, que não tinha janelas. Naquele momento, o cabo era tido como um militante de esquerda. Mais tarde, depoimentos de policiais e documentos indicaram que ele era informante antes mesmo do golpe. (No programa *Roda Viva*, da TV Cultura, em 2011, Anselmo disse que só passou a colaborar com a polícia após ter sido torturado.)

Na conversa com o governador Sodré, Therezinha e as outras mães apelaram para o fato de ele ter sido um militante do movimento estudantil na juventude e pediram sua ajuda para pôr fim à violência. O governador se dispôs a autorizar que elas chegassem às duas escolas e ofereceu um carro de polícia para acompanhá-las, mas elas acabaram desistindo. Aos jornalistas, a UMV informou que não tinha cor política e pediu que seus nomes fossem preservados.

---

abafadas tão logo a chamada guerra da Maria Antônia acabou. Ricardo, já falecido, nunca foi considerado culpado pelo assassinato, mesmo tendo sido reconhecido por muitas testemunhas.

* A um repórter que estranhou o fato, Therezinha deu a seguinte explicação: "Sou mãe preventiva".

Na Maria Antônia, a batalha continuava. Na calçada em frente ao prédio da Filosofia, um estudante abriu os braços, dobrou os joelhos e berrou: "Ambulância, ambulância, por favor!".⁹

Outros rapazes tomaram nos braços um jovem de cabelos pretos com a camisa branca empapada em sangue. Era José Guimarães, aluno do terceiro colegial do Ginásio Estadual Prof. Marina Cintra, na rua da Consolação. Segundo a irmã, Maria Eugênia, José não era participante ativo do movimento estudantil. Fora ao centro comprar telas e outros materiais para praticar seu *hobby*, a pintura. José foi levado para o hospital, mas não resistiu. Após a autópsia, a família concordou com o velório no Crusp, na Cidade Universitária, para onde seguiu após a autópsia.

Quando a notícia da morte do estudante chegou à Filosofia, Dirceu deu a ordem para os estudantes saírem às ruas. A palavra de ordem era dramática:

> Mataram um estudante
> Podia ser seu filho!

No começo da noite, Travassos, Dirceu e os outros líderes do movimento concordaram em abandonar o prédio da Filosofia e foram para o Crusp. O local foi ocupado pelos mackenzistas, que entraram no local cantando o Hino Nacional. José Guimarães foi enterrado por amigos e parentes, acompanhados por duas centenas de guardas-civis, o que frustrou o plano dos estudantes de transformar o enterro em um enorme protesto. Mesmo assim, uma grande passeata parou a cidade. Os mais radicais propunham a criação de um exército revolucionário para derrubar o exército da ditadura. Luzia Freire, falando em nome da União das Mães contra a Violência, lembrou que a violência gera violência e pediu que a passeata fosse pacífica. Para Dirceu, quem resumiu a disposição foram os secundaristas: se houvesse repressão, combateriam "a violência injusta dos opressores com a violência justa dos oprimidos".¹⁰

Enquanto Dirceu agitava no centro da cidade, Therezinha Zerbini recebia duas estudantes em sua casa no Pacaembu. As moças, que não eram de São Paulo, tinham queimaduras de ácido nas pernas e precisavam de atendimento médico. Therezinha colocou-as no quarto da filha, recorreu a médicos amigos e conseguiu resolver o assunto.

48

O Congresso de Ibiúna

O atendimento às moças queimadas na Maria Antônia não foi a única ajuda dos Zerbini ao movimento estudantil. Em setembro, frei Osvaldo, um frade dominicano que estudava Filosofia na USP, havia apresentado o general ao vice-presidente do Centro Acadêmico da Faculdade de Economia, Paulo de Tarso Venceslau.

Oficialmente, PT, como era conhecido por todos, era um dos coordenadores do Congresso da UNE. Na prática, comandava um Grupo Tático Armado da ALN a quem cabia a tarefa de encontrar um local seguro para realizar um congresso clandestino com quase mil participantes. Depois de infindáveis discussões e de uma votação vencida por estreita margem no Conselho Nacional da UNE, a Dissidência (ou, mais exatamente, as dissidências, pois havia diferenças entre os grupos da Guanabara e de São Paulo) aprovava a proposta de realizar um congresso clandestino, deixando de lado a ideia da AP, que defendia sua realização no Crusp, de modo aberto – e, portanto, sujeito a ser interrompido pela polícia.

O general Zerbini apresentou Venceslau a Domingos Simões, um corretor de imóveis de 52 anos, que tinha sido militar e era dono do Sítio Murundu, em Ibiúna, a setenta quilômetros de São Paulo.

O GTA foi até lá e deu seu OK. Vinte e três anos mais tarde, Paulo de Tarso, numa entrevista para a edição número 15 da revista *Teoria e Debate*, da Fundação Perseu Abramo, tentou encontrar lógica na escolha:

> *Mas de onde é que você foi tirar a ideia de que mil estudantes reunidos neste sítio poderiam passar despercebidos?*
>
> Nós estávamos numa fase em que o espírito guerrilheiro tinha tomado conta da gente. Então fizemos uma grande confusão, achávamos que o movimento

estudantil estava imbuído do espírito da clandestinidade, da disciplina de acatar as regras que fossem estabelecidas.

Quantas pessoas eram?
Era um grupo muito pequeno. Depois veio o pessoal que foi montar a infraestrutura, gente de Minas, do Rio, de uma porrada de estados. Era um local precário: o que tinha era uma casa velha, uma pocilga e tinha um morro. Nós colocamos o pessoal para trabalhar, fizeram degraus no morro. Ali fizemos a nossa plenária; cobrimos com lona para o caso de chuva.

Tudo isso organizado clandestinamente? Não vazou nada?
Nunca vazou. Tanto que agentes da polícia que vieram infiltrados ficaram confinados no Congresso, não conseguiram sair de lá.[1]

Vários delegados de Brasília viajaram com passagens em nome de parlamentares do MDB. Paulo Speller, diretor da Federação dos Estudantes Universitários de Brasília (Feub), afirma ter usado uma que foi emitida em nome de Mário Covas.

Para concorrer à presidência da UNE, as duas forças políticas que disputavam o controle do movimento estudantil escalaram José Dirceu (candidato das dissidências) e Jean Marc von der Weid, pela aliança AP/PCdoB. Mais uma vez, as divergências expressavam-se nas teses apresentadas pelas correntes. A AP afirmava que a luta contra a ditadura deveria contar com "a participação da maioria do povo e não apenas com a luta de uns poucos bem preparados tecnicamente" – em que o termo "tecnicamente" poderia ser muito bem substituído por "militarmente". A Dissidência incluía entre os objetivos da nova direção da entidade o "auxílio material à ocupação de fábricas e terras".[2]

Nem um roteirista de Hollywood conseguiria imaginar um cenário mais improvável para o confronto, nem um esquema de segurança tão cheio de detalhes para a ida de quase mil delegados vindos de todo o país para um fim de mundo como Ibiúna.

Augusto César Petta, diretor do Sindicato dos Professores de Campinas e Região, do Centro de Estudos Sindicais e membro da Comissão Sindical Nacional do PCdoB, relembrou, em artigo para o *site* O Vermelho, sua viagem até Ibiúna:

> No meu caso, a orientação que recebi foi a de estar, na data estabelecida, 10 de outubro, exatamente às dez horas, numa determinada esquina da avenida Angélica, em São Paulo. E foi o que fiz. Ao chegar, seguindo a orientação, me dirigi a

uma fila de ônibus, na frente de uma padaria, onde encontrei um jovem vestido com "roupa de padre", lendo um exemplar da revista *Realidade*. Imediatamente perguntei, ainda conforme a orientação, "Onde fica a Lapa?". E ele respondeu, "A Lapa fica na China". Só assim eu tive a tranquilidade de dizer "Eu estou aqui para ir ao Congresso". Ele solicitou que junto com ele nos dirigíssemos ao *campus* da USP. Chegando lá, me disse que eu deveria ficar no *campus* e que, à noite, voltaria para que pudéssemos nos dirigir ao local do Congresso. No horário estabelecido, ele voltou e, juntamente com outros três jovens, de carro fomos por uma estrada, até um determinado ponto. Aí ele nos orientou a descer do carro e a caminhar na mata até encontrar um caminhão, já com um contingente de estudantes. Foi o que fizemos e, na carroceria desse caminhão, fomos transportados para o local do evento, que era um sítio situado no município de Ibiúna. Havia uma espécie de arquibancada de campo de futebol e lá, nos alojamos todos.[3]

Vladimir Palmeira – que não participou da organização porque ainda estava na cadeia – acha que o excesso de confiança da UEE baseava-se na informação de que o governador Abreu Sodré não reprimiria o congresso.

Mas as notícias já haviam corrido o mundo. Antes de sair do Recife, como um dos 42 congressistas de Pernambuco, relata Zuenir Ventura, em *1968: o ano que não terminou*, Ricardo Noblat, estudante de Jornalismo na Universidade Católica de Recife, ouviu a seguinte frase de um colega de faculdade, oficial do IV Exército: "O congresso vai cair porque já sabemos onde vai ser realizado".[4]

Abreu Sodré diria, mais tarde, que seu serviço de informações recebera a indicação do local do congresso por informantes de outros estados. E que, tão logo soube do endereço, mandou a polícia preparar o bote. De acordo com ele, a ordem era vigiar a movimentação e só agir quando todos estivessem reunidos.

Ao chegar ao sítio, Palmeira surpreendeu-se:

> Quando eu cheguei no Congresso de Ibiúna, eu fui vendo gente com fuzil, com armas, espingardas, sei lá o que era... E eu fiquei horrorizado com o esquema de segurança, mas eu tenho impressão de que aquilo tudo era muito "farol", entendeu? Que na verdade se achava que a polícia não chegaria ou chegaria tarde, isso permitiu que se achasse que um congresso daquela dimensão podia ser feito.[5]

Carlos Alberto Libânio Christo, o frei Betto, colega de frei Osvaldo no Convento dos Dominicanos e repórter da *Folha da Tarde*, combinara com frei Tito – também dominicano e delegado ao congresso – e com o pessoal da Dissidência/ALN que relataria qualquer movimentação policial:

Naquela época nós já tínhamos os setoristas no Dops, no Exército e etc. Eu daria um aviso para que eles pudessem se safar. E, de fato, o setorista do Dops chegou na redação e disse: "tão falando lá no Dops que tem um pessoal que estaria reunido lá pelo lado de Ibiúna e tão querendo investigar e tal". Aí eu chamei o repórter Rogério e disse: "Você vai agora avisar a direção que a polícia está indo para lá". O Rogério foi, mas cometi um grande equívoco. Não me passou pela cabeça que o carro da *Folha*, com a sua logomarca na lataria, iria ser hostilizado pela segurança do Congresso.[6]

Dentro do sítio, os delegados enfrentavam o desconforto das instalações. As lideranças se digladiavam sobre a confirmação dos participantes com direito a voto – já que a disputa pela presidência estava indefinida, com os dois lados cantando vitória. Até Vladimir Palmeira reclamou: "Chovia no toldo que improvisaram, o barro entrava nos sapatos, todo mundo vivia molhado, ninguém aguentava...".[7]

Franklin Martins também se decepcionou:

> Na hora que eu cheguei e vi o que era, eu disse: "Estão brincando". Aquilo ali era um acampamento no meio do mato. Para você ter ideia, o auditório era numa colinazinha, com os degraus escavados na montanha. Como aquilo ali chovia, era um barro só, então você botava um náilon. Era uma coisa... Eu fiquei lá dois dias, não consegui dormir. Dormia por turno... Não tinha lugar para dormir. Eu olhei e disse assim: "Isso aqui não vai dar certo".[8]

Informantes infiltrados, um padeiro desconfiado diante das encomendas de centenas de pãezinhos ou um sitiante revoltado por ter sido barrado por jovens armados ao visitar um amigo... há várias versões para o motivo da queda do encontro.

Na reunião da comissão organizadora do congresso, perante pelo menos seis pessoas – entre as quais estava Raul Cruz Lima Netto, o filho do general que fora detido pelo Dops –, Paulo de Tarso Venceslau informou que a polícia estava a caminho de Ibiúna. Não dava tempo de retirar todo mundo, mas havia duas opções. A primeira, retirar só os líderes e deixar os outros serem presos. Antes de explicar a segunda, abriu um mapa sobre a mesa: "Faremos uma resistência armada para a polícia não chegar ao Congresso".[9]

PT mostrou as pontes a serem dinamitadas e a distribuição dos ninhos de metralhadoras. Os outros integrantes da comissão de segurança, lembraria Raul, se assustaram com aquele plano de guerra e ficaram com a primeira opção –

retirar os líderes. Mas nem isso aconteceu, pois estes decidiram ficar no sítio, fosse qual fosse o desfecho.

Na madrugada de 12 de outubro, uma sentinela avistou os soldados e deu um tiro para o alto. Os militares responderam disparando suas metralhadoras para cima. Não houve resistência. Foram presos 719 estudantes, além do casal que emprestou o sítio e de um punhado de jornalistas (sim, o congresso clandestino tinha a presença de repórteres de vários jornais, alguns na dupla condição de jornalistas e militantes).* Todos colocados em nove ônibus, um micro-ônibus, cinco caminhões, duas Kombis e uma Rural-Willys, e levados para o presídio Tiradentes,** em São Paulo.

Em Ibiúna, no meio da confusão, um rapaz magro, pálido, de olheiras fundas e óculos escuros, enrolado em um cobertor amarelo, estava subindo num caminhão quando foi reconhecido por um soldado. Era Luís Travassos. Transferido para a perua Rural destinada aos principais líderes, foi recebido por Dirceu, com uma frase otimista: "Dentro de um mês fazemos novo congresso!".[10]

Levar tanta gente presa para São Paulo foi uma encrenca. Com todos embolados dentro dos veículos, o comboio seguiu adiante. Numa das paradas, os estudantes pediram água a um morador que, perplexo, indagou: "É romaria, é excursão, é revolução?".

Em São Paulo, na porta do QG da Força Pública, Vladimir Palmeira conseguiu escapar. Livrou-se por poucos minutos – foi agarrado novamente logo depois.

Trinta e dois estudantes ficaram presos. Segundo Dirceu, sua chegada adquiriu contornos de vingança:

> Quando nós chegamos no Dops, houve uma sessão de pancadaria em cima de nós, particularmente em cima de mim por causa do movimento estudantil, por causa do enfrentamento com a polícia em São Paulo nas ruas, porque a polícia vinha, nós tínhamos bolas de gude para jogar no chão, tínhamos bola de gude para atirar de estilingue, e às vezes foguetes que nós atirávamos nos cavalos, então muito oficial se machucou, caía, nós é que apanhávamos e éramos reprimidos

---

* A lista dos presos em Ibiúna inclui 23 estudantes que acabaram sendo mortos pela repressão, em função de outras atuações.
** Localizado na avenida Tiradentes, perto do Museu de Arte Sacra, o antigo presídio, criado em 1852, foi demolido em 1972, em função das obras do metrô. Na ala central, em estilo colonial, conhecida por "Torre das Donzelas", Dilma Roussef ficaria encarcerada por cerca de três anos no início da década de 1970.

barbaramente, e muitos eram feridos gravemente e tudo, mas ficou um... E eles... Alguns foram lá falando isso, que iam tirar, tirar a forra. Mas foi um corredor polonês! A pancadaria de chute, tapa, murro![11]

Em frente ao presídio, a União das Mulheres contra a Violência tanto fez que conseguiu que os estudantes presos recebessem caixotes com agasalhos, comida, chocolate e biscoito.

Cinco dias mais tarde, em plena madrugada, nove presos foram tirados de suas celas – Dirceu, Palmeira, Travassos, Franklin Martins, Marco Aurélio Ribeiro (que seria deputado estadual por São Paulo no final da década de 1970), um dos vice-presidentes da UNE, Luís Raul da Mata Machado, Antônio Guilherme Ribas, presidente da União Paulista de Estudantes Secundaristas, e dois presidentes de centros acadêmicos: Valter Cover, da Medicina de Botucatu, e Omar Laino, presidente do 22 de Agosto da PUC de São Paulo.

Laino, que nascera em Santos, antecipou o destino do carro de transporte de presos: "Nós estamos indo para a Praia Grande, nós vamos passar na Ponte Pênsil, aí na Ponte Pênsil ele vai pegar à esquerda e aí nós vamos para a Praia Grande".

Ribas, de brincadeira, perguntou: "E se ele virar à direita?".

Laino: "Aí nós estamos fodidos porque não tem nada, só uma estrada na beira do mar, eles vão acabar com a gente...".

O carro passou a ponte, pegou a direita e os nove ficaram olhando pelas frestas da carroceria. Dez minutos depois, resolveram fazer alguma coisa. Franklin Martins revive o episódio:

> Eu me lembro de termos discutido e resolvido o seguinte: quando parassem e mandassem a gente sair, não saía nem o Dirceu, nem o Travassos, nem o Vladimir na frente porque eram os mais visados. Aí convencionamos que eu devia sair primeiro, eu também lutava judô. Lá pelas tantas o carro parou assim na beira da praia e a gente olhando pela frestinha, né. Parou na beira da praia, o cara com farol ligado e eles falando alto e a gente não entendia o que eles falavam. Ficaram uns cinco, dez minutos discutindo, e nós preparados já para o que podia acontecer. Daí a pouco eles entram no carro, voltam – tinham errado o caminho, apenas tinham errado o caminho.[12]

No Forte, o grupo foi recebido pelo comandante com ironia, prossegue Martins:

O comandante do Forte era aquele maluco do Erasmo Dias!* Ele nos recebeu e ficava fazendo discurso: "Venham criar dois, três, muitos Vietnãs. Venham fazer isso, venham fazer aquilo...". Fez provocações o tempo todo.[13]

Os estudantes presos foram alojados numa bateria abandonada, com vista para duas belas praias. Partilhavam a comida dos oficiais, recebiam tratamento médico e dentário, tinham acesso aos livros da biblioteca e visitas. Só não podiam ler os jornais – o que impediu que vissem, na primeira página da *Folha*, a declaração do governador Sodré: "Foi a minha mais difícil decisão. Aqueles jovens têm a idade da minha filha".[14]

Os líderes presos demoraram a saber que a greve nacional em favor de que fossem libertados fracassara e que os jornais só noticiavam passeatas em Praga, contra os tanques soviéticos que haviam atropelado o sonho da antiga Tchecoslováquia de um socialismo com liberdade.

Jean Marc, que havia conseguido fugir, tentou, sem sucesso, agitar as faculdades curitibanas, mas acabou voltando para São Paulo, onde se juntou a outros dois diretores da UNE no esforço de concretizar o congresso prometido por Dirceu para o mês seguinte. O encontro, porém, só aconteceria em março de 1969, num Brasil muito diferente. No final de 1968, a sensível diminuição das passeatas e protestos estudantis no Brasil foi seguida por furtos, assaltos e ações armadas praticados por uma lista crescente de grupos clandestinos e muito mais ousados.

---

* Paulista de Paraguaçu Paulista, 44 anos, Antônio Erasmo Dias era major e comandava o 6º Grupo de Artilharia de Costa Motorizado, na Praia Grande. Depois viria a ser chefe do Estado-Maior do Comando de Artilharia de Costa Antiaérea, como coronel, em Santos, e chefe do Estado-Maior da 2ª Região Militar, em São Paulo.

49

O avanço da luta armada

Os estudantes tomavam o café da manhã em Ibiúna e a polícia avançava na direção deles quando Pedro Lobo deixou o sítio onde morava. O fusquinha cor de pérola roubado no dia anterior levava uma carga da pesada – dois revólveres calibre 38, um fuzil M-2 e uma granada.

Lobo apanhou dois companheiros – Diógenes José Carvalho de Oliveira e Marco Antônio Braz de Carvalho – e seguiu para o número 375 da rua Petrópolis, no tranquilo e então bem arborizado bairro do Sumaré. Ali vivia, com a mulher e três filhos, o alvo da trinca: o capitão da Força Aérea norte-americana Rodney Charles Chandler. Oficialmente, estava no Brasil como aluno do curso de pós-graduação da Escola de Sociologia e Política da Fundação Armando Álvares Penteado. Mas o pessoal da VPR estava certo de que ele fora conselheiro militar no Vietnã, dera aulas de tortura para policiais civis e militares e assassinara Che Guevara.

Um tribunal misto, composto por integrantes da VPR e da ALN decretara sua execução. Chandler nada tivera com a morte do Che, como ficaria provado mais tarde. Um de seus filhos, o bancário Todd Chandler, que mora na Flórida, disse, em entrevista ao jornal *Zero Hora*, que o pai vinha de uma família pobre da Louisiana que ficou orgulhosa quando ele foi admitido na academia de West Point. Antes de vir ao Brasil, servira em vários países. Mas não era nem agente secreto, nem professor de torturas, garante Todd:

> Não havia missão alguma. Pensem nisso: os EUA jamais mandariam a família civil com um oficial que estivesse em qualquer tipo de missão. Meu pai era um estudante. Não tenho a mínima ideia de por que ele foi o alvo.[1]

O carro de Chandler deixava o portão da casa quando foi interceptado por um Fusca às oito da manhã. Diógenes desceu do carro e disparou o tambor de seu 38 contra o capitão. Dentro do carro, Pedro viu a cena, que descreveu assim em sua biografia: "O Chandler tomou os tiros, mas não caiu de uma vez. Foi tombando devagarinho, como quem ainda estava tentando se proteger. Observei isso e fiz sinal para o Markito de que era preciso terminar o serviço".[2]

Ordem cumprida com mais catorze tiros de metralhadora.

Três meses após a morte de Chandler, desembarcou em São Paulo o subchefe do programa de segurança pública da Agency for International Development para o Brasil. Chamava-se Peter Ellena, e viera acompanhar as investigações policiais do caso. Desde 1964, um acordo oral entre a CIA e o SNI estabelecia que o serviço americano passaria ao seu similar nacional "informações disponíveis a respeito de atividades subversivas no Brasil".[3]

Desde março de 1968, os grupos que apostavam na luta armada desenvolviam intensa atividade, sob as barbas da polícia. Os assaltos a banco se multiplicaram em São Paulo, mas a Delegacia de Roubos continuava creditando-os na conta de um certo Pedro Paulo Gutierrez, de 33 anos. Conhecido dos delegados desde os 17, foi apontado como o chefe da "quadrilha da metralhadora".

Sua foto, num dos álbuns de ladrões procurados, fora reconhecida por testemunhas de dois assaltos. Descrição do meliante: 1,60 m de altura, corpo regular, bigode e cabelos pretos, tez morena. Dois dias mais tarde, os repórteres policiais já informavam que Gutierrez era assaltante e terrorista.

Mais uma semana e Gutierrez teria sido visto em dois assaltos. Em agosto, ao ser preso, Gutierrez provou que não tinha a ver com aqueles assaltos.

Na primeira admissão de que havia terroristas de esquerda por trás dos assaltos e atentados, em 27 de junho de 1968, um porta-voz do Ministério da Guerra mencionou "a existência de uma trama subversiva para a derrubada do regime e das instituições".[4] A trama seria obra da aliança entre um grupo dissidente da AP e o grupo de Carlos Marighella, que estariam por trás do ataque ao quartel do II Exército. Os terroristas também teriam uma lista de generais a serem executados. O repórter quis saber como agiria o governo, mas o porta-voz respondeu: "Não vamos nos dar ao luxo do sr. Vladimir Palmeira, que revelou aberta e publicamente a estratégia de seu movimento. Vamos agir calados".

Finalmente, o Dops admitiu que poderia haver o dedo de "terroristas preocupados em obter fundos para seus atos de vandalismo" nos assaltos cada vez mais frequentes e ousados. Marighella galgava posições na lista dos procurados. No dia 4 de julho, uma nota de uma coluna na página 3 da *Folha de S.Paulo* informava que policiais estaduais e federais e os serviços secretos caçavam Carlos

Marighella, apresentado como "autor intelectual do plano revolucionário que deve eclodir no país".

No dia 10 de agosto de 1968, integrantes da ALN roubaram o equivalente a 21 mil dólares de trem pagador da companhia Santos-Jundiaí. O assalto cinematográfico (foi mais tarde transformado em filme de ficção) levou a polícia a entregar os pontos – a ação era o início da era do crime organizado no país. Embora tenha incluído entre os assaltantes Edgard de Almeida Martins, que fora fundador do PCdoB e migrara para a Ala Vermelha, mas nunca fizera parte da ALN, a informação mais relevante estava correta: o chefe do grupo que assaltara o trem era Marighella.* A repressão ainda não estava preparada para enfrentar a luta armada, mas, em pouco tempo, corrigiria a falha, para azar dos militantes.

---

*   Martins seria preso mais tarde, em 1971.

50

O ataque ao Congresso

Os grupos da esquerda armada avançavam por um lado; a linha dura, por outro. E a distribuição de cópias do discurso de Márcio Moreira Alves nos quartéis de todo o país era parte do plano que buscava endurecer o regime.

O movimento tinha a participação ativa de Gama e Silva. Em parecer previamente encaminhado ao procurador-geral da República e aprovado por Costa e Silva, o ministro da Justiça pediu a abertura de processo contra o deputado pelo "uso abusivo do direito de livre manifestação do pensamento".[1]

No dia 9 de outubro, Gama e Silva comunicou ao presidente da Arena, Daniel Krieger, e aos líderes da maioria no Congresso, que o governo decidira abrir processo contra os deputados Márcio Moreira Alves e Hermano Alves com base no artigo 151 da Constituição. No caso de Marcito, por causa do discurso infeliz em que conclamava as mães a boicotarem o desfile de 7 de setembro. Com Hermano Alves, o pretexto era o artigo publicado no *Correio da Manhã* em que ele afirmava que o ministro da Justiça pretendia impor a censura à imprensa e apontava o general Meira Matos como mentor do grupo direitista que buscava fechar o Congresso e instituir uma ditadura.

Recorrendo a vários juristas – Paulo Bonavides, Raul Machado Horta, Clóvis Bevilacqua – e o Código Civil Alemão, Gama e Silva procurava provar que o parlamentar abusara dos direitos individuais, o que, de acordo com o artigo 151 da Constituição de 1967, sujeitava o responsável à suspensão de seus direitos políticos pelo prazo de dois a dez anos.

O pedido era acompanhado por ofícios indignados dos ministros militares. No dia 11 de outubro de 1968, o procurador-geral Décio Meireles de Miranda encaminhou o caso para o Supremo Tribunal Federal. De acordo com o parágrafo único do artigo 151 da Constituição, entretanto, o processo de deputados ou senadores dependia da concessão de licença pela instituição.

Teoricamente, o STF poderia simplesmente encerrar a discussão e rejeitar o pedido, já que o artigo 34 da mesma Constituição dizia que deputados e senadores eram "invioláveis no exercício de mandato, por suas opiniões, palavras e votos". O parágrafo primeiro explicitava que essa inviolabilidade era assegurada da expedição do diploma até a inauguração da legislatura seguinte. Nesse período, os membros do Congresso Nacional só poderiam ser presos em flagrante e processos criminais dependiam da licença prévia de seus pares.

Mas os juízes queriam ver aquela batata quente bem longe: ao encaminhar o assunto ao presidente do Supremo, Luís Gallotti, o ministro Aliomar Baleeiro ainda assinalou que a discussão do assunto "oportuna, dirá o sentido, o alcance e os limites da Constituição, posta no banco de prova".[2] Mas Gallotti simplesmente repassou o caso para a Câmara dos Deputados, a quem cabia conceder ou negar a licença. Estavam postos os elementos da crise.

Krieger mandou uma carta ao presidente da República, alertando sobre a inconsistência dos argumentos jurídicos do caso, mas a missiva chegou ao palácio no sábado, ficou no protocolo e só foi examinada tarde demais, explicaram fontes do governo ao jornal *O Estado de S. Paulo*. Quando, finalmente, recebeu a mensagem, Costa e Silva chamou Krieger e disse que acataria qualquer decisão do Supremo ou da Câmara sobre o tema, mas explicou que iria até o fim no caso.

Com a ajuda do ex-ministro da Justiça de Jânio, Oscar Pedroso Horta, Márcio Moreira Alves preparou sua defesa preliminar à Comissão de Constituição e Justiça. Procurou demonstrar que a escolha dele e de Hermano Alves como alvos dos processos tinha a ver com o fato de serem jornalistas e listou outros perseguidos pelo regime por suas opiniões: Antônio Calado, Otto Maria Carpeaux, Carlos Heitor Cony, Edmundo Moniz, Antônio Houaiss. Relembrou o papel do *Correio da Manhã* e procurou mostrar que era alvo do ataque em razão dos focos de sua ação como jornalista e parlamentar – as denúncias de tortura e críticas à política educacional e salarial do governo.

Krieger e o presidente da Comissão de Constituição e Justiça, Djalma Marinho, buscaram alternativas. O primeiro propôs que Moreira Alves fosse formalmente advertido pela Câmara. O segundo tentou empurrar o assunto até março, após as férias legislativas. Usando um artifício regimental, os 127 deputados do MDB foram à Comissão de Constituição e Justiça para falar sobre o caso.

Costa e Silva chegou a admitir a segunda hipótese, mas seu ministro da Justiça bateu o pé. Gama e Silva foi à Câmara, no que definiu como uma visita de "mera cortesia", reuniu-se com os vice-líderes da Arena – Cantídio Sampaio,

Leon Péres e Alves Macedo – e garantiu que o assunto se resolvesse antes do recesso.

Dois dias mais tarde, nove arenistas contrários ao pedido de licença para processar Marcito foram substituídos por parlamentares mais flexíveis na CCJ. Somente três entre os deputados contrários à licença permaneceram em seus postos: o presidente Djalma Marinho, monsenhor Arruda Câmara (membro da Comissão desde 1946 e o único não formado em Direito) e Rubem Nogueira.

No dia 10 de dezembro, a CCJ aprovou o pedido de licença por dezessete votos a nove. Diante do resultado, o arenista Djalma Marinho renunciou à presidência da CCJ, junto com todos os representantes do MDB. Marinho registrou seu protesto num discurso que passaria para a história:

> Na minha sofrida vida pública, como representante de um pequeno estado, tenho mantido fidelidade à ordem democrática. Ao longo do tempo, mesmo na minha humildade, a ela ofereci a minha vassalagem, mas nunca o atendimento a exigências e concessões absurdas, como esta. Passada a tormenta e esclarecidos os homens, virá o tempo da reconstrução. Rejeitar este pedido é um ato de bravura moral, igual àquele oferecido por Pedro Calderón de La Barca: "Ao rei tudo, menos a honra".

Durante a última sessão do Congresso,* Krieger ainda acreditava que o governo não convocaria o Congresso extraordinariamente. O senador estava conversando com Covas e Renato Archer quando foi chamado ao telefone. Ao voltar, Krieger informou que o ministro da Justiça determinara a convocação extraordinária do Congresso.

No grande expediente, o acusado apresentou um libelo cheio de referências históricas em favor do direito de livre expressão na tribuna:

> Apagado o meu nome, apagados os nomes de quase todos nós da memória dos brasileiros, nela ficará, intacta, a decisão que em breve a Câmara tomará. Não se lembrarão os pósteros do deputado cuja liberdade de exprimir da tribuna o seu pensamento é hoje contestada. Saberão, todavia, dizer se o Parlamento a que pertenceu manteve sua prerrogativa de inviolabilidade ou se dela abriu mão.

---

* Dezesseis dos 31 discursos pronunciados no pequeno expediente do dia 12 de dezembro foram sobre o pedido de licença. Desde o início do caso até seu desfecho, foram 106 discursos sobre o assunto – 73 do MDB, 34 de deputados da Arena. Destes, oito manifestaram-se contra a cassação e outros onze defenderam a inviolabilidade da tribuna.

Marcito elogiou Djalma Marinho e Daniel Krieger e concluiu:

> Entrego-me agora ao julgamento dos meus pares. Rogo a Deus que cada um saiba julgar, em consciência, se íntegra deseja manter a liberdade desta tribuna, que livre recebemos das gerações que construíram as tradições políticas do Brasil. Rogo a Deus que mereça a Câmara o respeito dos brasileiros, que possamos, no futuro, andar pelas ruas de cabeça erguida, olhar nos olhos os nossos filhos, os nossos amigos. Rogo a Deus, finalmente, que o Poder Legislativo se recuse a entregar a um pequeno grupo de extremistas o cutelo da sua degola. Volta-se o Brasil para a decisão que tomaremos. Mas só a História nos julgará.

Mais tarde, descreveria assim o sentimento com que deixou o microfone:

> Desci da tribuna com a estranha sensação de calma que sempre experimentei nos momentos de perigo que já enfrentei. Era como se o desfecho não me dissesse mais respeito. Recebi, distante, os abraços dos companheiros, limpei as lágrimas de minha secretária e amiga Rosinda e registrei apenas o comentário de Carlos Castelo Branco, ao sentir que portava uma pistola debaixo do braço: "Desagradável". Pela madrugada estivera ele em minha casa, junto com Otto Lara Resende, para saber se eu tinha algum plano de fuga, dado que haviam recebido a informação de que corria risco de vida, qualquer que fosse o resultado da votação. Claro que tinha.[3]

Mário Covas defendeu o direito à tribuna com veemência:

> Intenta-se, pelo dúbio caminho do transitório que somos nós, alienar algo que, por ser propriedade da instituição, é permanente. Contesta-se, sob o império da razão política, uma prerrogativa da qual não temos o direito de abdicar, porque, vinculada à tradição, à vida e ao funcionamento do Parlamento, a ele pertence, e não aos parlamentares.

O líder do MDB usou o parecer de Gama e Silva no processo contra Hermano Alves como argumento – o ministro da Justiça reconhecera, tacitamente, a inviolabilidade da tribuna. Depois de lembrar que a Câmara analisara vários pedidos similares desde 1946 e jamais os acatara, Covas tentou desqualificar a tese de que se tratava de uma exigência das Forças Armadas:

Se esta afirmação fosse verdadeira – o que contesto – eu diria que ela apresenta uma deformação originária: não é possível desagravar uma instituição pelo caminho inviável do desrespeito a um Poder. [...] Como acreditar que as Forças Armadas brasileiras que foram defender em nome do povo brasileiro, em solo estrangeiro, a liberdade e a democracia no mundo, colocassem como imperativo de sua sobrevivência o sacrifício da liberdade e da democracia no Brasil?

O líder da oposição encerrou seu pronunciamento com uma profissão de fé. Disse acreditar na justiça, na palavra, no regime democrático, na liberdade e na honra.

Pela Arena, falou Geraldo Freire. Mineiro de Boa Esperança, 56 anos, chegara à Câmara dos Deputados como suplente, em 1961, pela UDN. Substituía Ernani Sátiro, que, alegando motivos de saúde, deixara a liderança. A um jornalista que perguntou se era seu batismo de fogo, Freire rebateu: "Não. Extrema-unção".

O líder governista procurou mostrar que não se tratava de uma degola, mas apenas de um pedido de licença dirigido pelo STF à Câmara. Se até o presidente da República tinha de submeter-se ao julgamento do Supremo, não havia nada de mais naquele pedido de licença:

> No exercício do mandato, o deputado é inviolável. Toda vez porém que ele foge às regras éticas, cívicas e patrióticas do seu próprio procedimento, evidentemente que ele não pode chamar para si o direito de ofender a própria pátria em cujo nome a Constituição foi feita.

Geraldo Freire finalizou derramando-se em elogios a seus colegas de partido, puros, bravos, patrióticos, que "arrostando todas as dificuldades" ali estavam para sustentar a patriótica causa de permitir o processo do Supremo contra Marcito. Pressões havia, admitiu o líder da Arena, mas "de certa imprensa, que procura alardear o voto daqueles que entendem rebeldes e procura diminuir daqueles que se consideram fiéis à sua própria formação. Pressão maior era a da própria consciência".

Em depoimento a Tarcísio Hollanda, para o programa *Memória Política*, da TV Câmara, Freire negou ter sido pressionado pelo presidente Costa e Silva, que teria dito ao deputado: "Eu tenho o meu pano de fundo; eu tenho a minha reserva, mas não quero lançar mão dela. Eu prefiro que os senhores decidam".

Ao documentário *AI-5: o dia que não existiu*, dirigido pelo autor para a TV Câmara e TV Cultura, Freire concluiu:

Se eu tivesse que voltar ao passado, repetiria tudo o que fiz. Não tenho remorso de consciência. Agora, talvez, com a idade e as ponderações que a situação depois criou, talvez a gente tivesse feito um esforço maior para criar uma solução diferente.

Havia 370 deputados presentes. A maioria, 216, votou contra a licença. As abstenções foram 24, houve 12 votos em branco e 141 a favor da licença.

Para Márcio Moreira Alves, parte dos arenistas tinha um motivo oculto para contrariar o governo: fortalecer a candidatura de Magalhães Pinto, principal candidato civil à sucessão de Costa e Silva. No livro *68 mudou o mundo*, Marcito explicitaria seu raciocínio:

> Para que a pretensão de Magalhães Pinto tivesse alguma chance de êxito, era indispensável que a Câmara dos Deputados conquistasse autonomia frente às pressões militares. O primeiro e mais importante passo dessa autonomia seria a rejeição do pedido para processar-me. Em consequência, inexplicavelmente para um observador pouco informado, vários deputados da antiga UDN, mineiros, sobretudo, votaram contra a reivindicação dos ministros militares. Na verdade, esses antigos udenistas não estavam primordialmente interessados na inviolabilidade da tribuna do Parlamento, embora até pudessem desejar mantê-la. Estavam interessados em colocar Magalhães Pinto no Palácio do Planalto.[4]

De acordo com Marcito, os rebeldes eram liderados por Raphael de Almeida Magalhães e contavam com o respaldo de um grupo de militares cujo porta-voz era o coronel Francisco Boaventura Cavalcanti, um integrante da linha dura, que na véspera da votação teria ido a Brasília para assegurar que nada aconteceria aos que votassem contra a concessão da licença.*

O resultado da votação foi comemorado entre choro e abraços. Júlia Steinbruch tirou a bandeira nacional que ornava o plenário de seu descanso e começou a balançá-la. Todos ergueram-se e cantaram o Hino Nacional, num coro reforçado pelo público que lotava as galerias.

Márcio Moreira Alves nem esperou pelas comemorações da vitória. Acompanhado por Martins Rodrigues, deixou a Câmara no carro de um amigo.

---

* A desenvoltura do coronel lhe custaria caro: em 19 de maio de 1969, ele foi posto na reserva com base no AI-5. O general Augusto César de Castro Muniz de Aragão saiu em sua defesa e peitou o ministro do Exército com uma série de cartas com acusações ao presidente – entre elas, a de ter nomeado para o Tribunal de Contas gaúcho um irmão não qualificado.

51

O AI-5

No dia seguinte à decisão da Câmara, 13 de dezembro de 1968, uma sexta-feira, o presidente Costa e Silva reuniu o seu ministério no Palácio das Laranjeiras, no Rio de Janeiro. Não há registro escrito conhecido desse encontro que começou às onze da manhã. Gama e Silva foi o primeiro a falar. Leu um manifesto à nação e propôs a decretação de um ato adicional à Constituição. Propunha o fechamento definitivo do Congresso, das assembleias e das câmaras de vereadores, além do recesso do Supremo Tribunal Federal. As medidas eram tão radicais que o ministro do Exército, Lira Tavares, não se conteve: "Assim, você desarruma a casa toda!".[1]

Os outros ministros deram risada e o presidente disse que não era aquilo que ele queria, mas um ato institucional. O general Olímpio Mourão Filho registrou o comentário de Costa e Silva sobre essa primeira versão do AI-5:

> Mourão, se você lesse o primeiro, cairia duro no chão, aqui. Era uma barbaridade. Fechava-se o Congresso, modificava-se o Judiciário, além de várias outras medidas de caráter nazista feroz. Recusei assiná-lo.[2]

Gama e Silva sacou da pasta o rascunho de outro ato, menos drástico. O presidente sugeriu a inclusão de outras medidas e foi feito um texto com o auxílio do chefe da Casa Civil, Rondon Pacheco.

Às quatro da tarde, reuniram-se os 22 integrantes do Conselho de Segurança Nacional. Costa e Silva abriu os trabalhos dizendo que continuava considerando-se "um legítimo representante" da revolução e que tinha de tomar uma decisão: "ou a Revolução continua, ou a Revolução se desagrega".[3]

Em seguida, lembrou que fora paciente a mais não poder, superando divergências e incompreensões. Na visão do presidente, a decisão do Congresso era um fato aparentemente insignificante, mas se transformara numa provocação inaceitável, que merecia resposta.

Embora a decisão já tivesse sido tomada, pediu a opinião dos outros membros do conselho:

> Eu preciso que cada um dos senhores diga aquilo que sente, aquilo que pensa e aquilo que está errado, para que eu possa, com consciência tranquila e vivamente apoiado por esse órgão com uma responsabilidade enorme perante a nação, autenticar, assinar este ato que aqui está proposto.[4]

O presidente deu vinte minutos para que os conselheiros lessem a proposta e se retirou da sala. A minuta do novo ato institucional recuperava boa parte das sugestões feitas cinco meses antes por Gama e Silva e Emílio Médici. Crimes políticos passavam a ser julgados nos tribunais militares; as consequências de qualquer determinação baseada nele não poderiam nem ser examinadas pelo Judiciário e o Executivo ganhava superpoderes, que podem ser resumidos nesta pequena lista:

- Fechar o Congresso Nacional e as assembleias estaduais e municipais.
- Cassar mandatos eleitorais de membros dos poderes Legislativo e Executivo nos níveis federal, estadual e municipal.
- Suspender os direitos políticos de qualquer cidadão por dez anos.
- Demitir ou remover juízes.
- Suspender as garantias de vitaliciedade, inamovibilidade e estabilidade do Judiciário.
- Decretar o estado de sítio sem qualquer dos impedimentos fixados na Constituição de 1967.
- Confiscar bens como punição por corrupção.
- Suspender a garantia de *habeas corpus* em todos os casos de crime contra a segurança nacional.
- Legislar por decreto e baixar outros atos institucionais ou complementares.

O assunto não era novidade – todos os participantes daquela reunião tinham estado na anterior, em 11 e 16 de julho. Pedro Aleixo foi o primeiro a falar. Depois de criticar nas entrelinhas a escolha feita por Gama e Silva, de buscar a cassação do mandato de Márcio Moreira Alves pela via jurídica, dizendo que, no caso de calúnia, injúria ou difamação, o caminho seria outro e de reconhecer o impacto que o discurso teria causado nas Forças Armadas, o vice-presidente defendeu a proposta que os mais duros tinham apresentado seis meses antes: o estado de sítio. Um novo ato institucional seria outra revolução:

> Caso se torne necessário fazer essa revolução é uma matéria que pode ser debatida e acredito, até, que se possa demonstrar que essa necessidade existe. Mas o que me parece é que nós não estamos, realmente, cumprindo uma Constituição quando a declaramos existente, tão somente para que dela fiquem fragmentos, trechos que não têm, efetivamente, a capacidade de dar vida às instituições democráticas. [...] O estado de sítio preveniria todas aquelas perturbações que decorreriam exata e rigorosamente daquele ato de recusa da licença para processar o deputado Márcio Moreira Alves. Depois disso então, se essas medidas constitucionais não fossem suficientes, se o país continuasse ainda sendo vítima dessas tentativas de subversão que estão na rua a todo momento, nesta oportunidade, então, a própria nação, entendo eu, sem que houvesse uma antecipação de movimentos, compreenderia a necessidade de um outro procedimento.

No folclore construído sobre a reunião, circula a história de que Aleixo teria dito algo como "não tenho medo do senhor, mas do guarda da esquina". Na ata, a frase é menos direta. Aleixo disse temer o abuso "do mais remoto, do mais distante, e vamos dar ênfase assim, usando uma linguagem vulgar, do mais ínfimo de todos os agentes da autoridade".

Esse foi o único momento em que alguém levantou qualquer tipo de objeção ao ato institucional durante a reunião do Conselho de Segurança Nacional. Os pronunciamentos variaram da adesão quase entusiástica ao endurecimento à aceitação cercada de ressalvas que tentava indicar algum constrangimento.

Magalhães Pinto, das Relações Exteriores, definiu o caso Márcio Moreira Alves de "a gota d'água que entornou o caldo" e concordou: se era necessário, que viesse o novo ato. Delfim Netto, da Fazenda, também "plenamente de acordo", pediu mais: mudanças constitucionais (que não especificou) necessárias "para que este país possa realizar o seu desenvolvimento com maior rapidez".

Jarbas Passarinho, do Trabalho, sentenciou:

> Não se trata, talvez, de vestir uma roupa usada e sim de fazer um novo figurino. [...] Sei que a Vossa Excelência repugna, como a mim, e creio que a todos os membros deste Conselho, enveredar para o caminho da ditadura pura e simples, mas parece claramente que é ela que está diante de nós. [...] Com toda minha vocação

libertária e não liberticida, eu acho também, que, cumprindo um dever para comigo, um dever para com meu país, eu aceito uma nova Revolução.

O ministro da Educação, Tarso Dutra, lembrou o diagnóstico que havia apresentado, na reunião anterior do Conselho de Segurança Nacional e acrescentou que o quadro só se agravara desde então. Emílio Médici, o chefe do SNI, falou pouco, mas disse tudo:

> Eu me sinto perfeitamente à vontade, senhor presidente, e porque não dizer, com bastante satisfação, em dar o meu aprovo ao documento que me foi apresentado. Isto porque, sr. presidente, em uma reunião do Conselho de Segurança Nacional, no desempenho das funções que Vossa Excelência me atribuiu, como chefe do Serviço Nacional de Informações, tive a oportunidade de fazer um minucioso relatório da situação nacional brasileira e demonstrar aos conselheiros, por fatos e por ações que o que estava na rua era a contrarrevolução. Acredito, sr. presidente, que com a sua formação democrática, foi Vossa Excelência tolerante demais, porque naquela oportunidade eu já solicitava a Vossa Excelência que fossem tomadas medidas excepcionais para combater a contrarrevolução que estava na rua. Era só isso que eu tinha a dizer.

Teve o apoio do chefe do Estado-Maior das Forças Armadas, Orlando Geisel: "Se não tomarmos, neste momento, esta medida que está sendo aventada, amanhã vamos apanhar na carne, senhor presidente".

Como secretário do Conselho de Segurança Nacional e um dos que mais tinham se esforçado para que a situação chegasse àquele desfecho, o general Jaime Portela usou apenas dez palavras para se manifestar: "Estou plenamente de acordo com a assinatura da proposição apresentada".

O último a falar foi Gama e Silva. O ministro da Justiça classificou o comportamento da Câmara dos Deputados de "ato de autêntica subversão contra o regime". Respondeu às objeções de Pedro Aleixo, dizendo que o ato institucional mantinha boa parte da Constituição – até mesmo na matéria de estado de sítio. Achava também que o ato institucional não criaria uma ditadura, em razão da ponderação, equilíbrio e patriotismo do presidente e que, por isso, não deveria ter prazo de validade, bastando saber que poderia ser revogado a curto ou longo prazo.

Ouvidos todos os presentes, Costa e Silva determinou a revisão do texto por uma comissão formada por Gama e Silva, Rondon Pacheco e Tarso Dutra. Depois de relembrar que o conselho era um órgão consultivo, o presidente elogiou a posição de Pedro Aleixo, informou que o vice lhe manifestara reservadamente, pouco antes, total solidariedade ao que fosse decidido, insistiu para que os outros membros do CSN respeitassem a opinião contrária do vice e fez uma última observação. Esperava que Aleixo estivesse errado, mas achava que o estado de sítio era, agora, "um degrau desnecessário".

Numa série de reportagens publicada nos quarenta anos do AI-5, Fábio Altman, da revista *Época*, contabilizou o número de vezes que determinados termos foram empregados ao longo daquela reunião do Conselho de Segurança Nacional – um bom termômetro do que ali foi tratado:

> Revolução (de 1964) – 47
> Ordem – 36
> Subversão – 13
> Ditadura – 13
> Estado de sítio – 13
> Repressão – 6
> Democracia – 6
> Contrarrevolução – 6
> Desagregação – 3
> Moral – 3
> Liberdade – 3
> Desordem – 2
> Escrúpulo(s) – 2
> Caos – 1
> Corrupção – 1[5]

Altman assinalou que os termos "censura" e "tortura" nem foram empregados.

No fim daquela tarde, a notícia de que o governo já havia aprovado um novo ato institucional chegou a Brasília. Deputados do MDB foram ao gabinete do presidente da Câmara, José Bonifácio de Andrade e Silva, bisneto do Patrono da Independência, conhecido entre os colegas como Zezinho, propondo a convocação de uma sessão extraordinária do Congresso. Bonifácio rejeitou a proposta, alegando que isso pareceria uma provocação. Os deputados insistiram e Bonifácio respondeu: "Não existe mais Câmara".[6]

Celso Passos, do MDB de Minas, ainda tentou um apelo dramático: "Seja mais Bonifácio e menos Zezinho".

Os cinquenta parlamentares e jornalistas presentes no gabinete fizeram um breve silêncio, esperando a resposta do presidente da Câmara. Mas Zezinho não disse nada: deu uma banana a todos, pegou o paletó e foi embora.

* * *

Uma das primeiras pessoas a serem afetadas pelo ato foi Alberto Curi. Mineiro de Caxambu, 42 anos, ele era locutor na Rádio Jornal do Brasil e também da Agência Nacional e apresentava diariamente a *Voz do Brasil*. Naquela sexta-feira 13, Curi estava em casa no então distante subúrbio de Jacarepaguá, no Rio. Sua tarefa era limpar o galinheiro que ficava no quintal. Às cinco da tarde, foi contatado por um ajudante de ordens do presidente. Tomou banho, fez a barba, vestiu um terno e gravata e chegou ao Palácio das Laranjeiras por volta das seis e meia. Às 21h45, foi recebido pelo presidente. Costa e Silva, que o conhecia apenas pela TV, comentou que ele parecia mais jovem, abriu uma pasta e entregou-lhe dezoito páginas datilografadas em caixa alta com várias anotações a lápis nas laterais.

O locutor oficial perguntou se poderia ler antes o documento para preparar--se. O presidente negou – a cadeia de rádio e TV estava prestes a ser colocada no ar. Sem ao menos um boa-noite – descabido, pensando bem –, Curi cumpriu sua missão em dezoito minutos, depois de uma curta introdução de Gama e Silva. Sem emoção, nem erros e diante de todo o ministério:

> Enquanto lia, tomava conhecimento das medidas – no início, quando estávamos "considerando", achei normal, sereno. Quando comecei a ler o ato propriamente dito, com os "decido", é que me dei conta do que se anunciava. Mas não podia gaguejar. Ali eu era apenas uma voz com salário mensal de trezentos cruzeiros. O dono da voz era o presidente da República.[7]

Os "considerandos" eram seis. Os três primeiros remetiam a atos institucionais anteriores na tentativa de demonstrar que a Constituição fora feita para institucionalizar os ideais e princípios da revolução e garantir sua continuidade e que a revolução tinha como meta a democracia e a liberdade. O quarto afirmava que os instrumentos jurídicos outorgados pelo regime militar estavam sendo utilizados pelos subversivos para combatê-lo e destruí-lo. O quinto classificava como "imperiosa" a adoção de medidas capazes de impedir a frustração dos "ideais superiores" do movimento e o sexto responsabilizava "fatos perturbadores" pelas decisões tomadas.

52

O golpe dentro do golpe

Às dez e meia da noite de 13 de dezembro de 1968, quando Alberto Curi encerrou a leitura, o Brasil era outro. Junto com o AI-5, o governo baixara um ato complementar colocando o Congresso em recesso por um ano. Ao fim do anúncio, o presidente da Câmara dos Deputados, José Bonifácio de Andrada, declarou, solene: "Obedecendo ao novo regime, declaro que nossa missão está encerrada".

Em várias cidades, a polícia estava nas ruas, cumprindo um sem-número de ordens de prisão. Não há uma lista completa e confiável de todos os presos, até porque os jornais ficaram sob censura prévia da noite de 13 de dezembro até 4 de janeiro – 6, no caso do *Correio da Manhã*. Só os personagens mais conhecidos tiveram suas prisões noticiadas. Vários deles relembraram o episódio em suas memórias ou em entrevistas posteriores.

Juscelino foi detido ao deixar o Teatro Municipal do Rio de Janeiro, onde assistira à formatura do filho de um amigo. Levado para o 3º Regimento de Infantaria, em São Gonçalo (RJ), foi colocado, incomunicável, num cubículo, em que podia ser observado por um buraco no teto.

Em contato com o comandante do I Exército, general Siseno Sarmento, dona Sarah lembrou que o ex-presidente era diabético e dependia de remédios de uso contínuo e de acompanhamento médico semanal. Acompanhada pelo médico pessoal de JK, Aloísio Salles, ela levou remédios, roupas, objetos de higiene pessoal, coisas essenciais.

Depois de examinar JK e de alertar o general para os riscos que seu paciente corria, o médico descreveu o local onde o ex-presidente estava:

> Caminhei por uma parte desativada do quartel e fui encontrar o presidente no derradeiro alojamento, longe de tudo. Está num quarto infecto, com um catre, uma mesa e um sofá. Prolongando o quarto, um cubículo, com uma privada sem tampa.[1]

Às onze da noite, dois agentes do Dops tocaram a campainha do apartamento do deputado Raphael de Almeida Magalhães, da Arena. O deputado e ex-vice-governador da Guanabara arrumou uma pequena valise e um dos agentes estranhou:

> – Mas o senhor vai levar só isso?
> – É que não pretendo ficar muito tempo preso...[2]

Realmente, Raphael ficou apenas cinco dias detido na Vila Militar, no bairro de Realengo. Não foi cassado, mas abandonou a política – voltaria apenas em 1985, como ministro da Previdência de José Sarney.

Depois de ouvir a leitura do AI-5 por Alberto Curi, Hélio Fernandes, o dono da *Tribuna da Imprensa*, começou a se vestir. Sua mulher, Rosinha, perguntou: "Você acabou de chegar, vai sair?".[3]

Fernandes abraçou-a e explicou que, como ia ser preso mesmo, preferia que fosse no jornal. Estava saindo quando o telefone tocou. Era Lacerda. O diálogo, relembrado no *site* do jornalista, teria sido este:

> – Você talvez seja a única pessoa que eu atenderia, estou indo para o jornal, no Rio devo ser o primeiro a ser preso, a *Tribuna* fica a cem metros da Polícia Central.
> – E eu?
> – Carlos, você será preso e cassado.
> – Não vou ser preso nem cassado, você está acostumado a adivinhar e acertar, mas essa você vai errar completamente.[4]

Hélio Fernandes chegou ao jornal por volta das dez horas da noite. Às 11h45min, foi detido. Após acompanhar o anúncio do ato institucional e falar com Hélio Fernandes, Lacerda ligou para o governador Abreu Sodré em São Paulo. Só conseguiu contato com Oscar Klabin Segall, presidente da Caixa Econômica Estadual, a quem disse:

> Oscar, você diga ao Roberto que, se ele estiver disposto a resistir ao AI-5, assim como ele veio ao Rio no dia 31 de março, eu tomo um avião agora e vou ficar aí,

ao lado dele. Só quero saber se ele vai resistir, porque se ele não vai, não vou fazer essa viagem de avião à toa.[5]

Lacerda passou a noite em casa. Na manhã de sábado, 14 de dezembro, foi acordado por seu médico, Jaime Rodrigues:

— Tenho uma notícia um pouco desagradável para o senhor: estão lá embaixo dois homens da polícia que vieram com ordem de prendê-lo. Mas o senhor está doente e não pode ir para a prisão no estado em que se encontra.
— Mas os homens estão lá embaixo?
— Estão, mas exigi que viesse um médico da polícia para examiná-lo e verificar que o senhor não está em estado de saúde para ser preso.[6]

Lacerda ouviu o conselho, mas não o levou em consideração. Ainda de pijama, foi até os policiais. Depois subiu, vestiu-se, pegou uma valise e foi transportado, junto com seu médico para o posto Salvamar, onde embarcaram numa lancha que os deixou no Forte Santa Cruz. Um dos policiais explicou ao oficial do dia que estavam trazendo o ex-governador por ordens superiores. O militar espantou-se: "Mas isto não é presídio, onde está a ordem de prisão?".

Depois de ligar para o I Exército, o oficial comunicou aos policiais: "Não é ordem do I Exército, portanto não posso recebê-lo aqui".

Os policiais já se preparavam para levar o ex-governador de volta, quando este reagiu:

Não, agora espera aí um momento: não sou ioiô de general. Se estou preso, sou preso. Agora quero saber onde vou e não vou ficar passeando pela baía da Guanabara. Fico aqui até saber para onde vou. Não vou ficar na mão desses dois sujeitos sem saber qual o meu destino.[7]

O problema é que o comandante do I Exército, general Siseno Sarmento, condicionara as prisões na área sob seu comando a ordens expressas dele. E a lista encaminhada à polícia não incluía o nome de Lacerda.

Após alguma confusão, o assunto foi resolvido. Lacerda foi recolhido ao Regimento Caetano de Faria, da Polícia Militar. Informado da prisão, o próprio Costa e Silva deu seu aval – Lacerda era o idealizador da Frente Ampla, o divisor da revolução e não podia ser poupado.

Numa cela do Regimento Caetano de Faria, o ex-governador ganhou quatro companheiros: Hélio Fernandes, da *Tribuna da Imprensa*, Osvaldo Peralva, redator-chefe do *Correio da Manhã*, Celso Nascimento Filho, um jovem advogado que havia requerido um *habeas corpus* para um estudante preso, e o ator e compositor Mário Lago, preso no Teatro Princesa Isabel, maquiado e envergando um saiote de veludo – parte do figurino escocês da peça que representava – e que logo anunciou aos outros: "Aqui só quem me conhece é o Hélio e o Carlos Lacerda, estou vestido assim, mas não sou viado".[8]

Lacerda propôs que Lago, mais experiente (já vivera outras prisões), fosse eleito secretário da cela, uma praxe entre presos políticos, que escolhiam alguém para representá-los e resolver pendências. O ator concordou, com uma condição:

> É, Carlos, mas acontece o seguinte, você vai me ajudar, porque você está aqui com um coronel que vem oferecer seus serviços e você sabe, preso reclama sempre. É uma regra do preso; preso nunca pode estar satisfeito, nem pode dizer que está bem tratado.

Lacerda concordou. Na primeira visita do coronel, pediu direito a banho de sol. Em greve de fome, o ex-governador foi orientado pelos seus médicos a beber muita água. Mandou comprar água mineral e exagerou na dose. Quando o coronel apareceu, ficou espantado e mandou levar uma geladeira para a cela.

Em depoimento* aos repórteres Melchíades Cunha Junior, Ruy Mesquita Filho, Antonio Cunha, Rui Portilho e Ayrton Baffa, do *Jornal da Tarde*, Lacerda diria que Mário Lago protestou, com ironia: "Essa prisão não vale. Eu já estive na geladeira,** mas prisão com geladeira nunca vi. Isso é privilégio demais, já está perdendo a graça".

Lacerda devolveu a brincadeira: "Você é um secretário ineficiente e eu sou eficiente. Você está se esquecendo de que esse camarada foi meu comandado até outro dia".[9]

A geladeira apareceu. Abrigou a água mineral de Lacerda e as guloseimas que as famílias começavam a mandar para o Natal dos presos.

Interrogado por dois agentes do SNI, Lacerda exigiu ler o texto antes de assinar e ficou com uma cópia, que entregou ao irmão – seu depoimento acabou publicado no exterior. Cristina, sua filha de 16 anos, mandou uma carta ao presidente Costa e Silva. Pouco depois, ele foi libertado. Seu médico encontrou-o

---

*   A ideia de ouvir Lacerda e outros personagens foi de Melchíades, que resolveu adotar a técnica de deixar o entrevistado à vontade, sem perguntas provocativas. Os encontros em três fins de semana no sítio do Rocio resultaram num livro de 493 páginas. Três meses mais tarde, Lacerda morreu.
** Lago se referia à cela muito fria e escura em que colocavam presos políticos no Rio.

em casa, tomando uma dose de uísque e comendo empadinhas. Mandou-o para a cama, prescrevendo algumas colheradas de Coca-Cola.

Carlos Heitor Cony foi preso na noite de sexta. Relembrou o episódio em crônica publicada na *Folha de S.Paulo*, em 12 de dezembro de 2000:

> Naquela noite, uma patrulha foi ao Leme me buscar, botaram-me numa Kombi sob a alegação de que o comandante da Região Militar queria falar comigo. Evidente que não acreditei no convite, mas não criei caso. Enfiaram-me um capuz preto que fedia a suores alheios, não vi para onde me levaram. Vinte minutos depois estava num enorme pátio militar [...] Levaram-me ao coronel que comandava o batalhão. Os militares ainda não tinham se acostumado às novas funções da repressão política; nas prisões seguintes, o clima era outro, de explícita truculência.[10]

Na noite daquele sábado, o comediante Ary Toledo, de 31 anos, resolveu colocar um caco bem-humorado no final de sua apresentação no Teatro de Arena, em São Paulo.

> Pessoal, este é um espetáculo subdesenvolvido. Não tem garotas de bunda de fora. No palco, somos eu e meu violãozinho, e só. Como diz o ditado popular: "Quem não tem cão, caça com gato. Quem não tem gato, cassa com o ato...".[11]

A risada lhe pareceu geral. Mas dois homens foram ao camarim. Eram agentes do Dops. Toledo foi levado para a delegacia e ficou detido por cinco horas, antes de ser liberado por um delegado que era seu fã, não sem antes receber uma bronca pela piadinha.

Darci Ribeiro também foi em cana. Depois de passar quatro anos em Montevidéu, ele estava absolutamente saturado do exílio. Chegou a planejar mudar para a China e ali escrever um livro sobre a revolução maoísta, mas o projeto não se consumou. Depois da passeata dos Cem Mil, avisou seu advogado e pegou um avião para o Rio.

No Aeroporto do Galeão, foi instado a ir até a Ordem Política e Social no dia seguinte. Respondeu a um questionário e instalou-se com a mulher num apartamento emprestado.

Chegou a ser procurado por um oficial que deveria levá-lo preso ao I Exército, mas escapou, sob o argumento (verdadeiro) de que a prisão seria ilegal. Apresentou-se ao Superior Tribunal Militar, onde o agora ministro Olímpio Mourão Filho (que Darci conhecera pelado, no Xingu) ouviu os argumentos do ex-chefe da Casa Civil de Jango e de seu advogado, Wilson Mirza, e mandou os dois saírem pelos fundos. No dia seguinte, o STM decidiu que um general-comandante poderia prender qualquer civil em sua área militar, pois vivia-se um tempo excepcional. Darci recorreu ao STF, que reformulou a decisão. Mas veio o AI-5 e Darci foi levado para o batalhão blindado do Rio de Janeiro. Darci passou o Natal preso no quartel. Ali começou a escrever a segunda versão do romance *Maíra*, cujas anotações havia perdido.

Sobral Pinto foi detido em Goiânia, pouco antes da solenidade de formatura da qual seria paraninfo. Estava descansando com calças de pijama e chinelo, quando um major abriu a porta com violência, acompanhado por seis homens. Sem cumprimentar o advogado, o major informou: "Eu trago uma ordem do presidente Costa e Silva para o senhor me acompanhar".

Sentado estava, sentado Sobral ficou, descreve Zuenir Ventura* em *1968: o ano que não terminou*:

> – Meu amigo, o marechal Costa e Silva pode dar ordens ao senhor. Ele é marechal, o senhor major. Mas eu sou paisano, sou civil. O presidente da República não manda no cidadão. Se esta é a ordem, então o senhor pode se retirar porque eu não vou.
> – O senhor está preso!
> – Preso coisa nenhuma![12]

Só arrastado Sobral saiu do quarto. No quartel, o comandante perguntou:

> – O senhor é patriota?
> – O senhor engula o que está dizendo! Eu sou patriota, o senhor não. O senhor vive à custa do Estado, eu não.

No dia 21, Sobral mandou uma carta a Costa e Silva descrevendo sua prisão. Dizia, entre outras coisas: "Através do referido Ato, V. Exa. instituiu, em nossa Pátria, a ditadura militar, contra a qual ninguém pode, no momento, lutar eficientemente".[13]

---

* O próprio Zuenir foi preso na época. Passou três meses entre o Sops, o Dops, o quartel da PM Caetano de Faria e o do Exército em Harmonia. Dividiu cela com Hélio Pelegrino, Ziraldo, Gerardo Mello Mourão e Osvaldo Peralva. No mesmo dia de sua prisão, sua mulher e seu irmão foram levados pela polícia e permaneceram presos durante um mês. Zuenir deixou a prisão em março de 1969, com o aval de Nelson Rodrigues, que conseguira com os militares a libertação de Hélio Pelegrino, que condicionou sua saída à do companheiro de cela.

O deputado Hélio Navarro foi preso no Aeroporto de Congonhas, ao desembarcar em São Paulo. Os deputados Oscar Pedroso Horta, Maurício Goulart e Franco Montoro, que viajavam com ele, nada puderam fazer, salvo mandar um telegrama ao presidente da Câmara protestando e pedindo urgentes providências. Navarro foi levado para o Departamento de Polícia Federal.

Hermano Alves fugiu do Brasil, usando a carteira de identidade do colega da *Folha*, Rubem Azevedo Lima – o mesmo que publicara a nota sobre o discurso de Márcio Moreira Alves. Ao Observatório da Imprensa, Rubem lembrou o episódio:

> Emprestei minha carteira para ele, mas sem trocar a foto, deixei a minha mesmo. Só que, na hora em que o pararam na estrada, o policial só viu se o nome na identidade estava ou não na lista de procurados. Nem olhou para a foto ou para a cara dele. E ele conseguiu passar.

Em São Paulo, Hermano escondeu-se na casa de Maria Helena e José Gregori, futuro ministro da Justiça de Fernando Henrique Cardoso, e dali foi para o México e para a Argélia.

Marcito ouviu o anúncio do AI-5 tomando cerveja quente e comendo sanduíches na casa do deputado Francisco Amaral, em Campinas. Dali foi para a *garçonnière* de um militante do MDB, o dentista José Roberto Magalhães Teixeira, mais tarde um circunspecto prefeito de Campinas.

O homem que tinha sido o estopim da crise passou uma semana praticamente em silêncio, temendo que o rádio ou a TV pudessem chamar a atenção de algum vizinho. Grama, como era conhecido seu anfitrião, levava-lhe os jornais e a comida. Também foi ao Rio fazer contato com a família do deputado que a polícia buscava em todos os cantos. Voltou com um bilhete de Antônio Calado e 3 mil dólares fornecidos por uma prima, acompanhados de uma frase: "blood is thicker than water" – "o sangue é mais denso que a água".

O bilhete de Calado era cifrado: "Compadre, andam de olho grande no bezerro que vosmicê criou. Acho bom mudar de pasto, para que não acabe no matadouro".[14]

Grama e Marcito foram buscar novo pasto em São Paulo. Tentaram a casa de Gregori, mas ali já estava Hermano Alves. Bateram à porta de Oscar Pedroso Horta, mas apareceu José Aparecido de Oliveira e Moreira Alves achou prudente mudar de rumo, temendo que ele contasse seu paradeiro.

Acabou instalando-se no apartamento de João Leite, um boêmio amigo, misto de escritor e delegado de polícia, em cima de uma das boates mais conhecidas da cidade, o La Licorne. Ali ficou até o Natal. Naqueles tempos, não era assim tão difícil encontrar um clandestino, principalmente se fosse notório como Moreira Alves. A prova é que, no dia do Natal, Marcito recebeu a visita do historiador Sérgio Buarque de Holanda. O pai do compositor Chico Buarque, já calibrado, empunhava um peru assado. Marcito relataria assim a vista:

> – Clandestino tem que comer peru no Natal – gritava, sem ligar para os psius e puxões no paletó que Maria Amélia, sua mulher, lhe dava, tentando moderar a sua voz. – Já entreguei o do Geraldo Vandré e agora vim trazer o teu. Me dá um uísque, João. – No dia seguinte dei por encerrada a temporada clandestina, mesmo porque não conseguira perspectiva de abrigo seguro e atuação política não militar através dos contatos que fizera. Se o Sérgio Buarque de porre batia à nossa porta, não tardaria a polícia a bater também, por mais delegado que o João Leite fosse.[15]

Alguns dias depois, num avião de contrabandistas que Oscar Pedroso Horta providenciou, Márcio Moreira Alves foi para o Paraguai. De Assunção, seguiu para Santiago, no Chile, onde Plínio Arruda Sampaio e Paulo Tarso, democratas-cristãos que mantinham excelentes relações com o governo de Eduardo Frei, o receberam.

Mário Covas não foi preso imediatamente após o ato. Ainda pôde visitar alguns parlamentares detidos, até domingo, 15 de dezembro, quando o apanharam no apartamento funcional em Brasília. Ficou detido até a véspera do Natal.

Na sexta-feira, 30 de dezembro, Carlos Castelo Branco tinha programado uma festa em sua casa em Brasília, para comemorar o aniversário da mulher, Élvia, e vinte anos de casamento. Quando dois investigadores do Dops tocaram a campainha de seu apartamento, mandou que entrassem, pediu para servirem um café e dormiu mais dez minutos.

Na última coluna antes da prisão, Castelinho dizia a certa altura: "A medida estancou todas as fontes políticas de resistência ao governo, não deixando nenhuma válvula".[16]

Entre os protagonistas da campanha das Diretas houve os que foram afetados pelo novo ato e os que não sofreram suas consequências.

João Figueiredo, que comandara a Força Pública quando Ademar de Barros foi cassado, estava no comando do Regimento de Cavalaria de Guardas em Brasília, encarregado da segurança dos palácios presidenciais e ali continuou, até ser promovido a general de brigada em março de 1969. Tancredo Neves, Ulisses Guimarães e Franco Montoro continuaram de posse de seus mandatos, mas, como todos os parlamentares, deixaram de ter qualquer função durante o longo recesso do Congresso. Brizola estava no Balneário de Atlântida, a 45 quilômetros de Montevidéu, e lá continuou até 1977, quando foi expulso pelos militares que tomaram o poder no Uruguai, conseguindo asilo nos Estados Unidos. José Dirceu, junto com Luís Travassos, Vladimir Palmeira e Marco Antônio Ribas, teve o pedido de *habeas corpus* negado. A solicitação feita um dia antes do AI-5 foi concedida, mas a auditoria não funcionou no dia e, depois, presos políticos perderam o direito ao recurso.

Luiz Inácio da Silva seguia um metalúrgico sem qualquer militância sindical ou política. E Dante de Oliveira, com apenas 16 anos, era apenas um adolescente grandalhão e desajeitado tentando tirar as mocinhas para dançar nas domingueiras do Clube Dom Bosco em Cuiabá, ao som pra frentex da banda Jacildo & seus Rapazes.

Agradecimentos

Num projeto tão demorado e complexo, muitos foram os que colaboraram. Por isso, é grande – e possivelmente incompleta – a lista de agradecimentos do autor.

A começar pelos entrevistados. Um relevante conjunto de pessoas que se dispuseram a relembrar sua participação na história recente do país, aqui apresentadas em ordem alfabética: Abelardo Blanco, Agnaldo Timóteo, Alberto Goldman, A. P. Quartim de Morais, Almino Affonso, Almyr Gajardoni, Aloysio Nunes Ferreira, Álvaro Dias, André Franco Montoro Filho, Antonio Maschio, Armênio Guedes, Airton Soares, Belisário dos Santos, Bernardo Lerer, Carlos Brickmann, Cristovam Buarque, Davi Lerer, Delcimar Pires, Devanir Ribeiro, Domingos Leonelli, Eduardo Muylaert, Eduardo Suplicy, Fafá de Belém, Fernando Faro, Fernando Henrique Cardoso, Franklin Martins, Getúlio Hanashiro, Jair Meneguelli, Jandira Feghali, João Russo, Jorge da Cunha Lima, José Alvaro Moisés, José Carlos Dias, José Dirceu, José Genoino, José Gregori, José Luis Teixeira, José Sarney, José Serra, Lu Fernandes, Lucélia Santos, Maitê Proença, Marcelo Tas, Marcio Thomaz Bastos, Marco Antônio Tavares Coelho, Marco Maciel, Mário Sérgio Duarte Garcia, Marta Suplicy, Mauro Montoryn, Mauro Santayana, Miguel Jorge, Paulo Sérgio Pinheiro, Pedro Simon, Ricardo Kotscho, Ricardo Montoro, Ricardo Zarattini, Roberto Freire, Roberto Requião, Roberto Saturnino Braga, Rodolfo Konder, Roger, Thelma de Oliveira, Tidei de Lima, Vanderlei Macris, Vladimir Palmeira e Walter Franco.

A gratidão se estende aos que, por intermédio da aba Memória Coletiva do site <www.bradoretumbante.org.br> cooperaram com suas histórias dentro desta história, a saber: Adelaide Coelho, Claudio Lachini, Elenara Vitoria Cariboni, Elyan Dellaperuta, Fátima Peres, Felipe Soutelo, Gérson Siqueira, Haroldo

Ceravolo Sereza, Isabel Magalhães, Jennifer Monteiro, Karen Keilt, Luiz Paulo Costa, Marcelo Semer, Márcio Amêndola, Sérgio Luiz de Cerqueira Silva, Sirlene Paes e Rosana Fiuza.

É preciso ainda registrar aqueles que esclareceram determinados pontos ou contribuíram com opiniões e sugestões valiosas: Adalberto Pasqualotto, Adriana Ramos, Almeri Mello, Eduardo Henrique Saphira, Fernando César Mesquita, Fernando Morais, João Roberto Martins Filho, Jorge Caldeira, José Alvaro Moisés, Luís Erlanger, Maud Chirio, Octavio Tostes, Sérgio Gomes, Wagner La Bella e Zuenir Ventura.

Na fase de pesquisa, pôde o autor contar com a colaboração da seguinte equipe: Aline Borghoff Maia, Brisa Cristina Corrêa de Araújo, Cecília do Lago, Christian Lohbauer, Cristina Helena Micchi, Danillo Oliveira, Frederico Kling, Isabel Colucci, Lorenzo Tozzi-Evola, Luiz Bolognesi, Manoel da Costa Pinto, Marcelo Rosanova Ferraro, Matheus Feitoza, Natália Gomes Ferreira e Vinicius Juberte.

Ana Luisa Martins e André Lachini ajudaram a produzir o texto de vários capítulos.

Aos desenvolvedores do *site* www.bradoretumbante.org.br: Pedro Markun, Adriano Lima, Capi Etheriel, Daniela Silva, Diego Casaes, Kamila Sarmento Brito, Liane Lira, Lívia Amorim e Luciano Santa Brígida.

O autor é igualmente devedor de Teresa Cristina Miranda e de toda a equipe do Atelier de Imagem e Comunicação: Adriana Ramos, Alice Drummond, Ana Lúcia Venerando, Danilo Vicente, Fabiano Lemos, Frederico Kling, João Markun, Lázaro de Oliveira, Lígia Sanches, Lilian Castro, Luciana Segalli, Luiz Guerrero, Raquel Tomacelli, Renata Rogatto e Tayná Pinatti.

Mas tudo isso continuaria a ser apenas intenção, não fosse o entusiasmo de Antonio Carlos Rizek Maluf, do Instituto de Cultura Democrática, e o respaldo efetivo e desabrido do reitor Eduardo Storópoli, da Uninove, a quem ficam os créditos e o reconhecimento.

Notas

APRESENTAÇÃO

1. Discurso proferido na sessão de 18 de setembro de 1951, publicado no *Diário do Congresso Nacional* de 19 de setembro de 1951, p. 8.273. Câmara dos Deputados. Departamento de Taquigrafia, Revisão e Redação Escrevendo História – Série Brasileira 1.

CAPÍTULO 1

1. BELLO, José Maria. *História da República, 1889-1954*, São Paulo, Nacional, 1976, p. 69.
2. A *construção da Memória Nacional*, Brasília, Biblioteca Digital, Câmara dos Deputados, 2010, p. 35.
3. "O grito da Candelária", *Veja*, São Paulo, ano XXX, nº 815, abr. 1984, p. 22.
4. Ibidem.

CAPÍTULO 2

1. AGUIAR, Ricardo Osman G. *Leonel Brizola: uma trajetória política*, Rio de Janeiro, Record, 1991, apud LEITE FILHO, F. C. *El caudillo – Leonel Brizola: um perfil biográfico*, São Paulo, Aquariana, 2008, p. 28.
2. Leonel Brizola em depoimento a Roberto D'Ávila.
3. LOPEZ, Adriana & MOTA, Carlos Guilherme. *História do Brasil: uma interpretação*, São Paulo, Editora Senac São Paulo, 2008, p. 604.
4. NERY, Sebastião. *Folclore político: 1950 histórias*, São Paulo, Geração, 2002, p. 157.
5. CASTRO, Ricardo Figueiredo de. "A Frente Única Antifascista (FUA) e o antifascismo no Brasil (1933-1934)", *Topoi*, Rio de Janeiro, 2002, p. 366.
6. PRESTES, Luiz Carlos. *Manifesto da Aliança Nacional Libertadora*. Disponível em <www.marxists.org/portugues/prestes/1935/07/05.htm>.

CAPÍTULO 3

1. *A Razão*, 30.5.1937 citado por Márcio André Martins de Moares em "Plínio Salgado para Presidente do Brasil: a propaganda da Ação Integralista Brasileira em Garanhuns (1936-1937)". *Revista Encontros de Vista*. 3. ed. Disponível em <www.econtrosdevista.com.br>.
2. Senado Federal – Subsecretaria de Informações. Decreto-Lei nº 37 de 2 de dezembro de 1937. Disponível em <http://legis.senado.gov.br/legislacao/ListaNormas.action?numero=37&tipo_norma=DEL&data=19371202&link=s>.
3. GASPARI, Elio. *A ditadura derrotada*, São Paulo, Companhia das Letras, 2003, p. 49.

CAPÍTULO 4

1. SILVA, Vera Alice Cardoso & DELGADO, Lucília de Almeida Neves. *Tancredo Neves: a trajetória de um liberal*, Rio de Janeiro, Vozes, 1985. Trecho retirado do *site* <http://tancredo-neves.org.br/index.php?option=com_content&view=article&id=307:a-amizade-com-getulio-vargas&catid=45&Itemid=83>.
2. GASPARI, Elio. *A ditadura derrotada*, São Paulo, Companhia das Letras, 2003, p. 133.
3. AGUIAR, Ronaldo Conde. *Vitória na derrota: a morte de Getúlio Vargas*, Rio de Janeiro, Casa da Palavra, 2004, p. 151.
4. BRAGA, Sueli. *O cerco se fecha: a República do Galeão e o suicídio de Vargas*, Rio de Janeiro, FGV/CPDOC. Disponível em <http://cpdoc.fgv.br/producao/dossies/AEraVargas2/artigos/CrisePolitica/Suicidio>.
5. *Última Hora*, 23.8.1954.
6. Depoimento a Vera Alice Cardoso Silva e Lucília de Almeida Neves Delgado. Disponível em <www.tancredoneves.org.br>.
7. Disponível em <www0.rio.rj.gov.br/memorialgetuliovargas>.

CAPÍTULO 5

1. Anais do Congresso.
2. LOTT, Henrique Batista Duffles Teixeira. Depoimento, 1978, Rio de Janeiro, CPDOC, 2002. Disponível em <www.fgv.br/cpdoc/historal/arq/Entrevista117.pdf>.
3. MARKUN, Paulo & HAMILTON, Duda. *1961: que as armas não falem*, São Paulo, Editora Senac São Paulo, 2001, p. 135.
4. MARKUN, Paulo & HAMILTON, Duda. Op. cit., p. 136.
5. MARKUN, Paulo & HAMILTON, Duda. Op. cit., p. 137.
6. MARKUN, Paulo & HAMILTON, Duda. Op. cit., p. 132.

CAPÍTULO 6

1. MARTINS, Franklin. "Brizola convoca a resistência ao golpe. Discurso no rádio. Porto Alegre (1961)". *Conexão Política*. Disponível em <www.franklinmartins.com.br/estacao_historia_artigo.php?titulo=brizola-convoca-a-resistencia-ao-golpe-discurso-no-radio-porto-alegre-1961>.

2. MARKUN, Paulo & HAMILTON, Duda. *1961: que as armas não falem*, São Paulo, Editora Senac São Paulo, 2001, p. 11.
3. MARTINS, Franklin. Op. cit.
4. MARKUN, Paulo & HAMILTON, Duda. Op. cit., p. 313.
5. MARKUN, Paulo & HAMILTON, Duda. *1961: o Brasil entre a ditadura e a guerra civil*, São Paulo, Benvirá, 2011.
6. Memorial do Legislativo do Rio Grande do Sul. "O Parlamento gaúcho no movimento da Legalidade", Vanessa Concian, 7.9.2011. Disponível em <www2.al.rs.gov.br/memorial/>.

CAPÍTULO 7

1. "Discurso de posse do deputado Tancredo Neves como primeiro-ministro do governo de João Goulart". Disponível em <tancredo-neves.org.br>.
2. Ibidem.
3. Ibidem.
4. MONTORO, Franco. *Memórias em linha reta*, São Paulo, Editora Senac São Paulo, 2000, p. 130.
5. GUTEMBERG, Luiz. *Moisés, codinome Ulysses Guimarães*, São Paulo, Companhia das Letras, 1994, p. 23.
6. *Folha de S.Paulo*, 10.2.1962.

CAPÍTULO 8

1. *Novos Rumos*, Rio de Janeiro, Partido Comunista Brasileiro, ed. 142, 27.10 a 2.11.1961.
2. *Novos Rumos*, op. cit.
3. *Novos Rumos*, op. cit.
4. *Folha de S.Paulo*, 26.10.1961, p. 4.
5. *Novos Rumos*, op. cit.
6. SÁ, Xico. "Ceará: nos campos da seca", *Aventuras na história*, São Paulo, Abril, 2005.
7. BARROS, Adirson de. *Ascensão e queda de Miguel Arraes*, Rio de Janeiro, Ed. Equador, 1965, p. 53.
8. TEIXEIRA, Anísio. *"Livro de leitura* é introdução à liberdade", *Revista Brasileira de Estudos Pedagógicos*, 1962, p. 159.
9. CPDOC. *A trajetória política de João Goulart*. Disponível em <cpdoc.fgv.br/producao/dossies/Jango/artigos/NaPresidenciaRepublica/Centro_Popular_de_Cultura>.
10. CALLADO, Antonio. *Os industriais da seca e os "galileus" de Pernambuco*, Rio de Janeiro, Civilização Brasileira, 1960, pp. 39-40.
11. CALLADO, Antonio. Op. cit., p. 52.
12. Tancredo Neves, em entrevista para TV Record, São Paulo, 7.10.1961.
13. SANTIAGO, Vandeck. *Francisco Julião: luta, paixão e morte de um agitador*. Disponível em <www.alepe.pe.gov.br/sistemas/perfil/parlamentares/01pdf/FranciscoJuliao.pdf>.
14. FERRER, Eliete (org.). *68: a geração que queria mudar o mundo: relatos*, Brasília, Comissão de Anistia, Ministério da Justiça, 2011, p. 65.
15. Declaração do I Congresso Nacional dos Lavradores e Trabalhadores Agrícolas sobre o Caráter da Reforma Agrária – 1961. Publicado pela primeira vez na revista *Estudos Sociais*, abr. 1962. Disponível em <https://www.marxists.org/portugues/tematica/1961/11/17.html>.

16. Disponível em <www.biblioteca.presidencia.gov.br>.
17. MARIGHELLA, Carlos et al. *A questão agrária: textos dos anos sessenta*, São Paulo, Brasil Debates, 1980.
18. Disponível em <cpdoc.fgv.br/producao/dossies/Jango/artigos/NaPresidenciaRepublica/Os_gabinetes _parlamentaristas>.
19. ARAÚJO, Washington Luiz de. "Memórias de Almino", *Revista Brasileiros*, São Paulo, nº 32, mar. 2010, p. 86. Disponível em <www.revistabrasileiros.com.br/wp-content/virtual/revista-brasileiros /32/files/assets/downloads/page0082.pdf>.

CAPÍTULO 9

1. NAFTALI, Timothy (org.). *The Presidential Records, John F. Kennedy, The Great Crisis*, vol. 1, 2001, pp. 9-25, apud GORDON, Lincoln. *A segunda chance do Brasil: a caminho do Primeiro Mundo*, São Paulo, Editora Senac São Paulo, 2002.
2. Citado por Leonel Brizola em depoimento a LEITE FILHO, Francisco das Chagas. *El caudillo – Leonel Brizola: um perfil biográfico*, São Paulo, Aquariana, 2008.
3. Disponível em <http://www.usinadeletras.com.br/exibelotexto.php?cod=63331&cat=Artigos>.

CAPÍTULO 10

1. *Diário de Pernambuco*, 11.5.1962, p. 8, apud PORFÍRIO, Pablo F. de A. "A trajetória de Francisco Julião: considerações sobre as ideias de revolução e anistia no Brasil". XXV Simpósio Nacional de História, Anpuh, Fortaleza, 2009.
2. GONÇALVES, Alcindo. *Lutas e sonhos: cultura política e hegemonia progressista em Santos*, São Paulo, Editora Unesp, 1995, p. 180.

CAPÍTULO 11

1. "Lacerda regressa da Europa e é calorosamente recebido", *O Estado de S. Paulo*, 1.12.1962, p. 5.
2. SCHMIDT, Bernardo. "Bibi Ferreira e o plebiscito de 1963", *Bibi Ferreira e Edith Piaf*. Disponível em <http://www.bibi-piaf.com/bibiplebiscito/bibiplebiscito1963bernardo.htm>.
3. "O Iseb não fala sobre o panfleto comunista: 'perguntem ao ministro'", *O Globo*, 5.12.1962, p. 7.
4. *Novos Rumos*, Rio de Janeiro, Partido Comunista Brasileiro, ed. 223, 31.5 a 6.6.1963, p. 8.
5. *Correio da Manhã*, 4.1.1963, citado por Rosa Freire D'Aguiar em *A história de um plano: o Plano Trienal e o Ministério do Planejamento*, Rio de Janeiro, Contraponto. Disponível em <www.gbv.de/ dms/zbw/669545731.pdf>.
6. LOUREIRO, Felipe Pereira. "O Plano Trienal no contexto das relações entre Brasil e Estados Unidos (1962-1963)", *Revista de Economia Política*, vol. 33, nº 4 (133), out.-dez., 2013, pp. 675-6.
7. VILLA, Marco Antonio. *Jango: um perfil (1945-1964)*, São Paulo, Globo, 2003, p. 95.
8. LOUREIRO, Felipe Pereira. Op. cit.
9. SERRA, José. "Celso Furtado – O legado: um apaixonado pela razão", *Folha de S.Paulo*, São Paulo, 22.11.2004, p. 3.
10. SERRA, José. Op. cit.

11. COELHO, Marco Antônio Tavares. *Herança de um sonho: as memórias de um comunista*, Rio de Janeiro, Record, 2000, pp. 268-9.
12. Livro publicado em 1962 na coleção Cadernos do povo brasileiro da Editora Civilização Brasileira.
13. GUILHERME, Wanderley. *Quem dará o golpe no Brasil?*, Rio de Janeiro, Civilização Brasileira. (Coleção Cadernos do povo brasileiro, 5)
14. GUILHERME, Wanderley. Op. cit., p. 88.
15. SILVA, Marcia Pereira da. "História, política e educação: governos militares e repressão no Brasil das décadas de 1960 e 1970", *Educação em Revista*, Marília, vol. 10, n° 2, p. 45.
16. FERREIRA, Jorge. "A estratégia do confronto: a frente de mobilização popular", *Revista Brasileira de História*, 2004, vol. 24, n° 47, pp. 181-212.
17. FERREIRA, Jorge. Op. cit.

CAPÍTULO 12

1. CARVALHO, Bruno Guedes de. *Nas prensas e nos quartéis: as demandas dos militares subalternos através da coluna "Plantão Militar" (1957-1964)*. 187 f. Dissertação apresentada ao Programa de Pós-Graduação de mestrado em História, Departamento de História, Universidade Federal Fluminense. Niterói, 2013. Disponível em <http://www.historia.uff.br/stricto/td/1765.pdf>.
2. TAVARES, Mariza. *Memória 1964 – O dossiê do braço armado de Brizola*. Disponível em <http://cbn.globoradio.globo.com/hotsites/grupo-dos-onze/GRUPO-DOS-ONZE.htm>.
3. TAVARES, Mariza. Op. cit.
4. ARMONY, Miguel. *A linha justa: a Faculdade Nacional de Filosofia nos anos 1962-1964*, Rio de Janeiro, Revan, 2002, p. 68.
5. WAINER, Samuel. *Minha razão de viver: memórias de um repórter*, Rio de Janeiro, Record, 1987, p. 245.

CAPÍTULO 13

1. ONOFRE, Gabriel da Fonseca. *Em busca da esquerda esquecida: San Tiago Dantas e a Frente Progressista*. Dissertação apresentada ao Programa de Pós-Graduação de mestrado, Fundação Getulio Vargas, Centro de Pesquisa e Documentação de História Contemporânea do Brasil (CPDOC), Rio de Janeiro, 2012.
2. FERREIRA, Jorge. "Panfleto – as esquerdas e o 'jornal do homem da rua'", *Varia História*, Belo Horizonte, vol. 26, n° 44, jul.-dez. 2010. Disponível em Scielo Network.
3. GUEDES, Carlos Luís. *Tinha que ser Minas*, Rio de Janeiro, Nova Fronteira, 1979, p. 131.

CAPÍTULO 14

1. NETO, João Pinheiro. *Jango: um depoimento pessoal*, Rio de Janeiro, Mauad X, 2008, pp. 65-6.
2. Ibidem.
3. Disponível em <http://www2.dbd.puc-rio.br/pergamum/tesesabertas/0812291_10_cap_03.pdf>.
4. "JG: 'Haveremos de conquistar a democracia para o povo'", *Folha de S.Paulo*, 12.3.1964, p. 6.
5. WAINER, Samuel. *Minha razão de viver: memórias de um repórter*, Rio de Janeiro, Record, 1987, p. 250.

6. *O Globo*, 14.3.1964, p. 8.
7. Ibidem.
8. Ibidem.
9. Ibidem.
10. Ibidem.
11. Ibidem.
12. Ibidem.
13. Ibidem.
14. Ibidem.
15. Trechos da mensagem ao Congresso Nacional remetida pelo presidente da República na abertura da sessão legislativa de 1964. Brasília, 1964. Disponível em <http://www.gedm.ifcs.ufrj.br/upload/documentos/36.pdf>.
16. *Panfleto*, 23.3.1964, p. 6.
17. *Folha de S.Paulo*, 28.3.1964, p. 22.
18. "Outro ato a favor das reformas deixou um saldo de vinte presos, três feridos e um vasto noticiário", *O Estado de S. Paulo*, 16.3.1964, p. 48.
19. COELHO, Marco Antônio Tavares, em depoimento ao autor.
20. ARAÚJO NETTO. "A paisagem", in DINES, Alberto et al. *Os idos de março e a queda de abril*, Rio de Janeiro, José Álvaro Editor, 1964, p. 31.
21. LOPES, João Herculino de Souza. *Minhas melhores lembranças*, Brasília, Dom Quixote, [s.d.], p. 70. Disponível em <http://www.fundacaojoaoherculino.com.br/pdf/livrocompleto.pdf>.
22. "Jango: nada de golpes e de continuísmo", *Última Hora*, 20.3.1964, p. 4.

CAPÍTULO 15

1. Disponível em <www.ebc.com.br/cidadania/2014/03/ha-50-anos-jango-defendia-reformas-em-comicio-na-central-do-brasil>.
2. "Marcha da Família com Deus pela Liberdade em 19 de março em São Paulo", *O Estado de S. Paulo*, 20.3.1964, p. 14.
3. *O Globo*, 20.3.1964, p. 10.
4. Ibidem.
5. Ibidem.
6. Ibidem.
7. *O Estado de S. Paulo*, p. 14.
8. Ibidem.
9. LIRA NETO. *Castello: a marcha para a ditadura*, São Paulo, Contexto, 2004, p. 197.
10. LIRA NETO. Op. cit, p. 429.
11. MENDONÇA, Daniel. "Discurso militar da ordem: uma análise dos pronunciamentos militares durante o governo Goulart (1961-1964)", *Teoria & Pesquisa*, vol. XVI, nº 1, jan.-jun. 2007.

CAPÍTULO 16

1. ROLIM, César Daniel de Assis. *Leonel Brizola e os setores subalternos das Forças Armadas: 1961-1964*. Dissertação apresentada ao Programa de Pós-Graduação de mestrado, Instituto de Filosofia e Ciências Humanas, Universidade Federal do Rio Grande do Sul, Porto Alegre, 2009.
2. Disponível em <www.militar.com.br/modules.php?name=Historia&file=display&jid=244>.
3. *Novos Rumos*, 27.3.1964. Citado em ALMEIDA, Anderson da Silva. Todo leme a bombordo – marinheiros e ditadura civil-militar no Brasil: da rebelião de 1964 à anistia. Dissertação apresentada ao Programa de Pós-Graduação de mestrado em História, Instituto de Ciências Humanas e Filosofia, Universidade Federal Fluminense, Niterói, 2010.
4. VILLA, Marco Antonio. *Jango: um perfil (1945-1964)*, São Paulo, Globo, 2003, p. 205.
5. FREITAS, Jânio de. "Farsa precipitou o movimento militar", *Folha de S.Paulo*. 27.3.1994.
6. Ibidem.
7. Trechos do discurso de João Goulart durante reunião de sargentos no Automóvel Clube em 30 de março de 1964. Disponível em <http://www.gedm.ifcs.ufrj.br/upload/documentos/42.pdf>.
8. MELO, Jayme Portella de. *A revolução e o governo Costa e Silva*, Rio de Janeiro, Guavira, 1979, p. 118, apud GUERRA, Tiago Cavalcante. *A práxis e as representações ideológicas do general Jayme Portella: a "linha-dura" no cenário político brasileiro (1964-1969)*. Dissertação apresentada ao Programa de Pós-Graduação de mestrado em História, Pontifícia Universidade Católica de São Paulo (PUC-SP), São Paulo, 2008.

CAPÍTULO 17

1. JUREMA, Abelardo. "O começo do fim", *O Cruzeiro*, 4.7.1964.
2. "Pisando no chão do Exército", *Veja*, 20.7.1977, p. 23.
3. Ibidem.
4. AMORIM, Silvio. "Jango ou Presidente João Goulart". 29.4.2012. Disponível em <www.instituto joaogoulart.org.br/noticia.php?id=5661>.
5. Ibidem.
6. Carta de Moniz Bandeira a Janio de Freitas pelo artigo "Jango em Brasília", 15.11.2013. Disponível em <www.institutojoaogoulart.org.br/noticia.php?id=9774>.
7. ROLIM, César Daniel de Assis. *Leonel Brizola e os setores subalternos das Forças Armadas: 1961-1964*. Dissertação apresentada ao Programa de Pós-Graduação de mestrado, Instituto de Filosofia e Ciências Humanas, Universidade Federal do Rio Grande do Sul, p. 229, Porto Alegre, 2009.
8. BASTOS, Joaquim Justino Alves. *Encontro com o tempo: memórias do general Justino Alves Bastos*, Porto Alegre, Globo, 1965, p. 358.
9. BASTOS, Joaquim Justino Alves. Op. cit., p. 318.
10. BASTOS, Joaquim Justino Alves. Op. cit., p. 393.
11. CAVALCANTI, Paulo. *O caso eu conto como o caso foi: memórias*, vol. 1, São Paulo, Alfa-Ômega, 1978, p. 361.
12. SILVA, Hélio & CARNEIRO, Maria Cecilia Ribas. *1964: golpe ou contragolpe?*, Porto Alegre, L&PM, 1978, p. 292.
13. Disponível em <brothersam.wordpress.com/a-reportagem-original/>.
14. VILLA, Marco Antonio. *Jango: um perfil (1945-1964)*, São Paulo, Globo, 2003, p. 223.

15. JUREMA, Abelardo. *Sexta feira, 13: os últimos dias do governo João Goulart*. Disponível em <www.docvirt.com/WI/hotpages/hotpage.aspx?bib=BibliotBNM&pagfis=5256&pesq=&url=http://docvirt.no-ip.com/docreader.net>.
16. Discurso de Brizola em 1º de abril de 1964 pela Rádio Guaíba do Palácio Piratini.
17. BRAGA, Kenny; SOUZA, João B. de; DIONI, Cleber & BONES, Elmar. *Parlamentares gaúchos: João Goulart – Perfil, discursos e depoimentos (1919-1976)*, Porto Alegre, Assembleia Legislativa do Estado do Rio Grande Sul, 2004, p. 122.
18. Leonel Brizola em entrevista para o *Coojornal*, 1981.

CAPÍTULO 18

1. Anais da Câmara.
2. VILLA, Marco Antonio. *Jango: um perfil*. São Paulo, Globo, 2003, p. 224.
3. COELHO, Marco Antônio Tavares. *Herança de um sonho: as memórias de um comunista*, Rio de Janeiro, Record, 2000, p. 268.
4. RIBEIRO, Darcy. *Confissões*, São Paulo, Companhia das Letras, 1997, p. 268.
5. José Serra em depoimento ao autor.
6. Ibidem.
7. "O Carnaval da Vitória", *O Cruzeiro*, Edição Extra, 10.4.1964. Disponível em <www.reservaer.com.br/>.
8. MACHADO, Otávio Luiz. *O conflito entre interesses públicos e privados: a União Juventude Socialista (UJS) do Partido Comunista do Brasil (PCdoB) na União Nacional dos Estudantes (UNE)*, 20.7.2009. Disponível em <https://groups.google.com/forum/#!msg/feneap/x3KTqaWQ4W4/Vc_53TezkeQJ>.
9. *Caco: 90 anos de história*. Rio de Janeiro, Coordenadoria de Comunicação da Universidade Federal do Rio de Janeiro (UFRJ), 2007. Disponível em <www.ufrj.br/sgcoms/docs/Memorabilia-CACO-90-ANOS-de-HISTORIA.pdf>.

CAPÍTULO 19

1. Entrevista de Aldo Lins e Silva para a Fundação Perseu Abramo, 16.4.2006. Disponível em <http://fmauriciograbois.org.br/beta/escola/noticia.php?id_sessao=10&id_noticia=823>.
2. ROZOWYKWIAT, Tereza. *Arraes*, São Paulo, Iluminuras, 2006, p. 73.
3. BASTOS, Justino Alves. *Encontro com o tempo*, Porto Alegre, Globo, 1965, p. 360.
4. YAMAUTI, Nilson Nobuaki. *A aplicação da teoria marxista de Estado na interpretação do golpe militar de 1º de abril de 1964*. Disponível em <http://www.periodicos.uem.br/ojs/index.php/ActaSciHumanSocSci/article/viewFile/154/77>.
5. NERY, Sebastião. *O dia em que Arraes disse não*. Disponível em <www.sebastiaonery.com.br/visualizar.jsp?id=60>.
6. BASTOS, Justino Alves. Op. cit., p. 142.
7. Cavalcanti, Paulo. *O caso eu conto como o caso foi: memórias*, vol. 1, São Paulo, Alfa-Ômega, cap. XIII. Disponível em <www.panamerica.net.br/portal>.
8. ROZOWYKWIAT, Tereza. Op. cit., p. 78.

9. BEZERRA, Gregório. *Eu, Gregório Bezerra, acuso!* Disponível em <http://www.dhnet.org.br/memoria/mercia/ditadura/gregorio_bezerra/eugregorioacuso.htm>.
10. Ibidem.
11. Ibidem.
12. FERRER, Eliete (org.). *68: a geração que queria mudar o mundo: relatos*, Brasília, Ministério da Justiça, Comissão da Anistia, 2011, p. 97.
13. "O homem que agitou os canaviais". Disponível em <www.geneton.com.br>.

CAPÍTULO 20

1. D'ARAUJO, Maria Celina; SOARES, Gláucio Ary Dillon & CASTRO, Celso. *Visões do golpe: a memória militar de 1964*, Rio de Janeiro, Relume Dumará, 1994, p. 16.
2. D'ARAUJO, Maria Celina; SOARES, Gláucio Ary Dillon & CASTRO, Celso. Op. cit., p. 17.
3. IANNI, Octávio. *O colapso do populismo no Brasil*. Rio de Janeiro, Civilização Brasileira, 1968, pp. 107-8.
4. COUTO, Ronaldo Costa. *Memória viva do regime militar: 1964-1965*, Rio de Janeiro, Record, 1999, p. 37.
5. CAMARGO, Aspásia & GÓIS, Walder de. *Meio século de combate: diálogo com Cordeiro de Farias*, Rio de Janeiro, Nova Fronteira, 1981, p. 548.
6. BANDEIRA, Luiz Alberto Moniz. *O governo João Goulart 1961-1964*. São Paulo, Editora Unesp, 2001, pp. 21-2.
7. "A batalha perdida", *O Estado de S. Paulo*, 6.4.1999, Caderno A, p. 2.
8. RIBEIRO, Darcy. *Confissões*, São Paulo, Companhia das Letras, 1997, p. 282.
9. REIS, Daniel Aarão. "As ilusões armadas", *La Insignia*, maio 2003. Disponível em <www.lainsignia.org/2003/mayo/cul_010.htm>.
10. FIGUEIREDO, Argelina Maria Cheibub. *Democracia ou reformas? Alternativas democráticas ou crise política*, Rio de Janeiro, Paz e Terra, 1993.
11. COUTO, Ronaldo Costa. Op. cit., pp. 194-206.
12. FERREIRA, Jorge. "A estratégia do confronto: a frente de mobilização popular", *Revista Brasileira de História*, vol. 24, no 47, 2004 Disponível em <http://dx.doi.org/10.1590/S0102-01882004000100008>.
13. SCOCUGLIA, Afonso Celso. *Goulart e o golpe de 1964: por uma nova historiografia*. Disponível em <http://www.histedbr.fae.unicamp.br/navegando/artigos_pdf/Afonso_Celso_Scocuglia_artigo.pdf>.

CAPÍTULO 21

1. SKIDMORE, Thomas. *Brasil: de Castelo a Tancredo – 1964-1985*, São Paulo, Paz e Terra, 2004, p. 26.
2. "Costa e Silva, 1964-1969: as lições da política", *Veja*, 24.12.1969. Disponível em <veja.abril.com.br/arquivo_veja/capa_24121969.shtml>.
3. CAMARGO, Aspásia & GÓIS, Walder de. *Meio século de combate: diálogo com Cordeiro de Farias*, Rio de Janeiro, Nova Fronteira, 1981, pp. 561-2.

4. COUTO, Ronaldo Costa. *Juscelino Kubitschek*, Brasília, Câmara dos Deputados (Edicões Câmara), Senado Federal (Edições Técnicas), 2011, p. 177. Disponível em <http://bd.camara.gov.br/bd/handle/bdcamara/7549>.
5. "Castelo prometeu fazer de JK seu sucessor", *O Globo*, 22.8.2010.
6. Disponível em <www.planalto.gov.br/ccivil_03/AIT/ait-01-64.htm>.
7. HILDEBRANDO, Luiz. *Crônicas de nossa época: memórias de um cientista engajado*, São Paulo, Paz e Terra, 2001, p. 85.
8. COUTO, Ronaldo Costa. Op. cit., p. 179. Disponível em <bd.camara.gov.br/bd/handle/bdcamara/7549>.
9. Discurso de posse do marechal Humberto de Alencar Castelo Branco na Presidência da República, 15.4.1964. Publicado originalmente em ANDRADE, Auro Moura. *Um Congresso contra o arbítrio: diários e memória*, Rio de Janeiro, Nova Fronteira, 1985. Disponível em <http://www.gedm.ifcs.ufrj.br/upload/documentos/50.pdf>.

CAPÍTULO 22

1. CONY, Carlos Heitor. *O ato e o fato*, Rio de Janeiro, Objetiva, 2009, p. 40.
2. CONY, Carlos Heitor. Op. cit., p. 27.
3. "Terrorismo não", *Correio da Manhã*, 3.4.1964, p. 1.
4. FILHO, Luís Viana. *O governo Castelo Branco*, Rio de Janeiro, José Olympio, 1975, p. 97.
5. CONY, Carlos Heitor. "Maomé e a montanha", *Correio da Manhã*, 10.9.1964, p. 15.
6. Acervo Mortos e Desaparecidos – Manoel Alves de Oliveira. Comissão Especial de Mortos e Desaparecidos. Secretaria de Direitos Humanos da Presidência da República. Disponível em <http://cemdp.sdh.gov.br/modules/desaparecidos/acervo/ficha/cid/114>.
7. SKIDMORE, Thomas. *Brasil: de Getúlio a Castello*, São Paulo, Companhia das Letras, 2010, p. 58.
8. ALVES, Márcio Moreira. *Torturas e torturados*, Rio de Janeiro, [s.n.], 1996, p. 56. Disponível em <http://www.dhnet.org.br/verdade/resistencia/marcio_alves_torturas_e_torturados.pdf>.
9. *Folha de S.Paulo*, 7.9.1964, p. 9.
10. ALVES, Márcio Moreira. Op. cit.
11. ALVES, Márcio Moreira. Op. cit.

CAPÍTULO 23

1. CHAISE, Sereno & KLÖCKNER, Luciano. *O diário político de Sereno Chaise: 60 anos de miséria*, Porto Alegre, Age, 2007, p. 92.
2. *O Globo*, 1.12.1964, p. 10.
3. Entrevista ao *Pasquim*, 21. No *site* do PDT.
4. MORAES NETO, Geneton. "A crônica secreta da guerrilha: um brasileiro desembarca em Cuba com dólares escondidos debaixo da roupa. Missão: devolver o dinheiro ao governo de Fidel Castro. Nome do brasileiro: Herbert de Souza, o Betinho". *Dossiê geral – O blog das Confissões* – G1, 2010. Disponível em <http://g1.globo.com/platb/geneton/2010/08/19/a-cronica-secreta-da-guerrilha-um-brasileiro-desembarca-em-cuba-com-dolares-escondidos-debaixo-da-roupa-missao-devolver-o-dinheiro-ao-governo-de-fidel-castro-nome-do-brasileiro-herbert-de-souza/>.

CAPÍTULO 24

1. ALMEIDA, Paulo Roberto de. *Do alinhamento recalcitrante à colaboração relutante: o Itamaraty em tempos de AI-5*. Disponível em <http://www.pralmeida.org/05Docs-PRA/1847ItamaratyAI5.pdf>.
2. GASPARI, Elio. *A ditadura envergonhada*, São Paulo, Companhia das Letras, 2002, p. 184.
3. GODOY, Arnaldo Sampaio de Moraes. "O *habeas corpus* de Miguel Arraes no STF, em 1965". Ministério Público do Estado do Maranhão, Procuradoria Geral da Justiça, 2013. *Revista Consultor Jurídico*, 20.1.2013. Disponível em <http://www.mp.ma.gov.br/index.php/lista-de-noticias-caop-criminal/5813-o-habeas-corpus-de-miguel-arraes-no-stf-em-1965>.

CAPÍTULO 25

1. FÉLIX, Moacyr. "De repartição em repartição", em *Os cem melhores poetas brasileiros do século*, São Paulo, Geração, 2001, p. 254.
2. CZAJKA, Rodrigo. "A *Revista Civilização Brasileira*: projeto editorial e resistência cultural (1965-1968)", *Revista Sociologia e Política*, vol. 18, nº 35, p. 113.
3. FÉLIX, Moacyr. *Ênio Silveira: arquiteto de liberdades*, Rio de Janeiro, Bertrand Brasil, 1998, p. 60, apud NEVES, Ozias Paese. *Revista Civilização Brasileira (1965-1968): uma cultura de esquerda no cenário político ditatorial*. Disponível em <revista.unibrasil.com.br/index.php/retdu/article/viewFile/54/87?origin=publication_detail>.
4. GASPARI, Elio. *A ditadura envergonhada*, São Paulo, Companhia das Letras, 2002, p. 231.

CAPÍTULO 26

1. ROSA, Susel Oliveira da. "A escrita de si na situação de tortura e isolamento: as cartas de Manoel Raimundo Soares", *História, imagem e narrativas*, ano 3, nº 7, set.-out. 2008.
2. Discurso de Fidel Castro no encerramento da Primeira Conferência da Organização Latino-Americana de Solidariedade (Olas), 10.8.1967. Disponível em <http://www.cuba.cu/gobierno/discursos/1967/esp/f100867e.html>.
3. GUIMARÃES, Plínio Ferreira. *Caparaó, a lembrança do medo*. Dissertação apresentada ao Programa de Pós-Graduação de mestrado em História, Universidade Federal de Juiz de Fora, Juiz de Fora, 2006.
4. ROLLEMBERG, Denise. *O apoio de Cuba à luta armada no Brasil: o treinamento guerrilheiro*, Rio de Janeiro, Mauad, 2001, p. 31.
5. ROLLEMBERG, Denise. Op. cit., p. 26.

CAPÍTULO 27

1. Ernesto Geisel, depoimento ao CPDOC, pp. 177-8.
2. COUTO, Ronaldo Costa. *Juscelino Kubitschek*, Brasília, Câmara dos Deputados (Edições Câmara), Senado Federal (Edições Técnicas), 2011, p. 183. Disponível em <http://bd.camara.gov.br/bd/handle/bdcamara/7549>.
3. COUTO, Ronaldo Costa. Op. cit., p. 433.

4. "Íntegra do último discurso de Juscelino Kubitschek como senador, na véspera da cassação". Disponível em <www12.senado.gov.br/jornal/edicoes/2012/12/21/integrado-ultimo-discurso-de-juscelino-kubitschek-como-senador-na-vespera-da-cassacao1>.
5. LIRA NETO. *Castello: a marcha para a ditadura*, São Paulo, Contexto, 2004, p. 297.
6. Ata secreta do Conselho de Segurança Nacional de 30.12.1968, p. 34.
7. Carlos Lacerda em entrevista à TV Itacolomy, apud NERY, Sebastião, *Tribuna da Internet*, 5.5.2012.
8. CHIRIO, Maud. *A primeira linha dura do regime militar: trajetórias de oficiais do Exército nos anos 60 e 70*. Disponível em <portal.anpocs.org/portal/index.php?option=com_docman&task=doc_view&gid=984&ltemid=353>.
9. *Carlos Lacerda de A a Z*. Disponível em <http://www.fundamar.com/projetos_itens.aspx?id=18&projeto=4>.
10. *O Estado de S. Paulo*, 18.5.1965, p. 15.
11. *Última Hora*, 16.8.1965, p. 2.
12. LIRA NETO, Op. cit., p. 337.
13. FILHO, Luís Viana. *O governo Castelo Branco*, Rio de Janeiro, José Olympio, 1975, p. 335.
14. LIRA NETO, Op. cit., p. 339.

CAPÍTULO 28

1. LIRA NETO, *Castello: a marcha para a ditadura*, São Paulo, Contexto, 2004, p. 335.
2. BRANCO, Carlos Castello. *Os militares no poder de 1964 a 1968*, Rio de Janeiro, Nova Fronteira, 2007, vol. 1, p. 347.
3. Biblioteca Digital da Câmara dos Deputados, Centro de Documentação e Informação, Coordenação de Biblioteca. Disponível em <http://bd.camara.gov.br>.
4. Disponível em <www.biblioteca.presidencia.gov.br/ex-presidentes>.
5. GASPARI, Elio. *A ditadura envergonhada*, São Paulo, Companhia das Letras, 2002, p. 176.
6. GASPARI, Elio. Op. cit., pp. 259-60.
7. BARBOSA, Leonardo Augusto de Andrade. *Mudança constitucional, autoritarismo e democracia no Brasil pós-1964*. Tese apresentada ao Programa de Pós-Graduação de doutorado em Direito, Faculdade de Direito, Universidade de Brasília, Brasília, 2009, p. 65.
8. *O Globo*, 28.10.1965, p. 20.
9. *O Globo*, 28.10.1965, p. 12.
10. *Correio da Manhã*, 28.10.1965, p. 1.
11. *Folha de S.Paulo*, 28.10.1965.
12. *O Estado de S. Paulo*, 28.10.1965.
13. *Jornal do Brasil*, 28.10.1965
14. *Correio da Manhã*, 28.10.1965.
15. Disponível em <www.obscritico.blogspot.com.br>.
16. MELHEM, Celia Soibelmann. *Política de botinas amarelas: o MDB paulista de 1965 a 1988*, São Paulo, Hucitec, 1998, pp. 75-6.
17. "Setores do MDB já acolhem em Minas o nome de Kruel como candidato de oposição", *Jornal do Brasil*, 4.4.1966.

CAPÍTULO 29

1. LIRA NETO, *Castello: a marcha para a ditadura*, São Paulo, Contexto, 2004, p. 361.
2. "Costa e Silva diz ser candidato", *Correio da Manhã*, 31.12.1965, p. 1.
3. FILHO, Luís Viana. *O governo Castelo Branco*, vol. 2, Rio de Janeiro, José Olympio, 1976, p. 378.
4. GASPARI, Elio. *A ditadura derrotada*, São Paulo, Companhia das Letras, 2002, p. 97.
5. FILHO, Luís Viana. Op. cit., p. 381.
6. FILHO, Luís Viana. Op. cit., pp. 384-5.
7. LIRA NETO, Op. cit., p. 369.
8. *O Estado de S. Paulo*, 25.2.1966, p. 1.
9. FILHO, Luís Viana. Op. cit., p. 386.
10. CASTELLO BRANCO, Carlos. "O que há de grave no caso Kruel", *Jornal do Brasil*, 2.5.1965, p. 4.
11. *Folha de S.Paulo*, 3.5.1966, p. 7.
12. *Correio da Manhã*, 18.5.1966, p. 1.
13. "Costa e Silva promete governo identificado com o de Castello", *Folha de S.Paulo*, 27.5.1966, p. 5.

CAPÍTULO 30

1. "Você também voltará", *Folha de S.Paulo*, 25.5.1966, p. 1.
2. "Ademar afirma no Rio que o povo fará a revisão", *Folha de S.Paulo*, 7.6.1966, p. 8.
3. "O MDB reage: fora das indiretas", *Folha de S.Paulo*, 7.8.1966, p. 1.
4. "Manifesto do general Amauri Kruel, comandante do II Exército, no dia 1º de abril de 1964", citado em SILVA, Hélio. *1964: golpe ou contragolpe?*, Rio de Janeiro, Civilização Brasileira, 1975. Disponível em <http://www.gedm.ifcs.ufrj.br/upload/documentos/47.pdf>.

CAPÍTULO 31

1. *Tribuna da Internet*, citada por <www.pitoresco.com/historia>.
2. ALVES, Márcio Moreira. *68 mudou o mundo*, Rio de Janeiro, Nova Fronteira, 1993, pp. 130-1.
3. CASTELLO BRANCO, Carlos. "Lacerda e suas novas alianças", *Jornal do Brasil*, 1.9.1966, p. 4.
4. "Castelo em Roraima: Frente espúria", *Correio da Manhã*, 21.9.1966.
5. "A Semana", *O Estado de S. Paulo*, 24.9.1966, p. 4.

CAPÍTULO 32

1. Entrevista de Paulo Affonso Martins de Oliveira, ex-secretário-geral da Câmara dos Deputados ao programa *Memória Política*, de Tarcísio Holanda, da TV Câmara.
2. BRASIL. *Anais da Câmara dos Deputados*, vol. 23, Brasília, Câmara dos Deputados, 1966, p. 13.
3. MARTINS, Mário. *Valeu a pena*, Rio de Janeiro, Nova Fronteira, 1996, p. 217.

CAPÍTULO 33

1. *Caco: 90 anos de história*. Rio de Janeiro, Coordenadoria de Comunicação da Universidade Federal do Rio de Janeiro, 2008, p. 176.
2. Depoimento ao autor.
3. "Realidade universitária: professor denuncia que terrorismo cultural e cátedra vitalícia impedem desenvolvimento da USP", *A Gazeta*, 11.5.1965.
4. POERNER, Arthur. *Poder jovem*, Rio de Janeiro, Civilização Brasileira, 1968, p. 273.
5. Relatório do Cenimar. Arquivo do autor,
6. Vladimir Palmeira em entrevista para a revista *Teoria e Debate* (Fundação Perseu Abramo), nº 20, 1.2.1993.
7. MARTINS, Mário. *Valeu a pena*, Rio de Janeiro, Nova Fronteira, 1996, p. 230.
8. Projeto Memória do Movimento Estudantil. Disponível em <www.une.org.br>.
9. DIRCEU, José & PALMEIRA, Vladimir. *Abaixo a ditadura*, Rio de Janeiro, Espaço e Tempo/ Garamond, 1998, p. 68.

CAPÍTULO 34

1. CASTELLO BRANCO, Carlos. *Os militares no poder*, Rio de Janeiro, Nova Fronteira, 1977, p. 609.
2. "Presidente é o equilíbrio entre civis e militares", *O Estado de S. Paulo*, 15.2.1968.
3. "O MDB faz carga contra os omissos", *O Estado de S. Paulo*, 29.5.1968.
4. Discurso na Câmara.

CAPÍTULO 36

1. Íntegra na Biblioteca da Hoover Institution, da Stanford University, 13.11.1967. Disponível no YouTube: <http://www.youtube.com/watch?v=OHeVUBIJ0g8>.
2. "Brizola: Frente é imperialismo", *Folha de S.Paulo*, 5.1.1968, p. 3.
3. Relatório SNI. Apresentada na reunião do Conselho de Segurança Nacional na votação do AI-5.

CAPÍTULO 38

1. ERICKSON, Kenneth Paul. *Sindicalismo no processo político no Brasil*, São Paulo, Brasiliense, 1979. Citado por SANTANA, Marco Aurélio. "Ditadura militar e resistência operária", *Revista Política e Sociedade*, Florianópolis, nº 13, out. 2008.
2. *Folha de S.Paulo*, 12.2.1968, p. 4.
3. OLIVEIRA, Edgard Leite de. *Contrato social, memórias e experiências: a greve dos metalúrgicos de Contagem-MG (1968)*. Disponível em <http://www.bibliotecadigital.ufmg.br/dspace/handle/1843/FAED-8DBH4N>.
4. ROVAI, M. G. O. "O fogo de Prometeu: memórias e narrativas operárias sobre a conquista da liberdade em 1968", em VIII ENCONTRO REGIONAL SUDESTE DE HISTÓRIA ORAL. Centro de Pesquisas em História Oral: trajetórias, abordagens e avaliações, Belo Horizonte, 2009.
5. OLIVEIRA, Sérgio Luiz Santos de. "A esquerda radical de Osasco: movimento estudantil, sindicato e guerrilha (1966-1971)", *Projeto História*, vol. 47, maio-ago. 2013.

6. "Uma visão do caos Mario Ciuchini", *Folha de S.Paulo*, 2.5.1965, p. 2.
7. *Folha de S.Paulo*, 3.5.1968, p. 3.
8. Entrevista a Luiz Maklouf de Carvalho, *Marie Claire*, set. 1996.
9. PATARRA, Judith. *Iara, uma reportagem biográfica*, Rio de Janeito, Rosa dos Tempos, 1992.

CAPÍTULO 39

1. *Correio da Manhã*, 25.8.1968, p. 2.
2. "Apelo inútil", *Correio da Manhã*, 12.6.1968, p. 6.
3. Vladimir Palmeira em entrevista ao projeto Memória do Movimento Estudantil.
4. Entrevista concedida ao projeto Memória do Movimento Estudantil.
5. VENTURA, Zuenir. *1968: o ano que não terminou*, Rio de Janeiro, Objetiva, 2008, p. 125.
6. VENTURA, Zuenir. Op. cit., pp. 136-7.

CAPÍTULO 40

1. VENTURA, Zuenir. *1968: o ano que não terminou*, Rio de Janeiro, Nova Fronteira, 1988, p. 147.
2. VENTURA, Zuenir. Op. cit., p. 156.
3. Disponível em <http://www.vladimirpalmeira.com.br/ano1968_4html>.
4. Mencionado por Simone Dubeux Berardo Carneiro da Cunha em "A passeata dos 'Cem Mil' na cidade do Rio de Janeiro no ano de 1968", apresentado no XXIV Encontro Anual da Anpocs, de 23 a 26 de outubro de 2000, em Petrópolis.
5. "Este moço comanda a agitação", *Realidade*, nº 28, julho 1968.
6. LIMA, Edileuza Pimenta de. *"Trabalhador: arme-se e liberte-se": a Ação Libertadora Nacional (ALN) e a resistência operária pela luta guerrilheira*, Monografia apresentada ao Programa de Pós-Graduação em História, Unirio, Rio de Janeiro, pp. 28-30.
7. *Folha de S.Paulo*, 23.6.1968, p. 12.
8. LAQUE, João Roberto. *Pedro e os lobos*, São Paulo, Ava Editorial, [s.d.], p. 186.
9. CHICO OTÁVIO. "Especial AI-5: Os 'Guarda-Costa' da ditadura no Congresso". *O Globo*, 13.12.2008.

CAPÍTULO 41

1. MARIGHELLA, Carlos. *Por que resisti à prisão*, São Paulo, Brasiliense, 1994, p. 18.
2. MARIGHELLA, Carlos. Op. cit., p. 13.
3. MARIGHELLA, Carlos. Op. cit., pp. 101-2.
4. MARIGHELLA, Carlos. Op. cit., p. 141.
5. MARIGHELLA, Carlos. Op. cit., pp. 141-2.
6. NOVA, Cristiane & NÓVOA, Jorge. *Carlos Marighella: o homem por trás do mito*, São Paulo, Editora Unesp, 1999, p. 541.
7. Entrevista do guerrilheiro Carlos Marighella, 1.3.2014. Centro de Documentação e Memória – Fundação Maurício Grabois. Disponível em <grabois.org.br>.

CAPÍTULO 42

1. *Folha de S.Paulo*, 3.7.1968, p. 11.
2. VENTURA, Zuenir. *1968: o ano que não terminou*, Rio de Janeiro, Objetiva, 2008, p. 168.

CAPÍTULO 43

1. WEISSHEIMER, Marco Aurélio. "Movimento deixou raízes profundas", *Teoria e Debate*, São Paulo, maio 2008, p. 29.
2. Disponível em <www.visaooeste.com.br/248/especial.html>.
3. COUTO, Marcelo Macedo. *Greve na Cobrasma: uma história de luta e resistência*, São Paulo, Annablume, 2003, p. 112.
4. Arquivo Nacional, pesquisa do autor.
5. Depoimento ao autor.
6. Disponível em <www.memoriasoperarias.blogspot.com.br/2013/08/a-historia-do-movimento-de--osasco.html>.
7. Disponível em <www.pco.org.br/conoticias/entrevista-da-semana/em-osasco-nos-mostramos-que-nao-aceitamos-aquele-regime-arbitrario-e-a-repressao-reagimos-usando-a-arma-que-tinhamos-a--organizacao-e-a-greve/ezoy,z.html>.

CAPÍTULO 44

1. "Delfim fala dos bons frutos da política econômica", *Folha de S.Paulo*, 11.6.1968, p. 25.
2. *Folha de S.Paulo*, 22.6.1968, p. 5.
3. "CSN: Medidas excepcionais em caso da agitação", *Folha de S.Paulo*, 17.7.1968, p. 2.
4. "Tudo na mesma", *O Estado de S. Paulo*, 18.7.1968, p. 3.
5. "Governo cego", *Correio da Manhã*, 17.7.1968, p. 6.
6. "Entre aspas", *Jornal do Brasil*, 18.7.1968.
7. "Normalização", *Folha de S.Paulo*, 17.7.1968, p. 4.

CAPÍTULO 45

1. "Costa e Silva abre o diálogo", *Folha de S.Paulo*, 3.8.1968, p. 1.
2. "Abaixo a ditadura irrita Costa e Silva", *Correio da Manhã*, 3.8.1968, p. 3.
3. Ibidem.
4. VENTURA, Zuenir. *1968: o ano que não terminou*, Rio de Janeiro, Objetiva, 2008, p. 182.

CAPÍTULO 46

1. "Dops e PM invadem a Universidade de Brasília", *Jornal do Brasil*, 30.8.1968, p. 15.
2. VENTURA, Zuenir. *1968: o ano que não terminou*, Rio de Janeiro, Objetiva, 2008, p. 179.
3. Discurso de Mário Covas no plenário da Câmara.
4. Depoimento ao autor.
5. Discurso de Mário Covas no plenário da Câmara.

6. "UnB: Outra vez tomada de assalto", *Correio Brasiliense*, 19.8.1968, contracapa.
7. CASTELLO BRANCO, Carlos. "De onde parte o terror em Brasília", *Jornal do Brasil*, 30.8.1968, p. 4.
8. CASTELLO BRANCO, Carlos. "Quem tem responsabilidade e quem é irresponsável no governo", *Jornal do Brasil*, 31.8.1968, p. 4.
9. SOUZA, Alduísio M. de. *Memórias quase esquecidas*, vol. 1, *Aqueles olhos*, São Paulo/ Porto Alegre, Giordano/AGE, 2001.
10. "Coronel na CPI. Invasão da UnB acionou a comunidade de informações do governo", *Folha de S.Paulo*, 13.9.1968, p. 3.
11. Depoimento ao autor para o documentário *O dia que não existiu*, coprodução TV Cultura/TV Câmara.
12. Disponível em <www.gedm.ifcs.ufrj.br/upload/documentos/125.pdf>.

CAPÍTULO 47

1. GIRON, Luís Antônio. "Comando de Caça aos Comunistas diz como atacou *Roda viva* em 68", *Folha de S.Paulo*, caderno Ilustrada, 17.7.1993.
2. Ibidem.
3. Foto publicada na revista *Realidade*, nº 29. Foto de Jorge Butsuem.
4. "O Cabresto", *Folha de S.Paulo*, 14.7.1968, p. 24.
5. Disponível em <www.revistaalfa.abril.com.br/politica/sociedade/o-fruto-proibido/29/1/2013>.
6. "A violência que divide esta rua", *Jornal da Tarde*, 3.10.1968, p. 8.
7. DIRCEU, José & PALMEIRA, Vladimir. *Abaixo a ditadura: o movimento de 68 contado por seus líderes*, Rio de Janeiro, Garamond, 1998.
8. "Destruição e morte. Por quê?", *Veja*, 9.10.1968, p. 17. Disponível em <http://veja.abril.com.br/arquivo_veja/capa_09101968.shtml>.
9. FILHO, João Parisi. *Rua Maria Antônia: começa o inferno*, São Paulo, Fiuza Editores, 2002.
10. "Destruição e morte. Por quê?", *Veja*, 9.10.1968, p. 19.

CAPÍTULO 48

1. *Teoria e Debate*, nº 15, 1.8.1991. Disponível em <www.teoriaedebate.org.br/materias/nacional/paulo-de-tarso-venceslau?page=full>.
2. Disponível em <http://www.sejarealistapecaoimpossivel.blogspot.com.br/2009/06/tese-ao-xxx-congresso-da-une-ibiuna_15.html>.
3. PETTA, Augusto César. "Congresso da UNE de 68: quando a Lapa fica na China". Disponível em <www.vermelho.org.br/coluna.php?id_coluna_texto=1426&id_coluna=11>.
4. VENTURA, Zuenir. *1968: o ano que não terminou*, Rio de Janeiro, Objetiva, 2008, p. 232.
5. Vladimir Palmeira em depoimento a Paulo Markun.
6. "O Brasil se tornou o paraíso do capital especulativo". Entrevista com Frei Betto, *Caros Amigos*, ano XIV, nº 160, 2010.
7. DIRCEU, José & PALMEIRA, Vladimir. *Abaixo a ditadura*, Rio de Janeiro, Espaço e Tempo/ Garamond, 1998, p. 165.

8. Depoimento ao Projeto Memória do Movimento Estudantil, 6.12.2004.
9. Paulo de Tarso Venceslau em entrevista para a revista *Teoria e Debate* (Fundação Perseu Abramo), ed. 121, fev. 2014. Projeto Memória do Movimento Estudantil, 14.6.2004.
10. "O congresso interrompido", *Veja*, 16.10.1968.
11. José Dirceu em depoimento para a novela *Amor e Revolução* do SBT, 20.4.2011.
12. Franklin Martins em depoimento ao projeto Memória do Movimento Estudantil, 6.12.2004.
13. Ibidem.
14. "Sodré, sobre Ibiúna: Foi a minha mais difícil decisão", *Folha de S.Paulo*, 15.10.1968.

CAPÍTULO 49

1. "Órfãos da ditadura", *Zero Hora*, 12.12.2005.
2. LAQUE, João Roberto. *Pedro e os lobos*, São Paulo, Ava Editorial, [s.d.], p. 210.
3. GASPARI, Elio. *A ditadura escancarada*, São Paulo, Companhia das Letras, 2002, p. 154.
4. "Exército descobre planos subversivos", *Folha de S.Paulo*, 28.6.1968, p. 3.

CAPÍTULO 50

1. Disponível em <www.marciomoreiraalves.com/quem.htm>.
2. PÁDUA, Thiago Santos Aguiar de. "O Ato Institucional nº 5 e o Supremo Tribunal Federal como seu 'banco de prova': o processo da 'greve do sexo' no STF", *Observatório da Jurisdição Constitucional*, ano 5, vol. 2, ago.-dez., 2012, p. 19.
3. ALVES, Márcio Moreira. *68 mudou o mundo*, Rio de Janeiro, Nova Fronteira, 1993, p. 164.
4. ALVES, Márcio Moreira. Op. cit., p. 153.

CAPÍTULO 51

1. ALVES, Márcio Moreira. *68 mudou o mundo*, Rio de Janeiro, Nova Fronteira, 1993, p. 168.
2. COUTO, Ronaldo Costa. "O golpe militar de 1968", *Folha de S.Paulo*, Tendências e debates, 14.12.2008, p. 3.
3. Atas Arquivadas no Arquivo Nacional. Disponível em <www.an.gov.br/sian>.
4. Declarações dos integrantes do Conselho de Segurança Nacional extraídas das atas do Conselho, a partir do *site* do Arquivo Nacional.
5. ALTMAN, Fábio. "13 de dezembro de 1968 – o dia do AI-5", *Época*, 13.12.2010.
6. *O Globo*, 9.12.2008, p. 8.
7. ALTMAN, Fábio. Op. cit.

CAPÍTULO 52

1. COUTO, Ronaldo Costa. *Juscelino Kubitschek*, Brasília, Câmara dos Deputados (Edicões Câmara), Senado Federal (Edições Técnicas), 2011, p. 221. Disponível em <http://bd.camara.gov.br/bd/handle/bdcamara/7549>.
2. ALTMAN, Fábio. "13 de dezembro de 1968 – o dia do AI-5", *Época*, 13.12.2010.
3. FERNANDES, Hélio. *Tribuna da Internet*, 14.12.2010.

4. Disponível em <www.tribunadaimprensa.com.br/?p=27777>.
5. LACERDA, Carlos. *Depoimento*, Rio de Janeiro, Nova Fronteira, 1978, pp. 429-30.
6. LACERDA, Carlos. Op. cit., p. 430.
7. LACERDA, Carlos. Op. cit., p. 431.
8. Disponível em <www.tribunadaimprensa.com.br/?p=13934>.
9. LACERDA, Carlos. Op. cit., p. 372.
10. "Neste vale de lágrimas", *Folha de S.Paulo*, 13.12.2000, p. 2.
11. CUNHA, Luiz Claudio. "Ventos da mídia na tormenta de 1964". Disponível em <http://observatoriodaimprensa.com.br/news/view/ventos_da_midia_na_tormenta_de_1964>.
12. VENTURA, Zuenir. *1968: o ano que não terminou*, Rio de Janeiro, Nova Fronteira, 1988.
13. PINTO, Sobral. *Lições de liberdade*, Belo Horizonte, Comunicação, 1978, pp. 130-5.
14. Disponível em <novo.fpabramo.org.br/content/marcio-moreira-alves>.
15. VENTURA, Zuenir. Op. cit.
16. *Jornal do Brasil*, 14.12.1968, p. 2.

Bibliografia

LIVROS

AFFONSO, Almino. *Raízes do golpe: da crise da legalidade ao parlamentarismo*, São Paulo, Marco Zero, 1988.
ALBUQUERQUE, José Augusto Guilhon. *O legado de Franco Montoro*, São Paulo, Imprensa Oficial do Estado, 2008.
ALVES, Antônio de Brito. *O habeas corpus de Miguel Arraes*, Recife, [s.n.], 1965.
ALVES, Marcio Moreira. *Gostei do século*, Rio de Janeiro, Nova Fronteira, 2001.
_____. *Tortura e torturados*, Rio de Janeiro, Oficinas Gráficas da Empresa Jornalística, [s.d.]
ALVES, Maria Helena Moreira. *Estado e oposição no Brasil (1964-1984)*, Petrópolis, Vozes, 1984.
ANDRADE, Auro Moura. *Um Congresso contra o arbítrio: diários e memórias*, Rio de Janeiro, Nova Fronteira, 1985.
ARAÚJO, Maria Paula. *Memórias estudantis: da fundação da UNE aos nossos dias*, Rio de Janeiro, Ediouro, 2007.
ARGOLO, José Amaral. *Dos quartéis à espionagem: caminhos e desvios do poder militar*, Rio de Janeiro, Mauad, 2004.
AZEVEDO, Debora Bithiah de. *Parlamento mutilado: deputados federais cassados pela ditadura de 1964*, Brasília, Edições Câmara, 2012.
BALEEIRO, Aliomar & SOBRINHO, Barbosa Lima. *Constituições brasileiras: 1946*, Brasília, Senado Federal/Ministério da Ciência e Tecnologia/Centro de Estudos Estratégicos, 2001.
BANDEIRA, Luiz Alberto Moniz. *Governo João Goulart: as lutas sociais no Brasil (1961-1964)*, Brasília, Editora UnB, 2001.
BARROS, Adirson. *Ascensão e queda de Miguel Arraes*, Rio de Janeiro, Equador, 1965.
BASTOS, Joaquim Justino Alves. *Encontro com o tempo*, Rio de Janeiro, Globo, 1965.
BATINI, Tito. *Memórias de um socialista congênito*, Campinas, Editora da Unicamp, 1991.
BIAVASCHI, Magda Barros. *O direito do trabalho no Brasil (1930-1942): a construção do sujeito de direitos trabalhistas*, São Paulo, Associação Luso-Brasileira de Juristas do Trabalho (Jutra), 2007.
BICUDO, Hélio. *Minhas memórias*, São Paulo, Martins Fontes, 2006.

BOJUNGA, Claudio. *JK: o artista do impossível*, Rio de Janeiro, Objetiva, 2001.
BRANDÃO, Anna Lúcia. *A resistência parlamentar após 1964*, Brasília, Centro Gráfico do Senado Federal, 1984.
BRASIL: nunca mais, Petrópolis, Vozes, 1985.
BRESSER PEREIRA, Luiz Carlos. *Desenvolvimento e crise no Brasil: história, economia e política de Getúlio Vargas a Lula*, São Paulo, Editora 34, 2003.
BRIZOLA, Leonel de Moura. *Legalidade: 25 anos: a resistência popular que levou Jango ao poder*, Porto Alegre, Redactor, 1986.
CALDEIRA, Jorge. *Brasil: a história contada por quem viu*, São Paulo, Mameluco, 2008.
CARONE, Edgard. *A república liberal: evolução política (1945-1964)*, São Paulo, Difel, 1985.
CARVALHO, José Murilo de. *Cidadania no Brasil: o longo caminho*, Rio de Janeiro, Civilização Brasileira, 2010.
CARVALHO, Luiz Maklouf. *Mulheres que foram à luta armada*, Rio de Janeiro, Globo, 1998.
CARVALHO, Ricardo. *A imprensa alternativa, clandestina e no exílio, no período 1964-1979 (do golpe à anistia)*, São Paulo, Instituto Vladimir Herzog, 2011.
_____. *O cardeal da resistência: as muitas vidas de dom Paulo Evaristo Arns*, São Paulo, Instituto Vladimir Herzog, 2013.
CASALLI, Jairo Antônio. *Memórias de Brizola: o guerreiro do povo brasileiro*, Erechim, Gráfica São Cristovão, 2005.
CASTRO, Josué de. *Geografia da fome*, Rio de Janeiro, Editora da Casa do Estudante do Brasil, 1952.
CAVALCANTI, Paulo. *O caso eu conto como o caso foi: da Coluna Prestes à queda de Arraes*, São Paulo, Alfa-Ômega, 1978.
CHAGAS, Carlos. *A guerra das estrelas*, Porto Alegre, L&PM, 1985.
COELHO, Edmundo Campos. *Em busca de identidade: o Exército e a política na sociedade brasileira*, Rio de Janeiro, Record, 2008.
COELHO, Maria Francisca Pinheiro. *José Genoino: escolhas políticas*, São Paulo, Centauro, 2007.
CORRÊA, Villas-Boas. *Conversa com a memória: a história de meio século de jornalismo político*, Rio de Janeiro, Objetiva, 2002.
COUTO, Ronaldo Costa. *Memória viva do regime militar – Brasil: 1964-1985*, Rio de Janeiro, Record, 1999.
_____. *História indiscreta da ditadura e da abertura: Brasil 1964-1985*, Rio de Janeiro, Record, 2010.
CUNHA, Andrea Neves da. *Tancredo Neves: um homem para o Brasil*, Belo Horizonte, Fundação Tancredo Neves, 2005.
D'AGUIAR, Hernani. *Ato 5: a verdade tem duas faces*, Rio de Janeiro, Razão Cultural, 1999.
DEL ROIO, José Luiz. *Zarattini: a paixão revolucionária*, São Paulo, Ícone, 2006.
DICIONÁRIO HISTÓRICO-BIOGRÁFICO BRASILEIRO – pós-1930, Rio de Janeiro, Editora da FGV/CPDOC, 2001.
DINES, Alberto. *Os idos de março e a queda em abril*, Rio de Janeiro, José Álvaro Editor, 1964.
DIRCEU, José & PALMEIRA, Vladimir. *Abaixo a ditadura: o movimento de 68 contado por seus líderes*, Rio de Janeiro, Garamond, 1998.
DÓRIA, Seixas. *Eu, réu sem crime*, Rio de Janeiro, Codecri, 1980.
DOSSIÊ DITADURA: mortos e desaparecidos políticos no Brasil (1964-1985), São Paulo, Imprensa Oficial do Estado, 2009.
DREIFUSS, René Armand. *1964: a conquista do Estado*, Petrópolis, Vozes, 2006.

DREIFUSS, René Armand. *O jogo da direita*, Petrópolis, Vozes, 1989.
DULLES, John W. F. *Anarquistas e comunistas no Brasil: 1900-1935*, Rio de Janeiro, Nova Fronteira, 1977.
ECHEVERRIA, Regina. *Sarney: a biografia*, São Paulo, Leya, 2011.
FALCÃO, Armando. *Tudo a declarar: uma das figuras centrais da política brasileira conta, sem censura, tudo que sabe*, Rio de Janeiro, Nova Fronteira, 1989.
FARHAT, Said. *Tempo de gangorra*, São Paulo, Tag&Line, 2012.
FARO, J. S. Revista Realidade, *1966-1968: tempo da reportagem na imprensa brasileira*, Canoas, Editora da Ulbra/AGE, 1999.
FAUSTO, Boris. *História do Brasil*, São Paulo, Edusp, 2012.
FERREIRA, Jorge. *O imaginário trabalhista: getulismo, PTB e cultura política popular (1945-1964)*, Rio de Janeiro, Civilização Brasileira, 2005.
FIGUEIREDO, Lucas. *Ministério do silêncio*, Rio de Janeiro, Record, 2011.
_____. *Olho por olho: os livros secretos da ditadura*, Rio de Janeiro, Record, 1999.
FONTOURA, Hélio. *40 anos ao lado de Brizola*, Porto Alegre, Poá Publicidade Gráfica, 2005.
FREDERICO, Celso. *A vanguarda operária*, São Paulo, Símbolo, 1979.
FREITAS, Alípio de. *Resistir é preciso: memória do tempo da morte civil do Brasil*, Rio de Janeiro, Record, 1981.
FROTA, Sylvio. *Ideais traídos*, Rio de Janeiro, Jorge Zahar, 2006.
GABEIRA, Fernando. *Carta sobre a anistia: a entrevista do Pasquim; conversação sobre 1968*, Rio de Janeiro, Codecri, 1980.
_____. *O que é isso, companheiro?*, Rio de Janeiro, Codecri, 1980.
GASPARI, Elio. *A ditadura envergonhada*, São Paulo, Companhia das Letras, 2002.
GENOINO, José. *Entre o sonho e o poder: a trajetória da esquerda brasileira através das memórias de José Genoino*, São Paulo, Geração, 2006.
GIANNOTTI, Vito. *História das lutas dos trabalhadores no Brasil*, Rio de Janeiro, Mauad, 2007.
GORENDER, Jacob. *Combate nas trevas – a esquerda brasileira: das ilusões perdidas à luta armada*, São Paulo, Ática, 1987.
GOULART, Antônio. *As tiradas do dr. Brizola: o lado folclórico e carismático de um líder político*, Porto Alegre, Martins Livreiro, 2004.
GUEDES, Carlos Luís. *Tinha que ser Minas*, Rio de Janeiro, Nova Fronteira, 1979.
GULLAR, Ferreira. *Rabo de foguete: os anos de exílio*, Rio de Janeiro, Revan, 1998.
GUTEMBERG, Luiz. *Moisés: codinome – Ulysses Guimarães: uma biografia*, São Paulo, Companhia das Letras, 1994.
_____. *Ulysses Guimarães*, Brasília, Edições Câmara, 1997. (Série Perfis Parlamentares 44)
HILDEBRANDO, Luiz. *Crônicas de nossa época: memórias de um cientista engajado*, São Paulo, Paz e Terra, 2001.
KINZO, Maria D'Alva G. *Oposição e autoritarismo: gênese e trajetória do MDB (1966-1979)*, São Paulo, Vértice/Editora Revista dos Tribunais, 1988.
KUHN, Dione. *Brizola: da legalidade ao exílio*, Porto Alegre, RBS Publicações, 1994.
LAMOUNIER, Bolívar. *Da Independência a Lula: dois séculos de política brasileira*, São Paulo, Augurium, 2006.
_____ & MENEGUELLO, Rachel. *Partidos políticos e consolidação democrática*, São Paulo, Brasiliense, 1986.

LAQUE, João Roberto. *Pedro e os lobos: os anos de chumbo na trajetória de um guerrilheiro urbano*, São Paulo, Ava, 2010.

LEITE, Paulo Moreira. *A mulher que era o general da casa: história da resistência civil à ditadura*, Porto Alegre, Arquipélago, 2012.

LEITE, Ronildo Maia. *A história de um jornal que morreu ou ascensão e queda de Miguel Arraes*, Pernambuco, Sindicato dos Jornalistas de Pernambuco, 1987.

LEITE FILHO, F. C. *El Caudillo – Leonel Brizola: um perfil biográfico*, São Paulo, Aquariana, 2008.

LIMA, Haroldo & ARANTES, Aldo. *História da Ação Popular: da JUC ao PCdoB*, São Paulo, Alfa--Ômega, 1994.

LOPES, Adriana. *História do Brasil: uma interpretação*, São Paulo, Editora Senac São Paulo, 2008.

MACHADO, Ana Maria. *Tropical sol da liberdade*, Rio de Janeiro, Nova Fronteira, 1988.

MAFFEI, Eduardo. *A batalha da praça da Sé*, Rio de Janeiro, Philobiblion, 1984.

MARTINS, Mário. *Valeu a pena: memórias de um jornalista e político de oposição que nunca foi do contra*, Rio de Janeiro, Nova Fronteira, 1996.

MARTINS FILHO, João Roberto. *O palácio e a caserna: a dinâmica militar das crises políticas na ditadura (1964-1969)*, São Carlos, EdUFSCar, 1995.

MAUÉS, Flamarion & ABRAMO, Zilah Wendel. *Pela democracia, contra o arbítrio: a oposição democrática ao golpe de 1964*, São Paulo, Fundação Perseu Abramo, 2006.

MELHEM, Celia Soibelmann. *Dinâmica eleitoral e organização partidária da oposição ao governo: o caso do PMDB*, São Paulo, USP, 1995.

_____. *Política de botinas amarelas: o MDB paulista de 1965 a 1988*, São Paulo, Hucitec, 1998.

MIR, Luis. *Partido de Deus: fé, poder e política*, São Paulo, Alaúde, 2007.

MIRANDA, Nilmário & TIBÚRCIO, Carlos. *Dos filhos deste solo: mortos e desaparecidos políticos durante a ditadura militar: a responsabilidade do Estado*, São Paulo, Fundação Perseu Abramo/Boitempo, 1999.

MOLICA, Fernando. *Dez reportagens que abalaram a ditadura*, Rio de Janeiro, Record, 2005.

MONTORO, André Franco. *Memórias em linha reta*, São Paulo, Editora Senac São Paulo, 2000.

_____. *Franco Montoro: ensaio introdutório*, sel. texto Jorge da Cunha Lima, Brasília, Edições Câmara, 2009.

MORAIS, Fernando. *Olga*, São Paulo, Companhia das Letras, 1993.

MORAIS, Taís & SILVA, Eumano. *Operação Araguaia: os arquivos secretos da guerrilha*, São Paulo, Geração, 2005.

MOTA, Carlos Guilherme (org.). *Viagem incompleta: a experiência brasileira (1500-2000)*, São Paulo, Editora Senac São Paulo, 2000.

MOTTA, Marly Silva da. *Teotônio Vilela: grandes vultos que honraram o Senado*, Rio de Janeiro, Senado Federal/Fundação Getulio Vargas, 1996.

MOURÃO FILHO, Olympio. *Memórias: a verdade de um revolucionário*, Porto Alegre, L&PM, 1978.

NEVES, Tancredo. *Tancredo Neves*, org. e ens. introd. Lucila de Almeida, Brasília, Edições Câmara, 2010.

OLIVEIRA, Paulo Affonso Martins de. *Atos Institucionais*, Brasília, Edições Câmara, 2000.

PARANÁ, Denise. *O filho do Brasil: de Luiz Inácio a Lula*, São Paulo, Xamã, 1996.

PERRONE, Fernando. *Relato de guerras: Praga, São Paulo, Paris*, São Paulo, Busca Vida, 1988.

PILETTI, Nelson & PRAXEDES, Walter. *Dom Helder Câmara: o profeta da paz*, São Paulo, Contexto, 2008.

PINHEIRO, Luiz Adolfo. *A república dos golpes*, São Paulo, Best Seller, 1993.
PINHEIRO NETO, João. *Jango: um depoimento pessoal*, Rio de Janeiro, Mauad, 2008.
PINTO, Almir Pazzianotto. *Breve história do trabalho no Brasil: da Colônia à Nova República*, Curitiba, Gênesis, 2000.
PINTO, Sobral. *Lições de liberdade*, Belo Horizonte, Universidade Católica de Minas Gerais, 1977.
POERNER, Artur J. *Nas profundas do inferno*, Rio de Janeiro, Codecri, 1979.
PRESTES, Anita Leocadia. *Luiz Carlos Prestes: o combate por um partido*, São Paulo, Expressão Popular, 2012.
REALE, Miguel. *Memórias: destinos cruzados*, vol. 1, São Paulo, Saraiva, 1987.
REIS, Daniel Aarão. *Ditadura militar, esquerdas e sociedade*, Rio de Janeiro, Jorge Zahar, 2000.
REIS FILHO, Daniel Aarão & SÁ, Jair Ferreira. *Imagens da revolução*, Rio de Janeiro, Marco Zero, 1985.
RIBEIRO, Darcy. *Confissões*, São Paulo, Companhia de Bolso, 2012.
RIBEIRO, Gladys Sabina (org.). *Brasileiros e cidadãos: modernidade política (1822-1930)*, São Paulo, Alameda, 2008.
RODRIGUES, Newton de Almeida. *Brasil provisório (de Jânio a Sarney)*, Rio de Janeiro, Guanabara, 1986.
ROZOWYKWIAT, Tereza. *Arraes*, São Paulo, Iluminuras, 2006.
SENTO-SÉ, João Trajano. *Brizolismo: estetização da política e carisma*, Rio de Janeiro, Fundação Getulio Vargas, 1999.
SERBIN, Kenneth P. *Diálogos na sombra: bispos e militares, tortura e justiça social na ditadura*, São Paulo, Companhia das Letras, 2001.
SILVA, Haike R. Kleber da. *A luta pela anistia*, São Paulo, Editora Unesp, 2010.
SILVA, Hélio. *O poder militar*, Porto Alegre, L&PM, 1987.
_____. *O primeiro século da República*, Porto Alegre, L&PM, 1987.
SILVA, José Roberto. *Sementes da memória: os rebeldes de 68*, Brasília, Thesaurus, [s.d.]
SIMAS, Mário. *Gritos de Justiça: Brasil (1963-1979)*, São Paulo, FTD, [s.d.]
SKIDMORE, Thomas. *Brasil: de Castelo a Tancredo*, Rio de Janeiro, Paz e Terra, 1988.
_____. *Brasil: de Getúlio a Castelo*, Rio de Janeiro, Paz e Terra, 1985.
SOUZA, Alduizio M. de. *Memórias quase esquecidas*, vol. 1, Porto Alegre, Age, 2001.
SOUZA, Miliandre Garcia de. *Do teatro militante à música engajada: a experiência do CPC da UNE (1958-1964)*, São Paulo, Fundação Perseu Abramo, 2007.
STEPAN, Alfred. *Os militares na política: as mudanças de padrões na vida brasileira*, Rio de Janeiro, Artenova, 1975.
TAVARES, Flavio. *Memórias do esquecimento*, São Paulo, Globo, 1999.
_____. *O dia em que Getúlio matou Allende e outras novelas do poder*, Rio de Janeiro, Record, 2004.
TAVARES COELHO, Marco Antônio. *Herança de um sonho: as memórias de um comunista*, Rio de Janeiro, Record, 2000.
TOLEDO, Caio Navarro de. *O governo Goulart e o golpe de 64*, São Paulo, Brasiliense, 1985.
UM OLHAR NA HISTÓRIA, UMA VISÃO NO FUTURO – *Celebração dos 90 anos de Miguel Arraes*, Brasília, Fundação João Mangabeira, 2007.
VINHAS, M. *Problemas agrários: camponeses do Brasil*, Rio de Janeiro, Civilização Brasileira, 1968.

DEPOIMENTOS

ALVES, Marcio Moreira. *Marcio Moreira Alves II* (depoimento, 1997), Rio de Janeiro, CPDOC/Alerj, 1998.
BURNIER, João Paulo Moreira. *João Paulo Moreira Burnier* (depoimento, 1993), Rio de Janeiro, CPDOC, 2005. (datilog.)
FIGUEIREDO, Guilherme. *Guilherme Figueiredo* (depoimento, 1977), Rio de Janeiro, CPDOC.
LIMA FILHO, Osvaldo. *Osvaldo Lima Filho* (depoimento, 1977), Rio de Janeiro, CPDOC.
MACIEL, Lysaneas. *Lysaneas Maciel* (depoimento, 1998), Rio de Janeiro, CPDOC/Alerj, 2003.
POMAR, Valter. "Memória: entrevista – Otavino Alves da Silva", *Teoria e Debate*, nº 24, março-abril-maio 1994.
PROJETO MEMÓRIA DO MOVIMENTO ESTUDANTIL – depoimentos de Adriano Diogo, Aldo Rebelo, Alfredo Sirkis, Almino Afonso, Arnaldo Jabor, Cacá Diegues, Daniel Aarão Reis, Ferreira Gullar, Franklin Martins, Geraldo Siqueira Filho, Jean Marc von der Weld, José Dirceu, José Genoino, José Luiz Guedes, Marco Maciel, Vladimir Palmeira.
SIMÕES, Renato & FERREIRA, Sérgio. "Memória: entrevista – Betinho", *Teoria e Debate*, nº 16, outubro-novembro-dezembro 1991.
SPINA, Rose. "Memória: Paulo Skromov", *Teoria e Debate*, nº 63, julho-agosto 2005.
TALARICO, José Gomes. *José Gomes Talarico I* (depoimento, 1978-1979), Rio de Janeiro, CPDOC, 1982. (datilog.)
VENCESLAU, Paulo de Tarso & AZEVEDO, Ricardo. "Memória: entrevista – Vladimir Palmeira", *Teoria e Debate*, nº 20, fevereiro-março-abril 1993.
WAINER, Samuel. *Samuel Wainer I* (depoimento, 1996), Rio de Janeiro, CPDOC/Associação Brasileira de Imprensa (ABI), 2010.

ARTIGOS, DISSERTAÇÕES E TESES

"A CLASSE OPERÁRIA NA LUTA CONTRA A DITADURA [1964-1980]", *Cadernos Estratégia Internacional – Brasil*, disponível em <http://www.ler-qi.org/A-classe-operaria-na-luta-contra-a-ditadura-1964-1980>.
ALMEIDA, Anderson da Silva. "Almirante Aragão: o soldado desconhecido e a construção das memórias", in: XXVI SIMPÓSIO NACIONAL DE HISTÓRIA – ANPUH, *Anais do...*, São Paulo, julho 2011.
ALVES, Taiara Souto. "As divergências da esquerda brasileira no pré-1964", in: IX ENCONTRO LATINO-AMERICANO DE INICIAÇÃO CIENTÍFICA, *Anais do...*, Universidade do Vale do Paraíba, 2005.
_____. *Dos quartéis aos tribunais: a atuação das auditorias militares de Porto Alegre e Santa Maria no julgamento de civis em processos políticos referentes às Leis de Segurança Nacional (1964-1978)*, dissertação de mestrado apresentada ao Programa de Pós-Graduação em História, Porto Alegre, Universidade Federal do Rio Grande do Sul, 2009.
ASSUNÇÃO, Vânia Noeli Ferreira de. *O satânico doutor Go: a ideologia bonapartista de Golbery do Couto e Silva*, dissertação apresentada ao Programa de Pós-Graduação em Ciências Sociais, Pontifícia Universidade Católica de São Paulo, São Paulo, 1999.

BAGATIM, Alessandra. *Personagens, trajetórias e histórias das Forças Armadas de Libertação Nacional*, dissertação de mestrado apresentada ao Programa de Pós-Graduação em História, Unicamp, Campinas, 2006.

BANDERA, Vinicius. "A ditadura caça o PCB: um recorte do período autoritário pós-64", *Cadernos Cedem*, vol. 3, nº 1, 2012.

BARBOSA, Jefferson Rodrigues. "A ascensão da Ação Integralista Brasileira (1932-1937)", *Revista de Iniciação Científica da FFC*, vol. 6, nº 1-2-3, 2006, pp. 67-81.

BARCELLOS, Fernando Henrique Guimarães. *Francisco Julião e as Ligas Camponesas: uma análise das narrativas e usos do passado*, disponível em <http://www.iica.int/Esp/regiones/sur/brasil/Lists/DocumentosTecnicosAbertos/Attachments/452/Fernando_Henrique_Guimar%C3%A3es_Barcellos_-_NEAD_-_Artigo_Mem%C3%B3ria_Camponesa.pdf>.

BARCELOS, Thatiana Amaral de. *O PCB e a imprensa do exílio: um estudo de caso da Revista Brasil Mês a Mês na imprensa*, disponível em <http://www.snh2011.anpuh.org/resources/anais/14/1300938613_arquivo_AimprensadoPCBnoexilio.pdf>.

BARROS, José Eliseo de. *O modernismo integralista nos romances O esperado e O estrangeiro, de Plínio Salgado*, tese de doutorado apresentada ao Programa de Pós-Graduação em Literatura Comparada (Ciência da Literatura), Faculdade de Letras, Universidade Federal do Rio de Janeiro, Rio de Janeiro, 2006.

BENEVIDES, Maria Victoria. "64, um golpe de classe? (Sobre um livro de René Dreifuss)", *Leia Livros*, disponível em <http://www.scielo.br/pdf/ln/n58/a12n58.pdf>.

BERTONHA, João Fábio. "Plínio Salgado, os integralistas e a ditadura militar. Os herdeiros do fascismo no regime dos generais (1964-1975)", *História e Perspectivas*, Uberlândia, nº 44, janeiro-junho 2011, pp. 1-478.

BEZERRA, Gregório. *Eu, Gregório Bezerra, acuso!*, disponível em <http://www.dhnet.org.br/memoria/mercia/ditadura/gregorio_bezerra/eugregorioacuso.htm>.

BORBA, Carlos Alberto Vieira. *A Contra-Revolução antes da Revolução: o golpe de 1964 em Goiás*, disponível em <http://www.historia.uff.br/estadoepoder/7snep/docs/093.pdf>.

BORGES, Vera Lúcia Bogéa. "A campanha presidencial de 1909-1910 na correspondência de Rui Barbosa e de Hermes da Fonseca", in: SEMINÁRIO CULTURA E POLÍTICA NA PRIMEIRA REPÚBLICA: CAMPANHA CIVILISTA NA BAHIA, *Anais do...*, UESC, 9-11 de junho de 2010.

BORTONE, Elaine de Almeida. *O envolvimento do Ipes nas relações entre o regime civil-militar e a Sociedade*, disponível em <http://www.encontro2012.historiaoral.org.br/resources/anais/3/1340390866_ARQUIVO_IPES.pdf>.

BOTOSSO, Marcelo. *A guerrilha ribeirão-pretana: história de uma organização armada revolucionária*, dissertação apresentada a Faculdade de História, Direito e Serviço Social, Universidade Estadual Paulista (Unesp), Franca, 2001.

BRAGA, Maria do Socorro Sousa & BOURDOUKAN, Adla. "Partidos políticos no Brasil: organização partidária, competição eleitoral e financiamento público", *Perspectivas*, São Paulo, vol. 35, janeiro-junho 2009, pp. 117-48.

BRAGA, Sandra Rodrigues. *Movimentos partidos: geopolíticas da "revolução" brasileira (1964-1985)*, tese de doutorado apresentada ao Programa de Pós-Graduação em Geografia, Universidade Federal de Uberlândia, Uberlândia, 2008.

BRAGA, Sérgio Soares. *Quem foi quem na Assembleia Nacional Constituinte de 1946: um perfil socioeconômico e regional da Constituinte de 1946*, Brasília, Câmara dos Deputados/Coordenação de Publicações, 1998.

BUONICORE, Augusto C. *70 anos da batalha antifascista da praça da Sé*, Centro de Documentação e Memória da Fundação Maurício Grabois.

_____. *O bloco operário e camponês*, Centro de Documentação e Memória da Fundação Maurício Grabois, disponível em <http://fmauriciograbois.org.br/portal/cdm/noticia.php?id_sessao=30&id_noticia=682>.

BUSETTO, Áureo. *A Democracia Cristã no Brasil: princípios e práticas*, São Paulo, Editora Unesp, 2002.

CALDAS, Fábio Ciaccia Rodrigues. "Carlos Lacerda: ação e reflexão de um obstinado profissional", *Bibliocom*, ano 2, nº 7, janeiro-abril 2010.

CALIL, Gilberto Grassi. *Plínio Salgado em Portugal (1939-1946): um exílio bastante peculiar*, disponível em <http://www.snh2011.anpuh.org/resources/anais/14/1299594801_arquivo_texto anpuh2011.pdf>.

_____. "Os integralistas frente ao Estado Novo: euforia, decepção e subordinação", *Locus Revista de História*, vol. 16, nº 1, 2010.

_____. "Partido de Representação Popular: estrutura interna e inserção eleitoral (1945-1965)", *Revista Brasileira de Ciência Política*, Dossiê "Dominação e contra-poder", Brasília, nº 5, janeiro-julho 2011.

CÂMARA, Marcelo Barbosa. Cultura Política – Revista Mensal de Estudos Brasileiros *(1841 a 1945): um voo panorâmicos sobre o ideário político do Estado Novo*, tese apresentada à Pontifícia Universidade Católica de São Paulo, São Paulo, 2010.

CAPISTRANO, Luciano Fábio Dantas. *O golpe militar no Rio Grande do Norte e os norte-riograndenses mortos e desaparecidos: 1969-1973*, Natal, Sebo Vermelho, 2010.

CARDENUTO, Reinaldo. "O golpe no cinema: Jean Manzon à sombra do Ipes", in: CARDENUTO, Reinaldo. *Discursos de intervenção: o cinema de propaganda ideológica para o CPC e o Ipes às vésperas do golpe de 1964*, dissertação de mestrado apresentada à Escola de Comunicação e Artes, USP, São Paulo, 2008.

CARVALHO, Bruno Guedes de. "Verde-olivas carmesins? Militares subalternos, radicalização política e historiografia política no Brasil", in: XXVI SIMPÓSIO NACIONAL DE HISTÓRIA – ANPUH, *Anais do...*, São Paulo, julho 2011.

CASSOL, Gissele. "Uruguai 'verde-amarelo': brasileiros presos em terra estrangeira", *Estudios Historicos – CDHRP*, nº 1, maio 2009.

CASTRO, Ricardo Figueiredo de. "A Frente Única Antifascista (FUA) e o antifascismo no Brasil (1933-1934)", *Topoi*, Rio de Janeiro, dezembro 2002, pp. 354-88.

CAVALCANTI, Bartolomeu. *A revolução frustrada: o levante comunista de 1935 em Pernambuco*, disponível em <http://www.isepnet.com.br/website/revista/Revista_ISEP_04>.

CELESTE FILHO, Macioniro. *A reforma universitária e a Universidade de São Paulo: década de 1960*, tese apresentada à Pontifícia Universidade Católica de São Paulo, São Paulo, 2006.

_____. *A Comissão Paritária da Faculdade de Filosofia, Ciências e Letras de 1968 e a reforma da Universidade de São Paulo*, disponível em <coautorais/eixo02/Macioniro%20Celeste%20Filho%20-%20Texto.pdf>.

CESTARI, Larissa Raele. *A conquista do povo:* Notícias Populares *e a oposição ao governo João Goulart*, dissertação de mestrado apresentada ao Centro de Pesquisa e Documentação de História Contemporânea do Brasil (CPDOC), Rio de Janeiro, 2013.
CHAGAS, Fábio A. Gonçalves das. "Ação e revolução: os ziguezagues estratégicos da VPR em 1968", *Cadernos de Pesquisa do CDHIS*, ano 19, nº 35, 2006, pp. 91-100.
_____. "As teses de 'Jamil' e a luta armada dos anos 1960-1970 no Brasil", *Revista Brasileira de História & Ciências Sociais*, vol. 1, nº 2, dezembro 2009, disponível em <www.rbhcs.com>.
CHAGAS, Rodrigo & SILVA, Aline de Vasconcelos. "Arte e engajamento 'em um país como o nosso' ", *Verinotio Revista on-line de Educação e Ciências Humanas, Espaço de interlocução em Ciências Humanas*, ano V, nº 10, outubro 2009.
CHAMMAS, Eduardo Zayat. "O *Correio da Manhã* no golpe de 1964: impasses e dilemas na relação com os militares", in: XXVI SIMPÓSIO NACIONAL DE HISTÓRIA – ANPUH, *Anais do...*, São Paulo, julho 2011.
CHAVES, Élia de Oliveira. *A reforma agrária no Congresso Nacional – 1959 a 1979 (análise histórica do discurso político)*, dissertação apresentada ao Programa de Mestrado em História das Sociedades Agrárias, Faculdade de Ciências Humanas, Universidade Federal de Goiás, Goiânia, 1998.
CHIRIO, Maud. "A 'primeira linha dura' do regime militar: trajetórias de oficiais do Exército nos anos 60 e 70", in: XXVI SIMPÓSIO NACIONAL DE HISTÓRIA – ANPUH, *Anais do...*, São Paulo, julho 2011.
CIA. "Urban terrorism in Latin America", *CIA released documents*, disponível em <www.fags.org>.
CLEMENTE, José Eduardo Ferraz. *Ciência e política durante a ditadura militar: o caso da comunidade brasileira de físicos (1964-1979)*, dissertação apresentada à Universidade Federal da Bahia, Instituto de Física, Salvador, 2005.
CODATO, Adriano Nervo. "Uma história política da transição brasileira: da ditadura militar à democracia", *Revista Sociologia e Política*, Curitiba, nº 25, novembro 2005, disponível em <http://dx.doi.org/10.1590/S0104-44782005000200008>.
_____ & OLIVEIRA, Marcus Roberto de. "A marcha, o terço e o livro: catolicismo conservador e ação política na conjuntura do golpe de 1964", *Rev. Bras. Hist.*, São Paulo, vol. 24, nº 47, 2004, disponível em <http://dx.doi.org/10.1590/S0102-01882004000100011>.
CONY, Carlos Heitor. *A Revolução dos Caranguejos*, São Paulo, Companhia das Letras, 2004.
COORDENADORIA DE COMUNICAÇÃO DA UNIVERSIDADE FEDERAL DO RIO DE JANEIRO, *Caco: 90 anos de história*, Rio de Janeiro, UFRJ, 2007.
CORRÊA, Marcos. *O discurso golpista nos documentários de Jean Manzon para o Ipes (1962-1963)*, dissertação apresentada ao Curso de Mestrado em Multimeios, Instituto de Artes, Unicamp, Campinas, 2005.
COSTA, José Caldas da. "Entre cabras e ratos", *História Viva*, nº 46, agosto 2007.
COSTA, Luiz Flávio de Carvalho. "A construção da rede sindical rural no Brasil pré-1964", *Estudos Sociedade e Agricultura*, nº 2, junho 1994, pp. 67-88.
COTTA, Luiza Cristina Villaméa. *Adhemar de Barros (1901-1969): a origem do "Rouba, mas faz"*, dissertação apresentada ao Programa de Pós-Graduação em História Econômica, Faculdade de Filosofia, Letras e Ciências Humanas, Universidade de São Paulo, São Paulo, 2008.
COUTO, Ronaldo Costa. *Juscelino Kubitschek*, Brasília, Edições Câmara, 2011.
CRUZ, Fábio Lucas da. Frente Brasileño de Informaciones *e* Campanha: *os jornais de brasileiros exilados no Chile e na França (1968-1979)*, dissertação apresentada ao Programa de Pós-Graduação em

História Social, Departamento de História, Faculdade de Filosofia, Letras e Ciências Humanas, Universidade de São Paulo, São Paulo, 2010.

CUNHA, Bruno Domingues. *História da esquerda em Goiás: 1960-1979*, dissertação apresentada ao Curso de Mestrado em História das Sociedades Agrárias, Faculdade de Ciências Humanas e Filosofia, Universidade Federal de Goiás, Goiânia, 2001.

CZAJKA, Rodrigo. *Páginas de resistência: intelectuais e cultura na* Revista Civilização Brasileira, dissertação de mestrado apresentada ao Departamento de Sociologia, Instituto de Filosofia e Ciências Humanas, Universidade Estadual de Campinas, Campinas, 2005.

DAHÁS, Nashla. *O comício da Central: trabalhismo e luta política através da imprensa no Brasil (1961-1964)*, dissertação apresentada ao Programa de Pós-Graduação em História, Universidade do Estado do Rio de Janeiro, Rio de Janeiro, 2010.

D'ARAUJO, Maria Celina Soares. *Sindicatos, carisma e poder: o PTB de 1945-1965*, Rio de Janeiro, Fundação Getulio Vargas, 1996.

DAVALLE, Regina Aparecida. *A Frente Ampla: um fenômeno de crise e deslocamento de representação (1966-1968)*, dissertação de mestrado apresentada ao Conjunto de Ciência Política, Instituto de Filosofia e Ciências Humanas, Universidade Estadual de Campinas, Campinas, 1989.

_____. "Federalismo, política dos governadores, eleições e fraudes eleitorais na República Velha", *Métis: História & Cultura*, vol. 2, nº 4, 2003.

DELGADO, Lucilia de Almeida Neves. "O governo João Goulart e o golpe de 1964: memória, história e historiografia", *Revista Digital de História do Departamento e do Programa de Pós-Graduação em História da Universidade Federal Fluminense*, nº 28.

DELGADO, Marcio de Paiva. *O "golpismo democrático": Carlos Lacerda e o jornal* Tribuna da Imprensa *na quebra da legalidade (1949-1964)*, dissertação de mestrado apresentada ao Programa de Pós-Graduação em História, Instituto de Ciências Humanas, Universidade Federal de Juiz de Fora, Juiz de Fora, 2006.

_____. "Carlos Lacerda, Juscelino Kubitschek, João Goulart e a Frente Ampla de oposição ao regime militar (1966-1968)", *Veredas da História*, ano III, ed. 2, 2010, disponível em <www.veredasdahistoria.com>.

DELLA VECHIA, Renato da Silva. *Origem e evolução do Partido Comunista Brasileiro Revolucionário*, dissertação apresentada ao Programa de Pós-Graduação em Ciência Política, Instituto de Filosofia e Ciências Humanas, Universidade Federal do Rio Grande do Sul, Porto Alegre, 2005.

DIAS, Luiz Antonio. "Imprensa e poder: uma análise da ação dos jornais *OESP* e *Folha de S.Paulo* no golpe de 1964", in: IV CONGRESSO LATINO AMERICANO DE OPINIÃO PÚBLICA DA WORLD ASSOCIATION FOR PUBLIC OPINION RESEARCH (WAPOR), *Anais do...* Belo Horizonte, 2011.

DOMINGOS, Charles Sidarta Machado. *A história da história do fim do governo João Goulart*, disponível em <http://cascavel.ufsm.br/revistas/ojs-2.2.2/index.php/sociaisehumanas/article/viewFile/1185/700>.

DRUNN, Simone. *A memória política de Amauri Müller*, monografia apresentada ao curso de História, Universidade Regional do Noroeste do Estado do Rio Grande do Sul, Ijuí, 2010.

DRURY, Bruce Raymond. *Creating support for an authoritarian regime: the case of Brazil, 1964-1970*, dissertação apresentada ao The Graduate Council, University of Florida, 1973.

FARIA, Fabiano Godinho. *Ação, tradição e organização: a evolução do conceito de partido do PCB ao PCBR, ALN e PCdoB (1962-1979)*, dissertação apresentada ao Programa de Pós-Graduação em História, Departamento de História, Universidade Federal Fluminense (UFF), Niterói, 2008.

FAVARO, Tereza Cristina Pires. *Tecnocracia e planejamento no governo Mauro Borges (Goiás: 1961-1964)*, disponível em <http://www.historia.uff.br/estadoepoder/6snepc/GT11/GT11-TEREZA.pdf>.

FERNANDES, Ananda Simões. *Quando o inimigo ultrapassa a fronteira: as conexões repressivas entre a ditadura civil-militar brasileira e o Uruguai (1964-1973)*, dissertação apresentada ao Programa de Pós-Graduação em História, Universidade Federal do Rio Grande do Sul, Porto Alegre, 2009.

FERREIRA, Jorge. "A estratégia do confronto: a frente de mobilização popular", *Rev. Bras. Hist.*, São Paulo, vol. 24, nº 47, 2004, disponível em <http://dx.doi.org/10.1590/S0102-01882004000100008>.

FERREIRA, Marieta de Moraes. "A reação republicana e a crise política dos anos 20", *Estudos Históricos*, Rio de Janeiro, vol. 6, nº II, 1993, pp. 9-23.

FERREIRA JR., Amarilio & BITTAR, Marisa. *O coronel Passarinho e o regime militar: o último intelectual orgânico?*, disponível em <http://www.gedm.ifcs.ufrj.br/upload/textos/17.pdf>.

FERRER, Eliete (org.). *68: a geração que queria mudar o mundo*, Brasília, Ministério da Justiça, Comissão de Anistia, 2011.

FICO, Carlos. "'Prezada Censura': cartas ao regime militar", *Topoi*, Rio de Janeiro, dezembro 2002, pp. 251-86.

_____. "Versões e controvérsias sobre 1964 e a ditadura militar", *Rev. Bras. Hist.*, São Paulo, vol. 24, nº 47, 2004, disponível em <http://dx.doi.org/10.1590/S0102-01882004000100003>.

FONSECA, Sherloma Starlet. *Memórias de Paulo Duarte: momentos da escrita e luta anti-getulista*, disponível em <http://www.espacoacademico.com.br>.

FREIRE, Alípio & VENCESLAU, Paulo de Tarso. "Memória: Jacob Gorender: o PCB, a FEB e o marxismo", *Teoria e Debate*, nº 11, julho-agosto-setembro 1990.

FREIRE, Américo. *Ecos da Estação Lisboa: o exílio das esquerdas brasileiras em Portugal*, disponível em <http://spp.revues.org/241>.

GASPAR, Tarcísio de Souza. "Bocas de fogo no conflito entre forasteiros e paulistas", *Revista Tempo de Conquista*, nº 6, dezembro 2009, disponível em <http://revistatempodeconquista.com.br/documents/rtc6/tarcisiogaspar.pdf>.

GAZZOTTI, Juliana. "A revista *Veja* e o obstáculo da censura", *Revista Olhar*, ano 3, nº 5-6, janeiro-dezembro 2001.

GOMES, Angela Maria de Castro & D'ARAUJO, Maria Celina Soares. *Getulismo e trabalhismo: tensões e dimensões do Partido Trabalhista Brasileiro*, Rio de Janeiro, CPDOC, FGV, 1987.

GROPPO, Luís Antonio. *A questão universitária e o movimento estudantil no Brasil nos anos 1960*, disponível em <www.unimep.br/phpg/editora/revistaspdf/imp40art08.pdf>.

GUERRA, Tiago Cavalcante. *A praxis e as representações ideológicas do general Jayme Portella: a "linha-dura" no cenário político brasileiro (1964-1969)*, dissertação apresentada ao Programa de Estudos Pós-Graduados em História, Pontifícia Universidade Católica, São Paulo, 2008.

GUIMARÃES, Plínio Ferreira. *Caparaó, a lembrança do medo: a memória dos moradores da região da serra do Caparaó sobre o primeiro movimento de luta armada contra a ditadura militar*, dissertação apresentada ao Programa de Pós-Graduação em História, Universidade Federal de Juiz de Fora, Juiz de Fora, 2006.

HAGEMEYER, Rafael Rosa. *Movimento estudantil 68: imagens da paixão*, dissertação apresentada para ao Curso de Pós-Graduação do Departamento de História, Universidade Federal do Paraná, Curitiba, 1997.

HAYASHI, Marli Guimarães. "A universidade brasileira: o caso da USP (1950-1977)", *Thesis Revista Eletrônica*, São Paulo, ano II, no 4, 2005, pp. 47-64.

INÁCIO, Evaldo Selau. *Por que João Goulart não reagiu? O dilema final do governo deposto em 1964*, monografia apresentada ao Programa de Pós-Graduação do Centro de Formação, Treinamento e Aperfeiçoamento da Câmara dos Deputados/Cefor, Brasília, 2010.

JOFFILY, Mariana. "Quando o ataque é a melhor defesa: interrogatórios políticos da Oban e do DOI-Codi", *Antíteses*, vol. 2, nº 4, julho-dezembro 2009, pp. 769-99, disponível em <http://www.uel.br/revistas/uel/index.php/antiteses>.

KUSHNIR, Beatriz (org.). *Perfis cruzados, trajetórias e militância política no Brasil*, Rio de Janeiro, Imago, 2002, pp. 245-59.

LATTANZI, José Renato. "Ideologia e legalidade: os princípios liberais na imprensa (1961-1964)", in: XIII ENCONTRO DE HISTÓRIA ANPUH, *Anais do...*, Rio de Janeiro, 2008.

LEITE, Isabel Cristina. "Radicalização política frente ao regime militar em Belo Horizonte – Grupo Colina (1967-1969)", *Revista História Hoje*, Anpuh-Brasil.

LEMOS, Renato. "Anistia e crise política no Brasil pós-1964", *Topoi*, Rio de Janeiro, dezembro 2002, pp. 287-313.

LIMA, Edileuza Pimenta de. *"Trabalhador: arme-se e liberte-se": a Ação Libertadora Nacional (ALN) e a resistência operária pela luta guerrilheira*, monografia apresentada ao Curso de História, Universidade Federal do Estado do Rio de Janeiro (Unirio), Rio de Janeiro, 2007.

LIMA, Soaraia Herrador Costa. *Júlio de Mesquita Filho: entre a máquina de escrever e a política: o discurso como elo entre o líder civil e o jornalista na cobertura da Revolução de 32 pelo jornal* O Estado de S. Paulo, dissertação apresentada ao Programa de Pós-Graduação em Ciências da Comunicação, Escola de Comunicações e Artes, USP, São Paulo, 2008.

LOPES, Gustavo Esteves. "Intimidação e terrorismo: história oral do Comando de Caça aos Comunistas (1962-1968)", in: XVII ENCONTRO REGIONAL DE HISTÓRIA – O LUGAR DA HISTÓRIA, ANPUH/SP-UNICAMP, *Anais do...*, Campinas, 6-10 de setembro de 2004, disponível em <http://www.anpuhsp.org.br/sp/downloads/CD%20XVII/ST%20XXVIII/Gustavo%20Esteves%20Lopes.pdf>.

LOUREIRO, Felipe Pereira. *O Plano Trienal no contexto das relações entre Brasil e Estados Unidos (1962-1963)*, disponível em <http://anpec.org.br/encontro/2011/inscricao/arquivos/000-dee84beca059ff4b73fb482757a9b9bc.pdf>.

LOVATTO, Angélica. "Ênio Silveira e os Cadernos do Povo Brasileiro: nacionalismo e imperialismo nos anos 1960", in: IV SIMPÓSIO LUTAS SOCIAIS NA AMÉRICA LATINA, *Anais do...*, Londrina, UEL, 14-17 de setembro de 2010.

MACHADO, Otávio Luiz. "O relatório do general Meira Mattos em 1968: a educação superior e repressão ao movimento estudantil no Brasil", *Revista Eletrônica Cadernos de História*, publicação do corpo discente do Departamento de História da Ufop, ano I, nº 2, setembro 2006, disponível em <www.ichs.ufop.br/cadernosdehistoria>.

MAESTRI, Mário & ORTIZ, Helen. "Por mais terras que eu percorra... Vida, luta e martírio do sargento Manoel Raimundo Soares", *Revista Espaço Acadêmico*, nº 96, maio 2009.

MAGALHÃES, Marionilde Dias Brepohl de. "A lógica da suspeição: sobre os aparelhos repressivos à época da ditadura militar no Brasil", *Rev. Bras. Hist.*, São Paulo, vol. 17, nº 34, 1997, disponível em <http://dx.doi.org/10.1590/S0102-01881997000200011>.

MAGNO, Ana Beatriz. *A agonia da reportagem: das grandes aventuras da imprensa brasileira à crise do mais fascinante dos gêneros jornalísticos: uma análise das matérias vencedoras do Prêmio Esso de Jornalismo*, dissertação de mestrado apresentada ao Programa de Pós-Graduação em Comunicação, Faculdade de Comunicação, Universidade de Brasília, Brasília, 2006.

MARIGHELLA, Carlos. *Mini-manual do guerrilheiro urbano*, disponível em <http://www.marxists.org/portugues/marighella/1969/manual/>.

MARQUES, Raphael Peixoto de Paula. "Estado de exceção e mudança (in)constitucional no Brasil (1935-1937)", *História Constitucional*, nº 14, pp. 353-86, 2013, disponível em <http://www.historiaconstitucional.com>.

MATTOS, Pablo de Oliveira. *Para aonde vamos? Crise e democracia no governo João Goulart*, dissertação apresentada ao Programa de Pós-Graduação em História Social da Cultura, Departamento de História, PUC-Rio, Rio de Janeiro, 2010 .

MELO, Demian Bezerra de. *Considerações sobre o revisionismo: notas de pesquisa sobre as tendências atuais da historiografia brasileira*, disponível em <http://www.uff.br/iacr/ArtigosPDF/79T.pdf>.

MELO, Demian Bezerra de. *O plebiscito de 1963: inflexão de forças na crise orgânica dos anos sessenta*, dissertação apresentada ao Programa de Pós-Graduação em História, Universidade Federal Fluminense, Niterói, 2009.

MENDES, Erasmo Garcia. "Perfis de mestres: Paulo Duarte", *Estudos Avançados*, São Paulo, vol. 8, nº 22, setembro-dezembro 1994, disponível em <http://dx.doi.org/10.1590/S0103-40141994000300018>.

MENDONÇA, Daniel de. "A batalha discursiva dos deputados federais em março de 1964", *História*, São Paulo, Universidade Estadual Paulista "Júlio de Mesquita Filho", vol. 29, nº 2, 2010, pp. 173-205.

MENDONÇA, Kleber. "O 'gosto de cinza' da objetividade: uma análise das reportagens de Antônio Callado sobre as Ligas Camponesas de Pernambuco", *UNIrevista*, vol. 1, nº 3, julho 2006.

MIRANDA, Orlando. *Fragmentos de memória da Polop na Bahia*, disponível em <http://www.centrovictormeyer.org.br/attachments/100_fragmentos%20%20de%20%20mem%c3%93ria%20da%20polop%20%20na%20bahia.pdf>.

MONTEIRO, Rodrigo Bentes. "A Rochela do Brasil: São Paulo e a aclamação de Amador Bueno como espelho da realeza portuguesa", *Revista de História*, São Paulo, Departamento de História da Universidade de São Paulo, nº 141, terceira série, 2º semestre 1999, pp. 21-44.

MORAES, João Quartim de. "A mobilização democrática e o desencadeamento da luta armada no Brasil em 1968: notas historiográficas e observações críticas", *Tempo Social – Rev. Sociol. USP*, São Paulo, vol. 1, 2º semestre 1989.

MORAIS, Ronaldo Queiroz de. "Newton Estillac Leal: o militar de esquerda e o Exército na frágil democracia brasileira do pós-guerra", in: XXIII SIMPÓSIO NACIONAL DE HISTÓRIA – ANPUH, Londrina, 2005.

MOREIRA, Cássio Silva. *O projeto de nação do governo João Goulart: o Plano Trienal e as reformas de base (1961-1964)*, tese apresentada ao Programa de Pós-Graduação em Economia, Faculdade de Ciências Econômicas, UFRGS, Porto Alegre, 2011.

MOTTA, Marly Silva da. "Frente e verso da política carioca: o lacerdismo e o chaguismo". *Estudos Históricos – Cultura Política*, Rio de Janeiro, vol. 13, nº 24, 1999, pp. 351-76.

NADER, Ana Beatriz. *Juntando os fragmentos do discurso político nacional: história oral de vida do grupo "Autênticos do MDB"*, tese de doutorado apresentada à Faculdade de Educação, Unicamp, Campinas, 1997.

NATIVIDADE, Melissa de Miranda. "Ação e atuação do Grupo de Estudos sobre Reforma Agrária do Instituto de Pesquisas e Estudos Sociais (Ipes) (1961-1964)", in: XV ENCONTRO REGIONAL DE HISTÓRIA DA ANPUH-RIO, *Anais do...*, Rio de Janeiro, 2012.

NAVA, Rosa. "Censura mudou jornalismo brasileiro", in: ENCONTRO NACIONAL DA REDE ALFREDO DE CARVALHO, 2008.

NEVES, Ozias Paese. Revista Civilização Brasileira *(1965-1968): uma cultura de esquerda no cenário político ditatorial*, dissertação apresentada ao Curso de Pós-Graduação em História, Setor de Ciências Humanas Letras e Artes, Universidade Federal do Paraná, Curitiba, 2006.

NICOLAU, Jairo. "A participação eleitoral no Brasil", *Working Paper CBS-26-2002*, Instituto Universitário de Pesquisas do Rio de Janeiro (Iuperj) e Visiting Research Fellow, Centre for Brazilian Studies, outubro-dezembro 2001.

_____. "Partidos na República de 1946: velhas teses, novos dados", *Dados*, Rio de Janeiro, vol. 47, nº 1, 2004.

_____. *Sistemas eleitorais: uma introdução*, Rio de Janeiro, Fundação Getulio Vargas, 1999.

NOGUEIRA, Jefferson Gomes. *Carlos Lamarca: o militar guerrilheiro (1969-1971)*, dissertação apresentada ao Programa de Pós-Graduação em História, Centro de Ciências Humanas e Naturais, Universidade Federal do Espírito Santo, Vitória, 2009.

OLIVEIRA, Edgard Leite de. *Conflito social, memória e experiência: as greves dos metalúrgicos de Contagem em 1968*, dissertação apresentada ao Programa de Pós-Graduação em Educação: Conhecimento e Inclusão Social, Faculdade de Educação, Universidade Federal de Minas Gerais, Belo Horizonte, 2010.

OLIVEIRA, Gil Vicente Vaz. "1968 visto pelas lentes do *Correio da Manhã*", *Revista Acervo*, Arquivo Nacional, vol. II, nº 1-2, 1998.

OLIVEIRA, Jorge. *Curral da morte: o* impeachment *de sangue: poder e política no Nordeste*, Rio de Janeiro, Record, 2010.

OLIVEIRA, Marcus Roberto de. "Conspiração, populismo e golpe de estado no Brasil", *Revista de Sociologia e Política*, nº 17, novembro 2001, pp. 157-60.

OLIVEIRA, Paulo Affonso Martins de. *O Congresso em meio século*, Brasília, Biblioteca Digital da Câmara dos Deputados/Centro de Documentação e Informação, 2009.

OLIVEIRA, Sérgio Luiz Santos de. "A esquerda radical de Osasco, movimento estudantil, sindicato e guerrilha (1966-1971), São Paulo, Brasil", *Projeto História*, São Paulo, nº 38, junho 2009, pp. 275-84.

ONOFRE, Gabriel da Fonseca. "San Tiago Dantas: o ideólogo do trabalhismo democrático", *Mosaico*, ano III, ed. 5, 2011.

_____. *Em busca da esquerda esquecida: San Tiago Dantas e a Frente Progressista*, dissertação de mestrado apresentada ao Centro de Pesquisa e Documentação de História Contemporânea do Brasil (CPDOC), Rio de Janeiro, 2012.

PÁDUA, Thiago Santos. "O Ato Institucional nº 5 e o Supremo Tribunal Federal como seu 'Banco de Prova': o processo da 'greve do sexo' no STF", *Observatório da Jurisdição Constitucional*, ano 5, vol. 2, agosto-dezembro 2012.
PALAMARTCHUK, Ana Paula. "Em nome da Segurança Nacional: os escritores na mira da polícia", *Revista Crítica Histórica*, ano II, nº 3, julho 2011.
PASTORE, Bruna. "Complexo Ipes/Ibad, 44 anos depois: Instituto Millenium?", *Aurora*, Marília, vol. 5, nº 2, janeiro-junho 2012, pp. 57-80.
PAULA, Cristiano Pinheiro de. "*Revista Civilização Brasileira*: dilaceramentos e combates", *Pesquisa NELIC*, vol. 5, nº 6-7, 2003.
PAULA, Gil César Costa de. *A atuação da União Nacional dos Estudantes (UNE): do inconformismo à submissão ao Estado (1960-2009)*, tese apresentada ao Programa de Pós-Graduação em Educação, Faculdade de Educação, Universidade Federal de Goiás, Goiânia, 2009.
PEDREIRA FILHO, Valdemar Santos. "Comissões de fábrica: um claro enigma", *Cad. Est. Soc. Recife*, vol. 14, nº 1, janeiro-junho 1998, pp. 117-46.
PEREIRA, Anthony W. "Profeta no exílio: o retorno no mito de Francisco Julião", *Cad. Est. Soc.*, vol. 7, nº 1, janeiro-junho 1991, pp. 101-24.
PEREIRA, Luciana Lombardo Costa. "Polícia política e movimento operário no pós-45", in: XI ENCONTRO REGIONAL DE HISTÓRIA – ANPUH/II Jornada Nacional de História do Trabalho, *Anais do...*, São Carlos, 2004.
PETTA, Augusto César. "Congresso da UNE de 68: quando a Lapa fica na China", *Vermelho*, 24.3.2008.
PINTO, Magda Oliveira. "A reforma universitária como política estudantil: a UEE na luta universitária no Rio Grande do Sul (1960-1968)", *Tomo*, São Cristóvão, nº 18, janeiro-junho 2011.
PINTO, Sobral. *Por que defendo os comunistas*, Belo Horizonte, Comunicação, 1979.
PIOVESAN, Liceo (org.). *Projeto Rondon-RS e Jeunesse Canadá Monde: uma parceria que deu certo*, Taquara, Faccat-RS, 2008.
PIRIS, Eduardo Lopes. *Elementos para um estudo do ethos numa polêmica parlamentar: análise dos pronunciamentos dos parlamentares que protagonizaram a sessão deliberativa de 12 de dezembro de 1968*, dissertação de mestrado apresentada à Faculdade de Filosofia, Letras e Ciências Humanas, Universidade de São Paulo, São Paulo, 2005.
POMAR, Valter. *Comunistas do Brasil: interpretações sobre a cisão de 1962*, disponível em <http://www.cedema.org/uploads/Pomar_Valter.pdf>.
PORFÍRIO, Pablo F. de A. "A trajetória política de Francisco Julião: considerações sobre as ideias de revolução e anistia no Brasil", in: XXV SIMPÓSIO NACIONAL DE HISTÓRIA – ANPUH, *Anais do...*, Fortaleza, 2009.
PRESTES, Anita Leocadia. "A Conferência dos Partidos Comunistas da América do Sul e do Caribe (Moscou, outubro 1934) e os levantes de novembro de 1935 no Brasil", disponível em <marxismo21.org>.
_____. "70 anos da Aliança Nacional Libertadora (ANL)", publicado originalmente em *Estudos Ibero--Americanos*, PUCRS, vol. XXXI, nº 1, junho 2005, pp. 101-20.
_____. "Os comunistas e a Constituinte de 1946 – por ocasião do 60º aniversário da Constituição de 1946", *Estudos Ibero-Americanos*, PUCRS, vol. XXXII, nº 2, dezembro 2006, pp. 171-86.
_____. "A estratégia nacional-libertadora e o reformismo na história do PCB", texto apresentado no seminário promovido pelo PCB por ocasião do 90º aniversário da sua fundação, em 21.3.2012.

PRESTES, Luiz Carlos. "A bancada comunista na Constituinte (Discurso pronunciado na Sessão Solene de Instalação da Assembleia Constituinte de 1946) 5 de fevereiro de 1946", *Anais da Assembleia Constituinte*, vol. I, 5.2.46, pp. 37-42.

PRIORI, Angelo. "A Doutrina de Segurança Nacional e o manto dos atos institucionais durante a ditadura militar brasileira", *Revista Espaço Acadêmico*, nº 35, abril 2004, disponível em <http://www.espacoacademico.com.br>.

PROGRAMA DO PARTIDO COMUNISTA DO BRASIL, aprovado no IV Congresso 7-11 de novembro de 1954, *Problemas Revista Mensal de Cultura Política*, nº 64, dezembro 1954-fevereiro de 1955.

QUEIROZ, Andréa Cristina de Barros. "*O Pasquim*: embates entre a cultura política autoritária e a contracultura", *Cadernos de História*, Departamento de História da Universidade Federal de Ouro Preto, ano III, nº 2.

RAMÍREZ, Hernán. "Reflexões sobre fontes orais através da desconstrução do depoimento de Jorge Oscar de Mello Flôres", in: XXIV SIMPÓSIO NACIONAL DE HISTÓRIA – ANPUH, *Anais do*..., 2007.

RAMOS, Heloisa Helena Silva. *A ilusão do sufrágio universal na Constituição de 1891* [manuscrito], Brasília, 2007, monografia para o Centro de Formação, Treinamento e Aperfeiçoamento (Cefor), da Câmara dos Deputados, Curso de Especialização em Instituições e Processos Políticos do Legislativo, 2007.

RIBEIRO, Denise Felipe. *A anistia brasileira: antecedentes, limites e desdobramentos da ditadura civil--militar à democracia*, dissertação apresentada ao Programa de Pós-Graduação em História, Universidade Federal Fluminense, Niterói, 2012.

RIBEIRO, Isa Paula Zacarias. *As praças de Cultura no governo Djalma Maranhão (1960-1964)*, dissertação apresentada no Curso de Pós-Graduação em História, Universidade Federal do Rio Grande do Norte, Natal, 2008.

RIDENTI, Marcelo. "O romantismo revolucionário da Ação Popular: do cristianismo ao maoísmo", *Latin American Studies Association*, The Palmer House Hilton Hotel, Chicago, Illinois, 24-26 de setembro de 1998.

_____. "Ação Popular: cristianismo e marxismo". In: REIS FILHO, Daniel Aarão & RIDENTI, Marcelo (orgs.). *História do marxismo no Brasil, 5. Partidos e organizações dos anos 20 aos 60*, Campinas, Editora da Unicamp, 2002, pp. 213-82.

ROCHA, Simone. "Articulações e confrontos: a consolidação do discurso de esquerda no movimento estudantil pernambucano (1964-1967)", *Saeculum – Revista de História*, João Pessoa, nº 13, julho-dezembro 2005.

ROLIM, César Daniel de Assis. *Leonel Brizola e os setores subalternos das Forças Armadas: 1961-1964*, dissertação de mestrado em História apresentada à UFRGS, Porto Alegre, 2009.

ROLLEMBERG, Denise. *O apoio de Cuba à luta armada no Brasil: o treinamento guerrilheiro*, Rio de Janeiro, Mauad, 2001.

ROUSTON JUNIOR, Eduardo. "O discurso parlamentar federalista como crítica à fraude eleitoral no Rio Grande do Sul da Primeira República", in: XXVII SIMPÓSIO NACIONAL DE HISTÓRIA – ANPUH, *Anais do*..., Natal, 22-26 de julho de 2013.

ROVAI, Marta Gouveia de Oliveira. *Osasco 1968: a greve no feminino e no masculino*, tese apresentada ao Programa de Pós-Graduação em História Social, Departamento de História, Faculdade de Filosofia, Letras e Ciências Humanas, Universidade de São Paulo, São Paulo, 2012.

SAES, Décio Azevedo Marques de. "A questão da evolução da cidadania política no Brasil", *Estudos Avançados*, São Paulo, vol. 15, nº 42, maio-agosto 2001, disponível em <http://dx.doi.org/10.1590/S0103-40142001000200021>.
SALES, Jean Rodrigues. "A Ação Libertadora Nacional, a revolução cubana e a luta armada no Brasil", *Tempo – Revista Digital de História*, Departamento e Programa de Pós-Graduação em História da Universidade Federal Fluminense, nº 27, 2008.
_____. *A revolução cubana, as esquerdas brasileiras e a luta contra a ditadura militar nos anos 1960 e 1970*, disponível em <http://www.reseau-amerique-latine.fr/ceisal-bruxelles/HIST-RI/HIST-RI-2-SALES.pdf>.
SALLUM JR., Brasilio. "Federação, autoritarismo e democratização", *Tempo Social – Revista de Sociologia da USP*, São Paulo, vol. 8(2), outubro 1996, pp. 27-52.
SANFELICE, José Luís. "O movimento civil-militar de 1964 e os intelectuais", *Cad. Cedes*, Campinas, vol. 28, nº 76, setembro-dezembro 2008, pp. 357-78, disponível em <http://www.cedes.unicamp.br>.
SANTANA, Cristiane Soares de. "O processo de 'Integração na Produção' da Ação Popular: uma experiência maoísta na Bahia (1967-1970)", in: XXV SIMPÓSIO NACIONAL DE HISTÓRIA – ANPUH, *Anais do...*, Fortaleza, 2009..
SANTANA, Flávia de Angelis. *Atuação política do movimento estudantil no Brasil: 1964 a 1984*, dissertação apresentada ao Programa de Pós-Graduação em História Social, Departamento de História, Faculdade de Filosofia, Letras e Ciências Humanas, Universidade de São Paulo, São Paulo, 2007.
SANTANA, Marco Aurélio. "Ditadura militar e resistência operária: o movimento sindical brasileiro do golpe à transição democrática", *Política & Sociedade*, nº 13, outubro 2008.
SANTIAGO, Vandeck. *Francisco Julião: Luta, paixão e morte de um agitador*, Recife, Assembleia Legislativa do Estado de Pernambuco, 2001.
SANTOS, Raimundo. "Do diálogo à casa comum", in: *Gramsci e o Brasil*, disponível em <http://www.acessa.com/gramsci/?page=visualizar&id=196>.
SANTOS, Wanderley Guilherme. *Quem dará o golpe no Brasil*, Rio de Janeiro, Civilização Brasileira, 1962.
_____. *Horizonte do desejo, instabilidade, fracasso coletivo e inércia social*, Rio de Janeiro, Fundação Getulio Vargas, 2006.
SCOCUGLIA, Afonso Celso. *Goulart e o golpe de 1964: por uma nova historiografia*, disponível em <http://www.histedbr.fae.unicamp.br/>.
SESTINI, Dharana Pérola Ricardo. "O apoio civil à intervenção militar de 1964: a questão das entidades femininas em São Paulo", in: XXIV SIMPÓSIO NACIONAL DE HISTÓRIA – ANPUH, *Anais do...*, 2007.
SIKORSKI, Fernando de Oliveira. *Os atos institucionais como instrumentos de recrudescimento da ditadura militar brasileira entre 1964 e 1968*, monografia apresentada ao Setor de Ciências Humanas, Letras e Artes, Departamento de História, Universidade Federal do Paraná (UFPR), Curitiba, 2010.
SILVA, Evandro Lins e. *O salão dos passos perdidos: depoimento ao CPDOC*, Rio de Janeiro, Nova Fronteira, 1997.
SILVA, Izabel Priscila Pimentel da. *Os filhos rebeldes de um velho camarada: a Dissidência Comunista da Guanabara (1964-1969)*, dissertação apresentada ao Programa de Pós-Graduação em História, Universidade Federal Fluminense, Niterói, 2009.

SILVA, João Carlos Ferreira da. *Assaltos ao Parlamento: estudo comparativo dos episódios do Ibad e do mensalão*, monografia apresentada ao Programa de Pós-Graduação do Cefor, Brasília, 2007.

SILVA, José Rogério da. *Cenas de uma pálida modernidade: condições de vida da classe trabalhadora em São Paulo, no Estado Novo*, dissertação de mestrado apresentada ao Programa de Estudos de Pós-Graduação em História, Pontifícia Universidade Católica de São Paulo, 1993.

SILVA, Ligia Maria Osorio. "Projeto Nacional e politização das Forças Armadas, 1945-1964", in: IX CONGRESSO INTERNACIONAL DA BRASA, *Anais do...*, Nova Orleans, 2008.

SILVA, Lineker Oliveira Norberto da & COELHO NETO, Eurelino Teixeira. *Rupturas na esquerda brasileira: a História da Polop na clandestinidade da ditadura civil-militar*, disponível em <http://www2.uefs.br/semic/upload/2011/2011XV-052LIN683-100.pdf>.

SILVA, Sandro Héverton Câmara da. *Anistia política: conflito e conciliação no âmbito do Congresso Nacional Brasileiro (1964-1979)*, dissertação apresentada ao Programa de Pós-Graduação em História, Centro de Ciências Sociais, Instituto de Filosofia e Ciências Humanas, Universidade do Estado do Rio de Janeiro..

SILVA, Thiago Moreira Melo e. "A presença das Ligas Camponesas na região Nordeste", in: XIX ENCONTRO NACIONAL DE GEOGRAFIA AGRÁRIA, *Anais do...*, São Paulo, 2009, pp. 1-29.

SINÉSIO, Carlos. *João Cleofas, trajetória política*, disponível em <http://www.alepe.pe.gov.br/sistemas/perfil/parlamentares/JoaoCleofas/05.html>.

SIQUEIRA, Marcelo Nogueira de. "Resistência e enfrentamento: o movimento estudantil na Guanabara de 1964 a 1968", in: XXVI SIMPÓSIO NACIONAL DE HISTÓRIA – ANPUH, *Anais do...*, São Paulo, julho 2011.

SOUZA, Laura de Mello e. "Vícios, virtudes e sentimento regional: São Paulo, da lenda negra à lenda áurea", *Revista de História*, vol. 142-143, 2000, pp. 261-76.

SOUZA, Leonardo de Oliveira. *História e política em Pessach: a travessia de Carlos Heitor Cony*, dissertação apresentada ao Programa de Pós-Graduação em História, Universidade Federal de Uberlândia, Uberlândia, 2009.

SOUZA, L. O. & SANTOS, R. M. "Jornalismo e literatura: entre memória e história nas obras *O ato e o fato* e *Posto Seis*, de Carlos Heitor Cony", in: III CONGRESSO DE PESQUISA, ENSINO E EXTENSÃO DA UFG (Conpeex), *Anais do...*, Goiânia, 2006. Anais eletrônicos do XIV Seminário de Iniciação Científica, Goiânia, UFG, 2006, n/p. [CD-Rom]

SOUZA, Ney de. "Entre a contestação e a conivência – Censura ao jornal *O São Paulo* durante o regime militar (1964-1985)", in: XXV SIMPÓSIO NACIONAL DE HISTÓRIA – ANPUH, *Anais do...*, Fortaleza, 2009.

STEIN, Leila de Menezes. *Inquéritos policiais militares, questão agrária e sindicatos de trabalhadores rurais – anos 60 e 70*, disponível em <http://seer.fclar.unesp.br/estudos/article/viewFile/888/758>.

SVARTMAN, Eduardo Munhoz. *Guardiões da nação: formação profissional, experiências compartilhadas e engajamento político dos generais de 1964*, tese apresentada ao Programa de Pós-Graduação em Ciência Política, Universidade Federal do Rio Grande do Sul, Porto Alegre, 2006.

SZATKOSKI, Elenice. *Os grupos dos onze: política, poder e repressão na região do médio alto Uruguai-RS, 1947-1968*, dissertação de mestrado na área de História Regional, apresentada no Programa de Pós-Graduação em História, Instituto de Filosofia e Ciências Humanas, Universidade de Passo Fundo, Passo Fundo, 2003.

SZATKOSKI, Elenice. *O jornal* Panfleto *e a construção do brizolismo*, tese apresentada ao curso de doutorado em História das Sociedades Ibéricas Americanas do Programa de Pós-Graduação em História, Pontifícia Universidade Católica do Rio Grande do Sul, Porto Alegre, 2008.

TAMAS, Elisabete Fernandes Basílio. "A tortura em presos políticos e o aparato repressivo militar", *Proj. História*, São Paulo, (29) tomo 2, dezembro 2004, pp. 637-46.

THOMÉ, Maria Christina. "Universidade para a mudança: as comissões paritárias e a reforma do ensino superior (1968)", *Revista Adusp*, outubro 2005.

TOLEDO, Caio Navarro de. "1964: o golpe contra as reformas e a democracia", *Rev. Bras. Hist.*, São Paulo, vol. 24, nº 47, 2004. <doi: 10.1590/S0102-01882004000100002>.

USTRA, Carlos Alberto Brilhante. *Verdade sufocada: história que a esquerda não quer que o Brasil conheça*, Brasília, Ser, 2007.

VASCONCELOS, Cláudio Beserra de. *A preservação do Legislativo pelo regime militar brasileiro: ficção legalista ou necessidade de legitimação? (1964-1968)*, dissertação apresentada ao Programa de Pós--Graduação em História Social, Universidade Federal do Rio de Janeiro, Rio de Janeiro, 2004.

VIANNA, Marly de A. G. "As rebeliões de novembro de 1935", *Revista Novos Rumos*, ano 16, nº 34, 2001.

VICTOR, Rogério Lustosa. "A candidatura de Plínio Salgado à Presidência da República: os usos políticos da memória", *Revista Angelus Novus*, nº 1, agosto 2010.

PERIÓDICOS CONSULTADOS

A Gazeta
A Razão
A Tribuna
Coojornal
Correio Braziliense
Correio da Manhã
Correio do Povo
Diário da Câmara dos Deputados
Diário do Congresso Nacional
Diário da Noite
Diário de Piracicaba
Diário de São Paulo
Em Tempo
Ex
Extra
Folha da Manhã
Folha da Noite
Folha de S.Paulo
Folha da Tarde
Gazeta Mercantil
IstoÉ
Jornal do Brasil
Jornal de Brasília

Jornal do Commercio
Jornal da Paraíba
Jornal da República
Jornal da Tarde
Los Angeles Times
Manchete
Movimento
Notícias Populares
Novos Rumos
O Cruzeiro
O Dia
O Estado de S. Paulo
O Jornal
O Globo
O Guerrilheiro
O Panfleto
O Pasquim
Opinião
O São Paulo
Política Democrática
Resistência
Revista Civilização Brasileira
Seleções do Reader's Digest
Tribuna da Imprensa
Última Hora
Valor Econômico
Veja
Visão
Voz Operária
Voz da Unidade
Zero Hora
Versus

OUTRAS FONTES

Arquivo do Estado de São Paulo
Arquivo Nacional

A principal bandeira da Aliança Nacional Libertadora (ANL) era a reforma agrária. Criada em 1935, com decisiva participação dos comunistas, envolveu outros setores da sociedade, tornando-se um movimento de massas e sendo posta na clandestinidade – o que não impediu que ganhasse adeptos nas Forças Armadas. Na base do improviso, resultou numa revolta batizada de Intentona Comunista, que deixou mortos e feridos em vários quartéis antes de ser dizimada pelas forças de segurança nacional.

Getúlio Vargas impediu que fossem realizadas as eleições diretas marcadas para o início de 1938: em 10 de novembro de 1937, baixou uma nova Constituição, que aboliu os partidos políticos e as organizações civis e suspendeu os direitos políticos, cassando o mandato de todos os parlamentares, sob o pretexto de uma ameaça comunista forjada – o Plano Cohen.

Com o *slogan* "varre, varre, vassourinha" e a promessa de varrer a corrupção do governo, Jânio Quadros foi eleito presidente em 1960 com mais de 6 milhões de votos. Seu contraditório governo durou poucos meses e culminou mais tarde no golpe militar. Na política internacional, Jânio dizia combater o comunismo, mas chegou a condecorar um dos líderes da revolução socialista cubana, Ernesto Che Guevara, com a Medalha Cruzeiro do Sul. Na área econômica, Jânio foi conservador, adotando à risca as medidas do Fundo Monetário Internacional, congelando salários, restringindo créditos e desvalorizando a moeda nacional, o cruzeiro, em 100%.

Jânio Quadros foi o primeiro oposicionista a se eleger no Brasil – e obteve a maior votação individual até então. Em seus sete meses de governo, Jânio reatou relações diplomáticas com a União Soviética e com a China e reconheceu o governo de Fidel Castro. Em relação ao Brasil, colocou homens de direita nos ministérios militares, combateu o contrabando, os biquínis, as brigas de galo e as corridas de cavalo, e reforçou a censura contra filmes e programas de TV.

No governo de seu cunhado, João Goulart, Brizola acabou ficando de escanteio. Tornou-se um dos líderes da Frente de Mobilização Popular, e participou ativamente das negociações para a implantação das "reformas de base" – reformas agrária, tributária e bancária.

Com a renúncia de Jânio Quadros, os três ministros militares decidiram que seu vice, João Goulart, não assumiria o poder. Colocaram o presidente da Câmara, Ranieri Mazzilli, como presidente *pro forma*, e passaram a comandar o país, até que o então governador do Rio Grande do Sul, Leonel Brizola, iniciou a reação legalista. Fechado no Palácio Piratini, sede do governo gaúcho, Brizola passou a discursar por uma rede de rádio, exigindo a posse de Jango. Conseguiu o apoio do comandante do III Exército e, depois de marchas e contramarchas, venceu a parada.

Carlos Lacerda foi o principal articulador da candidatura de Jânio Quadros à Presidência da República. Porém, Jânio fugiu ao controle da União Democrática Nacional (UDN) e passou a ser combatido por Lacerda, que também foi um dos líderes civis do golpe de 1964. Ele apoiou a candidatura do general Castelo Branco à Presidência da República e chegou a divulgar os projetos do novo regime na Europa. Mas, pouco depois, Lacerda estava mais uma vez na oposição, articulando a Frente Ampla com Jango e JK.

Quando os militares assumiram o poder em 1964, as entidades estudantis foram postas na ilegalidade e vários de seus dirigentes – hoje personagens conhecidos da história e da política brasileira – foram exilados. Em pouco tempo, as entidades ressurgiram e, com elas, novas lideranças, como Vladimir Palmeira, Franklin Martins, José Dirceu e Luís Travassos (foto). Os estudantes acabaram tomando as ruas, principalmente depois do assassinato do secundarista Edson Luís no restaurante Calabouço. Toda a mobilização desabaria com a edição do AI-5, em dezembro de 1968.